MANFRED SCHNEIDER

DESTRUKTION UND UTOPISCHE GEMEINSCHAFT

Zur Thematik und Dramaturgie des Heroischen im Werk Christian Dietrich Grabbes

ATHENÄUM VERLAG

Gedruckt mit Unterstützung
der Deutschen Forschungsgemeinschaft

Gesamtherstellung: Hans Meister KG, Kassel
Printed in Germany

ISBN – 3 – 7610 – 1207 – 1

INHALTSVERZEICHNIS

Einleitung und Übersicht IX

I. KAPITEL DAS ZERSTÖRUNGSMOTIV: SEIN ERSCHEINUNGS- UND BEDEUTUNGSWANDEL IM ENTWICKLUNGSPROZESS DER FORM 1

A. Destruktionsthematik im Frühwerk. Wirklichkeit als Wahrheit 1

Die Zerstörung des Menschen: Erfahrung und Handlungsabsicht 1

Desillusion als materialistische Wahrheitsintention 14

Destruktion als literarische Wirkungsabsicht . . 23

Scherz, Satire, Ironie und Destruktion 31

Brachialgestus und totale Wirklichkeit in »Don Juan und Faust« 46

B. Das physiognomische und szenische Destruktionsbild in der mittleren Periode 58

Trümmerwelt und soziale Strafexpedition . . . 58

Destruktionsrhetorik und Zerstörungsmomente in den »Hohenstaufen« 70

C. *Aufhebung und Verwandlung des Destruktivismus im späten Drama* 82

Entwicklung der Schlacht-Szenen 82

Die Schlacht als szenische Realisierung der Destruktionsbilder 94

II. KAPITEL HEROISMUSFORMEN UND IHRE GESTALTUNGSZÜGE 107

A. *Pathetischer Heroismus* 107

Rhetorik 107

Pathos und Tatanspruch 118

Kerker- und Höllenwelt 130

B. *Monumentaler Heroismus* 140

Aktionsrhetorik und Gottähnlichkeit 140

Der sprachliche Realitätsbezug des Monumentalheroismus 151

C. *Entwicklung des sozialen Heroismus* 161

Das Spiegelmotiv 161

Die Idylle als Beispiel szenischer Spiegelung . . 173

III. KAPITEL DIE HISTORISCHE UMWELT UND IHRE DRAMATISCHE GESTALTUNG 184

A. *Der heroische Bereich* 184

Begriff und Erscheinung des Volks 184

Natur und Naturbildlichkeit 193

Konkretion und Reduktion von Naturbildern . . 200

B. Die niedere Wirklichkeit 210
Konstituierende Bilder 210
Satirische Demaskierung 217
Realismus? 225

IV. KAPITEL ›NAPOLEON ODER DIE HUNDERT TAGE‹ ALS DRAMA DER REVOLUTION 242

A. Variation und Umgestaltung der dramatischen Grundmotive 242
Die Szene I 1 als Modell der neuen Dramaturgie 242
Motiv und Thematik der Revolution 251

B. Die historischen Kräfte und ihre dramatisch-sprachliche Erscheinung 261
Die Bourbonen und der Altadel 261
Das Volk als »Pöbel« und »Masse« 270

C. Die heroische Welt und die Utopie ihrer Erfüllung 278
Die dramatische Vorbereitung der heroischen Lösung 278
Die Feldzugs- und Schlachtszenen 286

V. KAPITEL ›HANNIBAL‹ ALS KATASTROPHE DES ISOLIERTEN HEROISMUS 295

A. Dramaturgie der Handlung und Motivgestaltung 295
Das Hannibaldrama als Umkehrung des »Napoleon« 295
Thematik und motivische Anlage der ersten Abteilung 301

B. Die Parteien und ihre Stellung zur Geschichte . . 310
Die Römer 310
Hannibal 313
Die Sprachschicht des Heroischen 320

C. Die Elemente der Geschichtsphysiognomie . . . 327
Theaterwelt 327
Kapua 333

D. Der Brand Karthagos 336
Entwicklung der heroischen Aktion 336
Mythisierung des Brandes 343

VI. KAPITEL DIE ›HERMANNSSCHLACHT‹ ALS VERSUCH EINER HEROISCHEN NATURIDYLLE 352

A. Grundzüge der Konzeption 352
Der Ort des Dramas im Schaffen Grabbes . . . 352
Der Einheitsgedanke der Natur 357
Die Römer und die feindliche Natur 365

B. Die Schlacht 371
Dramaturgie ihrer Geschichtlichkeit 371
Die Schlacht als Idylle 378
Die neue Geschichtsdeutung 384

ZUSAMMENFASSUNG UND SCHLUSS

Das Utopische als Verfallsform des Idealismus 389
Literaturverzeichnis 398
Register der Leitbegriffe 406

EINLEITUNG UND ÜBERSICHT

Grabbes Drama wird beherrscht vom Bild und Ereignis der Zerstörung. Von seinem Erstling *Herzog Theodor von Gothland* bis hin zur *Hermannsschlacht* prägen vorzüglich Zerstörungsfiguren und Vorgänge die dramatische Aktion seiner Stücke: Die Weltdeutung bezieht ihre Grundbilder aus einer fragmentarischen, trümmerhaft zusammenhanglosen Wirklichkeit, noch verdüstert durch die Drohung größter Katastrophen; die Vollkommenheitsvorstellungen, der klassische Wille zur Integration leben nur noch in Verfallsformen, parodistisch gebrochen oder ironisch schattiert weiter, die Physiognomien der Helden zeigen Verzweiflung, Haß, rudimentären Humanismus, die Züge der Enttäuschung.

Diese Erkenntnisse bilden bereits einen festen Bestandteil der Forschung. Nicht zuletzt Günther Jahn [1], Walter Höllerer [2] und Walter Weiss [3] haben die Frage der Destruktion in den Mittel-

1 Günther Jahn, Übermensch, Mensch und Zeit in den Dramen Ch. D. Grabbes; Diss. Göttingen 1950.

2 Walter Höllerer, Zwischen Klassik und Moderne. Lachen und Weinen in der Dichtung einer Übergangszeit; Stuttgart 1958.

3 Walter Weiss, Enttäuschter Pantheismus. Zur Weltgestaltung der Dichtung in der Restaurationszeit; Dornbirn 1962.

punkt des Interesses gerückt; Wolfgang Hegele[4] hat in einem bemerkenswerten Beitrag die Formelemente des Grabbe-Dramas untersucht. Indessen reicht die oben skizzierte Übereinstimmung lediglich für die Feststellung des Sachverhalts. Bei der Frage, was in diesen Stücken nun wirklich zerstört wird und ob der eingebrochenen Ideenwelt, der sich auflösenden Form ausreichende und überzeugende Einheitskräfte, künstlerische Bindemittel entgegengestellt werden, gehen die Ansichten weit auseinander. Gibt es für die verschiedenen Ansatzpunkte, für Formzerfall, Idealismuspolemik, weltanschauliche Desillusion, für die rhetorische Destruktion, die dramatischen Gewalttaten, für Trümmerbilder, apokalyptische Visionen, Stadtzerstörungen und Schlachtenszenen eine gemeinsame Perspektive und Deutmöglichkeit?

Diese Arbeit versucht durch Koordination verschiedener Blickweisen und methodischer Ansätze ein neues Gesamtverständnis von Grabbes Drama zu erschließen. Mit diesem synthetischen Verfahren, das zunächst bewußt das Disparate der Grabbeschen Kunst ins Licht rückt, können schließlich alle Formkräfte, die bei der Gestaltgebung beteiligt sind, auch einheitlich bestimmt werden. Denn für die frühe Periode ergibt sich zunächst nur eine umrißhaft sichtbare Grundthematik, die erst später und allmählich ihre eindeutige und angemessene dramaturgische Ausprägung erfährt. Das Kaleidoskop der Zerstörungsbilder, die im Frühwerk geradezu eine Destruktionsthematik einkleiden, öffnet indessen einen Erkenntnisweg zur Grundkonzeption des Grabbeschen Dramas überhaupt, da es in gleichem Maße Aufschluß über die Kompositionstechnik wie über die zentralen Aussageelemente bietet. Aus der Analyse der Zerstörungsbilder treten nicht nur deren eigenartige Impulse hervor, sondern unter dem Nachweis der Motiventwicklung ergibt sich zugleich eine Anschauung des Formprozesses, in dem Grabbes Drama seine besondere Gestalt ausbildet. Dieser Prozeß betrifft die Bildsprache überhaupt, die sich aus dem rhetorischen Ausdruck, der hyperbolischen Reihung in den frühen Dramen löst, um zunehmend

4 Wolfgang Hegele, Grabbes Dramenform; München 1970.

in szenische Realität umgesetzt und schließlich spielerisch aktualisiert zu werden.

Destruktionsrhetorik – Trümmerbild – Schlachtszene: Diese drei hervorragenden Erscheinungsformen der Destruktionsmotivik werden exemplarisch für die künstlerische Anlage der drei dramatischen Gestalttypen behandelt, die der Dichter im Laufe seiner Entwicklung hervorbringt. Diese Entwicklung steht im Zeichen des Versuches, die Elemente und Kräfte der Zerstörung, die das Frühwerk so nachdrücklich ins Spiel bringt, zu überwinden und zu integrieren. Freilich bezeichnet es Grabbes Welterlebnis besonders deutlich, daß sein Bemühen, auch unzerstörten Erscheinungen zu dramatischem Recht zu verhelfen, daß der schöpferische Versuch, uneingeschränkt positive Erfahrungsbilder in Szene zu setzen, nur in der zerstörerischen Ambiance einer *Schlacht* zum Ziel gelangt. Dort, wo sich die Bruchstellen der Wirklichkeit zu schließen scheinen, wo auffällige Züge einer Welterneuerung hervortreten, hat der äußere dramatische Zerstörungsvorgang seinen intensivsten Ausdruck gefunden.

Indessen erschließt sich der Stellenwert dieser großen Schlachten- und Zerstörungsszenen erst völlig aus dem thematischen Zusammenhang des Heroismus. Schon im Frühwerk entwarf die heroische Gebärde ein Gegenbild zur Katastrophe des Individuums und zeichnete den Plan einer Rettung aus der als Hölle erfahrenen Wirklichkeit. Im mittleren Drama verstärkt sich diese Polarisierungstendenz, die Held und Welt auseinander- oder feindlich gegeneinandertreibt. Gleichzeitig jedoch gewinnen in dieser Welt immer deutlicher die Elemente einer gesellschaftlichen Wirklichkeit Umriß und Relief, die in dem großen geschichtlichen Helden sowohl ihrem Gegenentwurf als auch einer Erlöserkraft begegnet. Aus der systematischen Untersuchung, die das Heroismusproblem in den geschichtlichen Zusammenhang stellt, ergibt sich die Möglichkeit zur intensiven Erörterung des Sozialen im Drama Grabbes. In Verbindung mit Analysen zur Bildlichkeit, den Erscheinungsformen des Geschichtlichen, bestätigt sich der Formbegriff, der bereits unter dem Gesichtspunkt der Destruktionsthematik faßbar wurde, als einheitliche Bestimmung der Verlaufsform, der dramaturgischen

Bewegung in Grabbes späten Stücken: Aus den stets gesellschaftlich angelegten Weltperspektiven der Vereinzelung, Entfremdung, aus der Bewußtseinslage der Sinnlosigkeit, des Karussellhaften, Komödienartigen der Welt führt ein Heros heraus, bis in der Schlacht oder einer analogen Aktion für eine welthistorische Stunde im Bild der Gemeinschaft eine Gegenwelt zum gesellschaftlichen und universalen »Chaos des Gemeinen« in Szene gesetzt wird. Dieser dramatische Zielaugenblick, die Erfüllungsstunde des Heroischen, durchgesetzt gegen das chaotische Bild einer weiterbestehenden destruktiven Wirklichkeit, trägt die Züge des Utopischen.

Die systematischen Teile dieser Untersuchung mit ihren notwendigen Verallgemeinerungen, mit ihrer Tendenz zum abschließenden Begriff entspannen und vertiefen sich in den nachfolgenden Interpretationen, die den drei letzten Dramen Grabbes gewidmet sind. Thematik, Motivstruktur, die Dramaturgie des »Punktes«, auf den die Handlung zielt, treten in den Blick, und selbst dort, wo Grabbes künstlerische Kraft versagte, bietet sich aus der intentionalen Qualität noch das Bild der mißlungenen Vollendung. Grabbes Drama scheitert als Einzelwerk und insgesamt an dem Versuch, die reale Grunderfahrung der Wirklichkeit, ihre zerstörerischen Kräfte zu überwinden und in das künstlerische Bild einer Vollendung zu überführen. Ursache und Notwendigkeit dieses Scheiterns lassen sich jedoch nur aus den Impulsen begreifen, die im Ansatz und in der Konsequenz den Zerstörungszwang der frühen Dramen hervortreiben.

I. KAPITEL

DAS ZERSTÖRUNGSMOTIV: SEIN ERSCHEINUNGS- UND BEDEUTUNGSWANDEL IM ENTWICKLUNGSPROZESS DER FORM

A. DESTRUKTIONSTHEMATIK IM FRÜHWERK. WIRKLICHKEIT ALS WAHRHEIT

Die Zerstörung des Menschen: Erfahrung und Handlungsabsicht

Hinter dem Sprachbombast und der »shakespearischen«[5] Handlungsatmosphäre läßt sich als Hauptthema und einheitliche Absicht des Grabbeschen Erstlingsdramas *Herzog Theodor von Gothland* die Zerstörung der Person erkennen; gleich dreifach wird dort eine gewaltsame Personaldestruktion – wenn auch in unterschiedlichem Ausmaß – Ereignis: einmal als biographische Episode Berdoas; im Handlungsverlauf dominierend, betrifft sie Gothland selbst, und ein ebenfalls eigener Vorgang bestimmt dessen Sohn Gustav zum Opfer. Letzterer, im Drama

5 Vgl. Friedrich Sengle, Das historische Drama in Deutschland. Geschichte eines literarischen Mythos; Stuttgart ^{2}1969; S. 158; zur Frage der Beziehung Grabbe–Shakespeare: Gerhard F. Hering, der vergleichende Betrachtungen zum *Gothland* und *Titus Andronicus* anstellt; in: Der Ruf zur Leidenschaft; Köln 1959; S. 193–215.

nur als Nebenperson fungierend, wird jedoch von Grabbe selbst ein »Hauptcharacter«[6] genannt, womit der Dichter im Ereignis der menschlichen Deformation eine entscheidende Handlungsabsicht seines Werkes zu erkennen gibt.[7]

Als Motor des äußeren und inneren dramatischen Vorgangs wirkt der Haß des Negers Berdoa auf den Herzog von Gothland; dieser Affekt gewinnt an Gewicht durch doppelte Motivation: zunächst als Rassenhaß, weil Berdoa einst von Weißen versklavt und gepeinigt wurde, und dann als persönlicher Haß, weil auch Gothland ihn einmal hat peitschen lassen; da diese Geißelung aber nur kurz, gleichsam als stimulierende Reminiszenz (HkG I 18) und ohne Klärung ihrer Umstände, erwähnt wird, bezieht sie ihre Bedeutung aus dem Zusammenhang mit der ersten Geißelung, von welcher Berdoa ausführlich berichtet:

> Nun marterten und geißelten
> Die weißen Teufel mich bis auf das Blut;
> Ich bat, ich schrie, ich wimmerte
> Um Menschlichkeit! Umsonst! Ich wand mich vor
> Dem Abschaum unseres Geschlechts im Staube, rief:
> Erbarmet euch! ich bin ein Mensch! »*Du wärst*
> *Ein Mensch?*« (hohnlachten sie mich an) »*du bist nur*
> *Ein Neger!*« und wütger als zuvor
> Verdoppelten sie meine Qual! . . . (HkG I 37)

Berdoa kleidet sein Flehen um Gnade in einen bemerkenswerten sittlichen Appell: Er bittet seine Peiniger (als Angehörige des Menschengeschlechts) um »Menschlichkeit«, da er doch

6 Brief vom 12. 7. 1827 (HkG V 165). Der Sigle bezeichnet die Historisch-kritische Gesamtausgabe von Grabbes Werken und Briefen in sechs Bänden, ed. Akademie der Wiss. in Göttingen, bearb. von A. Bergmann. Bd. I–V; Emsdetten 1960 ff. Da der sechste Band der HkG noch nicht erschienen ist, werden Grabbes Briefe aus den Jahren 1833–1836 nach der von S. Wukadinowić edierten Ausgabe von Grabbes Werken in sechs Teilen; Berlin etc. o. J. unter dem Sigle Wuk zitiert. Die römische Ziffer hinter dem Sigle bezeichnet jeweils den Band (oder bei Wuk den »Teil«) und die arabische Ziffer die Seite der betr. Ausgabe.

7 Grabbe selbst bemerkt ausdrücklich, daß u. a. dem *Gothland* ein »konsequent befolgter Plan zu Grunde liegt« (HkG I 1).

auch ein Mensch sei. Dieses Gnadengesuch scheint aufklärerischen Redeweisen nachgesprochen, denn die Form von Berdoas Menschenbegriff, in der Emphase und der idealen Abstraktheit abgehoben von der niederen Stilschicht des übrigen Berichts, imitiert zum mindesten die gehobene Tonlage, in der beispielsweise Lessings Nathan seinen anspruchsvollen Mensch-Begriff vorträgt[8]. Doch schlägt das Pathos von Berdoas idealer Anschauung mit der Desillusion um in ein Pathos destruktiver Bestialität:

> Die Weißen haben mich für keinen Menschen
> Erkannt, sie haben mich behandelt, wie
> Ein wildes Tier; wohlan, so sei's denn so!
> Ich will 'ne *Bestie* sein! . . . (HkG I 38)[9]

Dieser Umschlag aus der Emphase des positiven Mensch-Begriffs in den leidenschaftlichen Ausdruck des Menschenhasses, der später noch deutlicher zum leitenden Motiv von Berdoas Reden und Handeln wird, weckt freilich Zweifel, ob Berdoas Humanitätspathos aus innerer Überzeugung gesprochen wurde. Ausdrücklich steht es im Dienste der Rhetorik, die das Pathos ganz bewußt als Mittel der affektivischen Beeinflussung und Überredung handhabt: Berdoas Redeauftritt gewinnt darin seine Bedeutung, daß der Neger seine Geschichte erzählt, wie er sagt, »Um meine Wut zu stacheln / Und sie von neuem anzufrischen« (37), aber gleichzeitig um gegenüber dem erschreckten Irnak seinen »höchst gerechten Haß« (38) zu rechtfertigen. Er schildert

8 »Grad' unter Menschen möchtest Du ein Mensch / Zu sein verlernen« (S. 334) oder: »Ihr Stolz ist: Christen sein; nicht Menschen« (361); in: G. E. Lessing, Gesammelte Werke in zehn Bänden, ed. P. Rilla; Berlin 1954; Bd. II. Vgl. auch König Philipp in *Don Carlos* III 5: »Jetzt gib mir einen Menschen, gute Vorsicht – / Du hast mir viel gegeben. Schenke mir / Jetzt einen Menschen.« (Sämtliche Werke, ed. Fricke, Göpfert; München [4]1965; Bd. II S. 111).

9 Vgl. die überraschend gleichlautende Begründung der ›bestialischen‹ Racheabsicht in Kleists *Familie Schroffenstein* aus der schmerzlichen Erfahrung des Vorurteils. Gegen Ende der Szene IV 4 sagt Rupert: ». . . Sie haben mich zu einem Mörder / Gebrandmarkt boshaft im voraus. – Wohlan, / So sollen sie denn recht gehabt auch haben.« Sämtl. Werke und Briefe, ed. Sembdner; München [3]1964; Bd. I, S. 133.

zu diesem Zweck den mißlungenen Versuch, *Mitleid* zu erregen, seine Peiniger von seiner Menschlichkeit zu überzeugen. Dieser Fehlschlag wird im Pathos der Überredungsabsicht absolut gesetzt, als ob für Berdoa nunmehr der Überzeugungszwang bestünde, in einer völligen Umkehrung der »Intention der Situationsänderung«[10], den idealistischen Entwurf von Menschlichkeit zu widerlegen.

So behält Berdoa, indem er sich als gescheiterten Rhetoriker der Humanität darstellt, die Grundgebärde des »persuadere«[11] bei, und seine Rede bekommt dadurch ein besonderes Gewicht, daß der durch sie legitimierten destruktiven Überzeugungsabsicht Erfolg beschieden sein wird: Der Umschlag des Pathos aufgeklärter Menschlichkeit in ein solches der menschlichen Bestialität bildet nämlich das Modell der dramatischen Handlung in den ersten drei Akten. Berdoas Erzählung, scheinbar an der Peripherie der Aktion, setzt einen Vorgang ins Bild, der im Drama als ›Wahrheit‹ ausgespielt wird; indem sich Berdoas destruktive Rhetorik auch in der weltanschaulichen Verallgemeinerung effektvoll durchsetzt – die wiederholte Bestialisierung der dramatischen Gestalten läßt darüber keinen Zweifel zu –, stellt das ganze Drama mit dem Neger in Frage, ob der idealistische Entwurf von Menschlichkeit nicht eine durch alle realen Erfahrungen widerlegte naive Illusion ist. Denn auch der Held des Dramas, Herzog Theodor von Gothland, nimmt ausdrücklich Idee und Qualität aufgeklärter Menschlichkeit für seine Person in Anspruch, artikuliert sie mit der gleichen Emphase des Humanitätsbegriffs wie Berdoa als Weltanschauung und zeigt doch mehrfach im Verhalten und in seiner Rede gerade jene Gebärden des Hochmuts und bewußter Rassenverachtung, die Berdoa bei seinen Peinigern beobachten mußte. Den Vor-

10 Heinrich Lausberg, Artikel *Rhetorik;* in: Fischer-Lexikon der Literatur Bd. I–III, ed. Friedrich, Killy; Frankfurt/Main 1965; II S. 474–482; S. 475.

11 Klaus Dockhorn, Die Rhetorik als Quelle des vorromantischen Irrationalismus in der Literatur- und Geistesgeschichte; in: K. D. Macht und Wirkung der Rhetorik (Respublica Literaria 2); Bad Homburg v. d. H. 1968; S. 49.

wurf des Brudermordes, den der Neger erhebt, wehrt er mit den Worten ab:

Bei dir
Zu Haus, am Strand des Senegal,
Dort mag das Brudermorden
'Ne Sitte sein, doch nicht in diesem Norden,
Wo schon der Mensch zum Menschen ist geworden! –
(HkG I 32)

Der Gedanke, daß die Untat in seiner Familie dennoch geschehen sein könnte, gibt Gothland einen ganz ähnlichen Bild-Begriff von der Bestialität des Menschen ein, wie er schon von Berdoa für sein eigenes in schmerzhafter Erfahrung zerstörtes Ich geprägt wurde: »... ein geschminkter Tiger ist der Mensch!« (HkG I 33). Diese Sentenz enthält den entscheidenden anthropologischen Grundgedanken des *Gothland;* zunächst nur vorweggenommene Selbsterkenntnis, gewinnt dieses Bestienbild, losgelöst von dem hypothetischen Redeanlaß, den Rang der Erkenntnis und Wahrheit. Denn Gothland hält zwar nach dieser rhetorischen »Pointe«[12] vorerst erschreckt inne und reflektiert die Folgen des anfänglich nur theoretisch-möglich gedachten Zusammenbruchs seiner Menschheitsidee; aber der Versuch, den Glauben zurückzubeschwören, enthält nichts von der Überzeugung, die vorher den Ausdruck des Verlustes hervortrieb. Die Modalität des Möglichen erfaßte das längst Geschehene:

Den Glauben an die Menschheit, diesen Trost
Des Menschen in den Nöten, ohne den
Es keine Liebe, ewgen Haß nur gibt,
Der mich vertrauen lehret auf mich selbst,
Der mich beglückt, wenn ich mein Weib
Umfasse, der den Menschen menschlich macht,
Den Glauben an die Menschheit raubt mir nicht!
(HkG I 33 f.)

Seine Menschheitsidee artikuliert Gothland hier bereits nur noch als Menschheitsglauben. Das ist eine bemerkenswerte Relativierung: Wenn Gothland nämlich die sittliche Idee der

12 Vgl. W. Hegeles Analyse von Gothlands Monologstruktur in seiner erweiterten Diss. Grabbes Dramenform; München 1970; S. 18.

Menschheit nur als »tröstliches« Glaubensangebot betrachtet, behandelt er das moralische Postulat, das vom Menschen sittliches Verhalten verlangt, als moralische Wahrheit, an die er selbst die Forderung stellt, der empirischen Wirklichkeit nicht zu widersprechen. Indem Gothland nur das Verhalten anderer nach dem Postulat bemißt und von der enttäuschenden Wirklichkeit auf die Wahrheit der Idee schließt, hat er ihre Zerstörung bereits vorweggenommen.

Unverkennbar versucht der junge Grabbe hier aus dem Effekt der Intrige den Übergang von der Ich- zur Gesellschafts- und Welttragödie zu vollziehen, wie er ihm in dem bewunderten Drama *Die Räuber* vorgespielt wurde[13]. Nur liegt der entscheidende Unterschied darin, daß Karl Moor die Möglichkeit zur Versöhnung der Welt wahrnimmt, als er die Intrige durchschaut, und damit seinen metaphysischen Anspruch durchhält; auch der symbolische Zusammenhang von Vater- und Weltordnung, der zunächst gewaltsam hergestellt scheint, bestätigt sich darin. Gothland nutzt die Möglichkeit zur Umkehr nicht (vgl. die Cäcilia-Episode IV 1). Die Täuschung der Intrige führt ihn, im Sinne Berdoas, zur »Wahrheit«, von der er nicht wieder abzubringen sein wird.

Während bei Grabbe von dem emphatischen Ausdruck der Menschheitsidee bis hin zur erkannten Bestialität bereits ein ganzer entscheidender Handlungsbogen durchmessen worden ist, vollzieht sich der entsprechende Vorgang bei Schiller in einem einzigen von vergeblichen Anrufen unterbrochenen, verzweifelten Monolog Karl Moors; auch dort wird die Krise der Menschheitsidee durch die Erfahrung des Helden an der Massierung von Tierbildern sichtbar:

13 Wenn Benno von Wiese in seiner Schillermonographie (Stuttgart [3]1963; S. 145) feststellt: »Nicht der Konflikt der Brüder ist das dramatische Thema, sondern die gestörte Vaterordnung«, so läßt sich über den *Gothland* feststellen: Nicht der Familienkonflikt als Sinnkrise überhaupt ist das Thema, sondern die Zerstörung des Menschenbegriffs, aus dem sich das Ethos der sozialen Werte herleitet. (Zur Bewunderung der *Räuber* vgl. die Abhandlung über die *Shakspearo-Manie.)*

Menschen – Menschen! falsche, heuchlerische Krokodilbrut! ... Löwen und Leoparden füttern ihre Jungen, Raben tischen ihren Kleinen auf dem Aas, ... Ich möchte ein Bär sein ... die wilde Bestie wär in Mitleid zerschmolzen ... wider das Hyänengezücht ... (SW I 514) [14]

Karl Moors Bestienbeschwörung erweist sich jedoch als der Ausdruck eines weiterbestehenden anspruchsvollen Menschenbildes, wenn er als Räuber die Idee an den Menschen zu rächen unternimmt. Das ideale Anliegen, den theatralischen Beweis einer göttlich-gerechten Weltordnung kann Schiller auch durch den falsch handelnden Helden vertreten lassen, weil dieser aus Treue zur Idee irrt; das Pathos der erkannten Bestialität im *Gothland* will indessen als Wahrheit verstanden sein. Während in den *Räubern* die Bestie eine Metapher bleibt, eine rhetorische Figur der Verzweiflung, folgt ihr im *Gothland* die dramatische Konkretion. Karl Moor tritt nur moralisch aus dem Kreis der Menschheit, Gothland zerstört in seiner Person die Idee der Menschheit: Der Handlungsverlauf schildert nicht den Triumph des Rechts, sondern verfolgt konsequent die Zerstörung der Person bis auf ihren letzten Rest an menschlicher Substanz; Karl Moors Verbrechen beruht darin, die schlechte Wirklichkeit mit Gewalt der Idee der Gerechtigkeit angleichen zu wollen; Gothland versucht wie Berdoa, auch die Elemente von Sittlichkeit um der einmal gefaßten Idee von der Bosheit der Welt willen zu vernichten. Damit aber wird plötzlich doch wieder eine ›Idee‹ als Verpflichtung begriffen, d. h. sie erscheint nicht allein als These oder Spekulation, sondern als Handlung und Beweisabsicht zugleich. Jenes notwendige Abstraktionsvermögen, das dem Idealisten verlorengegangen war, hat sich der Anwalt des Bösen bewahrt. Dieser ins Negative umgeschlagene Idealismus findet in dem Neger, der seiner Hautfarbe wegen gegeißelt worden ist, eine anscheinend dämonisch-sinnfällige Verkörperung.

Die Zerstörung der menschlichen Personalität bildet zwar das erklärte Ziel einer diabolischen Intrige, aber recht besehen fällt durch ihre Wirkung lediglich die Maskierung des wahren Be-

14 Schiller-Zitate werden geboten nach der Ausgabe sämtl. Werke, ed. Fricke und Göpfert, München [4]1965 unter dem Sigle SW, der Band in römischer, die Seite in arabischer Ziffer.

stiengesichtes. Denn bereits als Sprechender entlarvt sich Gothland selbst: In der Transparenz, die hinter dem humanen Selbstentwurf des Helden stets auch die Idee der negativen Weltdeutung sichtbar werden läßt, hat Grabbe die Umschlagsmöglichkeit beider ›Weltanschauungen‹ gestaltet, die den Wahrheitsanspruch und den moralischen Gehalt von Gothlands idealistischem Weltbild von vornherein in Frage stellt. Die Erschütterung, die in ihm der Tod seines Bruders auslöst, wird überscharf belichtet durch den Umschlag von Bildzügen harmonisch-ungestörter Weltordnung in Sprachgesten totaler Verzweiflung. Wendungen der – im Sinne der Rhetorik – ethischen Charakterisierung[15] in Gothlands Eingangsmonolog (I 2): »holder Genius«, »Morgendämmerung des Lebens«, und mit der auch für klassische Sprachwelt charakteristischen Genetivinversion: »der Freundschaft Bande«, »des Lebens Pfade«, werden abgelöst durch verzweifelte Verzerrungen des ›natürlichen‹ Weltgesichtes: Der Herbst wird zur »Gelbsucht« der Natur (HkG I 24), der Schlagfluß ist ein »Banditenstreich des Todes« (25), die Natur wird zur »Wüste« (28) etc. Gothlands Glaube an die Menschheit war gebunden an den ethischen Affektbereich schwärmerischer Bruderfreundschaft, er hatte nur Gültigkeit für die private Sphäre: Die unerbittliche Konsequenz, die der Destrukteur zeigen wird, ist dem Idealisten noch nicht gegeben. Die psychologische Gewaltsamkeit, die der urplötzliche Umschlag der Weltphysiognomie in Gothlands Konfession erkennen läßt, bildet – als eine Parallele zu Berdoas Erlebnis – das Vorspiel der vielen geistigen und materiellen Destruktionsereignisse, die das Drama thematisiert.

Mit dem Zusammenbruch des idealistischen Weltbildes erschöpft sich jedoch der dramatische Plan noch nicht. Er zielt auf die Zerstörung der Person, die in dem Widerspruch zwischen ihren persönlichen Erfahrungen und ihren Reaktionsweisen, die auf eine vollkommene Welt abgestimmt bleiben, zerbricht. Freilich erscheint der innere sittliche Zwang dabei nur als Parodie des Gewissens, als ein ins Monströse getriebenes Fluktuieren der Person zwischen dem Willen zum Bösen und einer abstrakt sich

15 Zum Ethos-Begriff in der Rhetorik vgl. K. Dockhorn, Die Rhetorik als Quelle des vorromantischen Irrationalismus; a.a.O. S. 54 ff.

zeigenden moralischen Statur. Schon Berdoas banale Psychologie, seine so kurz schließende Rhetorik, die grotesk zusammenschrumpfenden Verführungsprozeduren, der niemals fragliche Erfolg seiner Intrigen enthielten prägnante Handlungsmomente, die das nun thematisch hervortretende Spottspiel auf die Integrität der menschlichen Seele in Szene brachten. Wenn nun Gothlands Idealismen wie die ironischen Drapierungen eines guten Helden abfallen, so gilt die demonstrative Absicht dieses Vorgangs nicht nur dem Helden, der seine Schwäche und Bestialität enthüllt, sondern auch dem Inhalt seiner früheren Bekenntnisse, die sich in einer grausen Welt als unzulängliche Rüstung erweisen: Die Verzweiflung und der heroische Impetus Gothlands entspringen, wie Grabbe zu zeigen bemüht ist, der Desillusion eines als wahr geglaubten Idealismus. Da er aber lediglich die Zerstörung dieses Glaubens ins Auge gefaßt hat, vollzieht sich dieser Prozeß nicht auf dem Niveau der philosophischen Doktrin, denn eine idealistische Moral hat, abgelöst von der sittlichen Person und ihrem Durchsetzungsvermögen, keine Beweiskraft.

Die rhetorische Emphase in der Verkündigung sittlicher Wertvorstellungen bewahrt sich im Drama also nur dann den Überzeugungseffekt, wenn der von ihr verlebendigte Ideenkatalog durch das Handeln der Person bestätigt und beglaubigt wird. So bezieht das Gerechtigkeitspathos Karl Moors seinen Sinn und seine Berechtigung aus der Idee der Gerechtigkeit, die durch das ganze Drama hindurch eine Motivierungskonstante seiner Taten bleibt; Gothland fordert angesichts des Verbrechens an seinem Bruder in scheinbarem Absolutismus: »Gerechtigkeit und wenn der Weltbau bricht!« (HkG I 48); seine eigenen Untaten mißt er freilich nicht mehr an dieser Maxime, sondern er stellt sie in die Verantwortung anonymer Mächte:

> Allmächtge *Bosheit* also ist es, die
> Den Weltkreis lenkt und ihn zerstört! (HkG I 82)

Der Absolutismus der Gerechtigkeit wandelt sich schlagartig in einen absoluten Fatalismus der Zerstörungserfahrung. Gothlands Schicksalsglaube wird jedoch durch das ganze Drama hindurch als eine apologetische Reaktion entlarvt. Dieser Fatalismus der Zerstörungserfahrung ist ein Erbe des Sturm und Drang[16]. Wenn sich Grabbe in der *Shakspearo-Manie* auch zu dieser Tradition, insbesondere der romantischen Schicksalstragödie wie Müllners *Schuld,* bekennt (HkG IV 54), so rationalisiert er doch mit dem entscheidenden Motivierungsstrang des *Gothland* eben jenen Schicksalsbegriff, den er in der gleichen Abhandlung unter Berufung auf Wieland entwickelt: ». . . und selbst gegen die Schicksals-Idee habe ich . . . nichts zu erinnern, sobald das Schicksal *unerforschlich* . . . dargestellt wird.« Die äußere Handlung seines Dramas verarbeitet zwar eine »Schicksals-Idee«, doch widerspricht diese Anlage dem Plan und Effekt von Berdoas Intrige, die sich auf ein psychologisches Kalkül stützt. Die Requisiten der Schicksalstragödie (z. B. der Komet, der in I 2 erscheint und von Erik als fatales Zeichen gedeutet wird), auf die sich später Gothland apologetisch beruft (»Der Zufall, der mit Blendwerken mich täuschte«, S. 78), bleiben äußerlich gegenüber den viel stärkeren Elementen psychologisch-mechanistischer Motivation, die der Neger ins Spiel bringt[17]. Die Wirkungssicherheit Berdoas, der über die Mittel der Rhetorik und der Intrige zum gleichen Zwecke der ›Wahrheits‹-Überzeugung verfügt, beruht auf einer materialistischen Deutung aller durch Handeln geschaffenen Qualitäten; die Bedürfnisse der Triebnatur sind für ihn das einzige Regulativ des menschlichen Verhaltens. Wenn also Berdoa die sichere Erfüllung seines Racheschwurs daraus ableitet, daß »große Liebe, großer Haß« (21)[18] bedeutet, dann rechnet er mit dem gesetz-

16 Vgl. hierzu Walter Hof, Pessimistisch-nihilistische Strömungen in der deutschen Literatur vom Sturm und Drang bis zum Jungen Deutschland (Untersuchungen zur deutschen Literaturgeschichte 3); Tübingen 1970.

17 Als er den Plan, Gothland zu vernichten, auszuführen beginnt, sagt Berdoa auch deutlich: »Ich bin sein Schicksal und / Sein Gott!« (28)

18 Das ist im übrigen eine Grabbesche Lieblingsidee; vgl. die Briefstelle, HkG V 212: ». . . nur der Satan ist fromm gewesen, sonst wäre er nicht so ungeheuer böse, und Bosheit ist für den Vernünftigen nichts als Nothwendigkeit . . .« Ähnlich der Ritter in *Don Juan und Faust,* HkG I 464.

haften Umschlag des Guten ins Böse, sobald die egoistischen Interessen den positiven Grundwert erst einmal ins Labile haben gleiten lassen. Und in diesen Etappen vollzieht sich Gothlands ›Schicksal‹ dann auch tatsächlich. Ganz zu Recht hält Berdoa darum am Ende der Gothlandschen Schicksalsapologie entgegen: »Die *Rache* für den toten Bruder / War dir ein schmeichelnder, verlockender / Gedanke! . . .«, und: »Du . . . tauftest deine Rachbegier / Gerechtigkeit . . .« (HkG I 184).

Mit der Desillusion der »Schicksalsidee« als apologetischer Verbrämung einer ungezügelten triebhaften Rachbegierde vollendet sich ein Prozeß der ideellen Destruktion, den Berdoa mit seiner Abkehr vom idealistischen Menschenbegriff eingeleitet hatte. Für Gothland fielen zunächst die traditionellen Wertideen als leere Begriffshüllen nieder:

> – Sieh! ringsum wirds mir Nacht – ausgelöscht
> Sind mir die Leuchttürme des Lebens:
> Die Liebe, die die Gegenwart umglänzt,
> Die Hoffnung, die die Fernen rosig schmückt,
> Des Ruhmes Kränze, welche funkelnd an
> Den Sternen hangen, Tugend, die
> Den Märtyrer im Sterben noch verklärt,
> Die Sonnenberge der Unsterblichkeit,
> Auf die der Erdenwandrer blickt
> Im Unglückssturm – – sie alle leuchten mir nicht mehr! . . .
> (HkG I 86)

Die Reaktion des Helden in den Anfechtungen der Realität liefert den nötigen Hintergrundkontrast zu dieser Revue verlorener Ideale, und sie macht deutlich, daß hier ein Katalog nicht erfüllter Wertbegriffe beschworen wird: Im erfahrenen »Unglückssturm« des Dramas (als Gothland die Nachricht vom Tode seines Bruders erhielt), leuchteten ihm keineswegs die »Sonnenberge der Unsterblichkeit«, sondern seine Gattin mußte ihn erst an die Idee der Unsterblichkeit erinnern, um ihn für einen Augenblick der ärgsten Verzweiflung zu entreißen. Gleichzeitig hört Gothland nie auf zu hoffen, und seine heroische Attitüde bleibt unmittelbar ruhmorientiert. Die Hyperbel und die Wertbegriffe haben jedoch kein Gefälle zur Wirklichkeit hin, als reine Formalisierungen bezeugen sie, daß Gothlands Monolog gar nicht mehr als überzeugende Klagerede angelegt ist; denn wenn der Held immer stärker von der unwiderleglichen Gewalt der Wirklichkeit eingenommen wird, so erforderte doch eine glaubwürdige Trauergebärde, daß er sich über den Verlust der konkreten, persönlich relevanten Werte schmerzlich erregt, über Vaterland oder Familie, die seine zerstörte Idealwelt konstituierten. Die kumulative Reihung heroischer Wertbegriffe indessen überlagert mit ihren schmückenden Beifügungen und Periphrasen das Verlustgefühl für das einzelne; der Katalog verlorener Ideale, der sowohl durch die Vergangenheit (Gothland hat sie, z. B. die Tugend, nicht erfüllt) als auch durch die Zukunft (das Ideal des Ruhmes wird an Bedeutung noch zunehmen) unbestätigt bleibt, muß in sich fragwürdig werden. Gothlands Verlustmonolog ist eine Formimitation und weist sich im dramatischen Zusammenhang als Parodie auf den vorgegebenen Wertekanon aus. Die neue Orientierung geht aus dem folgenden Zitat hervor:

> Ich selbst verachte mich und
> Deshalb auch das, was außer mir noch da ist –
> Glück, Freundschaft, Vaterliebe, Vaterland
> Sind hin – (HkG I 87)

Hier finden sich zwar die persönlichen und die sozialen Gefühlswerte versammelt, aber ihre beliebige Massierung in einer beiläufigen Paraphrase und verbunden mit dem lakonischsten Ausdruck des Verlustes (»sind hin«) reduzieren sie zu Positionen einer sittlichen Inventur, die beinahe gleichgültig als Verluste aufgezählt werden; denn mit der so selbstverständlich gesetzten kausalen Verbindung (»Ich selbst verachte mich und / Deshalb auch das, was außer mir noch da ist«) gibt der Sprechende seine radikale Egozentrik zu erkennen, die Berdoas Thesen bestätigt, insofern Gothland sich nie zum Diener eines anerkannten Wertekosmos gemacht hat, sondern stets unter dem Deckmantel idealistischer Redeweisen die Interessen seines Ich verfochten hat. So wird die Forderung nach absoluter Gerechtigkeit aus der Sphäre rigoroser Sittlichkeit zurückgeholt und erkennbar als eine brutale Racheforderung, die vorausweist auf den rücksichtslosen Zerstörungsdrang des ›bekehrten‹ Gothland.

Der Destruktivismus des Titelhelden bleibt ziel- und sinnlos. Er erschließt sich jedoch als die nach außen gekehrte Motivation seines aus geistiger und sozialer Zerrüttung erwachsenen Heroismus; mit diesem Heroismus sucht Gothland zugleich Zuflucht in einer neuen Wertsphäre, der des Ruhms, als Antwort auf die Zerstörung seiner illusionären ethischen Welt[19]. Unerreichbar bleibt für Gothland allerdings die heroische Qualität späterer Grabbescher Helden, der destruktive Standard völliger Verhärtung und radikaler moralischer Indifferenz, wie er sie in einer glanzvollen Drohrede immerhin zur rhetorischen Aktion gebracht hatte:

> ... – einer von den großen Ärzten
> Der Menschheit, deren sie so sehr bedarf,
> Die mit den einzigen Heilmitteln, die ihr fruchten,
> Mit Feur und Schwert, mit Krieg und Pest sie heilen,
> Einer von den gepriesnen Attilas,
> Sullas und Cäsars will ich werden! (HkG I 110)

Hier ertönt eine totale Kampfansage an die Menschheit, und ihr apokalyptischer Radikalismus steht durchaus in der Tradition

19 Günther Jahn, in seiner Diss. Übermensch, Mensch und Zeit in den Dramen Ch. D. Grabbes; Göttingen 1950, unterscheidet zwischen verschiedenen »Wesensschichten« in allen Helden Grabbes. Dabei ist nach Jahn in der Person Gothlands das unveränderte ideelle Interesse Grabbes am deutlichsten gestaltet, während die übrigen Dramen nur eine Projektion und strukturelle Verschiebung der Seelenproblematik in die Welt darstellen. Die vorliegende Arbeit geht von dem genau entgegengesetzten Ansatz aus: Der *Gothland* wird als die in parodierter klassischer Form und mit idealistischem Problemstoff, d. h. als Seelenproblematik ›verfremdete‹ Bewältigung realer Erfahrungen verstanden, die das Verhältnis des Individuums zu seiner Umwelt als destruktiven Konflikt produziert. Die späteren Dramen gewinnen dabei an Unmittelbarkeit und Schärfe der Aussage, indem sie die gleichen Erfahrungen als historische Auseinandersetzung zwischen heroischer und sozialer Welt gestalten. – Gothland gibt ein einheitliches Bild nur als zerstörte Person, und das Drama als ganzes wird erst dann verstanden werden, wenn der »konsequent befolgte Plan« ermittelt wird. Gewiß lebt in der übernommenen Form und der Parodie der alten Ideen ein Wahrheitsanspruch, ebenso wie die Destruktion in ihrer Doppelfunktion gesehen werden muß, als Destruktion von Ideen und Aufdeckung einer neuen ›Wahrheit‹. Allerdings läßt der *Gothland* als ein gedanklich brüchiges Werk mehrere Interpretationen zu.

des heroisch-hyperbolischen Bildpathos im Drama des Barock und Sturm und Drang. Aber ebenso wie seine nächsten Vorbilder (vgl. Guelfo in den *Zwillingen* und Karl Moor) bleibt auch Gothland seinem Selbstentwurf alles schuldig. Wenn er am Ende des 3. Aktes ein idyllisches Bauernanwesen zerstören läßt, dann vollendet er keine große Tat im Sinne seiner Prätention, vielmehr zeigt er sich für einen Augenblick auf dem Wege, die Ursache seiner Katastrophe zu erkennen: Die Bosheit des Menschen wird durch die Welt hervorgerufen (die Wendung »versucht« bezeichnet noch den idealistischen Ursprung seines Denkens), Bestien assimilieren sich lediglich einer zur Hölle gewordenen Wirklichkeit. Doch als Opfer der ihm von Berdoa eingeredeten ›Wahrheit‹ kann er nicht erkennen, daß die idyllische Welt seiner Theorie einer umfassenden Höllenwelt widerspricht. Sein Destruktivismus ist blind und fühlt sich gerade durch den Widerspruch affiziert.

Desillusion als materialistische Wahrheitsintention

Gothland in seinem Zerstörungswahn präsentiert sich als Opfer und Schüler Berdoas; doch der Destruktivismus des Negers enthielt von vornherein rationale Elemente, und so gelangt auch dessen Wahrheitsanspruch in klareren Wendungen zum Ausdruck: Berdoa hat eine Konzeption. Allerdings wird die Begrifflichkeit seiner Anschauungen immer wieder überwuchert von einem bizarren Rachepathos und Redeprunk, so daß der Leser sich zunächst bei ihm den gleichen Destruktionstiraden konfrontiert sehen mag wie bei Gothland. Den Unterschied zu Gothlands Haltung erhellt jedoch Berdoas Monolog gegen Ende von III 1; nachdem er bilderreich den »Samum«, den »Löw«, den »Königstiger« und die »Boa« beschworen, klärt sich im letzten Abschnitt seines Monologes der Sinn der koloristischen Anstrengung:

– Ein *Samum* will ich Gothlands Mark aufzehren,
Will seinen Stamm, will alles, was ihn nur beglückt,
Mit meinem Hauch versengen und verheeren, –

Ein *Löwe*, will ich ihn ergreifen,
Ein' *Boa*, will ich ihn erdrücken,
Ein *Tiger*, reiß ich ihn zu Stücken –
– Nur Tiger? – der kann bloß den Leib versehren!
Das ist zu wenig, ich will mehr!
Denn auch das Seelenheil will ich zerstören
Für ihn sowie für seinen Samen! Amen! (HkG I 111 f.)

Der Exotismus, in dem sich seine sinistren Absichten und sein scheinbar blindes Destruktionsbedürfnis ins Bild setzen (der Monolog beginnt mit den Worten: »O gebt / Mir etwas zu vernichten, etwas zu / Vernichten – ja, vernichten! vernichten!«), bildet jedoch nicht allein einen figurativen Durchgang im Sinne reiner Metonymien der Destruktion bis zur endlich ausgesprochenen Absicht: Die vierfache Identifikation mit elementarhaft-natürlichen Zerstörungsmöglichkeiten illustriert auch den geistesgeschichtlichen Hintergrund einer Haltung, die bereits als ein umgeschlagener Idealismus, der sich die Beweislast des Bösen aufgebürdet hat, bezeichnet worden ist. Der Gedanke der Bestialität des Menschen versteht sich als Radikalisierung des Aufklärungsmaterialismus La Mettrie'scher Prägung[20], der keinen substantiellen Unterschied mehr zwischen Mensch und Tier gelten lassen will, wodurch der Begriff der Seele ebenfalls als unwesentlich niederfällt[21]. Wenn Berdoa also das »Seelenheil« seines Feindes zerstören, die physische durch die psychische Vernichtung erreichen will, wendet er sich im Angriff auf die Person Gothlands gerade gegen die idealistische Menschenkonzeption, die in der Integrität der Seele ihr entscheidendes Fundament sieht. Berdoas zynische Philosophie entstammt der Schule Franz Moors, der seinen Vater auf dem Wege der seelischen Strapazierung physisch vernichten möchte: »Philosophen und Mediziner lehren mich, wie treffend die Stimmungen des Geists mit den Bewegungen der Maschine zusammenlauten . . . Und wie ich nun werde zu Werk gehen müssen, diese süße, friedliche Eintracht

20 Julien Offray de la Mettrie, L'Homme Machine, (Collection des Chefs-D'Œuvre Méconnus), ed. M. Solovine; Paris 1921. Zur ›Radikalisierung‹ vgl. Anm. 23.

21 »L'âme n'est donc qu'un vain terme dont on n'a point d'idée...« La Mettrie; a.a.O. S. 113.

der Seele mit ihrem Leibe zu stören?« (SW I 522). Im Grunde unterscheiden sich die beiden Zerstörungsabsichten nur in ihrem dramatischen Effekt, insofern die Handlung des *Gothland* den Idealisten des Bösen nicht widerlegt. Während Franz Moor mit dem Wahrheitsanspruch seines radikalisierten Materialismus[22] scheitert, indem ihm gerade sein heftig negiertes Gewissen mit dem Angsttraum vom Jüngsten Gericht die Wahrheit der Idee der Sittlichkeit vor Augen führt, wird Berdoa Recht gegeben: Gothlands völlige Gleichgültigkeit angesichts des Todes zeugt davon. Der junge Schiller kritisiert in der Gestalt Franz Moors den Aufklärungsmaterialismus[23], indem er ihn als umgekehrten Idealismus dämonisiert, aber damit zugleich revisionierbar erhält. Grabbe läßt die gleichen Positionen Berdoas nicht nur unwiderlegt; sondern er bestätigt dessen Beweisabsicht als die des Dramas selbst, wenn er in einer Selbstkritik des *Gothland* dem oben zitierten Monolog Berdoas die Bedeutung einräumt, »den Geist des Stückes« (HkG V 194) zu bezeichnen; mit dem Begriff einer »Philosophie der Verzweiflung«, die Moser bei Franz dia-

22 Vgl. in der Szene IV 2 Franz Moors Bild vom »Zirkel der menschlichen Bestimmung«: »– der Mensch entstehet aus Morast, und watet eine Weile im Morast, und macht Morast, und gärt wieder zusammen in Morast . . .« (SW I 577).

23 Es muß also hervorgehoben werden, daß der Materiebegriff und auch der Begriff von Natur bei La Mettrie nicht mit dem Franz Moors oder Berdoas übereinstimmen. Indem La Mettrie der Zweisubstanzenlehre Descartes' widerspricht und nur noch eine Substanz kennen will, steht diese einzige materialistische Substanz nicht mehr im Gegensatz zum Geist (was der Moorsche »Morast« eben zum Ausdruck bringen will), sondern bewahrt eine eigentümliche natürliche Würde; das stellt der Verfasser auch klar, wenn er hervorhebt: »Non, la matière n'a rien de vil qu'aux yeux grossiers qui la méconnaissent dans ses plus brillants ouvrages, et la Nature n'est point une ouvrière bornée.«; a.a.O. S. 139. Bei Grabbe wird das Bild des Morastes zum Grundmotiv menschlicher Wirklichkeit, und damit übernimmt er die Position seines Helden. Berdoa, der sich wie eine Bestie »im Staube« wandte, verharrt in dieser Situation. Freilich zeigt das Drama auch einen Ausweg, wenn der Welt des Morastes die heroische Tatmöglichkeit entgegengesetzt wird; Gothlands Bild »Der Mensch / Trägt Adler in dem Haupte / Und steckt mit seinen Füßen in dem Kote!« (81) zeugt von dieser Möglichkeit, insofern der Adler ein heroisches Sinnbild darstellt.

gnostiziert, läßt sich geradezu die – wenn auch nicht ohne Pose eingenommene – Grundhaltung des jungen Grabbe erfassen, eine Anschauung, die der Dichter auch im Zuschauer provozieren möchte, da er *Scherz, Satire, Ironie und tiefere Bedeutung* als ein Lustspiel bezeichnet, das ein lautes »Lachen der Verzweiflung« (HkG V 195) erregen werde.

Die Fragen, welche die offensichtliche Übereinstimmung von Grabbes und Berdoas Positionen aufwirft, wird der folgende Abschnitt erörtern. Die Bedeutung und Problematik des ›Materialismus‹ erhellt allein daraus, daß Berdoa seine Absicht, das Seelenheil seiner Feinde zu zerstören, gerade dadurch erfolgreich durchführt, daß er Gothland und seinen Sohn wiederum auf jenen umgestülpten Idealismus, die »Philosophie der Verzweiflung«, einzuschwören versucht, die bei Schiller nur eine polemische Verzerrung La Mettrie'scher Gedanken umfaßt, während sie von Grabbe später eher zur zynischen Selbstdarstellung zitiert wird, wenn er einmal Kettembeil auffordert, »die Menschen als erste vom Dampf getriebene Maschinen« und »das Leben als ein Mittel zum Vergnügen« (HkG V 160 f.) zu betrachten.

Seine Absicht, das Seelenheil seiner Feinde zu zerstören, verwirklicht Berdoa in einer Reihe strategisch durchdachter Operationen, die konsequent jede ideelle Wertvorstellung und jede ethische Motivation in ihrer Bestimmtheit durch die menschliche Eigensucht desillusionieren. Diese aus dem Prozeß der Triebdemaskierung allmählich heraustretende Wirklichkeit umkleidet er mit dem Pathos einer neuen Wahrheit. So hatte er bereits Gothlands Bekenntnis seines Menschenglaubens warnend entgegengehalten:

> ... Wähnt *Menschen* edel, straft mich Lügen!
> Gern duld ichs! Möcht Eur Wahn Euch nie betrügen,
> Ihr würdet ewig glücklich sein! ... (HkG I 32)

Sein Entlarvungszwang beruhigt sich aber erst dort, wo sich jedweder Glaube als Wahn enthüllt hat, und so bestimmt sein Bemühen das Spiel, mit Intrigen und Manipulationen der Wirklichkeit seine Opfer auf dem Wege eigener Anschauung und Erfahrung herabzuziehen; denn er provoziert zunächst eine kindlich-heroische Trotzreaktion durch den Versuch, mit einfachen rhetorischen Mitteln den jungen Gustav zu überzeugen, der noch die Liebe für das Höchste auf Erden hält:

> BERDOA Das Höchste?
> Aufs Kindermachen läufts hinaus! –
> Was liebt
> Ihr denn am Weib? Etwa den Geist?
> An einer Gans? – Ich glaub es kaum; und wär
> Es wahr, – weshalb liebt ihr denn nie 'nen Mann?
> Ihr liebt das Fleisch! siehts Fleisch nur hübsch, so denkt
> Ihr euch die Seele schon hinzu!
> . . .
> GUSTAV Im Namen der Geliebten und der Liebe:
> Zieh deinen Degen heuchlerischer Mohr!
> (HkG I 115)

Gothland indessen zeigt sich sehr schnell bereit, seinen eigenen Augen mehr zu trauen als seinen idealistischen Entwürfen; und einmal auf das zerstörerische Realitätsprinzip festgelegt, übernimmt er bald konsequent die Rolle des Verführers zu dieser einfachen Sicht; so antwortet er einmal seinem verliebten Sohn:

> Liebst du?
> So hüt dich, daß du nicht venerisch wirst! (HkG I 145)

und macht sich selbst zum Funktionär von Berdoas Wahrheitsidee. Das Beispiel zeugt für viele, in welchen sich der Desillusions- und Materialisierungsprozeß sprachlich an dem ständigen Wechsel zwischen hoher und niederer Stilschicht spiegelt. Die alle Hoffnungen und Wünsche zerstörende »grause Wahrheit« oder »Wirklichkeit« widerlegt immer wieder in drastischen Bildfügungen die Harmonievorstellungen der ethisch-empfindsamen Sprache: »Wer kriegt mehr Prügel auf die Hinterbacken / Als diese Kinder, die uns selig scheinen« (HkG I 134), tröstet sich Gothland selbst[24].

24 Auch Gothlands Versuch, Gustav allen moralischen Regungen abschwören zu lassen: »*Bereue nichts!* Denn etwas Überflüßgers als / Die Reue, gibt es auf der Erde nicht!« (146), bedeutet die konsequente Realisierung materialistischer Grundideen.

Und die verschiedenen, sich schlagartig ablösenden Stilschichten gliedern sich wiederum dem Grundgedanken von Berdoas Wahrheitsintention an, wonach alle idealistischen oder sittlichen Ideen durch einen egoistischen Trieb determiniert sind. Gemäß diesem Schema bemüht er sich, den verliebten Gustav von seinem schwärmerischen Liebesidealismus zu kurieren. Er gibt ihn einfach in die Hände einer bewährten Soldatenvenus und erzielt damit mühelos den gewünschten Erfolg. Zuvor jedoch hat er die Tugendskrupel des Jungen ausführlich zu widerlegen versucht:

BERDOA Pah,
Sei doch nicht *abergläubisch!* Wer hat von
Der Tugend je etwas gespürt? Die Zeit
Ist aufgeklärt, sie glaubt an keine mehr.
Dummheit und Frömmigkeit sind synonym,
Nichts Sündges gibt es und nichts Böses,
Was für den einen bös ist, das ist für
Den andren gut; der Mensch kann ohnehin
Das Gute nicht *vertragen:* säe Wohltat auf
Ihn aus und Undank wird dir aufgehn;
Es gibt nichts Großes; achte niemand; wer
Sich selber kennt, verachtet sich; das Glück
Benennt man Weisheit und Genie;
Die großen Männer waren große Narren;
Lob nicht den Edlen, lob den *Zufall,* der
Ihn edel machte; Sokrates
Und Nero sind von gleichem Wert: versetz
Den einen in des andren Lage,
Und aus dem Nero wird ein Sokrates
Und aus dem Sokorates ein Nero;
Die Liebe ist versteckter Eigennutz,
Großmut ist spekulierende Heuchelei,
Mitleid ist schwächliche Empfindsamkeit,
Und wenn auch jemand wirklich Gutes tut,
So tut ers weil das Gute *leichter* als
Das Böse ist.
GUSTAV Mit Schaudern höre ich
Die Religion der Hölle! (HkG I 144)

Mit dieser Initiationsrede schwört Berdoa seinen ›Schützling‹ radikal auf den Wahrheitscharakter der Erfahrung ein (»Wer hat von der Tugend je etwas gespürt?«); die Spannung von Sittlichkeit und Wirklichkeit wird zugunsten der Wirklichkeit aufgelöst: Selbst moralische Handlungen werden – psychologisch relativiert – zum Sieg des Realitätsprinzips. Alles andere ist »Aberglaube«: Damit beruft sich Berdoa zum Ausdruck seines Wahrheitsanspruchs auf das aufklärerisch geprägte Schlüsselwort für die von der Autorität der Vernunft verdammten naiven Welterklärungen. Die gedanklichen Mängel seiner Thesen überdeckt er rhetorisch geschickt mit einer Vielzahl von Belegen, die als *expolitio* zwar nur die Grundidee der materialistischen Determination variieren, aber durch die Reihung in einfache Aussagesätze den Eindruck der Erfahrungsfülle erwecken.

Das von Berdoa mit leichter Hand in Bewegung gehaltene Spiel der Desillusion geschieht mit dem Wahrheitsanspruch, daß der Mechanismus seiner Methode den Mechanismus der wirklichen Welt aufdecke. Deshalb bekämpft er alle von idealistischen Verstehensformen geprägten Äußerungen mit den kritischen Leitbegriffen der Aufklärung »Wahn« und »Aberglaube« und rhetorisiert ihren Wahrheitsanspruch zu einem neuen Wahrheitspathos. Dieses Pathos wiederum wird durch den Verlauf des Dramas autorisiert, denn es liefert für alle von Berdoa geäußerten Ansichten den ›objektiven‹ Horizont.

Es wäre nun einzuwenden, daß im *Gothland* die siegreiche Zerstörung des Titelhelden durch Berdoas Strategie der Desillusion und Materialisierung nicht des Dichters letztes Wort sei, daß vielmehr am Ende des Dramas mit dem Wiedererscheinen des Königs die Existenz einer guten und gerechten Welt bestätigt werde, ähnlich dem Ausgang von Shakespeares *Richard III.* Doch während das Drama des Elisabethaners durch den Kontrast stets gegenwärtiger positiver Gestalten (vor allem der weiblichen Figuren Elisabeth und Margaret) ebenso wie durch die Geistererscheinungen von Richards Opfern im V. Akt den Helden immer wieder als ein Monstrum, eine extreme Ausschweifung der Natur ins Bewußtsein bringt, wird in Grabbes Erstling die ethische Welt, »alles Gemüthliche und rein Menschliche« (HkG V 194), so konsequent demontiert und durch keine Person während der Handlung lebendig und glaubhaft verkörpert, daß das Auftreten des Königs in der letzten Szene keinerlei versöhnlichen Effekt ins Spiel trägt. Vielmehr vollendet sich hier die ›Tragödie‹ des Bösen. Der Verbrecher – nicht wie bei Shakespeare oder Schiller eine andere Anschauungsform der Größe –, der Verbrecher als Anwalt des ›Wahren‹ scheitert am ›Guten‹ darum tragisch, weil sich das Gute auch nur als rächende Gerechtigkeit legitimierte, die bereits am Beispiel Gothlands in ihrer Unwahrheit und egoistischen Determination entlarvt worden ist.

Freilich, die ›Tragödie des Bösen‹ gliedert nicht durchgehend die ideelle Struktur und die dramatische Komposition des Stücks. Sie kreuzt und verbindet sich bisweilen mit der Schicht des Dramas, die die Negativität der Destruktion als eine provokant umgekehrte Positivität durchspielt. Die ironisch verstellten oder parodistisch gebrochenen Denkweisen des Idealismus, die zerstörten, aber nicht aufgegebenen Vollkommenheitsvorstellungen, sie sagen gewiß Bezeichnenderes aus über die geistige Situation des jungen Dichters als Berdoas mitunter zynisch hervorgekehrter Materialismus. Dennoch verbirgt sich gerade hinter jenen Passagen, die sich so nachhaltig mit der Würdelosigkeit des Menschen befassen, in der vehement gepredigten »Religion der Hölle« das komplizierte Geflecht der Motivation, aus der heraus sich Anlage und Gestus des *Gothland* erst völlig erschließen. Diese Frage wird der folgende Abschnitt beleuchten.

Grabbe belehnt seinen Titelhelden, nach dessen Umschlagerlebnis, nicht zufällig mit heroischer Ambition: Auch im großen Helden lebt ein idealistischer Zug fort; was dem in den Verhängnissen der Wirklichkeit stehenden Normalmenschen an anthropologischer Würde genommen wird, der Heros gewinnt sie wieder durch die phantastisch gesteigerte Kraft seiner Person. Dies ist die Perspektive, unter welcher die verschiedenen Strukturen des *Gothland* für eine kurze gemeinsame Handlungslinie zu Deckung gelangen: Der provokatorische Destrukteur und der Heros schmelzen zu einer Gestalt und ihre Thesen zu einer Konzeption zusammen, wenn man Gothland als idealistischen Protagonisten auffaßt, der in einer katastrophalen Wirklichkeit den Traum von der Vervollkommnung des Menschen – ähnlich wie die Helden des Sturm und Drang – nur noch als heroische ›Energie‹ verkörpert. Damit wird zugleich deutlich, daß die

Thematik des Idealismus und der Religion, so bedeutsam sie sich auch aus der Handlung hervordrängt, nicht eigentlich ein Weltanschauungsdrama begründet[25]; vielmehr artikulieren sich in dem Pathos der Verzweiflung die Erfahrungen des jungen Grabbe, der erkennen mußte, daß die Würde und Größe des Menschen davon abhängig sind, ob die Welt diese Eigenschaften sich entfalten läßt. Gothland, das Opfer der Intrigen und Reden Berdoas, stürmt in dem Glauben, das Opfer einer Höllenwirklichkeit zu sein, über die Bühne. Die Angst, in einer Welt der Depravation, der Fremdbestimmung durch die Erbärmlichkeit der Masse zu leben, findet darin ihren – freilich unangemessenen – Ausdruck.

Die Bildlichkeit des Kotes und Staubes, die Grundmaterie von Berdoas Philosophie, worin die heroische Idealität zu versinken droht, wird im mittleren Drama die verachtete soziale Welt bezeichnen. Durch diese Konkretion seiner weltanschaulichen Verallgemeinerungen eröffnet sich Grabbe den theatralischen Spielraum, wo seine zentrale Thematik, die Befreiung des (heroischen) Menschen aus den Bedingungen der desillusionierenden sozialen Welt, eine dramatische Bewegung annehmen kann: den Raum der Geschichte. So thesenhaft dieser Hinweis auf die verfremdete ›soziale‹ Thematik im *Gothland* auch klingen mag, sie läßt sich an einigen Stellen auch unmittelbar mit dem Stück verknüpfen. So ging Gothlands Hinwendung zum Heroismus des Weltzerstörers die Vernichtung aller familiären und politischen Bindungen voraus: Brudermord, die Verfluchung der Väter (HkG I 93), Verbannung der Gattin und die Entfremdung von seinem Sohn bilden zentrale Szenen. Gewiß sind es nicht unmit-

25 Rein geistesgeschichtlich gesehen, scheint auch im *Gothland* der »seit dem 18. Jahrhundert immer schneller sich radikalisierende Säkularisationsprozeß des modernen Geistes« seinen Niederschlag gefunden zu haben (Klaus Ziegler, Das deutsche Drama der Neuzeit; in: Deutsche Philologie im Aufriß, ed. Stammler; Bd. I–III, Berlin/Bielefeld 1954; Bd. II Sp 949–1298; Sp. 974); aber der *Gothland* ist nur indirekt Dokument des Prozesses selbst; Grabbe instrumentalisiert in seinem Drama lediglich, zur Demonstration einer säkularen Desillusionserfahrung, einen Konflikt mit sozialer Relevanz als ideelle Auseinandersetzung.

telbar die Enttäuschungen über die soziale Welt, die Gothlands verzweifelte Tiraden hervorstoßen; aber da sich das Geschehen immer wieder in solchen Familienszenen konzentriert, um die Wirkung von Berdoas Operationen grell zu illustrieren, liegt es nahe, in der wichtigen Thematik der Desillusion des Menschheitsideals auch schon jene Züge der Entfremdung und sozialen Isolation zu entdecken, die in den späteren Dramen ungleich schärfer hervortreten werden. Zur Bekräftigung dieser These, die sich zumal durch den wirren und konzeptionslosen Text des *Gothland* nicht völlig decken läßt, bieten sich aber Grabbes Briefe an: Sie enthalten die Selbstdarstellung des literarischen Provokateurs, der die verhaßte Zeitgenossenschaft in ihren *Meinungen* attackiert.

Destruktion als literarische Wirkungsabsicht

Der Desillusions- und Zerstörungsfanatismus, der Berdoa antreibt, findet seine keineswegs zufällige Entsprechung in den Absichtserklärungen, die Grabbe seinen Dramen in dem Augenblick beigibt, da er sie dem Publikum zugänglich macht. Gewiß hat ihm die Distanz zur Periode der Abfassung – rund fünf Jahre – eine selbstkritische Beurteilung der Jugendwerke erleichtert: Ehemals Bekennerisches soll nun unter dem Vorwand der Ironie oder der parodistischen Schmähung den Verfasser entlasten. Dennoch lassen Grabbes Briefe kaum einen Zweifel darüber zu, daß der *Gothland* auch ursprünglich als eine großangelegte Provokation konzipiert wurde. Im Lichte der literarischen Wirkungsabsicht, die aus diesen Dokumenten hervortritt, zeigt sich der Destruktivismus von Grabbes Jugendhelden durchsichtig in seiner Motivation, ergibt sich eine Richtung für die scheinbar ziellosen Bildprojektionen, gewinnt der Adressat der rednerisch so sorgfältig durchgebildeten Haßtiraden an Profil: Zunächst hat Grabbe immer wieder hervorgehoben, daß der *Gothland* ein in seiner Extremität überlegt gestaltetes Gebilde sei; so versichert er Tieck, keine seiner Kühnheiten »ohne näheren Bedacht hingesetzt« zu haben (HkG V 45), was er noch durch die Behauptung unterstreicht, während des Schreibens »die starrste Kälte« zu besitzen (HkG V 53). Und noch fünf Jahre später gibt Grabbe zu verstehen, der *Gothland* sei ». . . der berechnetste und *verwegenste* . . . dramatische Unsinn« (HkG V 140). So sehr sich der Dichter auch später von seinen frühen »Poesien« distanziert, so beharrt er doch auf der Ansicht, mit ihnen bei einem stets als dumm eingeschätzten Publikum außergewöhnliche Wirkungen erzielen zu können. Dieser beharrliche Gedanke bezeichnet die Haltung und die Absicht, mit denen Grabbe in die Literatur eintritt, ein Gedanke, der sich allein durch die aus Gesellschaftshaß genährte Hypertrophie seiner Selbsteinschätzung erklärt. Die Rhetorik des *Gothland* erweist sich unter diesem Gesichtspunkt als die dramatische Realisierung einer naiven Wirkungsabsicht, die davon ausgeht, mit dem Drama den gleichen destruktiven Effekt erzielen zu können, der an den Figuren des Stückes demonstriert wird. Unmißverständlich ausgesprochen hat Grabbe dieses Kalkül etwa dort, wo er behauptet, in seinen frühen Dramen wehe ». . . ein Geist . . ., der . . . vielleicht zerschmettert« (HkG V 151). Wer also geneigt ist, den *Gothland* in die Reihe vieler spontan und aus wenig reflektierten Erlebnisschichten heraus gestalteter Jugendwerke einzureihen, als »Angsttraum eines Achtzehnjährigen«[26] beispielsweise, der sieht sich durch die Lektüre der Briefe Grabbes korrigiert. Nach diesen Dokumenten vielmehr neigte der junge Grabbe dazu, seine ersten Werke geradezu als Waffe gegen seine Leser zu betrachten.

Darum lesen sich weite Passagen seines Briefwechsels mit dem Verleger Kettembeil auch wie die Anordnungen und Befehle eines Schriftstellers, der seine Dramen aus einem anscheinend wohlüberlegten strategischen Konzept heraus auf ein imaginäres Schlachtfeld zu werfen bestrebt ist, und Friedrich Sengle hat die gleiche Leseerfahrung in die Feststellung gekleidet, daß Grabbe seine »buchhändlerischen Schlachten« nach den Methoden Napoleons schlägt, »lange ehe er seine Gestalt im Drama selbst

26 Benno von Wiese, Die deutsche Tragödie von Lessing bis Hebbel; Hamburg ^{3}1955; S. 476.

beschwört«[27]. Zudem finden sich zahlreiche gestische Wendungen, mit denen Grabbe seinem Argumentieren im literarisch-geistigen Bereich Stoßkraft verleihen möchte: Mit der Abhandlung über die *Shakspearo-Manie,* die der Anfang einer »literarischen Fehde« sein soll, möchte er Tieck »zertrümmern« (HkG V 177); als Goethe seinen Briefwechsel mit Schiller herausgibt, will er versuchen, »darein zu schlagen« (HkG V 298); und die gleichen sprachlichen Gewalttätigkeiten offenbart die Wortwahl des Dichters, wenn er Absicht und Effekt seiner Dramen beschreibt: ». . . *imponiren* müssen wir . . .« (HkG V 158), beschwört er einmal relativ milde seinen Verleger, aber später prophezeit er Kettembeil: »die Berliner Clique . . . wird rasend werden« (HkG V 159 f.) oder ». . . vor den Kopf schlagen wir doch –« (HkG V 184), nachdem er an anderer Stelle über einen »schnelleren *Schlageffect*« (HkG V 162) räsonniert hatte. Und wie stark sich in seinen Intentionswendungen literarische Pose, Mystifikation und dramatischer Heroismus vermengen, das veranschaulicht ein anderer Brief:

> . . . – meine Vorrede ist vom Tage der Schlacht bei Aspern, der ersten Schlacht die Napoleon an uns Deutsche verlor, zufällig und doch bedeutungsvoll datirt, – wir wollen schmettern, donnern, flüstern, lispeln, und alle zum Narren haben . . . (HkG V 170)

In Verbindung mit der Drastik seines Stils wird der Hinweis auf die »bedeutungsvolle« Datierung zu einem Akt heroischer Identifikation: In seiner Phantasie erhebt sich Grabbe hier zum literarischen Heros, der mit seinem Werk dem in kleinstädtischer Enge versunkenen Publikum sein *Aspern* bereitet. Aber der Dichter-Stratege, der in naheliegender Selbstüberschätzung den Wunsch zu imponieren gleich als Prophezeiung feiert, indem er sich immer wieder auf seine Kenntnis der »Bestie« Masse beruft, er erfährt – im Gegensatz zu seinem Helden Berdoa – die Korrektur seiner Pläne durch die Wirklichkeit. Grabbe, ein Stratege ohne Gefechtserfahrung, und sein Mangel an Erfahrung offenbart sich schlagend gerade im Lichte seiner zur Schau getragenen

27 Sengle; a.a.O. S. 161.

Selbstgewißheit. Die – zumindest in der rhetorisch-destruktiven Absicht bestehende – Identität des Dichters und seiner Figur Berdoa wird durch ein anderes Briefzitat eindrucksvoll bestätigt; Grabbe bemerkt gegenüber Kettembeil:

Nun ist's ein Spaß, daß die 2 ersten Acte des Gothland (die dritten Personen oft die besten, mir die unbedeutendsten scheinen) grade die *mildesten* sind, aber von Mitte des dritten Actes, wenn der Wolf sich schon auf den Spieß gefressen hat, muß derselbe vorwärts, er mag nun schimpfen oder brüllen oder sich entsetzen oder bewundern. Immer gibt's ein Aufsehen. – Dem Gothland folgt das Lustspiel, zwar aus den nämlichen Grundansichten entsprungen, aber in der äußeren toll-komischen Erscheinung ein vollkommener *Contrast* des so tragischen Gothlands. Contraste wirken auf dumme Leute am ersten, die Kinder malen Schwarz neben Weiß, – nun sind die meisten Menschen dumm, also pp. (HkG V 158)

Nicht genug, daß die Überheblichkeit der Menschenverachtung auch Berdoas hervorstechende Eigenschaft ist und daß die Technik, aus den fragwürdigsten psychologisch-mechanistischen Theorien weitgehende praktische Schlüsse zu ziehen, dem Neger unmittelbar abgelauscht zu sein scheint; bei der ersten Lektüre des Zitats bleibt sogar unklar, ob die Wolf-Metapher Gothland oder den Leser meint. Dieses plötzliche Bestienbild, das seine präzise Benennungsabsicht nicht sogleich preisgibt, rückt nicht nur für den Augenblick der Formulierungsunschärfe die dramatische Person und den Leser zueinander. Es läßt darüber hinaus erkennen, daß beiden die gleiche Opfer-Rolle zugedacht ist, daß auf das naiv postulierte Weltbild des Lesers die gleiche Attacke gerichtet ist wie auf die Gestalt, die in seiner Lektüre lebendig ist. Der Leser als Wolf! Die sich anschließende Assoziation des Schafspelzes drängt auch diesen Wolf in die metaphorische Verwandtschaft des »geschminkten Tigers«. Grabbe traut seiner literarischen Produktion den gleichen Effekt zu, der den Intrigen seiner Figur Berdoa wider alle Wahrscheinlichkeit gegeben ist. Der schärfste Ausdruck dieser beinahe wahnhaft zur Wirkungsgewißheit verschobenen Provokationsabsicht jedoch findet sich in einer Fußnote Grabbes zur ersten Szene des dritten Aktes im *Gothland*. Dort behauptet er:

Die dritte Szene des fünften Aktes und in gegenwärtigem Auftritt die Zwischenreden Berdoas zeigen, daß der Dichter, nachdem er zwar die Flammen des Abgrunds auflodern ließ, er sie auch durch ihre eigne Kraft (selbst durch Berdoa) zu schwächen, ja zu *vernichten* versteht. (HkG I 79)

In den beiden erwähnten Szenen spielt Berdoa, der im ganzen Drama – Franz Moor und Pastor Moser in einer Doppelrolle verkörpernd – entweder die Haßgesänge der Bestie intoniert oder ironisch den Anwalt eines intakten Weltgebäudes abgibt, auf den letzten moralischen Saiten seines Opfers, um Gothlands maßlos instrumentierte Verzweiflungsreden zu kontrastieren. Dieser völlig teuflischen Operation den Rang echter Schlichtungsversuche zuzusprechen, das heißt den Zynismus Berdoas zur dramatischen Konzeption erklären. In der *Parodie* der Redeweisen und Wertbekenntnisse des Idealismus entdeckt freilich der Interpret den Köder jenes Spießes, der auf den Leser-Wolf gerichtet ist. Nähme dieser das Angebot der Weltanschauungsrhetorik ernst, dann müßte er auch zum Opfer der Wahrheitspropaganda werden, die Berdoa für seine Weltidee betreibt. Wie vermöchte auch der Neger, der sich selbst zum teufelsähnlichen Wesen erklärt, die Flammen des Abgrunds zu vernichten? Und welchen geistigen Ort stellt dieser Abgrund überhaupt dar, da sich Grabbe, nach eigenem Bekenntnis, selbst dort befunden hat? Im Brief vom 2. XII. 1827 läßt er nämlich seine stichwortartige Biographie mit den Worten enden:

... – dann – dann – in innere und äußere Abgründe, die ich stets bestmöglich verstecken mußte und muß, – Haß auf die detmoldischen kleinlichen Umgebungen a priori und doch jedem schmeichelnd ... (HkG V 190)

Alfred Doppler[28] hat es in seiner bedeutungsgeschichtlichen Untersuchung zum Abgrund-Motiv versäumt, auch den soziologischen Aspekt des Bildes zu erläutern. Bei dem Vorbild von Grabbes biographischer Selbstdarstellung, bei Tiecks *William Lovell,* erweist er den geistig-moralischen Sinn von ›Hölle‹ für

28 Alfred Doppler, Der Abgrund. Studien zur Bedeutungsgeschichte eines Motivs; Graz–Wien–Köln 1968; S. 157.

die Abgrund-Metapher zwar ganz deutlich[29], – eine Bedeutung, die auch in dem Ausdruck der »inneren und äußeren Abgründe« dominierend mitschwingt. Indessen deckt die bei Grabbe sich so eng anschließende Haßformel schließlich doch auf, daß der Briefschreiber seine soziale Position in Detmold als Höllenabgrund empfand. Die ambivalente Haltung von Haß und Schmeichelei kennzeichnet auch die Intentionswendungen, mit denen Grabbe seine provokatorische Dichtung dem Publikum präsentiert; denn die kleinstädtischen Leser sollen sein Werk lesen und ihm gleichzeitig zum Opfer fallen. Seine Wirkungsabsicht und die ihr zugrunde liegende Wahrheitsidee zielen darauf ab, die Wolf-Leser-Bestie mit dem Drama vor sich selbst zu demaskieren. Dies läßt sich noch genauer fassen, wenn die Funktion der dramatischen Rhetorik in diese Überlegungen miteinbezogen wird; abweichend von dem klassischen Dispositionsschema der Rhetorik[30] herrscht im *Gothland* die pathetische Affektstufe vor; ›ethische‹ Elemente dienen nicht dem Zwecke der Affektdämpfung, sondern sie wirken – indem sie zerstört oder desillusioniert werden (vgl. Gothland in seinem ersten Monolog, Gustavs sentimentale Liebesfloskeln, die empfindsame Vorstellung Cäcilias) – wiederum als affekterregende Elemente. Entscheidend wichtig ist nun, daß sowohl das Ethos im Sinne der Rhetorik als auch das moralphilosophische Ethos dem Zerstörungsprozeß anheimfallen. Indem also Grabbe seine vernichtende Attacke gegen das »Gemüthliche und rein Menschliche«, welche das Lustspiel als Literatursatire variiert, im *Gothland* als Kampf gegen moralische Gesinnungen überhaupt organisiert, bekommt seine Destruktionsabsicht gegen Erscheinungsformen der Gesellschaftskultur, wie Sentimentalität, Mißbrauch sittlicher Begriffe, Maskierung egoistischer Triebe, etwas Prinzipielles. Grabbe zweifelt an der »ungeschminkten« Natürlichkeit gesellschaftlicher Moral. Er, der »›Edelmuth‹ nicht ausstehen« kann und sich als »Un-Sentimentaler« (HkG V 154)

29 Zur Frage: Lovell – Grabbe siehe die Ausführungen auf S. 63 f.

30 Vgl. dazu Klaus Dockhorn, Die Rhetorik als Quelle des vorromantischen Irrationalismus.

bezeichnet, führt im *Gothland* einen entschiedenen Kampf gegen das ›menschliche‹ Gefühl als Äußerungsform gesellschaftlicher Sittlichkeit; zwar schreibt er in einer Anmerkung zu Ludwig Tiecks *Gothland*-Kritik: »Wehe dem Verfasser, wenn er wahre Empfindungen hätte angreifen oder zertrümmern wollen« (HkG I 4), aber es finden sich im Drama keine echten Gefühle außer Haß und Verzweiflung, und diese bedingen die überwiegende Pathoslage der Redenden. Haß jedoch ist auch der dominierende Affekt Grabbes gegenüber den sozialen »kleinlichen« Umgebungen Detmolds, an die der Dichter zunächst denkt, wenn er sein Lesepublikum ins Auge faßt[31].

Die »Hölle« erscheint dank der infernalischen Absichten Berdoas und der heroischen Verzweiflungsbilder Gothlands als die meistgenannte Vergleichsgröße. Sie gibt das Bild von der Konstanz der Vernichtung; denn indem Berdoa die Erfolge seines Intrigenspiels, das auf die sittliche Schwäche seiner Opfer gegründet ist, immer wieder der Wirklichkeit anlastet und so das Weltgesetz sichtbar zu machen vorgibt, ist seinen Opfern die Wirklichkeit längst zur Hölle geworden. Der hyperbolische Drang der sprechenden Figuren läßt es nicht zu, bereits beim *Gothland* von der Hölle unmittelbar als sozialem Ort zu sprechen. Sie hat noch den Doppelwert eines katastrophalen Welt-Bildes und einer Chiffre für die ruinierte geistig-moralische Person. In dieser Doppelbedeutung scheint die Abhängigkeit des Menschen von seinem Weltbild und von der Welt selbst ansichtig. Doch dem Erlebnis der Fremdbestimmung des Menschen durch die »Hölle«, die seine ideale Anlage nicht zur Entfaltung kommen läßt, hat sich noch kein Erkennen zugesellt, die gestaltende Intelligenz sucht noch nach der Form. In dem Konkretionsvorgang, der dem Verzweiflungsbild des »Morastes« als Gesellschaftswelt Plastizität verleiht, drückt sich diese Suche aus. Bei näherer Betrachtung erscheint schon die Hölle zusätzlich als eine Variation und Steigerung des »Morastes«[32]. Beispielsweise in seinem

31 HkG V 159: »Hier zu Lande allein wird man eine Masse Exemplare kaufen . . .«

32 Vgl. im *Gothland* das Bild »Feuerpfuhl« für Hölle (HkG I 33). Faust fühlt sich später durch Donna Annas Blick »Aus kaltem Schlamm,

Brief an Kettembeil vom 4. V. 1827 leitet Grabbe die Beschreibung seiner gesellschaftlichen Situation mit dem Bild ein: »*Ich* und *Jetzt,* ein Fisch im Morast, der doch nicht stirbt, sondern sich durchdrängt.« Grabbe, der weiß, daß er ». . . im ganzen ein armseliges Menschenkind« ist, empfindet das Angebot Kettembeils, seine Werke zu verlegen, als »eine Stimme in der Wüste« (HkG V 153). Seine Lage als »Fisch im Morast« hatte er ähnlich schon Jahre zuvor auch Tieck geschildert und durch ihn auf »Erlösung« (HkG V 96)[33] gehofft. Gothlands Vision »Der Mensch / Trägt Adler in dem Haupte / Und steckt mit seinen Füßen in dem Kote!« (HkG I 81) zeigt eine Erlösungsmöglichkeit aus der morastigen Wirklichkeit allein in der reinen Realisierung des Heroischen. Und sein Pathos in der Projektion geschichtlicher Größe, die emphatischen Gesten und Bildbögen drücken diese Erlösungshoffnung aus dem »Kot« unüberhörbar aus. Grabbes kühne Identifikation von »Künstlern und Helden« (HkG V 175 f.) bezeichnet den gemeinsamen Zug, der ihm und seinem Helden Gothland zueigen ist: Er liegt zudem in den zynischen Veränderungsabsichten, die beide propagieren. Zielt Gothland auf eine »Heilung« der Menschheit durch ihre Vernichtung, so faßt Grabbe mit seinem Drama die provokatorische Erschütterung der verhaßten »kleinlichen Umgebungen« ins Auge. Indem er seinen Zeitgenossen das Bewußtsein der Bestialität und Kothaftigkeit vorzuspielen und einzureden versucht, hofft er Raum zu schaffen für seine Anthropologie des Heroischen, in der er sich gerne bespiegelt.

Die völlig überzogene Wirkungsidee Grabbes macht in seinem Jugendprodukt, in dem sich schon so viele Brüche und einander überkreuzende Handlungslinien zeigten, eine zusätzliche Dimension sichtbar: In den Gestalten, die der rednerischen und pragmatischen Desillusionsstrategie zum Opfer fallen, hat er

von der Verzweiflung Meer« (HkG I 495) befreit.

33 Ähnlich schon in dem Brief vom 29. VIII. 1823: »Könnten Ewr Hochwohlgeboren mich zu irgend einem Geschäfte gebrauchen, welches anderthalb hundert Thaler einbrächte, so wäre ich *erlös't* und glücklich. Vielleicht hätte ich dann bald Gelegenheit mich weiter empor zu bringen . . .« (HkG V 91; Hervorhebung von mir).

zugleich die weltanschaulichen Gewißheiten seiner Mitbürger parodieren und in Frage stellen wollen. Indessen beruhen die kompositorischen und auch gedanklichen Mängel des *Gothland* vornehmlich auf Grabbes eigener Konzeptionslosigkeit: Zweifel, Skepsis, Haß und Überheblichkeit beherrschen so eindeutig den Rhythmus und die Tonart der dramatischen Reden, daß eine einheitliche Linie, in der sich der Standpunkt des Dichters durchsetzte, nirgendwo nachweisbar wird. Grabbe muß sich erst von seinen weltanschaulichen Verallgemeinerungen lösen, um die »Hölle« nicht als eine geistige Landschaft, sondern als *soziale* bühnenreif werden zu lassen. Wie dieser Übergang konkret werden kann, das gibt eine Stelle des *Gothland* zu verstehen, wo der Held bemerkt:

> – Der Mensch erklärt das Gute sich *hinein*,
> Wenn er die Weltgeschichte liest, weil er
> Zu *feig* ist, ihre grause Wahrheit kühn
> Sich selber zu gestehn! (HkG I 80 f.)

Hinter dieser Attacke gegen den geschichtlichen Optimismus verbirgt sich eine bemerkenswerte Anschauungsweise: Die Identifikation von Wirklichkeit und Wahrheit. Mit seinen rhetorischen Verallgemeinerungen propagiert der Dichter im Grunde nur die illusionslose Betrachtung der Wirklichkeit, eine Forderung, der er in seinem ersten Drama selbst nicht genügt. Aber wenn in den nachfolgenden Werken allmählich das wirkungslose rednerische Pathos der Entlarvung einer Dramaturgie der Demonstration weicht, dann hat sich der Erkenntniszuwachs, den Grabbe zunächst nicht zu gestalten vermochte, eine formale Objektivierung geschaffen. Die im *Gothland* noch als theatralische Wirkung angestrebte Erschütterung der »kleinlichen Umgebungen« wird der Inhalt jener *grausen* Geschichtsaugenblicke sein, in denen Grabbe seine Wahrheit zu suchen bemüht ist.

Scherz, Satire, Ironie und Destruktion

Grabbe hat den Titel seiner Komödie *Scherz, Satire, Ironie und tiefere Bedeutung* offenbar erst anläßlich ihrer Drucklegung endgültig formuliert. Das an Tieck übersandte Manuskript[34] ist ohne Titel überliefert, und ein solcher taucht erst bruchstückhaft in dem Brief vom 4. V. 1827 auf, wo Grabbe sein »teufelhaftes Lustspiel« als »Scherz und Ironie« (HkG V 151) zitiert. Der am Ende gewählte Titel enthält etwas von der Beschwichtigung, die Grabbe gleichzeitig auch mit der Vorwortbehauptung zu erreichen versuchte, nämlich daß dem Stück eine »entschiedene Weltansicht zu Grunde« (HkG I 214) liegt, eine im Lustspiel selbst parodierte Maßnahme (vgl. Mollfels HkG I 257), die die ›Extreme‹ des Werkes gegenüber der Zensur und der Kritik als weltanschaulich »tiefer« begründet ausweisen soll.

Die immer wieder gestellte Frage nach der »tieferen Bedeutung« muß darum zunächst so gefaßt werden, daß sie nicht mehr nach einer intentionalen Qualität des Lustspiels sucht; die »Weltanschauungselemente«[35], die der Dichter in den »lose und wunderlich aneinander gestellt(en)« (HkG V 53) Gang der Handlung einblendet, vermögen nämlich dem Anspruch einer solchen Qualifizierung noch nicht zu genügen, denn sie schließen sich zu keiner auch nur halbwegs einheitlichen Konzeption, sondern belegen eher – als weltanschauliche Varianten – die ersten drei Inhaltsankündigungen des Titels. Die ernsthafte Dimension des Lustspiels vermag eher durch einen Vergleich mit dem *Gothland* hervorzutreten, insofern nach Grabbes glaubhaftem Zeugnis (HkG V 158) beide Werke den »nämlichen Grundansichten« entsprungen sein sollen. Bei der vergleichenden Analyse der gemeinsamen Zerstörungsthematik zeigt sich jedoch, daß der *Gothland* die Destruktion der menschlichen Personalität radikalisiert; im Lustspiel erscheint der analoge Vorgang weniger total, die Satire wird dort eben nicht zum »Überfall auf die Wertwelt schlechthin«[36], denn den entleerten Idealismus, der auch im *Gothland* entlarvt wird, trifft eine Parodie auf die Trivialliteratur der Zeit in seiner spezifischen Erscheinungsweise.

34 Vgl. den kritischen Apparat, HkG I 568 ff.

35 Gerhard Kaiser, Grabbes *Scherz, Satire, Ironie und tiefere Bedeutung* als Komödie der Verzweiflung; in DU 11 (1959), Heft 5, S. 5–14; S. 6.

36 Kaiser; a.a.O. S. 11.

Formal fallen die Gemeinsamkeiten beider Dramen ins Auge: In der »Tragödie« ebenso wie in dem Lustspiel wird zwar jeweils eine Handlung entwickelt, die aber verbindet in entscheidendem Maße nur eine Reihe von Stichwortsituationen, in denen zu Weltanschauungsmonologen oder literarischen Ausfällen angesetzt wird[37]. Während der *Gothland* die rhetorische Demontage des Menschenbildes durch die dramatische Zerstörung seiner Helden zur Weltanschauungswahrheit ausgestaltet, kontrastiert in dem Lustspiel die satirische Destruktionsthematik gegen den Handlungsgang, in welchem eine liebenswerte, in ihrer ›Güte‹ nirgendwo in Frage gestellte Baroneß einem »vortrefflichen« Mann begegnet und sich mit ihm in Liebe verbindet. Freilich schafft diese Verbindung nicht nur einen Kontrast zu den destruktiven Grundbewegungen der Handlung, der meisten Szenen und der Satire, sondern auch ihre Bestätigung, insofern auch sie vorzüglich aus Negationen hervorgeht; doch hängt dieser Negationszwang der Handelnden wiederum eng zusammen mit der Idee der Literatursatire und variiert im Grunde nur ihre polemische Absicht.

Diese Literatursatire erscheint nicht standpunktlos und nicht schlechthin negativ; beispielsweise in einer empörten Rede gegen die Trivialliteratur seiner Zeit artikuliert der Baron seine kritischen Ausfälle in einer anspruchsvollen ethischen und literarischen Wertperspektive:

Reimschmiede, die so dumm sind, daß jedesmal wenn ein Blatt von ihnen ins Publikum kommt, die Esel im Preise aufschlagen, heißen ausgezeichnete Dichter, – Schauspieler, die so langweilig sind, daß alles vor Freude klatscht, wenn sie endlich einmal abgehen, heißen denkende Künstler, – Vetteln, deren Stimmen so scharf sind, daß man ein Stück Brot damit abschneiden könnte, tituliert man echt dramatische Sängerinnen! – Die Muse der Tragödie ist zur Gassenhure geworden, denn jeder deutsche Schlingel notzüchtigt sie nach Belieben und zeugt mit ihr fünfbeinige Mondkälber, welche so abscheulich sind, daß ich den Hund bedaure, der sie anpißt! – Die Wörter: »genial, sinnig, gemütlich, trefflich« werden so ungeheuer gemißbraucht, daß ich schon die Zeit sehe, wo man, um einen entsprungenen, über jeden Begriff erbärmlichen Zuchthauskandidaten vor dem ganzen Lande auf das

37 Vgl. Hegele; a.a.O. S. 24 ff.

unauslöschlichste zu infamieren, an den Galgen schlägt: N. N. ist sinnig, gemütlich, trefflich und genial! – O stände doch endlich ein gewaltiger Genius auf, der mit göttlicher Stärke von Haupt zu Fuß gepanzert, sich des deutschen Parnasses annähme und das Gesindel in die Sümpfe zurücktriebe, aus welchen es hervorgekrochen ist! (HkG I 227 f.)

Diese Bestandsaufnahme der literarischen Situation zeigt sich in ihrem Duktus unüberhörbar von den revolutionären Generalisierungen Karl Moors über das »schlappe Kastratenjahrhundert« geprägt, und die beinahe endzeitlichen Erwartungen[38] des Barons an einen alles zerschmetternden Genius variieren die heroische Selbststilisierung Karl Moors, der mit einem Heer Kerls wie er selbst aus Deutschland eine Republik machen will, ». . . gegen die Rom und Sparta Nonnenklöster sein sollen«. (SW I 504) Des Barons Genie-Begriff, ein unauflösbares Konglomerat aus Sturm-und-Drang-Reminiszenzen, aus Gothlands Ich-Projektionen und Grabbeschem Selbstentwurf, ist auch Mollfels geläufig und wird durch ihn als positive Vorstellung im Lustspiel bestätigt. (HkG I 258)[39] Die Wunschvision einer Revolution auf dem deutschen Parnaß, die sich der Baron vom Herzen redet, wird auch nicht durch die ironische Anschlußpointe des Dorfschulmeisters zurückgenommen, der seinen Zögling Gottliebchen als den ersehnten Genius präsentiert. Mit dieser satirischen Kontrastfigur fällt die Spielhandlung aus der ernsthaften Artikulation ihres moralisch-ästhetischen Engagements wieder in die Gebärde der Negation zurück als Parodie des gesellschaftlichen Literaturbetriebes in den adeligen und bürgerlichen Salons, die vor allem in Berlin einflußreich waren, und wo auch Grabbe beinahe seine literarische Laufbahn begonnen hätte[40].

38 Vgl. Jouve im *Napoleon*, der einen ganz ähnlichen, freilich sozial-revolutionären Wunsch zum Ausdruck bringt: »Ob nicht im unerforschten Innern der Erde schwarze Höllenlegionen lauern und endlich einmal an das Licht brechen, um all den Schandflitter der Oberfläche zu vernichten?« (HkG II 399)

39 Zur geistesgeschichtlichen Problematik dieses Genie-Begriffs vgl. Kaiser; a.a.O. S. 13.

40 Siehe dazu Heines Schilderung seines Versuchs, Frau von Varnhagen für das Manuskript des *Gothland* zu interessieren, in seinen

Kein Zweifel, daß sich Grabbe als der Dichter des *Gothland* insgeheim in dieser Rolle betrachtete, daß er der zertrümmernde Genius sein könnte, der die »Würmer« der deutschen Literatur in die Sümpfe zurücktreibt, mit der gleichen Gewalt des Wahrheitspathos, von dem sich der Dichter Rattengift im Bekennermut des Berauschten erfüllt zeigt, wenn er eindringlich darum bittet, man möge ihn als einen Wurm in den Sumpf werfen (HkG I 261 f.). Als Gothland, der verhinderte »Attila, Sulla und Cäsar«, stirbt, sieht er beziehungsvoll die Regenwürmer aus der Erde kriechen (HkG I 203).

Der Baron hat in seiner Rede das Motiv seiner satirischen Destruktionswut als gesellschaftliche Sprachkritik artikuliert. Im Angriff gegen den Mißbrauch der positiv qualifizierenden Adjektive »genial, sinnig« etc. faßte er sie zusammen und enthüllte damit auch den Grundwitz der Teufel-Handlung als Satire. Wenn nämlich dieser Satan bei der gedankenlosen Nennung positiv-ethischer Wörter schmerzhaft zusammenzuckt oder selbst sich nur unter größten Mühen zu ihrer Aussprache versteht, dann verhält er sich zwar ganz wie der Teufel der Volksposse, aber gleichzeitig drückt er mimisch den Zweifel des Dichters an der Echtheit der sittlichen Rede- und Verhaltensweisen der Gesellschaft aus.

Die gleiche satirische Stoßrichtung deutet auf eine Identität der Motive hin. Die Kritik des Barons, die als literarische anhebt, gipfelt – als Hyperbel ihrer Empörung – in dem Bild des Zuchthauskandidaten; dem unerkannten Teufel entspricht satirisch der belobigte Verbrecher: In beiden Fällen versagt das gesellschaftliche Wertgefühl. Der Teufel negiert die Tugend zwar als traditioneller Anwalt des Bösen, aber er negiert sie als *Ideologie,* wie sie in den moralischen Erzählungen vor allem der Taschenbuchschriftstellerinnen erschien[41], während er doch, von der freundlichen Einladung der Baroneß zunächst gerührt, ganz gegen seine Gewohnheit dankbare Worte findet; die Kritik der

Memoiren; in: Heinrich Heines Sämtliche Werke, ed. Elster; Leipzig und Berlin o. J.; Bd. VII, S. 467 ff.

41 Vgl. dazu die Anmerkungen des Bearbeiters in der HkG I 606 ff. zu Karoline Pichler, Helmina von Chézy und Fanny Tarnow.

Satire darf also nicht absolut genommen werden: Sie zielt auf das Gerede von der Tugend, ohne daß sie die Möglichkeit sittlichen Verhaltens leugnet. Denn der Dorfschulmeister vermag zwar die »Tugend« nur schlecht zu beschreiben (248), aber er wird doch von der Großzügigkeit und dem menschlichen Verständnis der Liddy zu dem Ausruf »Ein himmlisches Mädchen« (231) hingerissen. In diesem Sinne also stellt die Baroneß als liebenswürdige Person eine Kontrastgestalt dar, aber ihre Qualität wird bezeichnenderweise im gerührten Schluchzen des Teufels beglaubigt, denn niemand hat die moralische Autorität dieser Figur, die sonst nur als Ironiker zu antworten pflegt. Der Kampf gegen die nur gesellschaftlich lebendigen und nur aus Konvention anerkannten Wertbegriffe bildet gemeinsam mit der Literatursatire das vielfach abgewandelte Grundmotiv der Komödie; zu einem Höhepunkt der Handlung aber wird diese gemeinsame Negation des Konventionellen und der literarischen Banalität erst in dem Auftritt des Herrn Mollfels getrieben, wo dieser – um Liddy seine Liebe nicht in einer längst entleerten und unglaubwürdigen Form zu gestehen – in eine Suada ausbricht, die mit den teils pathetischsten, teils witzigsten Hyperbeln seine eigene Häßlichkeit bis ins Widersinnige heraushebt; allein die Beschreibung der Nase lautet so:

> . . . meine Nase! Die Menschheit schaudert davor zusammen! Unförmlich wie ein Tigergekrös, rot wie ein Fuchs, platt wie eine Erzählung von der Karoline Pichler, und so kurz wie eine Sekunde!
>
> (HkG I 250 f.)

Diese Selbstbeschreibung, die in ihrer Kraßheit an das Selbstportrait Franz Moors erinnert, wirkt zwar im Exzeß absurd, aber die Übertreibungslizenz des Satirischen, in der komischen Vorstellung seiner eigenen Häßlichkeit scheinbar übermäßig genutzt, schärft Mollfels zu einer Waffe, wenn er in einem Zeugma die Plattheit seiner Nase auf die Produkte einer Trivialdichterin bezieht und damit die rhetorische Dynamik der Hyperbel für einen literarischen Seitenhieb wirksam macht (auch in der Szene I 3 einigen sich die vier Naturhistoriker in ähnlich satirischer Bosheit darauf, daß das häßliche Wesen, in welchem sie den

Teufel nicht zu erkennen vermögen, eine deutsche Schriftstellerin sein müsse).

Mollfels' Vergleich seiner platten Nase mit der Plattheit einer Erzählung von Karoline Pichler ist nicht nur ein übermütiges Concetto. Mit seiner langen, in negativen Hyperbeln schwelgenden Selbstbeschreibung negiert er seine Äußerlichkeit als schlechthin wesenlos; indem er gleichzeitig aus dieser Negation der baren Äußerlichkeit heraus sein Verlangen nach der Liebe eines anderen Menschen bekräftigt, bringt er seinen Wunsch *ex negativo* gleich auf einer höheren Wertebene zum Ausdruck; er setzt ihn ab gegen den Äußerlichkeitskult der Gesellschaft, der in ihrer Sprache sich ebenso als platt enthüllt wie in der Trivialliteratur, die ihn einfach nur reproduziert. Mollfels' Liebeserklärung versucht sich – in beliebiger Umwendbarkeit – als polemische Distanzierung von der Trivialität der Gesellschaftsanschauungen und der Gesellschaftlichkeit der Literatur zu beglaubigen. Der Antrag – Liddy hatte gerade zuvor noch Mollfels bei sich als den »geistreichsten und vortrefflichsten Mann« (249) bezeichnet, obwohl er das »häßlichste Gesicht, welches sich denken läßt« besitzt – bleibt nicht ohne Wirkung, wie – ebenfalls aus Liddys Mund – am Ende der Szene zu erfahren sein wird; beide treffen sich nämlich in der Wertperspektive des ganzen Lustspiels, die sich von der Mollfels'schen Seite darin ausdrückt, daß er seine Leidenschaft nur ex negativo darzustellen vermag, als Satire auf den Äußerlichkeitskult und als Parodie auf die banale Trauerspielliteratur. In dieser Parodie freilich steckt die ganze vernichtende Lust des Dichters:

Statt des Schicksals lasse ich darin die Gottheit der Antifatalisten, die Langeweile herrschen. Diese wird bei Eröffnung der Szene von dem zagenden Volke mit Vorlesungen aus den dramatischen Werken von Eduard Gehe verehrt. Unvermutet schallt aus dem Tempel der Ausspruch, daß die Göttin den Untergang der erhabenen Prinzessin Salvavenia beschließe. Das Volk heult, die Glocken läuten, die Prinzessin jammert als ob sie dem Satan schon in den Krallen säße, und alles stürzt in wilder Verzweiflung von der Bühne. Hierauf tritt Ossian ein und ißt ein Butterbrot. Nachdem er damit fertig geworden, verändert sich die Szene in den Audienzsaal des kaiserlichen Palastes. Der Kaiser hat eine Napoleonsweste an und die Großen stehen in grauen Gamaschen, welche sie vor Betrübnis aufgeknöpft haben, um seine Majestät herum. In der einen Stubenecke liegen zwei Strümpfe, welche höchst erbittert auf einander sind und sich vergiften wollen; nebenbei hängt ein plüschenes Wams, welches im Konversationslexikon blättert und eine Tasse Tee trinkt. Doch mit mordbegierigen Gebärden schleicht schon ein rachsüchtiger, hypochondrischer Borstwisch – (HkG I 252)

Der Inhalt bzw. die satirische Methode dieses »Trauerspiels« lassen sich so zusammenfassen, daß die Personen, Affekte und Requisiten einer hochdramatischen Aktion stets nur zur Erwartungsspannung dienen, um dann mit anderen Elementen zu einem in trivialster Alltäglichkeit sich erschöpfenden Vorgang zusammengekoppelt zu werden: Die vom »zagenden Volk« verehrte Gottheit ist die Langeweile, die »erhabene« Prinzessin »jammert«, und als das Volk in »wilder Verzweiflung« von der Bühne stürzt, ißt Ossian ein Butterbrot; der napoleonisch gekleidete Kaiser wird von Männern mit aufgeknöpften Gamaschen umgeben, sein Palast erscheint plötzlich als Stube, woselbst in kaustischer satirischer Reduktion nicht einmal mehr ein Mensch, sondern als Metonymie der Bürgerlichkeit ein »plüschenes Wams« Tee trinkt. Die Parodie läßt keinen Zweifel über die Ursache ihrer Destruktionslust: die Kontrastierungen des Hohen (Prinzessin, Ossian, Napoleon) durch das Banale (Butterbrot, Strümpfe, Borstwisch) setzen Liddy zwar um ihren Verstand in Angst, doch die Bilder der verkehrten Welt beleben nur den satirisch-rationalen Protest gegen die Depravation des Hohen, Edlen durch die Alltagsbanalität; eine entsprechende Spottszene (II 2) präsentiert den Dichter Rattengift, der in einem lyrischen Aperçu das heroische Bild des Löwen zur Illustration des banalsten Vorganges bemüht.

In der Liebe, die sich, wie es die beiden Redeauftritte des Herrn Mollfels vorspielten, von der prätentiösen Banalität der Konvention absetzt und sie spottend zerstört, hat sich der destruktive Heroismus der ›Tragödie‹ gleichsam in eine Lustspielerscheinung verwandelt. Liddys »Exzentrizitäten«[42], die sie pflegt, indem sie die skurrilsten Gestalten und selbst den Teufel

42 Kaiser; a.a.O. S. 10.

in ihrer Nähe duldet, verstehen sich ebenso als Negation des gewöhnlichen Gesellschaftstreibens; doch das Heroische als Urteils- und Verhaltensqualität bleibt auch in ihren Auftritten sichtbar, wenn sie einmal ihre Bewerber nach dem »Männerwert« (249) bemißt, oder wenn sie im Augenblick der Gefahr in der letzten Szene als einzige Contenance bewahrt; zwar verfällt sie dabei in eine übersteigerte Tugendgebärde, aber auch dieses kurze Ausbrechen aus der Rolle versteht sich als Parodie, wenn Liddy gleich darauf – ganz dem Verhaltenskanon der empfindsamen Heldin folgend – nach so viel bewiesenem Mut gerade rechtzeitig ohnmächtig wird, um ihrem heimlich geliebten Retter Mollfels in die Arme zu fallen.

In der Literatursatire, die den größten Raum in dem Lustspiel einnimmt, hat der Destruktivismus des *Gothland* eine erste bemerkenswerte Konkretion erfahren, und indem sich die Gestalten der Handlung immer wieder gegen die Aushöhlung der höheren Wertbegriffe zu Konventionsformeln wenden[43], kämpft auch das Lustspiel für die sprachliche Integrität der heroischen Welt als ›Gegenwirklichkeit‹ zur gesellschaftlichen Realität; darum richtet der Dichter seine schärfsten Attacken gegen die Trivialliteratur, die die Banalität der Wirklichkeit mit den Ausdrucksmöglichkeiten der heroisch-idealen Sprache überhöht und verdeckt. Die »wahre« Vision von der morastigen Wirklichkeit und der ihr polarisierten heroischen Welt im *Gothland* pervertiert sich Grabbe in der Gesellschaftsliteratur so, daß sich die Würmer dort mit dem Adleremblem schmücken oder, wie Berdoa sagt, »goldgekrönt« erscheinen (HkG I 122). Unter diesen Voraussetzungen läßt sich zeigen, daß die Grabbesche Literatursatire auch nicht, wie G. Kaiser ausführt, »auf die Widerlegung der idealen Welt durch die Selbstbezeugung einer deftigen Realität«[44] zielt. Grabbes Kritik zeigt sich vom Drang zum künstlerisch und sittlich Besseren inspiriert, ohne daß dieser schon in eine überzeugende Inhalts- und Formkonzeption des eigenen

43 Vgl. im *Gothland* die Stelle in IV 1, die auch drastisch parodiert: »GUSTAV Fürwahr, da hast / Du Recht! Ihr Steiß ist delikat, ist göttlich! BERDOA Sollt er nicht gar unsterblich sein?«

44 Kaiser; a.a.O. S. 11.

Dramas umgesetzt zu werden vermöchte. Aber in dem Aufsatz zur *Shakspearo-Manie,* der auch bezeichnend seinen Standpunkt aus einer Polemik gegen die billige, allein auf das Drama des Elisabethaners fixierte Kritik gewinnt, wird aus dem Bekenntnis zum Drama Schillers heraus eine solche produktive poetische Vorstellung von der Form und Möglichkeit des Dramas entwickelt[45]. In den Reden der beiden ›positiven‹ Helden, Mollfels' und des Barons, kündigt sich diese konstruktive Wendung bereits umrißhaft an.

Entscheidend für die Beurteilung des Lustspiels ingesamt jedoch wird die differenzierte Analyse von Bedeutung und Funktion der Hölle, die nämlich nicht, wie bei Kaiser indirekt zum Ausdruck gebracht, einen Ort der ausschließlichen literarischen Verdammnis und damit, durch die Anwesenheit der klassischen Dichter, auch ein Mittel der Destruktion idealistischer Kunst überhaupt darstellt. Zwar versteht sich die Hölle als die »ironische Partie« des Stückes, das die Welt darstellen soll, aber dieser Entwurf des »gelbschnabligen Engels« bildet keinen in seinen Bereichen streng unterschiedenen Kosmos; die Hölle bezeichnet sowohl den Ort, in den das »Jämmerliche« und »Triviale« (242) gelangt, als Metapher der moralischen und literarischen Verurteilung; aber sie erweist sich auch als Bild der gesellschaftlichen Realität, so wie sie auch im *Gothland* zum Bild der Wirklichkeit schlechthin geworden ist; folgende Stelle bietet den Beleg; der Teufel berichtet:

> Shakspeare schreibt Erläuterungen zu Franz Horn, Dante hat den Ernst Schulze zum Fenster hinausgeschmissen, Horaz hat die Maria Stuart geheiratet, Schiller seufzt über den Freiherrn von Auffenberg, Ariost hat sich einen neuen Regenschirm gekauft, Calderon liest Ihre Gedichte ... (HkG I 245)

Die Ironie dieser Stelle zielt nicht auf eine Verurteilung der genannten Dichter, vielmehr wird in komischem Umschlag aus der Hölle der literarischen Verdammnis eine Karikatur auf die Unsterblichkeit der Dichter: Ihr Weiterleben im Bewußtsein der Nachwelt mißbilligt dieses Bild als Inferno, denn die großen

45 Vgl. dort, HkG IV S. 53 f.

Dichter werden entweder mit ihren miserablen Kommentatoren (Franz Horn) oder schwachen Epigonen (Ernst Schulze, Auffenberg) beschäftigt; ähnlich, als satirische Rückschlagwirkung auf zeitgenössische Erscheinungen, erklärt sich auch die Anwesenheit des Marquis Posa in der Hölle; zwar fällt für ihn ein ironischer Seitenhieb ab (»wir nahmen ihm sein gewaltig schallendes Sprachrohr ab . . .«, S. 243), aber seine Erniedrigung zum Schankwirt verurteilt nicht den dramatischen Helden, sondern die Projektionsgestalt der bürgerlichen Schillerverehrung, den »Heroen der Tugend«, für den sich ausgerechnet Rattengift begeistert. Posa erscheint nicht erst durch Grabbes Karikatur aus dem »Schillerschen Ideenkosmos«[46] genommen, sondern die Mustergestalt der trivialen Tugendideologie, die das ganze Lustspiel aufs Korn nimmt, löst den satirischen Hieb aus, weil dieser »Heros der Tugend« ja längst nicht mehr innerhalb der dramatischen Formwelt begriffen wird. Aus gleicher Ursache findet sich auch Wallenstein an diesen Ort versetzt, wo er als »Rektor« auf dem »höllischen Gymnasio zu Z. angestellt« ist; in dieser Pointe konkretisiert sich der komische Umkehrungseffekt, auf den bereits Wilhelm Emrich[47] hingewiesen hat, daß nämlich in *Scherz, Satire, Ironie und tiefere Bedeutung* eine Inversion von Bürgerwelt und Hölle stattfindet, insofern auch die Hölle nicht von der Banalität des Alltags ausgenommen bleibt; im Sinne einer solchen Umkehrung werden Shakespeare, der Erläuterungen zu Franz Horn schreibt, und Schiller, der über den Epigonen Freiherrn von Auffenberg seufzt, Calderon, der die Gedichte von Rattengift liest, ›Höllenqualen‹ ausgesetzt, die ihnen die Zeit bereitet und nicht der Teufel; denn auch die beiden Meldungen über Horaz und Ariost erscheinen in der Form von Reduktionswitzen, die gar nicht satirisch auf die historischen Erscheinungen oder die Dichter gemünzt sein können: sie stellen Klatsch-Nachrichten dar und gleich wieder eine Parodie des Klatsches, denn daß Ariost einen Regenschirm gekauft haben soll, ist gänzlich gleichgültig; so wären die Namen austauschbar,

46 Kaiser; a.a.O. S. 11.

47 Wilhelm Emrich, Grabbe oder der Bürger als Genie; in: Zeugnisse (Festschrift Adorno); Frankfurt/Main 1963; S. 214–217.

weil sie doch nur das Prinzip der Banalität variieren. Wenn der Teufel am Ende dann zugeben muß, daß er sich auf der Erde befindet, weil in der Hölle gescheuert wird, und wenn er zu verstehen gibt, daß diese Hölle am bequemsten über die Städte zu erreichen ist, wird auch aus dieser Sicht die Nähe von Hölle und Bürgerwelt demonstriert.

Während im *Gothland* die heroische Tatmöglichkeit lediglich als Projektion sichtbar wurde, ohne daß die Handlung ihren pragmatischen Vollzug gestattete, vermag sich in der Welt des Lustspiels die Liebe anscheinend in eine durch die Freiheit der Gattung ermöglichte utopische Glückslösung zu retten, wenn in der Baroneß Liddy ein guter Mensch von einem edlen Menschen vor dem Zugriff von Bösewichtern gerettet wird. Doch bedeutet das »willkürliche Zusammenbiegen der Handlungsstränge«[48] am Ende mehr, denn die Verbindung der beiden Liebenden vollzieht sich auch hier auf dem Wege der Destruktion bzw. Entlarvung: Liddys Verlobter hat die Braut an den Teufel verkauft, und ihr anderer Bewerber will sie durch Mord in Besitz bekommen; in dieser Spielpointe liegt also auch ein besonderes Moment an Übereinstimmung; ebenso wirkt auch der folgende Dialog der beiden ›Helden‹, der sich keineswegs durch seine »Trivialität« auslöscht[49]; zwar hebt er an mit einer pathetischen Gebärde, als Liddy dem Retter ihre Hand anbietet:

> MOLLFELS Beglückt sinke ich vor Ihnen –
> LIDDY Nicht also! Ein Mann wie Sie, braucht sich vor keinem Mädchen zu beugen! Freudig drücke ich Ihnen den Vermählungskuß auf die Lippen, welche Sie selbst so ungerecht zu verspotten pflegten! (HkG I 270)

Aber indem Liddy Mollfels unterbricht und ihn auf die spottenden Lippen küßt, schließt sich dieser Auftritt über die Negation von falschem Pathos hinweg als versöhnende Aufhebung des Zwangs zum allseitigen Spott.

Dennoch behält die glückliche Lösung, die dieser Komödienschluß anbietet, etwas Fragwürdiges; sie vollzieht sich im Grunde als ein Lustspieltopos, der in den Kömödien des 19. Jahrhun-

48 Kaiser; a.a.O. S. 6.

49 Kaiser; a.a.O. S. 10.

derts nicht selten Mesalliancen zu stiften scheint, die dann den Dichter wiederum zu skeptischen Kommentaren veranlassen. In Georg Büchners Lustspiel *Leonce und Lena* schwingt der närrische Valerio, durch die Aussicht auf eine Hochzeit des Paares hingerissen, eine übermütige Rede; aber gerade in seinen Bildern einer utopischen Idylle läßt ihn der Dichter seine Zweifel ausdrücken, ob die von ihm herbeigeführte glückliche Wendung außerhalb der Lustspielwelt überhaupt Bestand hätte. Auch die Heirat in *Scherz, Satire, Ironie und tiefere Bedeutung*, so deutlich sie sich ihrerseits als Gegenhandlung zur Konvention ausweist, trägt selbst in der so weitgehend ironisch gestalteten Lustspielwelt einen Zug von Märchenhaftem[50]; aber auch Grabbe beläßt es nicht bei der Lösung der Gattungskonvention, sondern er trägt seine eigene Deutung in die Schlußszene, wenn er sich dort am Ende selbst zu seinen Figuren bemüht, um ihnen den »Punsch aussaufen« zu helfen. G. Kaiser deutet diese pointierte Wendung als »Selbstaufhebung der Aussage aus Verzweiflung an Welt und Kunst«[51]; doch bleibt diese Szene nicht in der ironischen Negation stecken: Der Dichter, der sonst alles zu zertrümmern gesinnt scheint, steigt in seine utopische Lustspielwelt und gesellt sich, aus der Einsamkeit des Waldes kommend, zu seinen Gestalten, nachdem die beiden demaskierten Bösewichter auf dem entgegengesetzten Wege die Bühne verlassen mußten. Der Schulmeister, der seinen Dichter mit »verrenkten Beinen«, »schielenden Augen« und dem »faden Affengesicht« nicht hereinlassen will, beschreibt den Hereinkommenden so, daß er in dieser Welt, für die man sich nur durch negative Eigenschaften qualifizieren kann, gerade willkommen erscheinen muß, und das freundliche »Herein« der Baroneß, mit dem das Stück endet, gibt das auch zu verstehen. Diese Ironie, mit der sich der

50 Auch in der anderen Grabbeschen Komödie, in *Aschenbrödel* treffen sich die Liebenden nur, weil Olympia von der Gesellschaftswelt ausgeschlossen ist und weil der König sich in der entscheidenden Szene als einfache Person maskiert; und dabei handelt es sich unzweifelhaft um einen Märchenstoff.

51 Kaiser; a.a.O. S. 7; dort findet sich auch ein Vergleich mit der romantischen Form der Illusionsdurchbrechung.

Autor selbst einführt, variiert die satirische Grundfigur des Spiels und wird somit zu einer Geste der Identifikation in der Sehnsucht, die aus der Negation allein entworfene Welt als wirklich zu erfahren.

Indem Grabbe sich in die selbstgeschaffene Welt begibt, durchbricht er keine Illusion, sondern erhebt die Illusionswelt zu einem utopischen Weltwinkel[52], wo der mit einem Licht suchend durch die Nacht ziehende Dichter freundlich aufgenommen wird. Dieser Auftritt läßt Grabbes Verzweiflung als die eines Einsamen, Bezugslosen erscheinen, der die fragwürdigen Glücks- und Harmonieformeln, in denen sein Stück zu enden drohte, kontrastiert und durch die Selbstdarstellung skeptisch durchsetzt; aber er bezeugt zugleich, daß die Glücksidee, die das Lustspiel ironisch bricht, eine lebendig verkörperte Sehnsucht darstellt. Die Deutung dieser Ausgangsepisode bestätigt sich durch eine kurze Analyse der so trivial anmutenden Gelageszene am Ende von III 1. Denn was dort zunächst wie eine konfuse Einübung in absurdes Theater erscheint, gehorcht in Wahrheit einer folgerichtigen Regie, die das Motiv der scheiternden Kommunikation als mehrschichtige Spielhandlung vorführt. Sie zeigt, wie die Geselligkeit mehrerer Menschen nur im alkoholischen Exzeß möglich wird, indem sie im Verlauf des bewegten Auftritts ihr Grundthema gleich mehrfach variiert. Zunächst erzählt der Schulmeister von seinem Erlebnis mit Hannchen Honigsüß, daß in einer grotesk mißlingenden Kontaktsuche gipfelt. Dann verwickelt er seinen Saufkumpanen in einen parodistischen Sketch, wobei der Schulmeister die Rolle Liddys und Mollfels sich selber spielt. Nachdem sie eine Reihe gefühlsintensiver Gebärden probiert haben, steigern sie sich bis

52 Dieser Begriff schließt sich an die weitgefaßte Bestimmung des Utopischen im Sinne eines sozialen Glücks- und Wunschbildes an, wie sie Ernst Bloch im Vorwort zum ersten Band von Das Prinzip Hoffnung; Frankfurt/Main 1959 entwirft. Doch gewinnt das Utopische bei Grabbe seinen besonderen Charakter weniger aus der Intensität der Glücksvisionen und ihrer Ausgestaltung, sondern durch den Kontrast, der das Ersehnte einer völlig feindlich-sinnlosen Welt abtrotzt. Der hervorstechende Zug der Grabbeschen Erlösungsbilder ist also das Unglaubwürdig-Irreale.

zur Travestie eines in die Ehe mündenden Liebesglücks, indem sie Gottliebchen als ihren Vater um seine Zustimmung zur Heirat anflehen. Allerdings gilt auch der Spott dieser Stegreifburleske der gesellschaftlichen Erstarrung menschlicher Beziehungen. Die Negationen schaffen Raum immerhin für die Gebärde der Erfüllung, denn es ist bezeichnend, daß die Choreographie dieser Gelageszene am Ende ihre Grundhandlung, sofern davon die Rede sein kann, und das parodistische Spiel im Spiel zusammenfaßt und mit der Doppelfigur der geglückten Kommunikation abschließt: Nachdem die Schulmeister-Liddy zunächst die Umarmung von Mollfels mit altjüngferlicher Gebärde ablehnte, faßt er ihn letzlich doch unterm Arm und »wackelt mit ihm ab« (263), um in der Kirche Orgel zu spielen. Die Wortlosigkeit dieses Abgangs steht im Kontrast zum dialogischen Ablauf der gesamten Szene, der sich in Zitaten und pathetischen Imitationsregungen erschöpfte. So sehr das Problem der Kommunikation und der Geselligkeit auch hier in possenhaftem Übermut zu versinken droht, aus der Parodie des Hochzeitsglücks wird der Zusammenhang mit der letzten Szene, der faktischen Liebesbegegnung, evident. Das von den beiden Trunkenbolden gespielte *happy end* kann jedoch am Ende nicht mehr als Wirklichkeit vorgeführt werden und gewinnt den Charakter des Utopischen. Dieses Utopische ist auch in Rattengifts Schilderung des Waldhäuschens von Lopsbrunn – gleichsam als ironischer *genius loci* – lebendig. Er versucht damit der Baroneß den Ausflug als Genuß einer idyllischen Landschaft schmackhaft zu machen. Zwar erkennt Liddy sogleich das Deklamatorische und Clichéhafte in Rattengifts pittoresker Bemühung, dennoch zeigt sie sich von der Vorstellung einer »Schäferhütte« wie »aus Guarinis Pastor fido« (HkG I 265) angesprochen. Die Clichélandschaft der Idylle bildet damit den angemessenen Rahmen für die aus Stildissonanzen hervorgebrachte Schlußharmonie der Hochzeitsgesellschaft.

Das späte Drama wird die Utopie des Lustspiels auf neue Weise zu verwirklichen suchen: in der Gemeinschaftserfahrung der Schlacht. So groß der Unterschied zwischen dem Waldhäuschen zu Lopsbrunn und dem Schlachtfeld von Waterloo auch scheint, einige hervorstechende Gemeinsamkeiten machen den Vergleich sinnvoll: Die Glücksutopie des Lustspiels und die der Schlacht gehen beide ausschließlich aus Negationen und Destruktionen hervor, insbesondere aus der Negation der Gesellschaft in ihrer Unwahrhaftigkeit, in ihrem sprachlich erstarrten Idealismus. So wie das Lustspiel den kleinen Raum des Glücks und der menschlichen Übereinstimmung bis zum letzten Augenblick aus Satire, Parodie und ironischer Distanzierung allein und ausschließlich herausspielt, so bestätigt sich der positive Ausdruck der heroischen Glückserfahrung in der stets wieder neu ansetzenden Destruktion und Verneinung des Gesellschaftlichen als Bildungsphilistertum, Egoismus, Krämermentalität etc. Was das Lustspiel allein mit den Möglichkeiten der Literatursatire – Satire der Trivialliteratur und der Trivialisierung der Literatur – bewältigt, wird das Geschichtsdrama in einzelnen Szenen entfalten: Das Exemplarische weicht dann dem Vielfältigen.

Das »teufelhafte« Lustspiel tritt zunächst also einen Schritt hinter den infernalischen *Gothland* zurück; während Grabbe dort im Kampf gegen den trivialen und unechten Idealismus die Vorstellung des Idealen überhaupt liquidierte, gibt er mit der Satire gegen die leergeschwätzten und ideologisierten Glücksmöglichkeiten der Journalwelt zu erkennen, daß sich in der Negation des Unechten ein unbedingtes Bedürfnis nach menschlicher Wahrheit artikuliert, das sich freilich in der gesellschaftlichen Misere unmöglich erfüllt sehen kann. Auch der idealistische Glückssucher Faust wird sich von Don Juan zeigen lassen müssen, daß ein realistischer Glücksbegriff sich nur im Erfahrungshorizont des Desillusionierten aufstellen läßt und daß die einzige Waffe gegen die Gewalt der Zerstörungserfahrung allein ihre konsequente Bejahung bedeuten kann.

Brachialgestus und totale Wirklichkeit in »Don Juan und Faust«

Chiffren und Figuren der Destruktion prägen vorzüglich auch das Bildinventar des Dramas *Don Juan und Faust.* Im Gegensatz zum *Gothland* jedoch entwickelt sich der thematische Desillusionsprozeß nicht mehr nur nachlässig gehalten von einem dramatisch bedeutungslosen Handlungsrahmen; der Vorgang der Zerstörung, wenn auch vielfach facettiert, bestimmt den Aktionsverlauf selbst und tritt schon dadurch in den Vordergrund, daß die beiden Hauptgestalten in ihrem Handeln und Erfahren verschiedenen Destruktionsformen zugeordnet werden: Faust erlebt die gewaltsame Desillusion seiner himmelhoch geschraubten heroischen Wunschideen, während Don Juan mit satirischer Schärfe die Konventionalität der Gesellschaft und ihre fragwürdigen sittlichen Ansprüche entlarvt.

Zwar äußern beide, Don Juan und Faust, ihren Zerstörungsdrang vernehmbar und unverhüllt, sie handhaben das Wort »zerschlagen« geradezu als eine Waffe, die sie bisweilen drohend schwingen. Aber damit zeigt sich bereits in der heroischen Physiognomie eine voraussetzungslose Verhärtung jenes Destruktivismus, der im *Gothland* noch stets als schmerzliche Reaktion der Helden auf die Erkenntnis der gewaltsamen Fremdbestimmung durch die Höllenwelt motiviert blieb. So wehrt Faust die auf ihn einstürmende Hochzeitsgesellschaft mit den Worten ab:

> **Ich bin der Faust, –**
> Die Hölle dient mir, ich kann euch *zertrümmern* –
> (HkG I 467)

oder: »Sie *liebt ihn!* Reiß ich sie zu Stücken?« (485). Don Juan gebärdet sich auch nicht zimperlich; gegenüber Leporello droht er:

> Hund! ich schlage
> Zu Stücken dich, wenn du drei Atemzüge
> Noch zögerst. (488);

und noch einmal Faust: »Was ich wünsche, muß ich haben, *oder / Ich schlags zu Trümmern!«* (494)

Zu dem nur brachial-gestischen gesellt sich aber in diesem Drama – deutlicher als im *Gothland* – ein intellektueller Bedeutungswert des Zerstörungsbildes, der seinen charakteristischen Ausdruck in zwei ganz ähnlichen Luther-Zitaten findet. Zweimal wird, offenbar zur Verstärkung des historischen Epochenkolorits und als Bild der heroischen Identifikation, der Name Luthers genannt. Und beide Male läßt die begleitende Bildlichkeit den Reformator als Zertrümmerer auftreten:

Hier ist es, wo
Sankt Peters Kuppel sich emporgewölbt,
Den Blick der Menschheit ins Endlose auf-
Zufangen, – schmählich jetzt geborsten vor
Dem Donnerrufe, der aus Wittenberg,
Aus meiner Vaterstadt, aus Luthers Munde,
All meiner Zeitgenossen größten, über
Die Alpen furchtbar herklang!
– Und – doch o doch! –
Auch Luther, du! den *Wahn* hast du verjagt,
Zermalmt, zernichtet hast du wie der Blitz,
Nur etwas *andres, Wahrheit,* die besteht,
Beruhigt, hast du nicht gegeben – . . . (432)

Gleich doppelt hat Faust die zerstörerische Wirkung des Reformators beschworen: Von seinem »Donnerrufe« zerbarst die Sankt-Peters-Kuppel, die – offenbar als Symbol der Orthodoxie – den Blick der Menschheit ins »Endlose« auffing. Diese Endlosigkeit bildet eine Faustische Kategorie, zunächst inhaltslos und nur verständlich im Zusammenhang seines ganz besonderen Unendlichkeitshungers, der als die charakterologische Integration der im *Gothland* nur sprachlich-bildlichen Unendlichkeitstendenz gesehen werden kann.

Schärfer noch faßt Faust im zweiten Bild den intellektuellen Destrukteur Luther ins Auge, wenn er ihn in einem weiteren heroischen Vergleichsbezug rühmt, »wie der Blitz« den Wahn »zermalmt, zernichtet« zu haben. Wahn- und Wahrheitsbegriff erscheinen hier ähnlich wie im *Gothland* gegeneinandergestellt; »Wahn« bedeutet hier wie dort: falscher Glaubensinhalt[53], Aberglaube. Seiner Zerstörung galt Berdoas ganzer destruktiver Affekt, und er rechtfertigte ihn mit dem Begriff der »Aufklärung«, einem radikalisierten und entleerten Aufklärungsbegriff,

53 Vgl. die Worte des Ritters (HkG I 464): ». . . wo das Wort, . . . im Wahn, daß sie dadurch geschaffen, . . . tönt . . .: *erste Liebe.*«

aber der Dichter von *Don Juan und Faust* nimmt ihn dort wieder auf, wo er zur heroisch-intellektuellen Profilierung Fausts das Aufklärungs-Bild[54] des Wahn zertrümmernden Luther einsetzt. Beispielsweise Johann Heinrich Voß beruft den Reformator immer wieder lyrisch und prosaisch als den Befreier vom Wahn: Im Gedicht *An Luther* z. B. heißt es:

> Matt kamst Du, Sieger, aus der Schlacht
> Mit Priestern in des Wahnes Nacht[55]

Ähnlich wie in *Don Juan und Faust* wird Luther in Voß' Abhandlung *Wie ward Fritz Stolberg ein Unfreier?* zum blitzeschleudernden Heros:

> . . . die Verkennung der deutschen Sprache voll deutsches Geistes, aus deren Donnerwolke der Held Luther, . . . den erschütternden Blitz auf die sieben Hügel gelockt habe.[56]

Bestätigt wird dieser Zusammenhang durch die zweite Luther-Beschwörung Fausts:

> . . . Es wandelt da
> Am Elbstrom der *Zertrümmerer*, des Feder,
> Als er an Wittenbergs Schloßkirche
> Die Wahrheit schrieb, daß alle Erdensatzung
> Dem Wort und der Vernunft ist unterworfen,
> Gleich dem Kometenschweife wuchs und wuchs,
> Bis daß sie über Deutschland und die Schweiz drang,
> Und eurem Papst die dreigetürmte Kron
> Vom Haupte fegte! (HkG I 480)

Neuerlich führt Faust den Reformator als Zertrümmerer ein, um ihn dann für die Aufklärungstheologie – insbesondere die

54 Vgl. hierzu die umfassende Darstellung von Ernst Walter Zeeden, Martin Luther und die deutsche Reformation im Urteil des deutschen Luthertums. Studien zum Selbstverständnis des lutherischen Protestantismus von Luthers Tode bis zum Beginn der Goethezeit. Bd. I Darstellung, Freiburg 1950; Bd. II Dokumente ebda. 1952; Bd. I, S. 294 ff.

55 Johann Heinrich Voß, Werke in einem Band; Berlin 1966 (Bibliothek deutscher Klassiker); S. 189.

56 Voß; a.a.O. S. 304.

Lessings – in Anspruch zu nehmen; Lessings Schrift *Die Erziehung des Menschengeschlechts* löst den Widerspruch zwischen Vernunft und Offenbarung, indem sie ihn geschichtsphilosophisch aufhebt und als geoffenbarte Vernunftwahrheit versöhnt[57]. Dieser bedeutende theologische Ansatz wird von Grabbe in seinem Zitat Luther angedichtet: Das »Wort« *und* die »Vernunft« sollen als Wahrheit leuchten. Freilich variiert er auch damit nur das aufklärerische Luther-Bild, wie wiederum Voß mit einem Beleg aus seinem Gedicht *Die Kirche* bezeugen mag, das den Reformer verkünden läßt:

> Da rief, vom hehren Traum erwacht,
> . . .
> »Ihr Völker, auf! aus träger Nacht!
> Schon dämmert Morgenhelle!
> . . .
> Das Wort soll leuchten und Vernunft!«[58]

Bei Grabbe bricht indessen deutlich die Neigung durch, die Wahrheit, die positive Versöhnung von »Wort« und »Vernunft« zur Waffe zu schärfen; denn diese Wahrheit wächst, die aufklärerische Lichtsymbolik hypertrophierend, wie ein »Kometenschweif« und fegt endlich dem Papst die »Kron vom Haupte«. Die pathetisch verallgemeinerte, aber im Grunde subjektivistische Wahrheitskonzeption des *Gothland* erscheint hier objektiviert und verdeutlicht. Auch in *Don Juan und Faust* demonstriert Grabbe den Wahrheitscharakter der Destruktions- und Desillusionserfahrung. Aber das Drama erschöpft sich nicht einfach darin, die rhetorisch eingebrachte Zerstörungsthematik durch eine unglaubwürdige Handlungsführung zu bestätigen; Faust repräsentiert im Gegensatz zu Gothland eine ›starke‹

57 Vgl. § 4 der Lessingschen Abhandlung: »Also gibt auch die Offenbarung dem Menschengeschlechte nichts, worauf die menschliche Vernunft, sich selbst überlassen, nicht auch kommen würde: sondern sie gab und gibt ihm die wichtigsten dieser Dinge nur früher.«; Lessing, Gesammelte Werke; Bd. VIII, S. 591.

58 Voß; a.a.O. S. 255.

Persönlichkeit, deren Wissenschaftsheroismus, auch wenn er nach und nach zusammenbricht, glaubhaft erscheint. Faust spielt sich zudem in seiner alles zertrümmernden Radikalität als geistiger Nachfolger der Aufklärung hervor, der ihre polemischen Ansätze verschärft und erweitert; seine Brachialgestik gewinnt aber auch insofern einen Sinn im unmittelbaren Handlungszusammenhang, als sie seinen Wahrheitsdrang heroisch ausrüstet, denn die zerstörerische Macht der Wirklichkeit scheint in der Person des Teufels, der als Ritter auftritt, hinreichend glaubhaft gemacht.

Diese Bemerkungen dienen als Grundlage für die Auseinandersetzung mit einigen Thesen von Walter Weiss[59]. Weiss hat in einem interessanten Ansatz das Grabbesche Geschichtsdrama (ebenso das Büchners) formal und inhaltlich aus Herders Shakespeare-Aufsatz hergeleitet, anknüpfend an Sengle, der schon früher festgestellt hatte, daß Herder mit diesem Aufsatz »den Mythos des deutschen Geschichtsdramas«[60] geschaffen habe. Wenn Grabbe – nach Weiss' Darlegungen – Herders »Programm auf seine Weise verwirklicht«[61] hat, dann deckt diese Formulierung durchaus die entscheidenden Veränderungen, die Grabbes Drama von Herders ihrerseits problematischer Shakespeare-Deutung trennen, aber sie setzt auch eine Abhängigkeit voraus, die lediglich mit dem unverbindlichen Hinweis auf Friedrich Gundolfs Shakespeare-Buch als ganz selbstverständlich »mittelbarer Einfluß« konstruiert wird. Weiss entdeckt die Abhängigkeit und den entscheidenden Unterschied beim Vergleich mit Herder vor allem darin, daß Grabbe zwar die Geschichte nach Herders Wort »so groß und tief wie die Natur« erfahren und gestaltet habe, allerdings wie eine entgötterte Natur; und, die Grundthese seines Buchs für Grabbe entwikkelnd, setzt er hinzu, daß bei den die Geschichte naturhaft

59 Im Grabbe-Kapitel seines Buchs: Enttäuschter Pantheismus. Zur Weltgestaltung der Dichtung der Restaurationszeit; Dornbirn 1962; S. 197–246.

60 Sengle; a.a.O. S. 39.

61 Weiss; a.a.O. S. 221; Herders Aufsatz zum Programm zu ernennen ist freilich eine auffällige petitio principii.

deutenden Begleitbildern Wendungen des »enttäuschten, negativen Pantheismus vorherrschen«[62]. Diese geistesgeschichtliche Beziehung sieht Weiss u. a. in einer Äußerung von Grabbes Faust bestätigt:

> – In diesen Tränen, die ich weine, spür
> Ich es: es gab einst einen *Gott*, der ward
> *Zerschlagen – Wir sind seine Stücke* – Sprache
> Und Wehmut – Lieb und Religion und Schmerz
> Sind *Träume* nur von ihm. (HkG I 499)

Dieses ist – nach Weiss – nicht nur ein »zufälliges, kühnes Bild, sondern der genaue Ausdruck einer Sehweise, die Gehalt und Gestalt von Grabbes Dramen prägt«[63]. Enttäuschter Pantheismus? Das schmerzliche Pathos von Fausts Rede läßt es nicht zu, von dem »genauen Ausdruck einer Sehweise« zu sprechen. Was vielmehr vorliegt, ist das kosmisch projizierte Bild für die Erkenntnis der Selbstdestruktion. Weiss sieht diese Deutung zwar mitgegeben, aber der zerschlagene Gott muß zusätzlich herhalten, um – wörtlich genommen – die Analogiekonstruktion zum Weltpantheismus Herders zu ermöglichen. Doch es bleibt methodisch anfechtbar, wenn die hyperbolische Bildsprache des jungen Grabbe an beliebiger Stelle, um einer bestimmten geistesgeschichtlichen Deutung willen, wörtlich interpretiert wird. Im zerstörten Gott spiegelt sich – wie in den anderen Bildkonstruktionen – die heroische Prätention des Helden, der aus seiner Lage nicht herauskommt, ebenso wie Gothland seinen Erlösungswunsch in den Bereich heroisch-geschichtlicher Tätigkeit projiziert. Und wie die dramatische Realisierung dieser das frühe Drama beherrschenden Redeweise der Projektion im späteren Geschichtsdrama gestaltet wird, geht aus den Worten Vitrys hervor, der die reale Situation einer beginnenden Schlacht als Traum, als heroische Extraversion des Helden begreift; angesichts des schlafenden Napoleon sagt er: »Da schläft er, und die Gewitter der Schlacht umziehen uns, als wären es seine Träume.« (HkG II 417.)

62 Weiss; a.a.O. S. 207. 63 Weiss; a.a.O. S. 216 f.

Es wird zu zeigen sein, daß die wahren Götter im Grabbeschen Drama Helden mit soziologischen Funktionen darstellen.

Es ist also unumgänglich, alle Destruktionschiffren im Zusammenhang der heroischen Selbstdarstellung zu sehen, die den kosmischen Raum nicht nur in der bildlichen, sondern in *Don Juan und Faust* auch in der szenischen Expansion einnimmt, wodurch endlich Gott als ›kosmische Größe‹ in den Bereich der heroischen Zerstörungsintensität gelangt. Der Faustische Unendlichkeitshunger, der den unbedingten Zwang seiner Freiheitssehnsucht ausdrückt (»Frei atm ich in der Glut des Firmaments!« HkG I 441), sättigt sich an der heroischen Spiegelung in kosmischen Größen; und er deutet die heroische Selbsterhöhung mit eigenen Worten an, wenn er sagt: »Nicht schmeicheln, beugen / (Selbst vor *Gott* nicht) kann ich –« (497).

Es sei an das aufklärerische Element, die Wahrheitsintention des Grabbeschen Destruktivismus erinnert. Der zerschlagene Gott gerät als ein Opfer in diese Bewegung, die in *Don Juan und Faust* vor nichts haltmacht. An einer anderen Stelle wird von Faust der Gedanke der Selbstzerstörung als Mittel der Wahrheitserkenntnis ganz deutlich formuliert:

> Aus *Nichts* schafft Gott, wir schaffen aus
> *Ruinen!* Erst zu Stücken müssen wir
> Uns schlagen, eh wir wissen, was wir sind
> Und was wir können! – (HkG I 433)

Die in einem Chiasmus ansetzende antithetische Konstruktion zwischen »Gott« und »wir« wird nicht durchgeführt. »Gott« bildet nur den rhetorischen Ansatz, aus dem der Gedanke der Schöpfung als Destruktion und das Bild der Selbstzerstörung als Weg der Erkenntnis hervorgehen; aber durch die noch mitspielende Vorstellung des schaffenden Gottes sichert sich der Sprechende die Würde schmerzlicher Größe. Unschwer wird in dieser Bildführung auch der geistige Hintergrund des Sturm und Drang sichtbar. In dem großen Hymnus des vierten Teils der *Physiognomischen Fragmente* steigert sich Lavater zu einer emphatischen Reihe von Genie-Apostrophierungen: »Menschengötter! Schöpfer! Zerstörer! Offenbarer der Geheimnisse Gottes und der

Menschen! Dollmetscher der Natur!«[64] Diese religiös gedachte Größe des Genies, die auch ihre Zerstörungskraft im Zeichen des Göttlichen bewährt, findet bereits bei Karl Philipp Moritz eine negative Bewertung; ähnlich wie bei Grabbe wird der Erkenntnisdrang, das gottähnliche Vermögen, in die Nähe der Destruktion gerückt. In einem der *Fragmente aus dem Tagebuch eines Geistersehers* vermerkt der Erzähler, wie der Grundtrieb der Aufklärung zum Sündenfall führte:

Den Zweck haben wir also erreicht: unsre Gedanken sind erweitert; wir sind den Göttern gleich geworden; aber unsre neuen Ideen haben wir uns nicht sowohl durch *Bauen,* als durch Zerstören geschaffen. Da wir nicht Schöpfer werden konnten, um Gott gleich zu seyn, wurden wir *Zernichter;* wir schufen *rückwärts,* da wir nicht vorwärts schaffen konnten. Wir schufen uns eine Welt der Zerstörung, und betrachteten nun in der Geschichte, im Trauerspiel, und in Gedichten unser Werk mit Wohlgefallen.[65]

Auch Grabbes Faust, ein Verwandter der Lessingschen und Goetheschen Gestalten, erlebt einen schicksalhaften Zusammenhang zwischen Erkenntnis und Destruktion. Während Moritz jedoch traditionell-christlich den Zwang zur Destruktion als die Folge des Versuchs, den Göttern zu gleichen, versteht, so bildet bei Grabbe die Zerstörung überhaupt die Bedingung für das menschliche Selbstverständnis. Was bei Moritz als Hybris erscheint, Zerstörung als zwanghafte Folge des Wunsches nach Gottähnlichkeit, begreift Grabbes Faust als die Folge der menschlichen Zwangslage in einer Welt der Zerstörung, die bereits existiert. Der subjektive Fatalismus, den Moritz aufdeckt, als der im Menschen angelegte Zwang, umgekehrt gottähnlich zu handeln, wandelt sich bei Grabbe in einen objektivierten Schicksals-

64 Johann Caspar Lavater, Physiognomische Fragmente zur Beförderung der Menschenkenntnis und Menschenliebe, I–IV; Leipzig und Winterthur 1775–1778; Bd. IV, S. 83.

65 Andreas Hartknopf, Andreas Hartknopfs Predigerjahre, Fragmente aus dem Tagebuch eines Geistersehers. Faksimiledruck der Originalausgaben, ed. Hans Joachim Schrimpf; Stuttgart 1968; S. 376. Die Nähe dieser Passage zum tragischen Lebensgefühl betont auch August Langen: Karl Philipp Moritz' Weg zur symbolischen Dichtung; in: ZfdPh 81 (1962), S. 169–218, 402–440; S. 436.

begriff, insofern sich die Helden von einer unbekannt destruktiven Macht gefährdet und zum Widerstand aufgefordert fühlen. Im *Gothland* und in *Don Juan und Faust* jedoch wird dieses ›Schicksal‹ bereits so stark rationalisiert, daß der Sinn von Fatalität gar nicht mehr mitschwingt. Im *Gothland* nennt sich der Bösewicht und Intrigant selbst »Schicksal« und »Gott«; wenn auch der Held seinerseits noch glaubt, daß »allmächtge Bosheit« es ist, »die den Weltkreis lenkt und ihn zerstört« (HkG I 82), so spiegelt diese »allmächtge Bosheit« in *Don Juan und Faust* nur die Wirklichkeit: Der Teufel erscheint als »Ritter« und stellt sich dennoch nur als ein Intrigant vor, die Pforten der Hölle gleichen »*glühnden* oder *überschminkten* Wangen / Der Jungfraun *oder* Huren« (435), oder wie der Ritter selbst feststellt: »Die heißen Rosen auf der Weiber Wangen / Gehören *Mir!* Das sind der Hölle *feinste* / Und *schlimmste* Flammen –« (462)[66].

In dieser einheitlichen Spielwelt, in der die Hölle, der Himmel, die Gesellschaft, der heroische Ort Rom nur Varianten der einen unausweichlichen Wirklichkeit darstellen, kann Gott keine religiöse Idee mehr repräsentieren; er kann nur den Projektionsbegriff darstellen für die Träume und Wünsche des Heroen, der in seiner Person – wie im Sturm und Drang – eine andere Welt zu entwerfen versucht, in der sich die Kräfte und Vermögen frei und ungehindert entfalten können, und der alles hierbei Störende zerschlägt. Freilich erscheint das dramatische Ende der beiden Heroen nur als ein äußerer Abschluß; sie geraten beide in die Hände des Teufels, ohne daß das Drama mit irgendeiner Person das objektive sittliche Bedürfnis entwickelt

66 Hans Imig, in seiner Diss. Das Problem der Religion in Ch. D. Grabbes Tragödie *Don Juan und Faust;* Münster 1935, hat in gleichem Umfange »Grundideen« der Aufklärung und des Sturm-und-Drang nachgewiesen. Dabei wurde deutlich, daß seine Fragestellung den Kern der Dichtung nicht zu treffen vermochte, weil die religiös-philosophische Problematik lediglich die Helden intellektuell bekleidet und sie die prinzipielle Verzweiflung des Helden in der Welt nur unscharf reflektiert. Flucht und Destruktion der Welt, radikale Egozentrik und Versuch der Selbstrettung (auch im Ausweichen in die Liebe) beherrschen thematisch das ganze Drama.

hätte, sie bestraft zu sehen. Was als Hybris geahndet wird, scheint der legitimierte Ausbruch aus der geistigen Beschränktheit oder der sittlichen Konventionalität der Gesellschaft. Der Anspruch des Teufels auf die Seele Fausts und der Anspruch der Gesellschaft auf die Bestrafung Don Juans führen in die gleiche Hölle; und alle Anzeichen deuten darauf hin, daß dieses Ende das wirkliche Drama nur scheinbar beschließt: Faust will sich in der Hölle nicht geschlagen geben:

> Wisse aber:
> Wenn ich ein ewges Wesen bin, so *ring*
> Ich auch mit dir *von Ewigkeit,*
> *Zu Ewigkeit,* und möglich, daß ich *siege,*
> Dich nochmals tretend, wie ich schon getan! (506)[67]

und Don Juan verhält sich ganz ähnlich:

> Was
> Ich *bin,* das *bleib* ich! Bin ich *Don Juan,*
> So bin ich nichts, werd ich ein *anderer!*
> Weit eher *Don Juan* im Abgrundsschwefel
> Als *Heiliger* im Paradieseslichte! (HkG I 513)

Die Reden verfolgen inhaltlich und formal den Geschehensentwurf des Spielraums: Alle Grenzen werden durchschnitten, und die Räume verschmelzen zu einer Einheitswelt, in der nur einmal mehr die Hölle oder die Gesellschaft überwiegt. Als dasselbe »Ziel«, das nach Auskunft des Ritters Don Juan und Faust zu erreichen versuchen, schält sich die Idee der Zerstörung oder Überwindung der Wirklichkeit heraus, die sich immer nur als falscher Anspruch, als »Wahn« gegen den Heroen stellt: »Das Leben ist ein Nichts, wenn es nicht allem / Was ihm begegnet, Stirne bietet!« (512). Diese trotzige Devise kennzeichnet Don Juan ebenso wie die Welt, die eine solche verewigte Kampfstellung herausfordert: konsequent erkennt er nichts an außer der

67 Otto Nieten, in seiner Grabbe-Monographie, Dortmund 1908, hat gezeigt, daß dieser Schluß Tradition ist, so bei Byron, Klinger und Klingemann; S. 200; aber bei Grabbe gewinnt dieses Ende ganz besondere Bedeutung, schon dadurch, daß Don Juan die gleiche Haltung zeigt.

Schönheit seiner eigenen Taten: »Alles, was ich tat, / *Gefällt* mir! Nicht bedarf ich Beßrung, / Denn mit mir selbst bin ich gar sehr zufrieden!« (HkG I 512). Don Juan spricht, wertet und urteilt egozentrisch, weil er außer sich nur falsche und leere Ansprüche sieht; er erwartet überall die gleiche »Unerträglichkeit« der Welt (425); die ewige Gleichheit der Erfahrungen bringt endlich auch auf der Ebene der Dramaturgie und in der Bildsprache alle Grenzen ins Fließen: Der Mensch wird zum Gott, Engel zum Teufel, der Teufel zum Ritter, der Himmel zur Wüste oder zur Hölle, die Hölle zur Wirklichkeit, Liebe zu Haß und umgekehrt: Fausts Erfahrung »alles eins« (435) wird als ständige Umschlagsmöglichkeit vom Drama vielfach bestätigt, vor allem als die Quintessenz seiner Beobachtungen auf der Weltenreise und Flucht. So wird die Notwendigkeit deutlich, daß die handelnd in die Welt getragene und bildhaft hineinprojizierte Zerstörungswut am Ende auf das Ich zurückfallen muß: Der erschlagene Gouverneur ersteht wieder als Bildsäule, der getretene Teufel kriecht »doch bloß deshalb, / Um desto furchtbarer vom Bodenschlamm / Mich wieder zu erheben –« (500), Faust, der sich sicher wähnte »die Hölle dient mir« (467) wird ihr leichtes Opfer, der zerstörte Weltgott trägt die Züge des zerstörten Ich.

Die Raum- und Zeitlosigkeit in *Don Juan und Faust* verstärkt die Zerstörungserfahrung, denn in der Endlosigkeit der Welt erleben die Gestalten lediglich eine in ihrer destruktiven Gewalt gesteigerte Wirklichkeit. Nur die geschichtliche Welt des Heroischen zeigt einen Ausweg.

B. DAS PHYSIOGNOMISCHE UND SZENISCHE DESTRUKTIONSBILD IN DER MITTLEREN PERIODE

Trümmerwelt und soziale Strafexpedition

Bereits in *Don Juan und Faust* läßt sich eine das Geschichtsdrama vorbereitende Entwicklung beobachten, die das Zerstörungsthema von der Ebene der unmittelbaren Erörterung im Gespräch oder Monolog verlagert und es zunächst nur noch bildlich, als physiognomischen Zug des Helden oder durch den szenischen Hintergrund sichtbar werden läßt. Am Ende des Dramas faßt Don Juan Schicksal und Erscheinung Fausts in die Worte:

> – – Ha, Faust! – Wie sieht er aus – Man sollte grausen!
> Zerschlagner Welten Trümmer schimmern so
> Im Licht des Abends, wenn es sich vor Schmerz
> Darüber bricht! – (HkG I 505)

Zwar drängt auch hier das schmerzliche Pathos der Zerstörungserfahrung unverändert ins Bild: Das Drama der Selbstvernichtung entläßt die Person als Trümmerwelt. Aber mit den Bildern des »zerschlagenen Gottes« und der »zerschlagenen Welten« hat Grabbe die hyperbolischen Möglichkeiten der Destruktionsfigur erschöpft. Der leere Raum, der von dem realen seelischen oder intellektuellen Vorgang und dem Vergleichsbild umschlossen wird, verlangt nach Füllung, der Sprachaffekt nach Konkretion. Der Dichter, der früher seine eigenen desillusionierenden Erfahrungen vor allem in rhetorischen Sprachleistungen als Wahrheit zu vermitteln versuchte, reduziert nunmehr seine Wirkungsabsicht, indem er die Notwendigkeit der Zerstörung, als Reaktion auf die Erfahrung der »*zerstörten* Subjectivität« (HkG V 196), nicht mehr als absolute, sondern als relative aus der historischen Situation entwickelt und sie durch die künstlerische Leistung objektiviert.

Die Geschichte – im barocken Sinne: sowohl als heroisches Bildarsenal wie auch als zertrümmertes Monument – erscheint bildlich bereits im Faust-Drama gegenwärtig. Sie dient dort zunächst als Hintergrund und Staffage, aber auch als physiognomischer Spiegel. Der Destruktionsaffekt und die Selbstdestruktion Fausts bilden das einläßlich dargestellte Thema; daß auch Don Juan nach dem »gleichen Ziel« strebt wie Faust, wird darum nicht sogleich klar. Aber die moralische Indifferenz Don Juans, seine herostratische Gestik bekleiden eine erheblich konkreter orientierte Zerstörungsaktion; diese deutlichen Umrisse seiner intellektuellen Person zeichnet bereits der Ausdruck ekstatischen Wohlgefühls, den Don Juan auf dem Trümmerhaufen findet:

> Der Tag
> Ist wundervoll – selbst die Ruinen strahlen
> In seinem Schimmer wie verklärte Geister –
> Solch einen Herbst trifft man in Rom nur an –
> In Siegeskleidung, ähnlich römischen
> Altvordern, hüllt sich das Gefild, bevor
> Es hinstirbt. – (HkG I 443)

Natur und Jahreszeit eröffnen den Assoziationsraum zur historischen Reminiszenz, aber der Verfallscharakter des Herbstes erscheint heroisch überhöht und geradezu aufgehoben. Die Ruinen, die »wie verklärte Geister« strahlen, erhalten als die scheinbar verlebendigten Geister der vergangenen Größe der Stadt etwas von der Bewegtheit der Natur. Ruinen bilden das wichtigste Motivelement der *Europäischen Romdichtung*[68]. W. Rehm zeigt jedoch, wie dort im Anfang des 19. Jahrhunderts die Trümmer Roms immer stärker zum Spiegel der Geistesverfassung ihrer Betrachter werden, ein Prozeß, der in gleicher Form Funktion und Bedeutung der romantischen deutschen Ruinendichtung bestimmt[69]. Don Juan indessen findet die Ruinenlandschaft auch auf sein heroisch-hedonistisches Selbstverständnis abgestimmt:

68 Walther Rehm, Europäische Romdichtung; München [2]1960; S. 217 ff.

69 Hans-Herbert Stoldt, Geschichte der Ruinenpoesie in der Romantik, Diss. Kiel 1925.

... Auf Trümmern sproßt das zartste Grün,
Auf Trümmern singt am hellsten die Zikade,
In der Zerstörung Mitte schallt am kühnsten
Der Ruf der Freude, auf den Gräbern der
Scipionen schmeckt der Wein am köstlichsten!
(HkG I 486 f.)

Die Verklärung der Ruine, die enthusiastische Feier der Zerstörung verändert nicht den geistig-physiognomischen Bezeichnungswert des Bildes selbst; auf den Gräbern der Scipionen vergewissert sich Don Juan zudem der heroischen Vergangenheit einer Stadt, deren beschränkte Gegenwart er gemeinsam mit Leporello satirisch aufs Korn nimmt. Ein doppelter Kontrast beherrscht die Szene: Don Juans brachiales Gehabe verschärft Fausts Drohungen gegen »Wahn« und »Aberglauben«, und zugleich setzt das Trümmerbild scharfe, Unheil verheißende Akzente in einem dem Heldentum entfremdeten Sozialverband, der sich selbstgenügsam mit gedämpften Affekten und kleinen Bürgertugenden erhält. Gewinnt der Destruktivismus in den Handgreiflichkeiten und rhetorischen Ausfällen Don Juans Inhalt und Richtung als Entlarvung einer ins ideologisch und gesellschaftlich Banale versunkenen Wirklichkeit, so bekleidet er bei Faust vor allem dessen verzweifelte Gebärden im Kampf um eine doktrinär vertretene, aber dennoch inhaltsarme ›Wahrheit‹: Die pathetische Identifikation von Wirklichkeit und Wahrheit des *Gothland* hat dieses Drama insofern wieder aufgelöst, wenn auch beide Tat- und Redemotivationen aufeinander bezogen bleiben; aber nur der gegen die unmittelbar umgebende Wirklichkeit gerichtete Destruktivismus Don Juans weist – im Sinne der künstlerischen Entwicklung – voraus: Im Zwang zur gesellschaftlichen Demaskierung und in der hedonistischen Lust angesichts der (nicht mehr sentimental erlebten) Trümmerbilder verbindet er wie in zwei Charakterzügen die beiden Grundmotive der Zerstörungsthematik, die im mittleren und späten Drama zu ganzen Handlungsbildern – d. h. großangelegten Revueszenen, in denen die Aktionselemente nur den Freskocharakter dieser dramatischen Höhepunkte bestimmen – auswachsen.

In *Marius und Sulla,* der zwar vor *Don Juan und Faust* entstand, aber seiner dramatischen Form nach ebenso wie thematisch den *Hohenstaufen* nähersteht, in diesem ersten historischen Drama Grabbes eröffnet der »Ruinenhaufen« Karthagos als exponierendes Szenenbild eine bedeutungsvolle Kontrastkulisse zu dem von »übermütigen Patriziern« (HkG I 344) beherrschten Rom; die Perspektiven des Dramas, gleich zu Beginn durch den alten exilierten Helden von Karthago auf Rom gelenkt, rücken beide Städte in dramaturgisch bedeutungsvolle Nähe: ». . . es schwebt mir vor, als müßte ich noch einmal mit voller Macht nach Rom heimkehren!« (344), sagt Marius zu seinen Begleitern und, zum »wehgeschlagnen« Karthago gewandt: ». . . ich bin wohl der erste Römer, der um dich trauernd und seiner Nation fluchend, auf dich niedersinkt!« (HkG I 345). Die gleiche vorausweisende Funktion hat auch Marius' Traum, in dem ihm der Genius von Karthago die Faust zermalmt, was Carbo als Aufforderung zur Rache an Rom deutet. In der ersten Fassung des Dramas wollte Marius noch Rom so von Grund ausrotten, ». . . daß man sie / Samt ihren Türmen und Palästen durch / Ein Sieb zu sä'n vermöchte!« (HkG I 306). Und zum Teil findet diese Racheaktion dann auch in II 4 statt.

Marius auf den Trümmern von Karthago, hier realisiert Grabbe eine der heroischen Lieblingsvorstellungen des Sturm und Drang[70]; doch gibt er dieser Situation noch eine Spiegel-Funktion als Bild intellektueller Charakterisierung:

Unermeßliche Trümmer der eingeäscherten Stadt am Boden, und noch weit unermeßlichere Ruinen eines gigantischen zerschellten Glücks in meiner Brust, – hingestürzte Helden gleich Monumenten auf hingestürzten Reichen! (HkG I 346)

Diesem bedeutungsvollen Schatten, den das Trümmerbild auf Marius' Erscheinung fallen läßt, entspricht jedoch keine einheitlich dargestellte Personalschicht oberhalb des nur heroischen Marius. Siefert[71], der im Anschluß an Jahn behauptet, Marius

70 Vgl. Kosinsky, der Karl Moor mit den Worten begrüßt: »Ich habe mir immer gewünscht, den Mann mit dem vernichtenden Blicke zu sehen, wie er saß auf den Ruinen von Karthago – . . .« (SW I 564).

71 Fritz Siefert, Ch. D. Grabbes Geschichtsdramen; Diss. Frankfurt 1957; S. 37 ff. Ohne einheitlichen stilkritischen Ansatz versucht Siefert

sei ein zerrissener Typ, entdeckt zwar die Spiegelwirkung der Karthago-Szene, ohne jedoch konsequent die Funktion aller Trümmer-Bilder zu ermitteln. Bei näherem Hinsehen indessen erschließt sich aus dem Zitat die freilich schon verdichtete Motivierung von Marius' Destruktivismus als die zwanghafte Reaktion auf eine Zerstörungserfahrung durch die Welt. Was der *Gothland* ausführlich und thematisch entwickelt, kristallisiert sich hier allein im gespiegelten Bild.

Historisch entstammt das lyrische Trümmerbild der Ruinenpoesie des 18. Jahrhunderts und bildet dort vor allem, wie Lotte Kander[72] gezeigt hat, ein vielverwendetes Zeichen der neuen Sentimentalität und ein Symptom für das »bereits in der Aufklärung aufgelockerte Gefühlsleben«[73]. Mit der französischen Revolution gewinnt die Ruine zusätzlich die Funktion eines politischen Verfallszeichens, nachdem bereits die Burgruine bei Klopstock und Stolberg ein Bild des Tyrannenhasses vertreten hat[74]. Goethe, vor allem der späte Goethe, setzt das Ruinenbild als ein Übergangssymbol ein, an dem sich das spannungsvoll-widersprüchliche Verhältnis von Natur und Geschichte kon-

seine These vom »zerrissenen Marius« u. a. aus einem Vergleich der beiden Fassungen der Karthago-Szene zu gewinnen. Dabei behauptet er, die optimistischen Äußerungen Marius' in der ersten Fassung (HkG I 305) seien zwar noch glaubwürdig, während die in ungebundener Rede geäußerte Absicht, nach Rom zurückzukehren, in der zweiten Fassung (HkG I 344) unglaubwürdiger sei (u. a. weil ihr widersprochen werde). Hinsichtlich Marius' pessimistischer Äußerungen argumentiert Siefert plötzlich entgegengesetzt: Nun wird die erste in »konventioneller Vers- und Bildersprache« gehaltene Rede zur »unglaubwürdigen dekorativen Geste« (S. 40), während die »unpathetische Art des Sprechens« in der zweiten Fassung (HkG I 345) »spürbar an Glaubwürdigkeit« gewinnen soll (S. 42). Es ist nicht zulässig, stilkritische Erkenntnisse mit dem Argument der Glaubwürdigkeit beliebig gegen die Redeintention auszuspielen, ohne diesen Gesichtspunkt durchzuhalten; denn die übrigen Belege für die angebliche Zerrissenheit Marius' sind in gebundener Sprache gehalten, die sich zuvor noch als »unbrauchbar« erwiesen hatte, ». . . um das Erlebnis schmerzhaft empfundener, einsamer Verbannung (sic!) . . . spürbar zu machen« (S. 40).

72 Lotte Kander, Die deutsche Ruinenpoesie des 18. Jahrh. bis in die Anfänge des 19. Jahrh.; Diss. Karlsruhe 1933.

73 Kander; a.a.O. S. 17. 74 Kander; a.a.O. S. 42.

kretisiert: Indem die Ruine, die zwar als ein politisch-geschichtliches Verfallszeichen reflektiert wird, nur noch in der reinen Umgebung der Natur erscheint und von ihr mit Efeu überwuchert und gleichsam in Besitz genommen wird, tritt sie aus dem Bereich des Historischen in das Zeitlos-Natürliche über[75].

In der Romantik bleibt das lyrische Bild der Ruine vorwiegend eine Chiffre der Verfallssentimentalität der Epoche, darüber hinaus bewährt es sich freilich auch als evozierendes Element in epischen Landschaften und Topographien. Zu Beginn der Romantik wird jedoch das Ruinen- und Trümmerbild vornehmlich noch als Dissonanzsymbol zerstörter Innerlichkeit eingesetzt. In Tiecks *William Lovell* taucht die Ruinenkulisse Roms leitmotivisch in den Konstellationen der Erzählung auf, welche die Phasen des Zerstörungsprozesses, den der Held erleidet und selbst schildert, indizieren. Dieser Vorgang, die allmähliche Zerrüttung eines gefühlvollen und talentierten Jünglings durch die dämonisierten Wirkungen der Vernunft, u. a. konzipiert als Polemik gegen die Berliner Aufklärung[76], wird vom Helden des Romans gleich in seinem ersten Brief, geradezu als programmatische Ankündigung des Dichters, ahnungsvoll beschworen:

> Ich ahne eine Zeit, in welcher mir meine jetzigen Empfindungen wie leere Träume vorschweben werden, wo ich mitleidig über diesen Drang des Herzens lächle, der itzt meine Qual und Seligkeit ist, – und soll ich Dir gestehen, Eduard? – Diese Ahnung macht mich traurig. – Wenn dieses glühende Herz nach und nach erkaltet, dieser Funke der Gottheit in mir zur Asche ausbrennt und die Welt mich vielleicht verständiger nennt . . . Die Vernunft wird die Schönheiten anatomiren, deren holder Klang mich itzt berauscht . . .[77]

75 Diese Darstellung folgt W. Emrich, Die Symbolik von Faust II, Frankfurt a. M., Bonn ^{3}1964; S. 122 f.

76 Vgl. das Vorwort in: Ludwig Tiecks Schriften VI; Berlin 1828; unveränderter photomechanischer Nachdruck: Berlin 1966; S. XXXI f. Die Nachwirkungen dieses romantischen Rom-Erlebnisses bei Grabbe zeigen sich auch in *Scherz, Satire, Ironie und tiefere Bedeutung*, wenn Mollfels berichtet: »Graue Ruinen blicken aus grünen Gebüschen, laute Tritte tönen durch einsame Straßen, und wer auf den Trümmern des Kapitols, im Angesichte der ausgestorbenen Siebenhügelstadt die letzten Donner eines vorübergezogenen Gewitters am fernen Horizonte verhallen hört, fühlt sich freilich ganz anders ergriffen . . .« (HkG I 250).

77 Tieck, William Lovell; Bd. VI u. VII; Bd. VI S. 14 f.

Grabbe hat die Glaubenskrisen seiner Jugend und seinen Gefühlsskeptizismus vor allem in diesem Jugendroman des so bewunderten Tieck vorgebildet gefunden, und die frühromantische Vorstellung von der das schöpferische Gefühl zersetzenden Vernunft verwertet der junge Dichter für sich als Pose, wenn er gegenüber Tieck behauptet, mit der »starrsten Kälte« (HkG V 53) zu dichten, oder wenn er gleichzeitig von dem Zwiespalt, der sich in seiner »Brust zwischen Kunst und Leben, Verstand und Gefühl erhoben hat«, berichtet. Den Zertrümmerungseffekt der Vernunft beklagt auch jener Brief an Kettembeil, wo Grabbe von der »jahrelange(n) Operation, den Verstand als Scheidewasser auf mein Gefühl zu gießen . . .« (HkG V 149), berichtet. H. Leippe sieht die Beziehung und den Einfluß des *William Lovell* ebenfalls, begnügt sich jedoch mit dem Nachweis des »Dandysmus«[78]. Indessen läßt sich zeigen, daß die in den Personen Don Juans und Fausts kombinierten Züge, die im Trümmerbild reflektiert sind, heroischer Genuß am Trümmerbild und Zerstörungserfahrung, auch die zwei Stadien am Anfang und Ende von Lovells Entwicklung markieren; zu Beginn der Ausdruck des Genusses: ». . . begeisternde Schauer wohnen in den Trümmern aus der großen Heroenzeit«, und am Ende die Spiegelung der eigenen zerrütteten Person in dem Bild: »Nirgends kann man sich festhalten; unsere Welt sieht dann aus wie eine ehemalige Erde, die so eben in der Zertrümmerung begriffen ist – und wir werden unbemerkt mit verschlungen.«[79]

Originell erscheint bei Grabbe – im Vergleich zum Trümmerbild sowohl der Empfindsamkeit wie des vorromantischen Tieck – der antisoziale Akzent der Zerstörungsbilder. Diese neue inhaltliche Qualität des Destruktivismus zeigte sich umrißhaft bereits im Zusammenhang mit der rhetorischen Exposition des Heroismus. Aber erst hier, im *Sulla,* rücken das Bildfeld der Zerstörung und eine immer stärker sozial ausgewiesene dramatische Wirklichkeit so nahe zusammen, daß die dialektische Ein-

78 Heinrich Leippe, Das Problem der Wirklichkeit bei Ch. D. Grabbe; in: Vom Geist der Dichtung, Gedächtnisschrift Petsch, ed. Martini; Hamburg 1949; S. 270–285; S. 271 Anm.

79 Tieck, W. Lovell; Bd. VI S. 132; Bd. VII S. 230.

heit der Zerstörungsgesten und der Wirklichkeitserfahrung ihre szenische Ausgestaltung angemessen erreicht.

Marius auf den Trümmern von Karthago: In dieser Konstellation hat Grabbe bereits kunstvoll den Ziel- und Höhepunkt des Stücks vorweggestaltet. Hier nimmt zwar das dramatische Hauptgeschehen, das in seinen entscheidenden Phasen ebenfalls als Spiegelung (II 2/3) inszeniert wird, erst seinen Ausgang: Die Strafexpedition gegen Rom. Aber zugleich sitzt Marius bereits auf den Trümmern des gestraften Rom, und diese von dem alten Helden so nachdrücklich angekündigte Handlung wird im Drama selbst doppelt durchgeführt; denn die entscheidenden dramatischen Bewegungen entspringen nicht der politischen Rivalität zwischen Marius und Sulla, sondern lösen sich aus einem politisch-historischen Konfliktbündel, bei dessen definitiver Entwirrung Sulla als siegreiche Gestalt heraufsteigt[80]. Ohne den »wahren Geist der Geschichte« (409) zu verletzen, hätte Grabbe auch die Auseinandersetzung zwischen Marius und Sulla bis zur persönlichen Konfrontation der beiden Heroen gestalten können. Aber Grabbe sah den »wahren Geist« komplexer; in der Prosafassung der Szene II 5 heißt es charakteristisch:

> Immer deutlicher leuchtet aus dem Gange des Stückes hervor, daß die römische Welt weder auf der Erde noch in der Religion einen festen Haltpunkt mehr hat, und daß, wenn sie nicht auseinanderfallen soll, nur der Despotismus sie halten kann. Darum mußten Männer wie Marius und Sulla erscheinen und das werden, was sie geworden sind. (HkG I 388)

Der Begriff des »Despotismus« in dieser Skizze variiert den des Heroismus als politische Formel. Dabei sollte nun bedacht werden, daß sich der politische Heroismus sowohl Marius' als auch Sullas in zynischen, an Berdoa oder Gothland erinnernden Zerstörungsprogrammen artikuliert. Unmißverständlich deutet jedoch diese Passage das grausame Vorgehen der Heroen als Abbild der gesellschaftlichen Auflösungserscheinungen und als energische Gegenbewegung; damit wird klar, in welcher Form das erste Geschichtsdrama die Problematik des Frühwerkes wie-

80 Vgl. Hegele; a.a.O. S. 188 f.

deraufnimmt und gleichzeitig verwandelt. Die politische Haltlosigkeit der Verhältnisse in Rom wird als religiöse *und* soziale präsentiert. Allerdings zeigen die entsprechenden Handlungsteile, aus denen etwas »hervorleuchtet« (II 2/3), allein durch Szenen der sozialen Demonstration, wie sehr die gesellschaftliche Verfassung der durch Einzelinteressen paralysierten Stadt die Heraufkunft der Heroen beschleunigt und die Gegenwirkung des grausamen Despotismus auslöst. Wird der Destruktivismus im *Gothland* als die Reaktion eines ebenfalls weltanschaulich *und* sozial ruinierten Menschen herausgestellt, so wirkt in *Marius und Sulla* der Destruktivismus auf die tatsächlich sozial zerrüttete Wirklichkeit zurück. Daß Marius und Sulla das werden »mußten«, was sie sind, gibt ihrem Tun die Qualität geschichtlicher Notwendigkeit, da sie nicht als freie heroische Individuen handeln, sondern als notwendig gezwungene Exponenten der historischen Situation. Allerdings verwandelt sich dieser dialektische Geschehens-Entwurf unter der Hand des Künstlers in einen dramatischen Prozeß mit vornehmlich moralischer Akzentuierung: Durch zunehmend starke vorausweisende Gewaltzeichen bereitet sich der V. Akt vor, der das große Strafgericht über die Stadt Rom bringen soll. Die Szene IV 3 leistet diese Perspektivierung gerade durch ihre Prägnanz: Sulla auf dem »noch rauchende(n) Schutthaufen von Präneste« (404); hier werden für den Feldherrn, in charakteristischer metaphorischer Verfremdung und Erweiterung der Wirklichkeit, die bleichen und zitternden Bürger zu einem Bild des Weltzustandes, und er ruft aus:

Was? hat
Der Erdball einen grauen Kopf bekommen?
Erbleicht, wie weiße Haare, steht um uns
Der Pöbel! Reißt ihn aus! (HkG I 404)

Im Prosaexposé dieser Szene finden sich nur die zitierten Verse als dichterisch ausgeführte Worte, und sie stehen in deutlicher Beziehung zu den wenigen Versen im Textentwurf zur letzten Romszene (V 2), wo der Erdball »wie ein gekrümmter Sklave« unter Sullas Fuß liegt. Die beiden kurzen Dialogskizzen der zwei Szenenschemata IV 3 und V 2 gehören inhaltlich und formal – ihrer destruktiven Bildlichkeit nach – zusammen. Damit ist erkennbar geworden, daß der zweite, unausgeführte Teil des Dramas im Grunde nur den ersten repetieren soll, welcher die Strafexpedition Marius' nach Rom vergegenwärtigt. Dieser Interpretationsansatz wird unter dem Aspekt der Heroismusthematik in dem gleichen Drama ausgeführt und vertieft werden. Die Beobachtungen zum Symbolwert der Destruktionsbilder – ausgehend von den Trümmerszenen – legen nun auch die besonderen Funktionselemente der neuen Dramaturgie der Geschichtlichkeit frei, die in den satirisch zugespitzten Demonstrationsszenen die sozial-politischen Verhältnisse in Rom unter dem Zeichen der nahen Zerstörung einspielt, damit der pathetischen Realitätsflucht der frühen Bildsprache die rednerischen Akzente nimmt und sie, in einzelne Spielzüge verwandelt, dem Geschehen eingliedert.

Der »rauchende Trümmerhaufen von Präneste« hat aber keine physiognomische Funktion mehr, d. h. er spiegelt keinen seelischen Zustand oder eine geistige Verfassung; der in der Person Sullas zum ersten Male gestaltete *Monumentalheroismus,* d. h. ein heroisches Verhalten, das sich vornehmlich in Situationen und Akten majestätischer Selbststilisierung, mit nur geringem pragmatischen Bezug zur geschichtlichen Realität, verwirklicht, dieser Monumentalheroismus lenkt den Blick nicht mehr auf das ›Menschliche‹ des Helden, sondern sucht gerade in der Unterdrückung jedweder menschlichen Regung seine entscheidende heroisch qualifizierende Gebärde; in Präneste bricht Sulla zwar aus einer Bewegung humanen Atavismus in die Worte »Entsetzlich! Schrecklich! Ungeheuer!« aus, aber er »belächelt« diese Entgleisung auch sogleich wieder. In der äußeren dramatischen Situation motiviert Grabbe diese Grausamkeiten, die sowohl Marius wie auch Sulla begehen oder geschehen lassen, mit den gleichen historischen Bedingungen (»Darum mußten Männer wie Marius und Sulla erscheinen und das werden, was sie geworden sind«), dennoch entwickelt sich aus den Linien der Motivation innerhalb der Handlung selbst ein ganz unterschiedliches Bild der beiden Charaktere. Marius' Strafexpedition gegen Rom bereitet zwar einen Racheakt gegen die Agitatoren seiner Verbannung vor, aber gleichzeitig gibt er deutlich den Wunsch zu verstehen, die alte Verbindung mit dem Volk wiederherzustellen:

> Verkündet weit und breit im Land, ich sei
> Erschienen, um die Unterdrückten zu
> Erheben und die Hohen in den Staub
> Zu treten. (HkG I 364)

Hier findet eine politische Absicht ihren Ausdruck, die durch das sentimentale Verhältnis zwischen Marius und seinen Soldaten zunächst beglaubigt scheint; Sulla hingegen nützt lediglich das politische Argument als Vehikel seines selbstgefälligen Heroismus; eine bereits im ersten Fragment ähnlich ausgeführte Stelle läßt ihn folgendermaßen drohen:

> Henker, seid
> Behutsam – Find ichs zeitig, mich mit Zorn
> Zu füllen, *glühen* meine Wangen, – wißt,
> So sinds die Städte, welche sich daran
> *Entzünden!* – (HkG I 393)

Diese die bewährten Elemente des blinden Destruktivismus bemühende Selbstdarstellung reibt sich jedoch mit jenen Charakterzügen, die eine Prosapartie gleich anschließend an das Drohwort zu statuieren sucht. In Sullas flammenschlagende heroische Physiognomie sollen sich dort auch noch die Züge eines politisch-moralischen Kalküls einfügen: »Schonungslos will er die Zeit von ihren Auswüchsen zu reinigen versuchen. Mit Schrecken will er sie niederwerfen, um dann desto sicherer das Bessere wieder aufrichten zu können!« (393). Hier soll der Zuschauer Sullas Maßnahmen plötzlich von einer anspruchsvollen Wahrheitsidee geleitet sehen, zumindest aber sein politisches Verhalten mit sittlichen Prinzipien in Einklang bringen. Diese Konzeption freilich hat der Dichter nicht durchgehalten, selbst in den späteren ergänzenden Prosapassagen nicht, und er verfängt sich damit in den gleichen kompositorischen Widersprüchen, an denen schon seine frühesten Gestalten schwer zu tragen hatten: Gothland und Berdoa vertraten einen hohen Wahrheitsanspruch, den sie handelnd einzulösen jedoch versäumten, und in reiner Ichbesessenheit zeigt der Held in *Marius und Sulla* am Ende allein die heroische Triumphgebärde:

> Der Erdball liegt wie ein
> Gekrümmter Sklave unter seinem Fuß,
> Lautjauchzend, wie den Wetterstrahl der Donner,
> Begrüßt das Volk sein Lächeln! (HkG I 408)

Es liegt auch nicht etwa moralische Befriedigung darin, daß seine militärische oder historische Mission erfüllt wäre, wenn Sulla am Ende auf die errungene Macht verzichtet, sondern der Verzicht überkommt ihn als eine egozentrische Kaprice:

> Da zuckt es durch seinen Geist: »*dies alles ist mir unnütz, ich bedarf es nicht, das meinige hab ich getan, fortan bin ich mir selbst genug.*« (408).

Dieses kurze Selbstgespräch wird durch eine Klimax der ichbezogenen Pronomina charakterisiert: Während die ersten beiden Kola, sich auf jeweils ein Ich-Pronomen beschränkend, nur den Subjektwandel von »dies alles« zu »ich« vorführen, enthält das dritte und vierte Kolon jeweils zwei bzw. drei ichbezügliche Pronomina [81].

Der bereits *Marius und Sulla* in Umrissen eingegliederten Unterscheidung von sozial- und ichbezogenem Destruktivismus verleiht die entwickelte Charakterisierungskunst der *Hohenstaufen*-Dramen ungleich stärkeres Relief. Dort hat der Monumentalheroismus so überhandgenommen, daß in der Fülle der Bilder und Sprachaktion der wütende Zerstörungsruf nur noch als ein Mittel unter mehreren zur Charakterisierung des Helden tauglich scheint. Doch überdeckt der pleonastische Sprachaufwand der heroischen Selbstdarstellung nicht den Sinn der Grundbilder; auch in den *Hohenstaufen* rücken die Trümmer-Bilder an die dramatisch exponierten Stellen und, pathetisch hervor-

81 Siefert; a.a.O. spricht zutreffend vom »weltverachtenden Held«, überzieht aber seine Erkenntnis, wenn er das »Erbe der Frühromantik« bemüht, die erst in der »gelassenen, ironisch distanzierenden Welt- und Lebensschau« die Welt von sich abhängig mache; dafür findet sich im Text kein Beleg.

gehoben, bezeugen sie nur auf neue Weise die Kontinuität und Einheit der Grabbeschen Thematik und Formensprache. Im Stoffgebiet der Geschichte finden sie sogar erst ihre eigene Realisationssphäre und gewinnen an Sinn und dramatischem Ausdruck.

Destruktionsrhetorik und Zerstörungsmomente in den »Hohenstaufen«

Auch das erste *Hohenstaufen*-Drama setzt ein mit einer Trümmerszene: Auf den »Trümmern der Stadt Mailand« sammeln sich die vertriebenen und ihrer Heimat entfremdeten Bürger, um sich für die Schlacht gegen Barbarossa zu wappnen. Unter dem Zeichen der zerstörten Stadt und in den Klagen der Menschen gewinnt als mittelbare Charakterexposition auch die Persönlichkeit des deutschen Kaisers Kontur. Doch in diesem Spiegel von Klagen und Verwünschungen verzerrt sich Barbarossas Erscheinung zum Bild eines brutal-sinnlosen Zerstörers; mit keinem Hinweis wird etwa eine politische Notwendigkeit zur Schleifung Mailands erläutert, und der historische Horizont, den diese erste Szene aufreißt, bleibt bestimmt von dem Ausdruck destruktiver, grausamer Indifferenz, welchen die Metapher der kaiserlichen »Pflugschar«, (die über Mailand hinwegging)[82], emphatisch an den Anfang gesetzt, in die Handlung trägt (HkG II 5). Die Nachricht, daß der Kaiser längst von der Versammlung der Mailänder erfahren habe und neuerlich auf dem Wege nach Italien sei, in dessen Zuge wiederum Como und Peschiera bereits »gefallen und geschleift« seien, schließt den Charakter-Entwurf dieser Szene mit einer besonderen destruktiv-dynamischen Erwartung; und diese wird von Barbarossa in der folgenden Szene auch kurz bestätigt, wenn er gegenüber dem zu Bedächtigkeit ratenden Heinrich von Sachsen äußert:

Wo
Ich strafen will, da kenne ich nur Eile! (HkG II 30)

82 Das gleiche Bild benutzt auch Marius vor der Zerstörung Roms für sein Schwert; HkG I 384.

In den Strafexpeditionen der Helden gegen Städte, die ihre absolute Einmaligkeit nicht anerkennen wollen oder sich indifferent gegenüber dem Heroismus verhalten, sich stattdessen mit der Förderung ihres wirtschaftlichen Eigennutzes begnügen, in den militärischen Strafaktionen gegen Städte kristallisiert sich seit *Marius und Sulla* unübersehbar ein wichtiges Motiv Grabbes. Das *Sulla*-Drama führte es geradezu als das Hauptthema und zudem in doppeltem Handlungsstrang durch, mit der Absicht, in einer dramatischen Steigerung politische, historische, soziale und psychologische Momente grell zu verbinden. Im *Barbarossa* indessen tendiert das Geschehen zu einem anderen Gewalt- und Zerstörungsvorgang, zur Schlacht; damit wird sich der nächste Abschnitt befassen. Jedoch der *Heinrich VI.* wiederum inszeniert in der Zertrümmerung der Stadt Bardewick ein dramatisches Hauptereignis. Ganz ähnlich wie in *Marius und Sulla* kehrt dort ein exilierter Heros – diesmal Heinrich der Löwe – in seine Heimat zurück und beschwört ein furchtbares Strafgericht über die untreue Stadt. Hier wie dort wird in einläßlichen Volks- oder ›Genre‹-Szenen die Strafaktion politisch-moralisch legitimiert.

In diesen Wirklichkeitsausschnitten führt Grabbe gleichsam den Destruktivismus der frühen Dramen auf seine eigentlichen Ursachen zurück und richtet ihn auf den ›wahren‹ Feind. Ihre Funktion erfüllen sie vor allem in der Entlarvung politischer Bestialität. Allein schon der drohende Schatten des herannahenden Heroen trägt dieses Moment von Wahrheit in die politische Szene der Bürgerwirklichkeit. Der thematische Zusammenhang mit dem frühen Drama, aber auch die Weiterbildung und dramaturgische Umsetzung seiner Bildhyperbolik tritt aus dem Verhalten der nicht sozialorientierten Gestalten hervor, denn analog zum *Gothland,* wo der Held die Wirklichkeit verkannte, bewegt sich der Monumentalheroismus und seine gespreizte Aktionsrhetorik im mittleren Drama weit oberhalb der empirischen historischen Situation. *Aktionsrhetorik* will sagen, daß sich geschichtliches Handeln dort in breiten, nur auf den heroisch-historischen Repräsentationswert hin kalkulierten Glanzgebärden ereignet. Die Wirklichkeit hat vorwiegend Reflexionsfunktion: Sie dient als Spiegel des heroischen Anspruchs, wenn auch in verschiedenen Formen der sprachlichen Vermittlung. Der Unterschied zwischen den Monumentalheroen Barbarossa und Heinrich VI. auf der einen und Heinrich dem Löwen auf der anderen Seite gelangt darin zum Ausdruck, daß die beiden Kaiser sich in einer stilisierten Natur, in Glanz- und Kraft-Topoi der Natur spiegeln, Heinrich der Löwe aber in der realen Natur und in einer sozialen Naturvorstellung, seinem Volk. Dieses *Volk* bildet als ethnische Einheit die heroische Erscheinungsform der sozialen Welt, die ja als in Individuen zersplitterte »Gesellschaft« den Destruktivismus der Heroen auslöst, aber die auch unter der Drohung oder der persönlichen Wirkung des Heroen den Aufschwung in einen kriegerischen und bisweilen patriotischen Verband zu finden vermag; dramatisch bleibt dieses ›Volk‹ eine fragwürdige und durch das schwärmerische Pathos der Identifikation mit dem Führer völlig künstliche Erscheinung, aber es spielt eine unübersehbar wichtige Rolle in der Dialektik von Held und ›Masse‹ oder Gesellschaft. Das Volk verkörpert die idealisierte Größe, welche die pathetische Verschmelzung mit dem Helden ermöglicht, während die soziale Welt, zumeist von bürgerlichen Qualitäten geprägt, in extremem Widerspruch zu ihm steht; dieser pathetische Drang, sich im ›Volk‹ als Individuum heroisch aufzulösen oder, wie die Grabbesche Glut-Metaphorik ausdrückt, aufgeschmolzen zu finden, erweist sich als die positive Wendung und motivische Variation der frühen Erfahrung der »zerstörten Subjektivität«, der im heroisch-glühenden Kollektiv eine fragwürdige Erlösungsmöglichkeit angeboten wird.

Diese vorgreifenden Bemerkungen mögen hier bereits kurz den Unterschied zwischen Heinrich dem Löwen und den beiden Kaisern – ihrer Funktion nach – illustrieren. Im übrigen wiederholt und verstärkt der Unterschied zwischen den beiden Hohenstaufen und dem Welfen die bereits angedeutete Charakterdifferenz bei Marius und Sulla, den Unterschied nämlich zwischen monumentalem und sozialem Heroismus. Beide im Grunde egozentrische Repräsentanten geschichtlichen Heroismus, befriedigt der eine seinen Darstellungstrieb vorwiegend rhetorisch-projizierend und der andere real-spiegelnd, d. h. im Innenraum der dramatischen Wirklichkeit.

Wie bei Sulla wird auch bei Barbarossa die politische Überlegung durch eine monumental bemessene Zerstörungsidee überlagert; zunächst gibt der Kaiser in der Abfallszene II 2 zum ersten Mal seine politischen Pläne preis:

> Was wir
> Bekriegen, ist die Anmaßung der Kirche!
> Und da der Papst die Lombardei als Bollwerk
> Des Vatikanes mir entgegentürmt,
> So ist zuerst das Bollwerk zu zerstören,
> Bevor ich selbst mit diesem ehrnen Handschuh
> Ihn fasse an der Brust! (HkG II 40)

Die anfänglich klare Aussage löst sich aber in der gleich folgenden Kadenz heroischer Zerstörungsvision auf:

> Und gehn Millionen
> In diesem Kampf um Geistesfreiheit unter –
> Sie konnten nimmer schöner fallen, und
> Ich sehe schon den Phönix, welcher sich
> Aus ihrer Asche riesengroß, die Welt
> Mit seines Fittichs Glanz vom Aufgang bis
> Zum Niedergang durchblitzend, wird erheben!

In dieser glanzvollen Bildlichkeit wird das Motiv der militärischen Unternehmung (»Geistesfreiheit«) zumindest relativiert, insofern das Gewicht dieser Abschweifung, ihr visionäres Pathos das rationale Absichtsmoment beinahe völlig erdrückt. Die Rede, die zur Rechtfertigung des risikoreichen Plans (statt militärischen Kalküls) die Zerstörungsvision ausbreitet, hat keinen objektiven Zug und verschärft allein das heroische, aber keineswegs das pragmatische Konzept des Kriegszuges. Aus Hypertrophien schält sich die monumentale Statur des Kaisers, ohne individuelles Profil; Motivelemente des Destruktivismus jedoch gehören unlösbar zu ihm und begleiten, bisweilen nur in kurzen Bildern, jeden seiner Auftritte; so gewahrt in der Schlacht von Legnano der Mailänder Galdino die Erscheinung des Kaisers und seine Beschreibung gipfelt in dem Bild des Stadt-Zertrümmerers:

> Doch da – der in der goldnen Rüstung
> Auf braunem Hengste durch die Reihn
> Hinzuckend – das Visier weit aufgeschlagen –
> Die breite Stirne frei, als wäre sie
> Von unverwundbarm Erze – mit dem Auge
> So furchtbar dunkel auf uns schauend, daß
> Mir ist, als ständ ich vor zwei Gräbern – Ha,
> Das sind die Blicke des, vor welchem Mailand
> Im Schutt das Haupt verbarg! (HkG II 50)

Der Heros auf den Trümmern der Stadt als szenisches Bild entfaltet im *Barbarossa* zwar nicht die strukturbestimmende Bedeutung wie in *Marius und Sulla,* aber die Zertrümmerungsaktion verhärtet sich zum toposartigen Spielzug, in dem das heroische Erscheinungsbild des Helden Kontur gewinnen soll. Überspitzt gesagt, bilden die Trümmer und Blutspuren, die sie hinterlassen, die einzigen Verbindungsmomente der Monumentalgestalten mit der geschichtlichen Wirklichkeit; dennoch überwiegt das Distanzierende in der Bild-Vorstellung, wenn etwa Barbarossa gegenüber dem Prinzen Heinrich die Aussichten der gemeinsamen Heiratspolitik so beurteilt:

> Dann geht es mit dem Vatikan zu Ende,
> Und über seinen Trümmern reichen wir,
> Ich Deutschlands Kaiser, du Siziliens König,
> Geschmückt mit Lorbeerkränzen uns die Hände!
> (HkG II 72)

Der Kaiser verkörpert die Doppelrolle des Politikers und seines eigenen historischen Dramaturgen, und sein plastischer Entwurf einer monumentalen Triumph-Gebärde nimmt das Zerstörungsbild zur Dimensionierung und Ausdrucksverstärkung in die projektierte Szene mit hinein.

Der *Heinrich VI.* präsentiert die Stadtzerstörung als unabwendbare politische Notwendigkeit; der König opfert die Normannenstadt Tusculum, um beim Papst seine Krönung zum Kaiser zu erreichen. Sein inneres Widerstreben begräbt er unter der Bild-Idee seiner heroischen Statur:

Was sollt ich fremde Herzen schonen?
In Blut und Feuer *glänzen* Kaiserkronen! (HkG II 139)

Rhetorische Figuren übertragen das Politisch-Notwendige ins Heroisch-Indifferente; das Opfer an das monumentale Ich gibt sich leicht und verleiht dem Profil des Helden einen besonders destruktiven Zuschnitt, so daß der Erzbischof von Mainz alsbald feststellen muß:

Wer sieht die Zacken seiner goldnen Krone,
Und denkt nicht an die Trümmer Tusculums? (HkG II 171)

Die Beispiele zeugen dafür, daß der Destruktivismus als ein selbstverständlich politischer Zug auch zur Erscheinung der Monumentalhelden in den beiden Hohenstaufen-Dramen gehört; in beider übermenschlichem Anspruch integriert, bleibt er ohne jede moralische Bewertung und bringt die politisch-historischen Argumente nur zur Nahrung der konkreter artikulierten Selbstdarstellung ein. Als ein Kunstgriff verhindert diese Verschmelzung des Zerstörungsbildes mit der Person des Helden, daß während der dramatischen Zerstörungsaktion die Konzeptionslosigkeit bewußt wird, die allein den gemeinsamen Nenner jener Aktionen bildet; die sich von der dramatischen und rhetorischbildhaften Monumentalgestalt wie Blitze ablösenden Zerstörungsakte geben ihren eigenen Charakter eigentlich erst mit dem Tode des Helden selbst preis; die offenbare Sinnlosigkeit, die ihr Tod entbindet, schlägt zurück auf ihre Taten, die sich als nicht historisch eigenwertig oder sinnstiftend entpuppen, sondern als personalgebunden, als die »blutigen Zeilen«, mit denen sich die Heroen unauslöschlich in die Geschichte einzutragen wünschten.

In *Heinrich VI.* tritt mit der Zerstörung Bardewicks ein besonderes Ereignis in den Vordergrund; jener gegen einen szenisch vorgestellten Sozialverband gezielte Zerstörungsakt, wie ihn bereits die Marius-Handlung des ersten historischen Dramas entwarf, erscheint nunmehr dramatisch ausgeführt und in der historischen Motivierung verschärft. Bei seiner Rückkehr aus dem Exil wird Heinrich der Löwe von alten Getreuen über die neuen Verhältnisse in seinem ehemaligen Sachsenreich aufgeklärt:

Seit du gefallen, drängt wie Ungeziefer
Sich aus dem Boden Freiherr, Gräflein, Bürger,
Der Kaiser selbst, nach jedesmalgem Zweck
Bald diesen und bald jenen unterstützend.
Dazwischen raufen alle sich um Stückchen Landes,
Um Rechte, Privilegien, und wie
Sie sonst es nennen mögen, denn sie wissen
Oft selbst nicht, was es ist. Zuletzt versöhnen
Sie sich gewöhnlich auf der Slaven Kosten –
So ists jenseits der Elbe. (HkG II 158 f.)

Dieser Beschreibung folgt beispielhaft in einer satirischen Genre-Einblendung die Illustration der politischen Vorwürfe und zugleich damit die Rechtfertigung der von dem Herzog befohlenen Strafexpedition. Die Szene II 4 führt in die einst von Heinrich beschützte und nach seiner Verbannung treulose Stadt Bardewick. Der Bürgermeister Rudlieb und der Ratsherr Hagener stellen zwei erwerbssüchtige Honoratioren vor, denen außer ihren patrizierhaften Redensarten zunächst nichts Bemerkenswertes anzuhaften scheint; diese Szene ist aber mit langsam steigender satirischer Schärfe entworfen, denn anfangs reflektierten nur wenige, scheinbar zufällige bürgerlich-idiomatische Wendungen die Charakteranlage der beiden Männer; erst allmählich schält sich die satirische Methode heraus, die den Dialog von zahlreichen – für das von Heinrich bestimmte heroische Bewußtsein – antiheroischen ›Reizwörtern‹[83] tragen läßt; in bezeichnendem Kontrast dazu beanspruchen jedoch beide Bardewicker die aristokratischen Vorteile der sozialen Distanzierung (des Bürgermeisters Haus liegt, wie jeweils ausdrücklich vermerkt ist, »auf einer Anhöhe«, während das Haus des Ratsherrn »über alle andren Häuser mit seinem roten Dache« emporragt). Der Bürgermeister liefert eine ganze Reihe von Beweisen für seinen Patrizierstolz, ohne ihn heroisch zu legitimieren; doch erst angesichts der drohenden Gefahr wird seine Erbärmlichkeit und aristokratische Anmaßung in drastischer Schärfe entlarvt: Nachdem er zuerst auf die unmittelbare Bedrohung der Stadt

83 »in Ruhe und behaglich«, »ich lobe mir einen sicheren ruhigen Besitz« (HkG II 161) oder: »es ist mir . . . recht wohl . . . in meiner warmen Stube« oder: »sicher vor aller Gefahr« (162).

mit einem Dekret reagieren will, unterläuft ihm beim Entschluß zur Tat eine überdeutliche Fehlleistung: Er will an den Schauplatz der Ereignisse eilen, rennt aber erst einmal in die falsche Richtung. Diese Szene will in der äußersten Knappheit und flüchtigen Schraffur der Satire besagen: Es ist ein an der patriotischen Erhebung desinteressiertes, in krämerhaftem Erwerbs- und Besitzdenken versponnenes Gemeinwesen, das der Herzog schleifen läßt. Der Versuch der Honoratioren, ein geschichtsloses Idyll ewigen Kaufmannsfriedens gegen die heroische Herausforderung der Epoche durchzusetzen, zieht die grausame Strafexpedition nach sich.

Es scheint nun unangemessen, einen Unterschied zwischen dieser Aktion Heinrichs des Löwen und den destruktiven Bildprojektionen der beiden Hohenstaufen zu konstruieren; beide Zerstörungsmotivationen weisen keinen oder nur einen aus dem Kommentar der Handelnden herauslösbaren Notwendigkeitscharakter auf. Dennoch macht es die im Drama Grabbes gestaltete und bisher nicht hinreichend differenzierte[84] Heldentypologie nötig, in dem Sachsenherzog Heinrich (wie in Marius) einen Heros der sozialen Identifikation zu sehen; die Exponenten des sozialen Heroismus und ihre Soldaten (als ›Volk‹) stellen einen im Namen des Heroen integrierten Kampfverband dar, indessen die beiden Hohenstaufenkaiser (wie Sulla) als einsam über dem Sozialbereich agierende Personen nur sich selbst darstellen und allenfalls in persönlicher Bindung mit anderen Fürsten stehen[85].

84 Weder Günther Jahn, Übermensch, Mensch und Zeit, noch Siefert, Geschichtsdrama, heben bei ähnlicher Interessenlage auf diesen Unterschied ab. Jahn verbaut sich mit seinem Ansatz selbst den Weg für diese Fragestellung, insofern er von der These ausgeht, daß Grabbe immer wieder nur den »inneren Grundkonflikt« der Übermenschen gestaltet habe, i. e. die Auseinandersetzung zwischen Mensch und Gott, wobei der »Versuch des Übermenschen, sich aus dieser Grundspannung durch die Selbstvergottung zu erlösen«, »auf der horizontalen Ebene der Zeit und der Handlung den sekundären Konflikt« (S. 44) produziere. – Zu Siefert s. Anm. 85.

85 Siefert; a.a.O. setzt bereits Barbarossa gegen den Monumentalheroismus Sullas ab, indem er behauptet, Barbarossas Machtgröße

Die Motivierungsmomente, die Grabbes Drama enthält, erlauben es und zwingen, diesen Unterschied zu betonen: Barbarossas und Heinrichs VI. Stadtzerstörungen werden im Zusammenhang der geschichtlichen Tatsachen mit sehr vage dargestellten politischen Notwendigkeiten begründet. Dagegen decken sich die Linien der ›psychologischen‹ Motivation durchaus mit ihrem besonderen heroischen Charakter. Wenn sich die Höhe der monumentalen Statur vor allem in der konsequenten Abwendung von der Wirklichkeit beweist, dann fügt es sich durchaus auch zu dieser Idee und Ökonomie der Größe, wenn die Helden jene Wirklichkeit als sozial-unheroische zu vernichten suchen. In der Szene I 2 des *Barbarossa* ergibt sich für die beziehungslos in der Idee des monumentalen Ich zentrierte Rede- und Handlungsweise des Kaisers und für die beweglich an der Umwelt orientierten Entscheidungen des Herzogs Heinrich eine jeweils bezeichnende Situation; in das deutsche Lager treten der Kardinal Ugolini und drei lombardische Abgeordnete:

KAISER FRIEDRICH (zu den Lombarden) Ihr drei,
Wer seid ihr?
EINER DER LOMBARDEN Hoher Herr, mailändsche Bürger,
Und flehn –
KAISER FRIEDRICH Hinweg! greift und enthauptet
Sie auf der Stelle!
HEINRICH DER LÖWE Hemm den Blutbefehl
Um meinetwillen!
DER KARDINAL Und dich warnet Roma!
KAISER FRIEDRICH
Ha, Rom! O könnten *Waffen* es bezwingen!
Ein *Heer* tobt in mir auf bei seinem Namen!
– Enthauptet sie! das ist die einzge Sprache
Des Kaisers zu Empörern!

»soll« motiviert werden, »indem Grabbe den Helden aus der nächsten menschlichen Umwelt emporwachsen läßt« (S. 56). Seine These setzt er wiederum gegen den Text ein, aus welchem er als Moment des Kontaktes mit der Umwelt nur die den Kaiser umgebenden Fürsten ermittelt und seine Gattin, so daß am Ende die falsche Behauptung des Verfassers zur Kritik an der Dichtung umgemünzt wird: »Die idealisierte Machtpersönlichkeit Barbarossas . . . bedeutet keinen glaubhaften absoluten Wert, der geboren wurde aus dem idealen Zusammenspiel von Machtpersönlichkeit und menschlicher Umwelt.« (S. 61)

WILHELM (vortretend) Wird das Volk
Einmal geköpft, Herr, so laßt mich es tun!
HEINRICH DER LÖWE
Wie Wilhelm? willst du Henker sein?
WILHELM Bewahre!
Den schlechten Schinken, Herzog, möcht ich ihnen
Eintränken!
LANDOLPH (zu Wilhelm tretend)
Ja, Herzog, es sind Schufte,
Nicht wert, sie zu bekämpfen!
HEINRICH DER LÖWE (für sich) Dunkle Ahnung
Spricht aus diesen Männern – Was sie fühlen
Bei *ihnen ungewohnter Speise, seh*
Ich klar: dem Sachsen ist es fremd und nutzlos,
Um dies Italien zu kämpfen! (HkG II 22 f.)

Friedrich reagiert mechanisch auf die Bürgerwelt, die sich nicht bedingungslos unterwirft; seine heroische, wenngleich unpolitische Reaktion trifft auf den Widerspruch Heinrichs, der schon zuvor auf die Stärke der Lombarden hingewiesen hatte und der sich außer politischen offenbar auch ›menschlichen‹ Erwägungen zugänglich erweist, wenn er die erbarmungslose Heftigkeit hindern möchte. Als jedoch seine Sachsen den Hinrichtungsbefehl vollstrecken wollen, zeigt er sich wiederum bereit, seine Haltung zu überprüfen: Heinrich erkennt in der Haltung Wilhelms und Landolphs einen Ausdruck ethnischen Unbehagens in Italien. Der zu Beginn des Dramas folkloristisch anmutende Nord-Süd-Gegensatz, den die Sachsen mit mißmutigen Bemerkungen über die Speisen und die Ähnlichkeit der Italiener mit Juden (HkG II 13 f.) hervorkehren, wird für den Herzog zum stärksten Argument bei seinem Abfall vom Kaiser (S. 40). Die Idee der Stammeszugehörigkeit, das Bewußtsein, eine heroisch-ethnische Einheit zu bilden, bestimmen ganz entscheidend das Eigenverständnis der Sachsen und den Ausdruck ihrer Selbstdarstellung. Die Haltung des Herzogs Heinrich kennzeichnet ein politisch kontrollierter Heroismus; er zeigt zwar auch sein extrem destruktives Behauptungsvermögen:

Wo Löwentreu ist, wohnt auch Löwenwut,
Und rast die Wut, so kennt sie weder Treu
Noch Fesseln – Alles trümmert sie zu Stücken!
(HkG II 41)

Doch jenseits dieser Aufwallungen findet er sich wieder an ein Stammesbewußtsein angeschlossen, wo der als Individualgestalt profillose Heros sich spiegelnd seine menschlichen Züge gewinnt. Während der Kaiser als Gesprächspartner nur andere Fürsten und seine eigene Gattin kennt, entwickelt der Herzog gerade in den kunstvoll gestalteten Dialogszenen mit seinem Soldaten das Bild einer heroischen Gemeinschaft in seinem Schwerefeld. Aber gerade in diesen stilisierten Dialogen wirkt sich anschaulich die Dialektik von Heros und Volk aus: Dort wo verschiedene Sprecher die Einheit pathetisch zu beschwören versuchen, erscheint das deutliche Bild einer weiterbestehenden Isolation, insofern sich der Heros von seinen Getreuen ja erst ausdrücklich die Loyalität bestätigen läßt; die heroische Gemeinschaft lebt im Grunde nur als handelnde und löst sich außerhalb der Aktion wieder auf und spiegelt die Situation der gesellschaftlichen Vereinzelung. Dennoch darf sich Heinrich der Löwe auch als ständiges lebendiges Angebot an sein Volk zur heroischen Identifikation verstehen, als Aufforderung an die ›Wirklichkeit‹, sich mit ihm über den niederen Bodensatz der bürgerlichen und an der hohen Menschlichkeit desinteressierten Welt zu erheben. Dort aber, wo diese Wirklichkeit sein Angebot ausschlägt, da trifft sie die destruktive Wucht seiner »Löwenwut«. In der Radikalität dieser Reaktion lebt die frühe Gebärde des inhaltslosen Destruktionstriebes sichtbar weiter. Nirgendwo sonst als in der Geschichte wird den Heroen Gelegenheit gegeben, ihren gesellschaftsfeindlichen Affekten so uneingeschränkt Ausdruck zu verleihen und sie als Ausfluß und Anspruch ihrer monumentalen Größe zu legitimieren. In der Stadtzertrümmerung vollzieht sich also eine richtende prozeßhafte Aktion, und wenn sie ihren moralischen Anspruch nicht objektiv entwickelt, so erweist sich dieses Manko als Ausdruck der allesbeherrschenden heroischen Idee. Sie breitet ihr Schwerefeld über das ganze Drama. Der subjektiv-pathetische Wahrheitsanspruch des Frühwerkes und seiner Gestalten erscheint vielmehr dramatisch illustriert in dem realistisch-entlarvenden Effekt der satirischen Genre- und Volksszenen, und die moralische Idee, die im *Gothland* noch den Helden wie ein Atavismus fesselte, hat der egozentrische Anspruch des sozialbezogenen Heroismus aufgesogen. Indem Grabbe so entschieden seine Geschichtsdarstellung unter der Perspektive des heroisch-subjektiven Totalitätsanspruchs entwickelt, gelingt es ihm jedoch nicht – ebensowenig wie bei der Zerstörungserfahrung der frühen Periode, die als Bedingung der destruktiven Reaktion erschien –, auch die Ursache des geschichtlichen Destruktivismus überzeugend darzustellen. Erst im Spätwerk wird das Drama durch die Vergegenwärtigung einer bereits bestehenden destruktiv-feindlichen Opposition gegen die niedere Gesellschaftswelt den Heroismus des großen Helden wieder mit den Handlungs- und Anschauungselementen geschichtlicher Notwendigkeit hervorzubringen vermögen.

Während die egozentrischen Monumentalheroen nur Trümmerstätten schaffen als Fußspuren ihres gewaltigen Erdenauftritts, indessen ihr Geist sich in höheren Sphären spiegelt, zeigt sich mit dem Destruktivismus des sozialbezogenen Heroen jedoch schon eine deutliche Veränderung der Redegestaltung und Dramaturgie der Szenen, in denen sich Heros und Wirklichkeit konfrontiert finden. Der neue heroische Anspruch erzwingt nicht nur die Zerstörungsaktion, sondern begreift sich vor allem als politischer Gegenentwurf zur sozialen Wirklichkeit. Diese Wirklichkeit, die sich erst durch den Auftritt des sozialen Heros in ihren gesellschaftlichen Bezügen zu erkennen gibt, zeigte sich früher allein als Motor der Desillusion mittelbar wirksam und wurde, indem sie den Widerstand gegen den naiv vereinfachten idealistischen Harmonieglauben provozierte, geradezu ein unsichtbarer Geburtshelfer des zerstörerischen Heroismus.

C. AUFHEBUNG UND VERWANDLUNG DES DESTRUKTIVISMUS IM SPÄTEN DRAMA

Entwicklung der Schlacht-Szenen

Die Schlacht und das Schlachtbild bieten – neben der Destruktionsgeste oder dem Vorgang der Desillusion und neben dem Trümmerbild oder der Zertrümmerungsaktion – die dritte Erscheinungsform des Zerstörungsmotivs in Grabbes Drama. Doch gelingt erst mit dem Schlachtbild der letzten drei Stücke die wirkungsvolle dramatische Eingliederung der – zuvor stets polarisierten – heroischen Zerstörungsidee und der Wirklichkeit, denn erst dort erscheint die spielerische Verflüssigung der anfänglich rhetorisch, später im Szenenbild veranschaulichten Destruktionsthematik auch geglückt: Der Vorgang der Zerstörung wird als Widerstand gegen eine geschichtliche Situation, die sich aus einer neuen Dramaturgie der Wirklichkeitsdarbietung, in Anlehnung an Shakespeares Volksszene, heraus demonstriert, in Bewegung gesetzt und erzwingt die Vernichtung oder Verwandlung der gleichen Wirklichkeit; dieser künstlerisch notwendige Prozeß schließt den paradoxen Sachverhalt ein, daß Grabbes Drama im Zustand der weitestgehenden Geschlossenheit auch die – technisch gesehen – größte Indifferenz gegenüber seiner dramatischen Realisierbarkeit beweist. Zum anderen lassen sich die Schlachtszenen zwar als die ins Äußerste getriebene dramatische Expansion der frühen Destruktionsbilder begreifen, dennoch beleben gerade sie die Übergangsfelder zu einer Dramaturgie der utopischen Welterneuerung. Denn die Grabbeschen Bataillen bilden nicht – obgleich das naheläge – die aktionsreiche Verdichtung der brutalen, zynischen oder destruktiven Parolen, die dem Leser etwa aus dem frühen Drama *Don Juan und Faust* geläufig sind: Die brachialen Wendungen »zerschlagen«, »zerschmettern«, »zertrümmern« – allenfalls zum Vokabular der strategischen Anweisungen gehörend – setzen keineswegs die Grundakzente in den kollektiven Rede- und Verhaltensweisen der dramatisch Beteiligten. So sinnvoll und konsequent sich diese Entwicklung aus dem frühen Erlösungswunsch auch erschließt, so glaubhaft die heroischen Projektionen eines Gothland aus der Situation der Verzweiflung herauswiesen, so unglaubhaft stellen sich freilich diese Augenblicke ihrer Erfüllung dar. Das Pathos der Schlachtbegeisterung klingt so künstlich, daß sich gerade hier der Dichter als Philister entlarvt und sich seines schärfsten Lustspielspottes würdig erweist. Grabbe hatte zwar nach eigenem Zeugnis sein Gefühl mit dem »Scheidewasser des Verstandes« (HkG V 149) zertrümmert, aber dort, wo er echtes ›unzertrümmertes‹ Gefühl zum Ausdruck zu bringen versucht, zeigt er sich von seinem künstlerischen Verstande im Stich gelassen; im Bemühen, sich eine Sphäre uneingeschränkt positiver Erfahrungen zu erschließen, mißachtet er Gothlands wichtigste Erkenntnis von der grausen Wahrheit der Geschichte als Erfahrung. Denn die Gefühlskurve der Akteure in den Schlachteinblendungen folgt auch innerhalb der zerstörerischen Dynamik dem Rhythmus ihrer von heroischem Glück und patriotischer Begeisterung erfüllten Reden. So hat Grabbe diese Kriegs- und Feldzugsszenen auf dem unglaubwürdigen Gegensatz zwischen den blutigen Handgreiflichkeiten, den grausigen Erfahrungen und einem uneingeschränkt positiven, enthusiastische Formeln nicht scheuenden Gefühlsausdruck der Handelnden aufgebaut.

Die literarische Glückserfahrung innerhalb der Schlacht erweist sich als keineswegs neu; vielmehr wird sie von einem alten Topos heroischer Charakterisierung getragen. Grabbes fragwürdig originelle Leistung jedoch besteht darin, daß sich der Ausdruck dieser heroischen Erfahrung in seinem Drama unmittelbar gegen den Widerstand einer von »grausen« Bildern bestimmten Wirklichkeit durchzusetzen hat; wenn im *Gothland* die finnischen Soldaten singen:

> In des Gefechtes Wut und Graus
> Ist wahre Freiheit und Gleichheit zu Haus! (HkG I 150),

dann wird an dem Wortpaar niederer Affekt- und Realitätsschicht »Wut und Graus« im Gegensatz zu den höheren Wertbegriffen »Freiheit und Gleichheit« der Kontrast der inneren und äußeren Erfahrung deutlich; dieses kurze Liedzitat ist nicht beliebig herausgegriffen, denn es bedeutet Vorwegnahme und motivisches Vorspiel einer wichtigen soziologischen Funktion, welche die Grabbesche Schlacht später als Bedingung ihres zwiespältig-heiteren Aktionismus mitentwickeln wird. Zunächst im baren textlichen Zusammenhang des *Gothland* verweisen die beiden Zeilen nur auf das Vorbild Schillers, auf das Reiterlied in *Wallensteins Lager* und dessen »fernen Vorklang«[86], die frühe Kantate *In einer Bataille* aus der Anthologie auf das Jahr 1782, wo es heißt, daß im Schlachtenlärm »Freier schon atmet die Brust« (SW I 57).

Die Schlachtszene des Spätwerks löst in Funktion und Bedeutung das Zerstörungs- und Trümmerbild der mittleren Periode ab, wenn sie gleich nicht erst dort dramatisch realisiert wird. Bereits im *Gothland* erfaßt die Bühne das Peripheriegeschehen einer Schlachtbegebenheit (flüchtende Soldaten, Befehle erteilende Führer; III 1). Aber erst in *Marius und Sulla* hat sich der Dichter ernsthaft bemüht, die strategischen Bewegungen einer Schlacht dramaturgisch zu bewältigen. Zwar überwiegt dabei die teichoskopische Vermittlung mit Ausnahme der kurzen Handlungseinblendung, da Sulla den Legionsadler ergreift, ihn (Regieanweisung) »mitten unter die pontischen Truppen« wirft (354) und damit den Bühnenraum aufbricht, aber es bleibt den militärischen Führern selbst überlassen, den Aktionsablauf aus ihrer Perspektive zu vergegenwärtigen und mit einer Anzahl von Befehlen und Botschaften das Geschehen in unmittelbare Nähe heranzuholen. Freilich richtet sich in dieser Szene (I 4) das Zuschauerinteresse vornehmlich auf die Person Sullas, denn sein Verhalten und seine Reaktionen, gleichsam als Streiflichter auf den heroischen Charakter, rücken den Helden durch ihre rhetorische Anlage wiederum in eine große Distanz zu den Realverhältnissen.

Im *Barbarossa* hat Grabbe indessen zur Vergegenwärtigung der Schlacht von Legnano wichtige Truppenbewegungen für die

86 Gerhard Kaiser, Vergötterung und Tod. Die thematische Einheit von Schillers Werk; Stuttgart 1967; S. 9.

Bühne vorgeschrieben: »Veronesische Krieger stürzen in die Szene« (HkG II 52), andere Führer treten mit Truppen auf und ab, *»Viele deutsche Krieger* stürzen in die Szene«, »Alle stürmen wieder den Lombarden entgegen« (55). Die häufigste Regieanweisung lautet freilich auch hier noch: »hinter der Szene«. Dieser tendenzielle ›Realismus‹, d. h. die teilweise unmittelbare Gegenwart des Schlachtgeschehens, verstärkt jedoch nur das Bewußtsein, daß sich die Ereignisse in größter Ferne ereignen. Denn die dramatischen Ausschnitte, pathetische Stimmungsbilder und opernhafte Bewegungszüge, wirken mißglückt und verzerren die »realistische« Anlage. Chorische Einsätze, wie »*Geschrei der Lodenser* (hinter der Szene) Zurück – / Wir sind verloren – Tod und Jammer!« (51), die allein die ungelösten choreographischen Probleme vergegenwärtigen, machen deutlich, daß sich Grabbe dort auf Stilisierungen des Geschehens eingelassen hat, wo er als Dramatiker originell zu sein wünschte. Auch die Einblendungen von kurzen Dialogpartikeln zwischen den Verbündeten geben kein anschauliches Bild der Situation, sondern verlängern das Pathos heroischer Selbstdarstellung bis in die Atemlosigkeit der Akteure; und die Worte beim Treffen zweier deutscher Fürsten auf dem Schlachtfeld:

> ERZBISCHOF VON MAINZ
> (dem Erherzoge die Hand drückend)
> Nichts Köstlichres als in Gefahr ein Freund –
> *Tot schlägt man noch einmal so viel der Feinde!*
> (HkG II 52)

zeugen von der Unsicherheit in der Wahl der Stilmittel: Das Freundschaftspathos und die emphatisch vorgewiesene Destruktionslust verfehlen nebeneinandergesetzt ihren rhetorischen Zweck. Auch die Ausbrüche aus der ›natürlichen‹ Zeit in der Dramaturgie dieser Schlacht geben Aufschluß darüber, daß Grabbe das Schlachtgeschehen in seiner unvermittelten bewegten Gegenwart noch nicht als den gewaltigen Höhepunkt, als das dramatische Ziel seiner Kunst angestrebt hat. So erscheint im übrigen das heroische Ideal des frühen Dramas auch hier konsequent realisiert, indem nur die militärischen Führer zu Wort kommen. Die beginnende soziologische Differenzierung der Wirklichkeit, die auch in den *Hohenstaufen* weitergeführt wird, bleibt in dieser Szene ohne Einfluß. Hier stagniert die dramatische Entwicklung, weil erst die Schlacht der letzten drei Dramen ihre unübersehbare soziologische Relevanz entwickelt. Noch erschöpfen sich der pragmatische Vorgang und die Sprachaktion in der Verlebendigung von Destruktionsgebärden; zwar setzt sich dabei auch ein gewisser Lakonismus durch, der aber weniger »humoristische« Einlagen (wie Grabbe meinte, HkG V 278) als groteske Momentaufnahmen des Schlachtvergnügens anbietet:

> DER ERZBISCHOF VON MAINZ (Die Keule auf den Veronesen schwingend)
> Nußknacker, knacke!
> DER VERONESE (stürzt) Ha!
> ERZBISCHOF VON MAINZ Der schreit und beißt
> Nicht mehr! (Schlägt unter die übrigen Veronesen)
> (HkG II 53)

Die zweite Bataille des *Barbarossa*-Dramas, die von Grabbe erfundene Schlacht an der Weser, wird vor allem in der heroischen Perspektive des Kaisers und der ihm verbündeten Fürsten ermittelt. So ereignen sich auf der Bühne nur geringe Truppenbewegungen, und die indirekte Vergegenwärtigung der Ereignisse bleibt ohne Tiefenschärfe. Dem heroisch-bildhaften Redestil des Sprechenden verwandelt sich das Geschehen zu einem im Unentschiedenen verharrenden »Gewog«, und anstelle der destruktiven kehren sich ihm die ästhetischen Züge der Gewalttätigkeiten hervor; bezeichnend der Ausruf Heinrichs von Ofterdingen:

> Der Leu und seine Leute rasen wie der Tod,
> Und unerschreckt greift Schwab und Franke
> Sie immer wieder an. Mich faßt wahnsinniges
> Entzücken – Wahrlich, ich könnt singen! – . . .
> (HkG II 93)

Durch die scheinbar sachliche Beschreibung der Kaiserpartei dringt bildhaft-deutlich die eine Handlungsabsicht dieser Szene hindurch: Sie zielt auf die unvermeidliche Konfrontation Barbarossas und Heinrichs des Löwen. Aus der Parteiperspektive Heinrichs wird die Handlung mit einer gewissen Unmittelbarkeit wiedergegeben; dennoch liegt das dramatisch Neuartige nicht im pragmatischen Verhalten der Figuren, sondern in der Fügung der heroischen Kommunikation: Plötzlich beherrscht ein eigentümlicher Lakonismus Heinrichs Redeweise, der sich auch durch den Dialog mit seinen Getreuen hindurch gegen das Pathos der vorhergegangenen Szenen absetzt:

HEINRICH DER LÖWE (und sächsische Truppen)
Einsam wirds um mich, – Truchseß fiel, es fiel
Der Orla – fiel der Roden – Waldemar
Ist tot, Litaun gefangen – Doch was kümmerts?
Sind Leu'n nicht immer einsam in der Wüste?
(HkG II 94 f.)

Doch Heinrich wird von seinen einfachen Soldaten aufgemuntert:

LANDOLPH
Laß fallen, Herzog, – immer noch genug der Treuen!
HEINRICH DER LÖWE
Du blutest, Landolph?
LANDOLPH Eh, das bißchen Blut
Und die paar Wunden! 's ist nicht wert, daß man
Dran denkt! Ich rettete die Fahne!
HEINRICH DER LÖWE (nimmt ihm die Fahne ab und trägt sie selbst)
Rot
Ist sie – sie trieft! In solchem Regen steh
Ich gern!
LANDOLPH Dein Harnisch ist zerschmettert, Herzog!
Verbinden laß mich deine Wunden! (HkG II 95)

Das Beispiel bezeugt vorzüglich, daß auch hier nur scheinbar die aristokratische Isolation des Helden durchbrochen wird: Heinrich, der während des Dramas immer wieder, wenn auch als die Spitze einer großen heroischen Einheit des Gefühls und des ethnischen Eigenbewußtseins, in den Monolog retirierte, läßt sich während der entscheidenden Aktionsaufgipfelung des Dramas nur kurz in seinem solistischen Vorsprung einholen; in den fast stets von seinen Soldaten eingeleiteten Kommunikationsphasen wird die »Einsamkeit« des Helden nicht wirklich überwunden, denn sein heroisches Bewußtsein nährt sich aus diesem Gefühl; in dem Bild des einsamen Löwen kristallisiert sich das Selbstgespräch als Daseinsbedingung, und auf den Hinweis Landolphs, daß er »immer noch genug der Treuen« besitze, geht Heinrich darum gar nicht ein. Der Heros genießt die Last des vielbeschworenen »Schicksals«, denn im Augenblick des Abfalls vom Kaiser betonte er: »Auch möcht ich, müßt ich jemals mit ihm kämpfen, / Selbst nicht mit Gott die Ehre teilen, / *Allein* ihn zu bestreiten! –« (HkG II 36). Wenn aber auch die monologische Veranlagung des sozialen Heroen nicht absolut überwunden erscheint und wenn Heinrich überdies mit seinem pathetischen Bekenntnis, gern im Blut-Regen zu stehen, das Motiv des Destruktionsgenusses im Frühwerk wiederbelebt, so bleibt doch als bedeutsamer Wandel hervorzuheben, daß Heinrich im Gespräch mit seinen Soldaten an hervorgehobener Stelle auch sprachlich den Eintritt der niederen sozialen Schicht ins Schlachtbild ermöglicht. Freilich bedeutet das keine soziologische Differenzierung der Bataille, sondern ereignet sich als Folge des heroischen Aufschwungs, den Wilhelm (der die demokratische Freiheit der Schlacht genießt und einen Grafen erschlägt) oder Landolph im Schwerefeld ihres herzoglichen Führers erleben durften.

Der beiden sächsischen »Lanzknechte« Eintritt in die sprechende Aktion der Schlachtszene im *Barbarossa* markiert den Beginn einer Entwicklung im dramatischen Werk Grabbes, durch welche die Schlacht, das Schlachtbild oder Feldlager, zunehmend die Funktion eines sozialen Schmelztiegels übernimmt; diese lösende und erhebende Wirkung der Bataille läßt die Anmaßungen und Unterschiede der gesellschaftlichen Stände und Gruppen in die entfernten spießerhaften Niederungen der Bürgerwelt dahinsinken und aus dem Blick verschwinden. Der Grabbesche ›Realismus‹ – hier verstanden als die Tendenz, immer mehr Elemente der bislang nicht erfaßten sozialen Wirklichkeit in seinem Drama zu gestalten oder zu reflektieren –, der Grabbesche ›Realismus‹ entwickelt sich dialektisch mit der in ihm gleich strukturell angelegten dramatischen Bewegung, die gleiche Realität in den Trümmerszenen und in der Schlacht wiederum symbolisch zu vernichten oder aufzuheben. Diese neue und höchst ›destruktive‹ Leistung hat die Handlung des *Barbarossa* nur tendenziell hervorgebracht, denn das Schlachtbild im letzten Akt umfaßt seiner dramatischen Konzeption nach sowohl die tragische Zuspitzung in der politischen Rivalität der beiden Fürsten als auch die Funktion, die Handlung in einem heroischen Aktionsfresko pompös abzuschließen; ein solcher Plan vermag nicht auch noch die Aufhebung des sozialen Konfliktes im politischen zu leisten. Dennoch richtet sich deutlich der Destruktivismus im *Barbarossa* gegen eine umrißlose heroismusfeindliche Wirklichkeit, die nur unter dem Zeichen charakterologischer Schwächen namhaft wird: Der Kaiser zerschmettert »Mailands Schurken« (HkG II 58), der Herzog von Sachsen läßt die »flau(en) und tückisch(en)« (36) Baierngrafen hinrichten, so daß sich der Kampf beider Fürsten gegeneinander als der ›tragische‹ Konflikt zweier reiner heroischer Gestalten abheben kann. Dietmar Schmidt [87] hat den Begriff des Tragischen – insbesondere gegen B. von Wiese [88] – für das Drama Grabbes ausgeschlossen. Gerade an dem *Barbarossa*, der so entschieden die schicksalhafte Notwendigkeit in dem Kampf der beiden Heroen zu betonen scheint, läßt sich die Fragwürdigkeit des Tragikbegriffes für die Erschließung der dramatischen Kunstabsicht und Leistung Grabbes erweisen. Bereits die Auflösung der Schicksalsidee im Frühwerk, besonders deutlich in der Parodie des pathetischen Schicksalbegriffes in *Scherz, Satire, Ironie und tiefere Bedeutung* (HkG I 263), sollte gegenüber der Schicksalsrhetorik im *Barbarossa* zur Vorsicht gemahnen; aber gerade die am Beispiel des ersten *Hohenstaufen*-Dramas gebildete Verallgemeinerung von Wieses: »Das Geschichtliche erwächst für Grabbe nicht aus einer Willkür der Menschen, sondern wirkt als eherne Sternennotwendigkeit durch ihn hindurch und macht den Einzelmenschen zum Vollstrecker der Gesetze, die in Raum und Zeit wirksam sind.« [89], erweist

87 Dietmar Schmidt, Die Problematik des Tragischen in den Dramen Ch. D. Grabbes; Diss. Würzburg 1965.

88 Benno von Wiese, Die deutsche Tragödie.

89 v. Wiese, Die deutsche Tragödie; S. 503.

sich als unzutreffend. Mit seiner These beruft sich v. Wiese nämlich nicht auf die Handlungsführung des Dramas selbst, sondern auf die Interpretation des Geschichtlichen durch die Helden. Aber obgleich Grabbe die historischen Tatsachen in höchst eigenwilliger Weise zusammenfaßte und veränderte[90], gab er ihnen keineswegs das Lineament eines außerhalb seiner oder durch sich selber notwendig bestimmten Vorgangs. Die an den dramatischen Kristallisationspunkten gehaltenen Reden (vgl. den Schicksalsmonolog Heinrichs S. 16) tragen weder eine subjektive Verstehensmöglichkeit bei, noch offenbaren sie eine dem Geschehen eigentümliche Perspektive; die Schicksalsrhetorik treibt lediglich einen nicht integrierbaren Ideenaufsatz hervor. Zwar behauptet der Kaiser nach dem Abfall seines Vasallen, innerhalb dieses Motivierungsrahmens: »Verführte ihn sein *Stern,* so ist er *schuldlos!«* (45), aber diesen »Stern«, Bild des schicksalhaften Zwangs, hatte zuvor nur Heinrich selbst in seinem bezeichneten Monolog beschworen, und dabei erschien der Zwang in elementarhaften und mythischen Bildern variiert, doch ohne konkreten Bezug zur Geschichte und blieb ein Produkt seiner pathetischen Anstrengung; das ›Schicksal‹ Heinrichs erscheint nach Grabbes Formulierung zwar »unerforschlich«, aber in dem Sinne, daß es – nur aus der Rede des Sachsen hervorgehend – keinerlei Objektivierung innerhalb des dramatischen geschichtlichen Horizontes erfährt. Lediglich als Ansatz einer folkloristischen Motivation läßt sich die Verdrießlichkeit der Sachsen über den schlechten italienischen Schinken (vgl. S. 79 dieser Arbeit) zitieren. Damit wird aber kein Bewußtsein von fataler Notwendigkeit hergestellt; in einer solchen Abhängigkeit des Heroen von der Laune oder dem klimatischen Wohlbefinden seiner Soldaten zeichnet sich zwar der Umriß einer geschichtlichen Notwendigkeit ab, welche aber nicht auf der gleichen Ebene wie Heinrichs Schicksalsspekulation liegt, die in den Kategorien von Ruhm und Größe vorgetragen wird. Solange der Held nicht seinerseits dem gleichen Zwang unterworfen ist wie sein ›Volk‹,

90 Vgl. Rudi Bock, Das Verhältnis von Dichtung und Datentreue in den historischen Dramen Grabbes; Diss. Greifswald 1940; S. 23 f.

bleibt auch die Denkbarkeit eines solchen Schicksals ausgeschlossen. Erst die *Hermannsschlacht* wird von diesem Schicksalsbegriff Abschied nehmen und die Vorstellung einer geschichtlichen Notwendigkeit umgreifend für Held und Volk zu veranschaulichen suchen.

Welche ungleich schärferen dramatischen Fluchtlinien entspringen der fatalen Differenz von Absicht und Wirklichkeit, in welcher Büchners Danton die schicksalhaft-unvermeidlichen Ablösungserscheinungen der Revolution von den Idealen ihrer Schöpfer begreift und gegen die er sich gar nicht mehr zu stemmen versucht, weil er sich auch dann nur als Objekt in einem längst verselbständigten geschichtlichen Bewegungsablauf erkennen würde! Gegen eine solche in ihrer tragischen Gewalt schicksalhafte geschichtliche Grunderfahrung hebt sich der Grabbesche Schicksalsbegriff in seiner Hohlheit und rednerischen Künstlichkeit deutlich ab. Der Tragikbegriff v. Wieses, der sich auf diese Angebote der rhetorischen Geschichtsdarstellung im Drama Grabbes stützt, bleibt ebenso leer wie der Schicksalsbegriff Heinrichs oder auch Napoleons, die wie alle Helden Grabbes immer wieder in einen Redestil verfallen, dessen pathetisch-apologetische Gebärden im Geschichtsdrama ebenso klar durch die Handlungsführung widerlegt werden wie im *Gothland.* Ehe also die Begrifflichkeit ihrer zu hoch angesetzten Sprechlagen als das Wort des Dichters genommen wird, sollte geprüft werden, ob die Perspektive ihrer historischen Erkenntnis auch mit der Struktur und der motivierenden Logik des Dramas übereinstimmt. Im *Barbarossa* läßt sich zwar ein deutlicher Handlungsstrang ermitteln, der die ausweglose Rivalität zweier großer Naturen zur gewaltsamen Lösung treibt; aber dieser Konflikt wird umlagert von einer Fülle sich dominierend hervordrängender Spielmomente, so daß sich die Einheit der Handlung immer wieder auffächert. Dabei gewinnt die Schlacht am Ende des Dramas besondere Bedeutung, insofern sie sich als das eigentliche Handlungsziel des Dramas herausstellt, ohne den Konflikt zu beenden. Das unheroische Ereignis der Schlacht von Legnano am Beginn des Dramas sollte nach dem Willen des Kaisers durch eine gewaltige Schlacht zwischen Kaiser und Sachsen überstrahlt werden (HkG II 58); damit bereits faßte Grabbe weniger die Auseinandersetzung und Lösung des Konfliktes zwischen den beiden Rivalen ins Auge als vielmehr ein heroisches Gipfelereignis, das einen effektvollen dramatischen Abschluß ermöglichte. Diese Absicht und die versuchte theatralische Erfüllung des Plans offenbaren die Wendung zu einer neuen Dramaturgie[91]. Ordnete sich im *Gothland* die Handlung nur zu einer lose geknüpften Folge von Tiraden und Destruktionsausbrüchen, so vereinigt und verbreitert das mittlere Drama seine Aktion und Entladungen zu heroisch-destruktiven Handlungsbildern. Bezeichnend für diese Entwicklung wird die Metapher des »Gewogs«, die im *Barbarossa* das Aktionsmodell einer Schlachtbegebenheit veranschaulichen soll, das sich freilich erst im *Napoleon* zu dramatischer Lebendigkeit entfalten wird. Eigenart und heroischer Charakter der beiden Helden und endlich ihr Konflikt bilden die tragenden und bewegenden Elemente einer Handlung, die an ihrem Ende in einer Szene welthistorischer Gewaltigkeit den Gipfelpunkt finden soll; der Konflikt wird erst nachträglich gelöst.

Die Dramaturgie in *Heinrich VI.* hat die Starre des Rededramas – mit Ausnahme der Bardewick-Szenen – ins Äußerste getrieben: Zwar finden sich Stellen, die das ekstatische Wohlgefühl der Schlachtsituation und Erfahrung bildhaft beschreiben: König Richard empfindet das Glockengeläute in II 1, ». . . als schaukelte mich wieder / Die Wiege oder das Gewog des Kampfes« (HkG II 145), während Achmet schwärmt:

> Wie eine Quelle der Sahara rieseln
> Die Kriegestöne uns durch Mark und Bein,
> Und gleich vom Tau erfrischten Blumen richten
> Wir freudig uns empor! (HkG II 217)

Das formale Übergewicht der lediglich redenden Selbstdarstellung offenbart vor allem die einzige Schlachtenszene des Dramas, IV 3 (Schlachtfeld vor Rocca d'Arce), die mit der Bewegung fliehender Truppen nur den Hintergrund für die trium-

91 Das bestätigt Hegele; a.a.O. S. 199.

phierenden oder resignierten Kommentare der Sieger oder Unterlegenen aufspielt. Es ereignet sich hier keine Schlacht, die beide Kontrahenten in einen heroischen Aufschwung mitrisse; vielmehr besiegelt sie nur das Schicksal von nichtswürdigen Gegnern und das Ende eines niedergehenden Staatswesens. Die Normannen erweisen sich als nicht mehr stark genug, den heroischen Beharrungswillen der Deutschen und Sarazenen zu durchbrechen. Das kurze Schlachtgeschehen bildet noch nicht den dramatischen Endpunkt, sondern bleibt geöffnet auf eine pathetische Geste, wie sie Diephold entwirft:

> Jetzt los mit Doppelgrimm, wie Doggen, die die Kette
> Zerreißen, – der Normannen Reihn gebrochen,
> Und ihre Glieder auf das Feld gesät.
> Dem Kaiser halb den Weg gespart und mitten
> Auf der gemeinschaftlich errungnen Walstatt
> Die Schwerter rot und dampfend, Flammen gleich
> Hoch lodernd, wild verzehrend, ihm gewiesen
> Und huldgend dann vor ihm gesenkt. (HkG II 219)

Dieser Monument-Entwurf der Triumphgeste erinnert stärker an die Trümmer-Szenen, auf denen die Heroen sich in pathetischen Siegesbildern emporreckten, als an eine Schlacht mit der Dynamik eines großen Lösungsereignisses. Aber in dieser Ähnlichkeit der strukturellen Anlage (so, wie z. B. Sulla auf den Trümmern von Präneste triumphiert oder wie Barbarossa mit seinem Sohn auf den Trümmern des Vatikans den Sieg über den Papst inszenieren möchte, will Diephold auf der von den Gliedern der Feinde übersäten »Walstatt« den Sieg feiern), an der gleichen gestischen Überanstrengung wird der Bedeutungszusammenhang nachweisbar. Diephold entwirft mit seinem Szenario einer pompösen Huldigungsgebärde die aus einer konkreten Situation erwachsende Konstellation der letzten dramatischen Bilder. Das Drama endet mit dem Tod des Kaisers Heinrich; aber die Handlung gipfelt in einer Kraftgebärde politischer Gottähnlichkeit, wenn Heinrich auf dem Ätna, wenige Augenblicke noch vor seinem Tode, als Ausdruck seiner verzehrend glutartigen Machtbesessenheit die Eroberung der Welt und des Himmels ins Auge faßt. Hier bietet sich eine Szene der monumentalheroischen Sinnerfüllung, analog zur Schlacht am Ende des *Barbarossa*. Schlachttriumph, Zertrümmerung und monumentalheroische Selbsterhöhung setzen den gleichen pathetischen Affekt frei; die neue und nicht allein destruktive Dynamik der Schlachterfahrung gestaltet erst der *Napoleon* konsequent und eindringlich.

Die Schlacht als szenische Realisierung der Destruktionsbilder

Grabbes letzte drei Dramen werden ganz überwiegend von Kriegszügen und Schlachtengeschehen erfüllt. Der Verbalismus und Destruktionsaffekt des frühen und die gestische Starre und das Bildpathos des mittleren Dramas lösen sich auf in die Demonstrationsbilder vielfältiger politischer Bewegungen; die anfänglich die Szene beherrschenden auseinanderstrebenden Kräfte finden sich am Ende durch die Dynamik der Feldzugsszenen zusammengeschmolzen und geeinigt.

Diese in Grabbes Spätwerk sich durchsetzende Tendenz zur sozialen Differenzierung und zur Auflösung der dramatischen Handlung in Kriegs- und Feldzugsszenen läßt sich nicht unabhängig von den Wünschen und Hoffnungen begreifen, die Grabbe zu einer bestimmten Periode seiner bürgerlichen Existenz in den Ausbruch eines Krieges setzt. Die Vorhersage, daß es bald Krieg gebe[92], gründet sich politisch auf die gespannte Atmosphäre nach der französischen Julirevolution. Diese Prophezeiung erweist sich jedoch nur als die Verkleidung des Wunsches, der sich schließlich auch in der resignierten Formel »Gäb's nur Krieg«[93] so zu erkennen gibt, um aber bald zu verstummen. Grabbe, der in seiner produktivsten und relativ glücklichsten Periode Künstler und Helden noch gleichstellte, setzt nun, nachdem er die Mehrzahl seiner literarischen, privaten und gesellschaftlichen Ambitionen und Wünsche enttäuscht sieht, seine

92 HkG V 316, 320, 322, 323, 324.

93 Wuk VI 144; S. 155: »Gäb's nur Krieg, gesund wär ich! – Doch nun muß man ihn machen in Tragödien . . .« Ganz ähnlich auch Wuk VI 156.

letzte Hoffnung auf das so häufig beschworene Feldzugsleben. Der *Napoleon* zeigt zugleich, daß sich sein blinder Gesellschaftshaß zur Erkenntnishaltung der kritisch-ironischen Distanz gewandelt hat, nachdem Grabbe offenbar begreifen mußte, daß sein Kampf gegen die niedere Restaurationsgesinnung vergeblich war und sich seine künstlerische Wirkungsabsicht im Ausdruck eines leeren, hilflosen und unscharfen Destruktivismus erschöpft hat. Dennoch präsentiert sich Grabbes Wunsch und Hoffnung auf einen Feldzug – ganz vergleichbar der leeren Destruktionsgebärde – ohne unmittelbar politischen Hintergrund. Er sieht die den Metternichschen Frieden in Europa bedrohenden Tendenzen nach der französischen Julirevolution, bewertet sie im Grunde positiv und hofft doch auf einen Feldzug *gegen* Frankreich. Diesen Krieg prophezeit und begrüßt er als Rettung aus der sich anbahnenden Katastrophe seiner bürgerlichen Existenz.

Bedeutung und Funktion der Grabbeschen Feldzugsszenen lassen sich auf zweierlei Weise entwickeln: aus der Beobachtung des Bildfeldes, das das Zerstörungsmotiv variiert, und seiner Konkretionstendenz im Früh- und Mittelwerk oder aus der Analyse der Handlungsführung in dem jeweiligen Drama, d. h. seinen inneren Spannungen, die – ständig in Destruktions-Bildern verdichtet – ihre Lösungsform frühzeitig verraten. Dabei schließen sich die Feldzugsszenen im *Napoleon* an das vorausgehende beziehungsvolle Ereignisbild des restaurativen Paris inhaltlich und formal konsequent an, während in dem strengen, durch ein enges Symbolgeflecht geordneten Szenengefüge des *Hannibal* eine unmittelbar vergegenwärtigte Schlachtaktion die Form sprengen würde; deshalb hat Grabbe dort auch zu dem dramaturgischen Kunstmittel der Mauerschau greifen müssen. Wenn im *Gothland* oder *Don Juan und Faust* der rhetorische Destruktivismus auf die Zerstörung der Person am Ende des Dramas zielt, so strebt das Gefüge der nur noch destruktiv chiffrierten Handlungsbilder mit seinen sozialen und geistigen Dissonanzen zur aktionsreichen Auflösung und sozialen Synthese in den Feldzugsszenen. Hat das frühe und mittlere Drama im Raum geschweift, um neue heroische Bildformen zu entdecken, die den zerstörerischen Affekt der Helden illustrieren, so schweift der *Napoleon* durch den politischen Raum des Paris der beginnenden Restauration, um die Notwendigkeit der zerstörerischen Heimsuchung bildhaft-anschaulich zu entwickeln.

Es mögen einige Beispiele für den perspektivisch-chiffrierten ›leeren‹ Destruktivismus im *Napoleon* bereits hier den Weg der Interpretation vorzeichnen: In I 1 ruft Chassecœur aus: »O mein Karabiner, dürft ich mit deiner Kolbe wieder die Kisten zerschmettern wie die Gehirne!« (HkG II 323), und am Ende der gleichen Szene: »(Auf den Boden stampfend) O! verdammtes Pflaster, das so viele Buben trägt« (337); die letzten Worte der Szene I 2 spricht ein Schweizergardist: »Dem Kanton Luzern hab ich geschworen, dir muß ich gehorchen, und solang du es nicht befiehlst, ist es mir eins, ob ich für oder wider dieses schnatternde Gesindel jemand totschlage.« (341); Napoleon in I 4 klagt unterdessen: »Wie jämmerlich ein kleiner Fürst, der nicht dreinschlagen kann –« (349). Mit Napoleons zunächst vermuteter und gefürchteter und dann erwarteter Rückkehr nach Paris werden diese Wendungen immer häufiger. Bei der Nachricht von Napoleons Landung auf dem Festland ruft die Herzogin von Angoulême verzweifelt aus:

> O Waffen, Waffen, Waffen! – Sturmglocken geläutet – Alles, alles aufgeboten, in der Kirche wie auf dem Schlachtfelde! – Gelandet -- – Weh mein Herz – – Nun macht Er seine Tigersprünge, wie einst von Ägypten nach Paris, von Eylau nach Madrid, von Madrid nach Wien, nach Moskau – O, ich fühle schon seine Krallen!
>
> (HkG II 364 f.)

Die sich steigernde Dynamik der Handlung ist in diesem Angstruf vorgesprochen; ihren Höhepunkt findet sie zunächst in der Szene II 3, in der Napoleon trommelfeuerartig seine *Ordres* erteilt und die sozialen und politischen Dissonanzen und Auflösungserscheinungen aller vorhergegangenen Szenen durch den einigenden Druck der drohenden militärischen Gefahr auf seinen Namen einstimmt und zusammenfaßt; die Handlung gewinnt dann wieder anschauliche Breite, bis sie in die Genre-Szenen des preußischen Feldlagers mündet. Dort nun wird eine neue Dynamik anschaulich gemacht: An der Person des Berliners, der in der zur vaterländischen Aktion verschworenen Gemeinschaft zunächst völlig deplaziert erscheint, wird die heroische Schmelzkraft des Feldzugs manifest: Der bildungsbeflissene, aber allein in der Berliner Literatursphäre bewanderte und darum im Grunde recht tumbe Bürger wird schließlich aus seiner Feigheit in den Sog der patriotischen Begeisterung gezogen, und als er am Ende einen Zug aus Blüchers Pfeife genommen hat, da wird er sogar zum »tollen Patron« und krepiert »vor Schlachtwut« (436). Überall werden Gewohnheiten und Spuren des bürgerlichen Lebens abgeschüttelt: Der Regierungsrat möchte nur noch als einfacher Freiwilliger gelten (408), dem zweiten Jäger ist es im Feld »wohler um das Herz, als wenn ich in der gut geheizten Stube am Teetisch sitze« (413). Man erinnert sich an die Einigkeit während der Befreiungskriege und wünscht, sie möge sich wieder einstellen: »Ja, das ganze Heer war wie elektrisch, – Berliner und Schlesier, Pommer und Märker, alle Eine freudige, aber übergewaltige Glut, sowie es hieß ›auf den Feind!‹« (411); und endlich findet sich auch das alte Destruktionspathos heroisch verwandelt; nachdem »Major und Jäger« die erste Strophe von Körners »Wilder Jagd« gesungen haben, fragt der vierte Jäger: »Wer ließe sich nicht gern von Kartätschen zerschmettern bei diesem Liede und seiner Musik?« (414) Ein das Groteske nicht scheuender Ausdrucksdrang von heiterem Todesmut und aggressiver Vergnügtheit bestimmt das Handlungsbild aller Feldzugsszenen, und das heroische Wohlgefühl bricht sich in den eigenartigsten Bildern Bahn. So fragt Bülow seine »brave(n) pommersche(n) Jungen«: ». . . ists nicht als wären wir auf einer Bauerhochzeit bei Pasewalk? Gibts etwas Lustigeres als einen Feldzug?« (438); Bülow bezeichnet den Weg in die Schlacht als »Jakobsleiter zum Himmel« (437).

Die Absicht der so kraftvoll auf die Schlacht hin zielenden Dramaturgie und die alles Gesellschaftliche auflösende Funktion der Bataille erschließen sich ganz deutlich aus der Szene V 1, wo die Ankunft Napoleons bei Waterloo eine Brüsseler Tanzgesellschaft erschreckt auseinandertreibt. Die Regie des *Schlachtglücks* setzt sich fort in den Bemerkungen der Heerführer, die den Beginn der Auseinandersetzungen geradezu als körperliche Erleichterung empfinden. Blücher:

Ha, wie das blitzt – Es tut einem wohl wie ein warmer Sonnenstrahl am kalten Wintertag. (HkG II 409)

und Napoleon:

Ha! meine Schlachtendonner wieder – – In mir wirds still – – – (Er schlägt die Arme übereinander) (HkG II 420)

Bertrand kommentiert die Gebärde:

Ja, nun ists mit ihm als stiegen heitere Sommerhimmel in seiner Brust auf, und erfüllten sie mit Wonne und Klarheit.

Nur in einer kurzen intensiven Bildballung wird die destruktive Sprengkraft der Schlacht selbst beschworen:

meilenweit die Luft nichts als zermalmender Donnerschlag und erstikkender Rauch, – darin Blitze der Kanonen, flammende Dörfer wie Irrlichter, immer verschwunden, immer wieder da – der Boden bebend unter den Sturmschritten der Heere, wie ein blutiges, ein zertretenes Herz, – Geschrei laut ausgestoßen, kaum vernommen . . . So flut ich mit unter die tobenden Wasser, denn einsam ruhig kann ich in diesem sturmempörten Ozean mich doch nicht halten. (HkG II 443)

Doch auch in diesen Sätzen gewinnt das reale Geschehen und seine Eigendynamik kein Übergewicht und löst sich nicht aus dem Zusammenhang der dramaturgischen Linie, an der sich die Kampfszenen als Erfüllungsaugenblicke ausprägen. In der so kunstvoll rhythmisierten Prosa mit ihren Hyperbolien steckt mehr an empfundener Großartigkeit als an wahrem Entsetzen. Das Pathos der Herz-Metapher sprengt ebenso die Begrenzung zwischen Innen und Außen, zwischen Schlachtereignis und Einzelperson wie die Sturm- und Wasserbilder, in der das Mitreißende der Begebenheit Ausdruck gewinnt, da sie die kontemplative Person unwiderstehlich in sich aufsaugt.

Die Zerstörungs- und Auflösungsbewertung hat nun auch die alte Dramenform völlig erfaßt; suchte das frühe Drama seinen Sinnanspruch vergeblich in der Destruktionsgebärde zu realisieren, so hat das späte Drama in der Schlachtszene die Bedingung für eine heroische Sinnerfüllung gestaltet.

Die gesprengte Bühnendimension bietet die raumtechnische Voraussetzung für das paradoxe Freiheitsgefühl, das sich in den heroischen Auftritten zur Darstellung bringt. Die völlige Freiheit der Bildregie und Szenenverknüpfung imitiert auf der Ebene der dramaturgischen Komposition eben die Unendlichkeitstendenz der frühen rhetorischen Bildführung; diese neue Freiheit liest sich bereits daran ab, daß Grabbe in den Regieanweisungen gar nicht mehr die Bühne und ihre Dimensionen berücksichtigt: Noch in den Hohenstaufen-Dramen waren die Truppenbewegungen, die nach den Anweisungen zu geschehen hatten, choreographisch durchdacht und stilisiert; zur Not geschahen sie hinter der Bühne. Die Regieanweisung zur Szene V 4 wäre – wie Fritz Böttger[94] im Anschluß an Benno von Wiese feststellt – nur noch mit filmischen Mitteln zu realisieren: »Die Höhen von Mont Saint Jean«

Auf ihnen Wellingtons Heer. Im Vor- und Mittelgrunde die Infanterie in Karrees, – zwischen diesen die Artillerie, ununterbrochen feuernd, – im Hintergrunde, welcher von dem Walde von Soignies umgrenzt wird, die Reiterei und die Reserven. Französische Kanonenkugeln schmettern überall in die Heerhaufen. Wellington mit seinem Generalstabe . . . (443)

Dieses Panorama historischer Realität entspricht den panoramatischen Geschichtsvisionen der frühen Dramen; die heroische Landschaft zeigt die Formation der dramatischen Wirklichkeit selbst, ein Integrationsvorgang, den Grabbe zu Beginn seiner Arbeit an den *Hohenstaufen*-Dramen nur vergleichsweise pathetisch zu evozieren vermochte, als er die Attraktion des Stoffes brieflich beschrieb:

Dann *binde* ich mich an die Geschichte, und zwar an das Studium und die Begeisterung *meines Lebens*, an den deutschen Dramen-Cyclus *»Die Hohenstaufen«*. Wie ein mächtiges Alpengebirge steht dieses Werk im fernen blauen Duft vor meinem Geiste, und zieht mich wunderbar an mit seinen Felsenhöhen und seinen Schluchten. – (HkG V 225)

94 Fritz Böttger, Grabbe, Glanz und Elend eines Dichters; Berlin o. J., S. 267.

Vom Blickpunkt der Form, den Wolfgang Hegele mit methodischer Einseitigkeit durchhält, lassen sich die Schlachtszenen nicht als dramaturgisch konsequent gestaltet erkennen. Hegele leugnet, daß das ganze Drama, wie die Szenen der ersten Akte, eine ». . . finale und dramatisch funktionale Struktur«[95] habe. Eine Interpretation, die sich nicht um die einheitliche thematische Konzeption des Grabbeschen Werkes bemüht, wird auch nicht die Handlungsabsicht des *Napoleon* erkennen. Die vorwiegend formorientierten Verstehensversuche Hegeles und Kowalks[96], die nicht in ständiger Bereitschaft angelegt sind, ihre formalen Beobachtungen, bevor sie sich in kritischen Urteilen verfestigten, dem Widerstand des Inhalts als Ganzem entgegenzusetzen, vermögen nicht die besondere Bewältigungsleistung der Schlachtszenen zu ermessen. Der theaterwissenschaftliche Aspekt Kowalks erweist sich als ungenügend, um die künstlerische Gesamtgestalt des Dramas zu erfassen, das als ästhetisches Objekt sich vielseitiger erschließt denn als Bühnenwerk; gerade darin, daß der Dichter Grabbe die Grenzen der Gattung sprengt, bestätigt sich die formale Notwendigkeit seiner dramatischen Intentionen.

Szenen, die Hegele »Tupferszenen«[97] nennt, haben im *Na-*

95 Hegele; a.a.O. S. 226; Hegeles Arbeit bietet viele fruchtbare Anregungen, zumal sie immer wieder vergleichend um Schärfe des Urteils sich bemüht; doch fühlt sich der Verfasser, offenbar von der Grundidee der »offenen Form« her, legitimiert, allzu analytisch zu verfahren, um auch die thematisch-strukturelle Einheit zu erfassen; die unbedingt verfeinerten Mittel der Gestaltanalyse, die durch die Arbeiten von Klotz (Geschlossene und offene Form im Drama; München 1960) und Krapp (Der Dialog bei G. Büchner; Darmstadt 1958) aufgezeigt wurden, sind bei Hegele noch nicht zur Anwendung gelangt; so zeigt sich eine ganz absonderliche Verkennung der Eigenart des *Napoleon,* wenn er fordert: »Die Schlachtdarstellung hätte kürzer sein, dafür aber der Bogen der Handlung zurückgehen müssen nach Paris. Wie im ersten Teil die Wiederkunft, so hätte im letzten, wenn auch viel kürzer, der Sturz des großen Korsen . . . dramatische Gestaltung erfahren können« (S. 226). Daß die Handlung mit dem Ende der Schlacht so abrupt endet, zeigt gerade, daß *sie* das dramatische Ziel gewesen ist, nicht das politische Ende Napoleons.

96 Willi Kowalk, Das Raumproblem im Drama Grabbes, Diss. Köln 1958.

97 Hegele; a.a.O. S. 92 ff.

poleon nicht nur Demonstrier- und Milieu-Funktion, sondern sind, wie beispielsweise die Szene IV 3, geeignet, selbst Dynamik und Finalität in das Geschehen zu tragen. In dem bezeichneten Auftritt wird das Pferd Napoleons für die erwarteten Schlachten zugeritten. Allein der Inhaltsbericht macht deutlich, daß diese Szene symbolische Funktion hat; ihre Stellung, ihr innerer Bewegungsablauf, die Bildelemente und endlich ihr dynamisierender Schluß (in welchem der Piqueur auf einem Pferd davon»braust«) bezeugen ihre besondere Funktion im Handlungsablauf. Das Ziel der Handlung bildet indessen nicht die Schlachtentscheidung, wie Hegele annimmt, sondern die Schlacht selbst. Dies einläßlich zu zeigen, bleibt der Interpretation überlassen; hier soll nur auf die Verwandlung der Destruktionsthematik und die Grundzüge ihrer Dramaturgie hingewiesen werden.

Die Schlacht im *Napoleon* zeigt zu auffällige Züge der Glückserfüllung, zu starke Elemente einer aus der Wirklichkeit herausweisenden Sinnstruktur, als daß sie allein unter dem Blickwinkel eines in dramatische Aktion umgesetzten historischen Ereignisses betrachtet werden dürfte. Ihr dramaturgischer Stellenwert läßt sich vorläufig so bestimmen: Die Schlacht setzt alle Szenen des in restaurativer Zersplitterung verfallenen Paris voraus, denn sie erscheint als die dialektisch in sich selbst umgeschlagene Wirklichkeit der politischen Alltagswelt. Sofern sie sprachlich vermittelt werden, erscheinen die Taten der Helden und der in ihrem Kraftfeld zum heroischen Aufschwung gelangten Normalmenschen, getragen von Bildzügen heroischer Verklärung, fast ausschließlich als Negation der Gesellschaftswirklichkeit. In dieser Negation lebt die Destruktionsbildlichkeit verwandelt und entschärft weiter. Aber das Sinnerlebnis bleibt auf die Schlacht beschränkt. Darum triumphieren die Sieger an ihrem Ende auch nicht, sondern zeigen sich von dem Gefühl beherrscht, daß die Rückkehr in die Alltagsverhältnisse wiederum die Negation und Zerstörung ihrer großen Leistung bedeuten wird. Bei Grabbe trägt die Schlacht nie in erster Linie zur Entscheidung politischer Fragen bei, weil die Wirklichkeit der Politik in jeder Form nur den Kreislauf der unbewußten Natur imitiert; nur die Schlacht als ein Zustand der Gesellschaftslosigkeit führt da heraus. Das patriotische Gemeinschaftspathos, die Glücksformeln, die steten Versicherungen, wie »lustig« der Krieg sei, worin sich diese Utopie der gesellschaftlichen ›Erlösung‹ Ausdruck verschafft, klingen allerdings so unecht, als zitierten die Soldaten ständig die politische Lyrik[98], die während der Befreiungskriege und noch lange danach in reichster Fülle erschien, als vermöchten sie sich aus der Tonlage von Körners »Wilder Jagd« nicht mehr zu lösen. Die sprachliche Instrumentierung dieser Szenen belegt deutlich, daß Grabbe das heroische Sinnerlebnis nicht aus eigener Anschauung, sondern im Rückgriff auf die Clichés des lyrisch-patriotischen Hochgefühls vergangener Zeit gestaltete. Doch darf bei aller Kritik nicht übersehen werden, daß diese Schlachtbilder eine wichtige dramatische Funktion erfüllen, daß ohne sie die Anlage des ganzen Stücks mißverstanden wird, insofern die Schlacht die Gegenwirklichkeit als verwandelte Bürgerwelt darstellt, als ein utopisches Ereignis der sozialen Integration zur Gemeinschaft, im Willen zur heroischen Tat. Die Interpretationen des *Napoleon,* des *Hannibal* und der *Hermannsschlacht* werden alle jene Momente noch stärker heraustreten lassen, die hier im Skizzenhaften verharren.

Auch im *Hannibal* bewegt sich das Geschehen zunächst auf die Entscheidungsschlacht zwischen Römern und Hannibal zu; aber sie wird von Grabbe nicht unmittelbar zur Darstellung gebracht. Der Dichter selbst behauptete in einem Brief gegenüber Immermann, er habe es der Abwechslung halber unterlassen[99]. Siefert deutet diesen Verzicht als Bemühung um Einheit, die »alle störenden, nebensächlichen oder dramatisch schwer realisierbaren Vorgänge«[100] wegläßt. Es gibt jedoch auch eine inhaltliche Erklärung: Nach dem Verlauf des Dramas hat Hannibal die Schlacht bereits vor ihrem Beginn verloren; die im Geschehen entwickelten dominierenden Bildelemente weisen auf ein unwiderrufliches »Zuendegehen«, und aus dieser festgelegten Handlungslinie hätte die Schlacht nicht als ein in seinem Aus-

98 Vgl. dazu: Literatur der Befreiungskriege (Erläuterungen zur deutschen Literatur); Berlin 1969.

99 Wuk VI 95 f.

100 Siefert; a.a.O. S. 166 f.

gang lange zweifelhaftes »Gewog« wieder ausbrechen können, das bildlich das Bewegungsmodell großer Schlachten bezeichnet. Zudem zeigten die Römer im Gegensatz zu Hannibals Heer ein überscharfes heroisches Profil, was, ebenso wie ihre destruktive Entschlossenheit, einseitig die militärischen Vorteile dieser Partei signalisierte. Und endlich hätte die Schlacht nicht das große, die nationale und soziale Zersplitterung aufschmelzende Ereignis werden können, das sie im *Napoleon* darstellte und in der *Hermannsschlacht* wieder darstellen wird. Ein solches patriotisches und soziales Erlösungserlebnis wäre für das aus verschiedenen Völkerschaften zusammengewürfelte und nur von wenigen Karthagern verstärkte Heer undenkbar.

Der Reflex des Schlachtgeschehens im unheroischen Bewußtsein des Pförtners und im naiven Bericht des Kindes vermittelt dagegen einen Einblick in die historische Konstitution der Stadt Karthago. Zugleich wird durch diese perspektivische Maßnahme deutlich, daß sich in der Entscheidungsschlacht gleichzeitig eine furchtbare Vernichtungsaktion gegen die Stadt anbahnt. Der unheroische Charakter Karthagos, seine Indifferenz gegenüber der welthistorischen Anstrengung, mit der sein Name in Europa vertreten wird, offenbart auch die politische Verfassung dieses Gemeinwesens, womit es – die Führung seines großen Helden nicht akzeptierend – eine gemeinsame Zerstörungsaktion auf sich zieht. Am Ende zeigt sich jedoch, daß die heroische Kraft dieser Stadt, die Hannibal nicht zu wecken vermochte und wodurch sein Feldzug scheiterte, nur von eigennützigen kleinen Krämern unterdrückt war, denn der Augenblick der Gefahr, der unabwendbaren Vernichtung aktualisiert Karthagos heroisches Vermögen, und ihre großen Seelen verhelfen der Stadt zur monumentalen Aktion der Selbstzerstörung. Dieser mächtige Aufschwung hat zur Folge, daß die römischen Bezwinger nicht triumphierend auf den Trümmern der Stadt posieren, sondern daß die Stadt, in majestätischer Schönheit untergehend, dem Eroberer noch eine Niederlage bereitet:

Siebenundzwanzig Tage brannte Karthago. . . . Bald wogten die Flammen hin und her, als wäre aus allen Löwen Afrikas Einer geworden, und spiegelte er sich mit seinen Mähnen im Meer! Die betrogenen Römer mußten lange warten, eh sie einrücken konnten, und fanden nur – Asche, die der Wind noch heute in die See weht.

(HkG III 151)

Das Motiv des mittleren Dramas taucht hier kurz wieder auf: Die Stadtzerstörung als Bildhorizont der heroischen Selbstdarstellung. Doch die Perspektive hat gewechselt, denn das dramatische Interesse ruht auf den Unterlegenen. Nicht der Destrukteur zeigt sich als der Held; wenn auch das »erzne« Profil der beiden Scipionen gerade im Opferrauch einer Stadt Umriß gewinnt, wie die erste Szene des Abschnitts »Numantia und Kapua« zeigt, so beherrscht die Physiognomie dieser Männer nicht mehr die Struktur des Dramas wie in *Marius und Sulla;* sie organisieren die furchtbare Vernichtungsaktion gegen Karthago, aber vollstrecken doch nur ein Urteil der Welthistorie an der Stadt, die sich gegen ihren großen Helden versündigt hat. In Hannibal gestaltet Grabbe die Sehnsucht nach der utopischen Verwirklichung des Heroismus und zugleich ihr Scheitern. Der Held verkörpert jedoch das Heroische als Vollkommenheit und menschliche Größe, wogegen der stoische und zweckgerichtete Kriegersinn der beiden Scipionen als eine Reduktion des Menschlichen negativ absticht.

Hannibal konnte erst eine Gestalt des späten Grabbe werden, weil an ihm das Erlösungsstreben des Heroismus nicht nur motiviert, sondern zugleich auch in seiner Weltlosigkeit durchschaut wird. Hannibals Isolation hat ihren Grund in der Krämergesinnung der Karthager, gleichzeitig jedoch verfehlt er es, die Stadt aus den Händen der Krämer zu befreien, wie es Napoleon in Paris gelang. Sein heroisches Angebot an die Stadt wird ausgeschlagen, aber die kleine Gruppe seiner Anhänger in Karthago (Alitta, Brasidas, mit Einschränkungen ist auch Gisgon hinzuzurechnen), die später den großen Aufschwung der punischen Stadt anführen, werden von ihm nicht bemerkt.

So wie die Schlacht bei Zama in der Mauerschau nur ironisch gespiegelt wurde, so belebt auch die Schlußszene ein Gegenbild zur heroischen Schlacht, um das Mißlingen einer großen Gemeinschaftsleistung deutlich werden zu lassen. Das »unermeßliche Chaos des Gemeinen« (Wuk VI 88), in welchem Hannibal sein

Ende findet, versetzt den Helden auf eine »neue Art Schlachtfeld« (HkG III 145), nämlich auf das der eingebildeten Größe, die nur redend und ironisch besiegt werden kann. Nicht Entfaltung und Befreiung, sondern Privation und Entmachtung bestimmen die dramatische Biographie des Helden. So gesehen, endet der *Hannibal* als das Drama der nicht stattfindenden Schlacht.

Das in den Feldzugs- und Schlachtszenen des *Napoleon* nur andeutungsweise eingesetzte Motiv der Idylle als Bild der utopischen Gemeinschaft erscheint in der *Hermannsschlacht* voll ausgeführt. Trotz aller Schwächen der Konzeption und der Dramaturgie – der Dichter vermag die Handlungsidee wieder nur als rhetorische Absicht im Munde des Helden zu artikulieren – hat Grabbe mit seinem letzten Drama doch ein Dokument der künstlerischen Konsequenz geschaffen. Auf dem Wege vom heroischen Bildverbalismus zur Konkretion der Sprachbilder in Szenen lebendiger dramatischer Anschaulichkeit stellt die *Hermannsschlacht* eine neue Stufe dar. Sie erscheint beinahe im ausschließlichen Sinne als das »Gewog«, mit welchem Bild die rhetorische Sprache den Handlungsentwurf vorbrachte, der bereits am Ende des *Napoleon* zum dramatischen Aktionsbild geworden war.

Das »Gewog« freilich präsentiert eine umfassende Bewegung: Auf der einen Seite hat die soziale Wirklichkeit bis zur Banalität Eingang gefunden: Der Genrecharakter in den Sachsenszenen der beiden *Hohenstaufen*-Dramen wächst in der *Hermannsschlacht* zur breiten Milieuschilderung aus, in der die alte Germanenherrlichkeit sich frei entfalten darf; auf der anderen Seite läßt das Schlachtgewog diese soziale Wirklichkeit nicht einfach verschwinden, sondern bringt sie als Ganzes zur heroischen Aktion.

Die Schlacht macht aus der politisch zersplitterten Stammeswelt ein heroisches Instrument – aber sie leistet nicht die völlige Vernichtung der vorangegangenen Wirklichkeitsverhältnisse, sondern ermöglicht lediglich ihre zeitweilige Heroisierung. Die Distanz, die früher ein irrationaler heroischer Anspruch zwischen Held und Gefolgschaft schuf, vermochte Grabbe in diesem Drama zu rationalisieren als den Vorzug größeren politischen Überblicks: Hermann erscheint damit als eine lebendige, nur durch Herkunft und Erziehung bevorteilte, historische Figur. Weniger durch seine heroisch mitreißenden Qualitäten als durch listige Stärke vermag er es, daß die verschiedenen Stämme sich zur gemeinsamen Aktion einig werden. Und in pathetisch beschworener Übereinstimmung mit ihrer Umgebung, der Natur, die sonst nur als heroische Spiegelsphäre oder als destruktives Bildarsenal diente, geradezu in einem Kampfverband mit der Natur schlagen die Germanen ihre Schlacht. Das Integrationspathos, in das sich der alte Destruktionsaffekt verwandelt hat, läßt Führer, Menschen und Natur als einen zeitweiligen harmonischen Kämpferverband erscheinen. Damit gelingt es dem Dichter, den pathetischen Zerstörungsdrang des ersten Dramas immerhin inhaltlich in sein Gegenteil zu verkehren, wenn auch in der *Hermannsschlacht* dem Einheitspathos des Feldherrn die pragmatische Grundkonzeption entgegensteht. Das Pathos der Positivität verfehlt die Wirklichkeit ebenso wie jenes der Negativität im Frühwerk. Die Entwicklung von Grabbes Kunst vollzieht sich zwischen diesen beiden Möglichkeiten des Mißlingens.

II. KAPITEL

HEROISMUSFORMEN UND IHRE GESTALTUNGSZÜGE

A. PATHETISCHER HEROISMUS

Rhetorik

Die Analyse des Destruktivismus, des beherrschenden Themas und einheitlichen Motivkomplexes in Grabbes Drama, hat sich auf eine Reihe problematischer Begriffe gestützt, die zur Interpretation der dramatischen Erscheinung des Helden bei Grabbe in ihrer historischen Dimension und in ihrem sachlichen Aussageumfang erkannt sein müssen; gemeint sind die Begriffe der Rhetorik, des Pathos und des Heroismus. Alle drei weisen als eine terminologische Gruppe in die literarische und geistesgeschichtliche Tradition, die unmittelbar oder indirekt in Grabbes Werk lebendig und einflußmächtig erscheint, die von Seneca ausgehende Tradition des Rededramas[101].

101 Dieser Zusammenhang ist für den Sturm und Drang bisher unerörtert geblieben; auch Böckmann (Formgeschichte der deutschen Dichtung [5]1965; S. 655) bietet nur Ansätze. Für den Barock kann auf die

Der Destruktivismus konkretisiert die einander wechselseitig bedingenden Erfahrungen und Handlungen der Grabbeschen Helden; darin entdeckt der Betrachter ihre literarhistorische Eigentümlichkeit. Als dramatische Erscheinungen jedoch leben sie in entscheidendem Ausmaß von längst vorgestalteten Sprach- und Redeformen, die sich in der Geschichte der Gattung und im Entwicklungsgang der Literatur überhaupt herausgebildet haben, sie leben von den Errungenschaften der Rhetorik. Rhetorik heißt das in der Antike ausgebildete Lehrsystem der schönen und wirkungsvollen Rede [102], deren Regeln und Anweisungen bereits bei Ovid und anderen augusteischen Dichtern »in den Dienst einer gefälligen, geistreichen Poesie« [103] treten; durch Seneca hält das rednerische Wirkungskalkül der Rhetorik auch wenig später Einzug in das Drama, und der römische Tragiker begründet damit eine Gattung, deren Formelemente lange lebendig bleiben werden und die hier als dramatische Elemente des Klingerschen Sturm-und-Drang-Dramas, bei Schiller und Grabbe eine Vergleichsgrundlage bilden.

Der überwiegend pathetische Sprechstil des Rededramas verläßt sich vornehmlich auf die Ausdrucksmöglichkeiten nur eines der drei *genera dicendi,* welche die Rhetorik bereithält, auf das *genus demonstrativum,* die Lob- und Prunkrede; diese besitzt zugleich auch außerhalb der dramatischen Gattung ihre lange Tradition und bestimmt im Barock geradezu den Epochenstil, wenn auch die klassizistische Rhetorik durchaus das umfassende antike System beibehält [104]. Die Dramen dieser Tradition, zu der mit gewisser Einschränkung Corneille ebenso gehört wie Klinger,

Aufsatzsammlung Sénèque et le théâtre de la Renaissance, ed. Jacquot, Paris 1964, verwiesen werden.

102 Heinrich Lausberg, Handbuch der literarischen Rhetorik, 2 Bde. München 1960; II, S. 940.

103 Ernst Robert Curtius, Europäische Literatur und lateinisches Mittelalter, Bern und München [4]1963; S. 75. – Ausführlich belegt das Zusammenwachsen von Rhetorik und Poetik Eduard Norden, Die antike Kunstprosa vom VI. Jahrhundert v. Chr. bis in die Zeit der Renaissance, 2 Bde., Darmstadt [5]1958.

104 Vgl. Joachim Dyck, Ticht-Kunst, Deutsche Barockpoetik und rhetorische Tradition; Bad Homburg v. d. H., Berlin, Zürich 1965.

zeichnet eine beträchtliche sprachliche Überinstrumentierung aus, ein durch die dramatische Anlage der heroischen Selbstdarstellung erzwungenes überflußartiges Sprechen.

Vor allem Klaus Dockhorn[105] hat nun deutlich zu machen verstanden, daß an literarische Kunstwerke dieser Tradition kein ausschließlich inhaltsästhetischer Maßstab angelegt werden darf, der als Ausdruck klassischen Formanspruchs die dort verschobene Proportion von Aussage und sprachlichem Aufwand in kritischen Begriffsbildungen wie »Schwulst« oder »Pomp«[106] mißbilligt; in dieser Tradition nämlich lebt das rhetorische Bewußtsein fort, mit dem energischen Einsatz rednerischer Kunstmittel beeindrukken, beeinflussen und überzeugen zu können. Das Irrationale, so zeigt Dockhorn, bildet das »bewegende Prinzip«[107] der Rhetorik, und eine ›rationale‹ Kunstauffassung, die ein ausgewogenes Verhältnis von Aussage und Sprachaufwand erwartet, verfehlt zum mindesten die Intention rhetorisch angelegter Kunst. Rhetorik als ein Instrument der Überzeugung durch affektivistische Beeinflussung bedingt auch das Pathos als Stilerscheinung, das durch den idealistischen Begriff Staigers[108] nicht in seiner psychologischen Wirkungseigenart erfaßt wird. Die Rhetorik als *thesaurus*[109] literarischer Ausdrucksmöglichkeiten erweist sich in angemessener Würdigung als ein höchst lebendiges Regelsystem, aus dem zu schöpfen nicht bloße Konvention oder mangelnde Originalität veranlaßt, sondern zunächst ein in langer Tradition begrün-

105 Klaus Dockhorn, Macht und Wirkung der Rhetorik. Vier Aufsätze zur Ideengeschichte der Vormoderne; Bad Homburg v. d. H., Berlin, Zürich 1968.

106 Vgl. Boileau, der »rhétorique« als »discours vain et pompeux« definiert; Art Poétique 3.23. Zitiert nach Lausberg, Handbuch der lit. Rhetorik; II S. 941.

107 K. Dockhorn, Die Rhetorik als Quelle des vorromantischen Irrationalismus in der Literatur- und Geistesgeschichte; in: Macht und Wirkung der Rhetorik; S. 46–95; S. 49.

108 »Der pathetische Mensch . . . ist bewegt von dem was sein soll; und seine Bewegung ist gerichtet wider das Bestehende«. Emil Staiger, Vom Pathos, ein Beitrag zur Poetik; in: Trivium, Heft 2 (1944); S. 77–92; ebenso: Grundbegriffe der Poetik; Zürich [5]1961; S. 150 ff.

109 Lausberg; a.a.O. II S. 941.

detes ästhetisches Verhalten, das bestimmte Wirkungen beabsichtigt.

Daß sich Grabbe als dramatischer Schriftsteller häufig auf den Effekt rhetorisch vorgestalteter Darstellungs- und Argumentationsformen verläßt, steht außer Frage; mühelos lassen sich für viele der allein bei Curtius angeführten Beispiele aus dem »Vorratsmagazin« der Rhetorik[110] überzeugende Belege beibringen, für die Topik der Trostrede[111], der Naturanrufung[112], der verkehrten Welt[113]. Auch die preziösen Elemente in Grabbes Metaphorik[114] weisen deutlich in die Tradition, ebenso wie scheinbar originelle Bildwendungen[115] sich als Lesefrüchte und Reminiszenzen bestimmen lassen. Allein schon die Selbstdarstellung des Helden, ein dramatisches Grundthema der mittleren Periode, bemüht bekannte rhetorische Gemeinplätze. Von Grabbes bereits jugendlicher Imitationslust berichtet ein durchaus glaubwürdiges Zeugnis Karl Zieglers[116], und in welchem Maße der Dichter des *Gothland* auch auf die dramatischen Konstellationen der *Räuber* zurückgriff, wurde bereits dargestellt. Die

110 Curtius; a.a.O. S. 89.

111 Z. B. Cäcilia im *Gothland*, HkG I 29, oder Tancred in *Heinrich VI.*, HkG II 220.

112 Berdoa, HkG I 83, oder Barbarossa, HkG II 41; Tancred in *Heinrich VI.*, HkG II 112 f.; in der *Hermannsschlacht* werden sich die Beispiele häufen. Vgl. auch den Abschnitt: Konkretion und Reduktion von Naturbildern, S. 200 f.

113 Die Komik des gesamten Lustspiels lebt aus diesem Modell; vgl. dazu F. J. Schneider in seiner Grabbe-Monographie; München 1934; S. 112 f.

114 Z. B. die Bildlichkeit »Geschmeide« und »Perle« für Tränen; vgl. dazu W. Höllerer, Zwischen Klassik und Moderne; Stuttgart 1958; S. 52.

115 Z. B. das Bild im *Gothland* ». . . deines Sohnes Wunde / Ruft dich mit blutgen Lippen« (HkG I 66) taucht schon bei Calderón auf; in *Das Leben ein Traum;* Schauspiele von Pedro Calderón de la Barca, übersetzt von J. D. Gries; Berlin 1815; Bd. I S. 329; vgl. dazu Hugo Friedrich, Der fremde Calderón; Freiburg [2]1966.

116 Zu einem Schulaufsatz des jungen Grabbe soll ein Lehrer gesagt haben: »Grabbe, wo haben Sie das her? Es ist ja als ob man von Calderon oder Shakespeare etwas lese«; nach: Grabbe in Berichten seiner Zeitgenossen, ed. A. Bergmann Stuttgart 1968; S. 11.

Beobachtungen zur Lebendigkeit von Topik und traditioneller Metaphorik werden aber erst fruchtbar, wenn gezeigt werden kann, in welchem Maße sich Grabbe ihrer bewußt bediente und seine literarische Produktion als Rhetoriker anlegte. Die eigenartige Wirkungsabsicht seines Dramas in der frühen Epoche konnte bereits nachgewiesen werden; daß Grabbe auch Lyrik unter dem gleichen Aspekt betrachtete, bezeugt sein Urteil über Rückerts Gedichte: »Ein Gedicht, was nicht hinreißt, ist dummes Zeug.« (Wuk VI 155), womit sich allerdings nur sein völlig unausgeprägter Sinn für diese Gattung ins Licht setzt. Die lebendige Bedeutung, die die Rhetorik für Grabbe bewahrte, tritt jedoch am deutlichsten in seiner Shakespeare-Abhandlung hervor.

»Macht und Wirkung der Rhetorik« verdeutlicht Dockhorn vor allem an dem Traditionsnachweis, wie sich das auf Aristoteles zurückgehende alte Dispositionsschema von Pathos und Ethos im Laufe der Geschichte über den Klassizismus bis in den »vorromantischen Irrationalismus« Wordsworthscher Prägung hinein lebendig erhält und abwandelt: »Pathos und Ethos . . . sind die eigentliche Domäne des Redens: in ihnen konzentriert sich die rednerische Leistung, die . . . grundsätzlich als eine ausschließlich emotionale in den Vordergrund tritt.«[117] In der Barockästhetik scheint das gleiche Schema durch das Begriffspaar *grandes et tendres passions*[118] hindurch; ebenso verleugnet der unter dem Einfluß der stoischen Ethik herausgebildete Höchstwert der französischen klassizistischen Tragödie, die *magnitudo animi,* keineswegs ihren Ursprung aus dem rhetorischen Pathos. In der ästhetischen Diskussion des 18. Jahrhunderts über das *Schöne* und *Erhabene* wird ebenfalls über ein variiertes Begriffsschema der alten rhetorischen Affektenlehre gehandelt, und endlich Schiller, der Verfasser von *Anmut und Würde,* erweist sich als letzter und bedeutendster Theoretiker rhetorischer Theaterwirkung.

Mit Schiller wird der wichtigste Bezugspunkt Grabbes namhaft. Sein spätes Bekenntnis, »Nicht Shakspeare, nicht Goethe –

117 Dockhorn, Die Rhetorik als Quelle; S. 53.
118 Dockhorn, ebda. S. 58.

Schillers Feuer machte mich zum Dichter« [119], bestätigt nur einen Befund, den die Analyse der Abhandlung über die *Shakspearo-Manie* liefert; dieser Aufsatz gibt zudem Aufschluß über die Bedeutung des emphatischen Feuerbildes, in welchem sich Grabbe vor allem als Nachfolger des pathetischen und insofern des Rhetors Schiller zu erkennen gibt. Grabbe zeigt sich aber auch in der theoretischen Rhetoriktradition bewandert; ein Brief aus der Jugendzeit belegt, daß die Rhetorik des Quintilian in der Schule behandelt wurde (HkG V 16), in der Shakespeare-Abhandlung erwähnt Grabbe die Pseudo-Longin-Schrift *Vom Erhabenen* [120]; dieser Hinweis erscheint in einem ausführlich angelegten Bekenntnis zur Tradition des Rededramas.

Die kritische Argumentation der Shakespeare-Abhandlung zielt darauf ab, den englischen Klassiker als das »alleinige oder doch höchste Vorbild deutscher Dramatiker« (HkG IV 30), auf welches sich stets die Kritik berief, zu demontieren und an seiner Stelle Schiller als neues Muster auf den Sockel zu heben. Dabei behauptet Grabbe, allein unter Berufung auf seine eigenen Theatererfahrungen, daß Schiller als Dramatiker eine größere Wirkung auf den deutschen Nationalcharakter ausübe als Shakespeare [121]: »das *deutsche Volk* hat wohl den Shakspeare als eine

119 Wuk VI 166; dieses Bild bezeichnet geradezu die literarische Perspektive der Rhetoriktradition; in ihr lebt die alte Vorstellung, daß ein Dichter durch den anderen erweckt werde, die – in ganz ähnlicher Bildlichkeit – in Dantes *Divina Commedia* zum Ausdruck gelangt, Paradiso I, v. 34: »Poca favilla gran fiamma seconda«; den Hintergrund dieser Dichtungsauffassung belegt Dante im Inferno I, v. 86/87 in bezug auf Vergil: »tu se'solo colui da cu'io tolsi/lo bello stilo che m'ha fatto onore.« (Ähnlich bekennt sich Statius zu Vergil in Purg. XXII, v. 73.) Dante, La Divina Commedia; ed. Società Dantesca Italiana-G. Vandelli; Milano 1961. Vgl. dazu Leo Spitzer, Interpretationen zur Geschichte der französischen Lyrik; Heidelberg 1961; S. 40 f., der unter Berufung auf Malraux die Theorie entwickelt, daß auch Lyrik entscheidend ihre Inspiration aus der eigenen Gattungstradition empfängt.

120 HkG IV 47; vgl. dazu Curtius; a.a.O. S. 402 f.

121 Dieser Behauptung wurde in der zeitgenössischen Kritik scharf widersprochen; s. die Kritik im Berliner Conversationsblatt für Poesie, Literatur und Kritik vom 19. 2. 1828; abgedruckt in: Grabbes Werke in der zeitgenössischen Kritik, ed. A. Bergmann; Detmold 1958; S. 56 f.

neue interessante Erscheinung angeblickt, es hat seine Größe nicht verkannt, aber *nie hat es ihn geliebt.* Nicht die Hälfte des Effects, welchen Schillers Stücke von der Bühne herab verursachten, hat die Aufführung irgend eines Shakspearischen Schauspiels begleitet . . .« (HkG IV 31 f.) Diese Behauptung offenbart ihre kritische Absicht in dem folgenden Vergleich mit den *Räubern,* die in grundsätzliche ästhetische Erwägungen mündet: »Was aber an den Räubern dem Publico gefiel, war wieder nicht eben das sogenannte Shakspearische. Dieses hatte, wie fast überall, *nur in der Form* seinen Sitz. Die erhabene, überall hervorleuchtende Begeisterung des Dichters (Shakspeare sucht die seinige zu verstecken, und zwar, so lange er dennoch Begeisterung *erweckt,* mit Recht), eine Tiefe und Gewalt des Gefühls, welche selbst sich oft an die Stelle des Characters drängt (bei Shakspeare herrscht der Character stets vor), dabei alles in der kräftigen Sprache Luthers vorgetragen, – das war und ist es, was das deutsche Volk am Schiller sucht . . .« (HkG IV 34). In dieser Passage findet sich die Substanz der Grabbeschen Argumentation, weil sie – im Gegensatz zu der folgenden eher mäkelnden Kritik – grundsätzlich und sachlich nachvollziehbar bleibt. Der unterschiedliche Effekt von Schillers und Shakespeares Drama auf das »Publikum«, worin sich Grabbe offenbar selbst rhetorisch verallgemeinert, wird mit dem Gegensatzpaar Charakter – Begeisterung begrifflich gefaßt; unschwer läßt sich hierin das rhetorische Dispositionsschema Ethos – Pathos wiedererkennen. Dockhorn hat gezeigt, daß die Shakespeare-Diskussion seit Lessing und Herder auch in dieser »Formeltradition« steht[122], wobei diese allerdings das im Sinne der Rhetorik ausgewogene Verhältnis von Ethos und Pathos rühmten. In polemischer Absicht verlagert Grabbe den Akzent und kritisiert nunmehr an Shakespeare, daß ». . . oft bei den größten Scenen das tiefe Gefühl, der Hauch der Begeisterung fehlt« (48), daß weiterhin »die Originalität der Charactere . . . oft eine *gesuchte* Seltsamkeit der Charactere« (48) sei, während doch das »deutsche Volk . . . *mög-*

122 Dockhorn, Wordsworth und die rhetorische Tradition in England; in: Macht und Wirkung der Rhetorik; S. 21.

lichste Einfachheit und Klarheit in Wort, Form und Handlung (und) . . . in der Tragödie eine *ungestörte Begeisterung* fühlen« will (53).

Die Auseinandersetzung mit der stereotypen, an Shakespeare orientierten zeitgenössischen Kritik konkretisiert sich als poetologische Begründung des eigenen dramatischen Stils im Rückgriff auf die rhetorische Formeltradition. Die Analyse des *Gothland* konnte dieses Verständnis vorbereiten, denn mit der abgewandelten Thematik und Konfliktkonstruktion der *Räuber*, mit dem Streben nach barockem rednerischem Glanz und mit dem übersteigerten Pathos der Weltverzweiflung wies sich der Dramatiker Grabbe bereits als Schüler des jungen Schiller aus. Shakespeares Einfluß gelangt erst in der mittleren und späten Periode zu sichtbarer Wirkung, aber in der Abhandlung hat Grabbe bereits mit kurzen Ansätzen positiver Kritik die später wirksamen Einflußmomente Shakespeares hervorgehoben. So würdigt er ihn vorzüglich als Dichter von Volksszenen (HkG IV 42), wenn er auch inhaltliche Vorbehalte anmeldet; überdies hebt er Shakespeares Kunst des Szenenwechsels hervor, in welchem oft »wahre *Poesie*« liege, und die Form der freien Zeitbehandlung (HkG IV 49 f.). Diese Momente, die Grabbes Ansicht nach auch den shakespearischen Einfluß auf die *Räuber*, der »*nur in der Form* seinen Sitz« (34) haben soll, bezeichnen, reduzieren das elisabethanische Vorbild für die Deutschen lediglich auf den Dramatiker der ›offenen Form‹.

Daß der Vorzug, den Grabbe für Schiller, den Dichter der »erhabenen Begeisterung«, ausspricht, gleichzeitig eine Entscheidung für den Nachfolger des Barockdramas, d. h. für die in Schillers Drama lebendige Gattungstradition[123], bedeutet, erhellt aus den Empfehlungen an »unsere Genies«, die Grabbe der Shakespeare-Kritik folgen läßt und die er offenbar nicht zuletzt an sich selbst richtet. Wie in einem Rückfall in längst überholte Positionen der deutschen Literaturkritik empfiehlt Grabbe

123 Hierzu siehe: Peter Michelsen, Studien zu Schillers *Räubern;* in: Jb. der Schillerges. VII (1964); S. 57–111; und Walther Rehm, Schiller und das Barockdrama; in: Götterstille und Göttertrauer; München 1951, S. 62–100.

anstelle von Shakespeare die Dramatiker des französischen Klassizismus zum Studium; nach dem kurzen Hinweis auf die griechischen Tragiker hebt er, allerdings nicht ohne Einschränkung, an:

Selbst eine *ernstliche nähere* Ansicht der französischen, freilich in mehrerer Hinsicht einseitigen Tragiker würde den Leuten nur *nützen:* sie finden da, was ihnen fehlt: Ernst, Strenge, Ordnung, theatralische und dramatische Kraft, Besonnenheit, raschen Gang der Handlung. Sie finden auch (was sie kaum glauben werden) eine Menge Charactere, wie sie Shakspeare nicht besser hat, unter vielen Corneilles Chimène, Medea pp . . .« (HkG IV 51).

Hier verschwimmen freilich die Konturen der rhetorischen Leitbegriffe; daß aber diese ausdrückliche Sympathie für den französischen Klassizismus nicht nur als polemische Kaprice gesehen werden darf, das legt die ungewöhnliche Kritik an dem Komödiendichter Shakespeare nahe:

Ich setze . . . den Moliere als komischen Dichter weit über den Shakspeare. Wenn in Molieres Stücken die größte Politur des Verses und des Styls . . ., echt dramatischer Dialog, der feinste Conversationston, ein ununterbrochener Erguß von Laune, Witz und Schalkheit, eine hinreißende Schilderung der tiefangelegtesten Charactere (ich nenne nur den Tartuffe!), eine treffliche, gewandt und leicht sich dem Zuschauer einschmeichelnde Moral . . . sich vorfinden, so sehe ich nicht ein, warum man nicht dem, welchem sie gebührt, die Ehre geben . . . soll . . .
(HkG IV 52)

Die Wendung des »tiefangelegtesten Characters« für eine Gestalt wie den Tartuffe läßt auf den Grund dieser Bevorzugung schließen: Tartuffe, als genialer Scheinheiliger und Heuchler Berdoa nicht unähnlich, verkörpert geradezu den ironischen Gegentypus zu den klassizistischen Helden; er erscheint auf satirische Weise groß in der Haltung egoistischer Rücksichtslosigkeit, die sich unter einem bewunderten Tugendheroismus verbirgt. »Tiefangelegt« dünkt wohl Grabbe – in Analogie zu der umstrittenen »tieferen Bedeutung« seines eigenen Lustspiels – die gesellschaftskritische Brisanz dieses Charakters, der selbst lange nur zum Nachteil seiner blinden Bewunderer komisch erscheint. Die Parodie Molières auf die unreflektierte Bewunderung des Tugendheroismus liest sich mit den Augen Grabbes unschwer als kritische Frage nach der sittlichen Substanz der Wertedemonstration in der zeitgenössischen Tragödie, in der sich das Elitebewußtsein der französischen Aristokratie darstellte. Auf dem Umwege über die komische Negation werden umrißhaft aber auch jene inhaltlichen Qualitäten sichtbar, die Grabbes Wertschätzung der französischen *tragédie classique* über die rhetorische Tradition hinaus erklären: Das Pathos dieser tragischen Heroen erklingt als die rhetorische Feier der Selbsterhöhung, worin sie sich, über die Mitwelt sittlich erhaben, zum Repräsentanten ihrer höchsten Wertideen stilisieren. Serge Doubrovsky [124] hat den Corneilleschen Helden aus dem Verstehensmodell der Dialektik von Herrschaft und Knechtschaft in Hegels *Phänomenologie des Geistes* heraus gedeutet; er begreift das tragische Problem im Drama Corneilles nicht mehr ausschließlich, wie etwa noch G. Lanson [125], in der Blickrichtung der cartesianischen Ethik, nämlich aus der Antinomie von Wille und Affekt. Dieser Konflikt wäre lediglich durch eine einmalige Willensanstrengung lösbar. Doubrovsky zeigt hingegen, wie der Konflikt, den beispielsweise Rodrigue im *Cid* zwischen seinem aristokratischen Herrscherbewußtsein, das die Rache für den beleidigten Vater billigt, und seiner Liebe zu Chimène, der Tochter des für ihn zum Rivalen gewordenen Comte Gomès, austrägt, wie der Konflikt selbst, durch seine in beide Auswegrichtungen tödliche Perspektive zunächst die Entscheidungssituation des Helden verdunkelt: In einem aristokratischen Rangdisput läßt sich aus der personalen, affektiv eingetrübten Wertvorstellung keine Entscheidung treffen, und selbst der cartesianische Wille vermag nichts, wenn ihm nicht gesagt wird, was er soll; die Stanzen Rodrigues, das macht Doubrovsky eindringlich klar, bilden kein Ereignis rationalen Abwägens, was das Sittliche fordere, sondern einen Erkenntnisprozeß, in welchem sich das – im Sinne Hegels – bewußte Ich über das sinnliche erhebt; die Möglichkeit der Glückserfüllung wird zunehmend rational erwogen,

124 Serge Doubrovsky, Corneille et la dialectique du héros; Paris 1963.

125 Gustave Lanson, Corneille; Paris [5]1919.

mit dem Ergebnis, daß sich die gesellschaftliche Komplikation der ›Neigung‹ nur auf dem Wege eines auch gesellschaftlich durchgesetzten Herrschaftsanspruchs aufheben läßt. Der Held erhebt sich über sich selbst, aber er erhebt sich um seiner selbst willen, und dieses zutiefst egoistische Verhalten legitimiert sich dramatisch-rhetorisch als »conquête du Moi«[126], als sittliche Selbstentäußerung, insofern sich das personale Ich für die politische oder religiöse (vgl. *Polyeucte*) Wertidee der Gesellschaft aufgibt. Das Pathos schwelgt in Gesten des Triumphes, weil sich das Individuum in einem Akt der Willenskraft zur Repräsentationsgestalt der Gesellschaftsidee aufschwingt. In ihrem Licht jedoch erscheint die Reduktion als Bereicherung.

»Der französische Barockklassizismus . . . verengt . . . das Gesamtmenschentum zum Staatsmenschentum . . .«[127]; diese Feststellung läßt sich in ihrer Allgemeinheit auch auf das mittlere Drama Grabbes anwenden, denn auch dort steigen die heroischen Gestalten durch den ständigen Filter rhetorischer Stilisierungen nicht mehr als Individuen, sondern als Repräsentanten aus der dramatischen Konstellation herauf; während aber bei Corneille diese Reduktion aus einem dialektischen Bewußtseinsprozeß heraus zur Identifikation mit der Gesellschaft in ihrer Idee führt, steht bei Grabbe der Held in schärfstem Gegensatz zu einer Gesellschaft, die vor allem als beschränkt eigensüchtige Bürgerwelt gestaltet wird, und nur diese dem Heros zunächst völlig entgegengesetzte Gesellschaft vermag sich in einem Akt des heroischen Aufschwungs, in dem sie sich selbst verleugnet, jene Kluft zu überwinden. Damit wiederum erweist sich Grabbe als Erbe des Sturm und Drang, der die Antinomie von Held und Gesellschaft nur im Zeichen des Genies aufgehoben sehen konnte. Corneille gestaltet einen sozialen Konflikt als ethischen, der Sturm und Drang inszeniert seine anthropologische Vision als Zusammenprall eines aus ursprünglicher Kraft freien Menschen mit der ihn begrenzenden Gesellschaft, und beim späten

126 Doubrovsky; a.a.O. S. 97.

127 Walther Rehm, Römisch-französischer Barockheroismus und seine Umgestaltung in Deutschland; in: W. R., Götterstille und Göttertrauer; S. 14–61; S. 24.

Geschichtsdramatiker Grabbe erscheint die Leistung des Helden im historischen Konflikt nur noch zur Illustration einer das Geschichtliche überfliegenden utopischen Vorstellung gesellschaftlicher Harmonie.

Die heroische Überhöhung des Menschen bei den drei bezeichneten Dichtern bedingt die rhetorische Anlage der szenischen Darstellung als dramatische Variation des epideiktischen Genus. Insofern bleibt die Gattung auch dort, wo sie die Bühnendimensionen sprengt, auf ein Publikum hin gestaltet; im Pathos allein vermag die ›moderne‹ heroische Dramaturgie jedoch ihre Wirkungsabsicht nicht mehr zu realisieren. Welche neuen Formen hat sie entwickelt?

Pathos und Tatanspruch

Im 3. Akt des *Gothland* läßt Grabbe seinen Helden ein außerordentliches heroisches Programm verkünden:

> . . . – einer von den großen Ärzten
> Der Menschheit, deren sie so sehr bedarf,
> Die mit den einzigen Heilmitteln, die ihr fruchten,
> Mit Feur und Schwert, mit Krieg und Pest sie heilen,
> Einer von den gepriesnen Attilas,
> Sullas und Cäsars will ich werden! (HkG I 110)

Wenn der kritische Sinn des Lesers durch die Hyperbolik und die Tiraden der vorangegangenen Monologe noch nicht erschöpft ist, so mag er in Gothlands Absichtserklärung auch eine – sicher unwillkürliche – Parodie auf das hippokratische Motto zu den *Räubern* lesen: »Quae medicamenta non sanant, ferrum sanat, quae ferrum non sanat, ignis sanat« (SW I 491). Die »medicamenta« und das viermalige »sanare« werden im Verlaufe von Schillers Drama umgedeutet in eine moralische Metapher und dienen als ein Verweis auf die Heilsfunktion der göttlichen Gerechtigkeit. So bestätigt das Zitat die metaphysische Dimension, die sich das Drama selbst erst allmählich erschließt. »Sanare«, bei Schiller das versöhnliche Epitaph auf ein monströses Stück, im Munde Gothlands wird die gleiche Metapher mißbraucht zur zynischen Verbrämung einer absolut gesetzten Zerstörungswut und zerbricht als ironisch gedämpfter Ausdruck für eine apokalyptische Absicht aus privater Verzweiflung[128].

Gothland spricht sein heroisches Programm gerade einen kurzen Augenblick, nachdem er seinen verlorenen Kampfesmut, der offenbar auch von der Zerstörung seines moralischen Ich nicht unberührt blieb, mit Branntwein zu reaktivieren versuchte. Unschwer läßt sich aus diesem neuerlichen Versuch der Stimulation durch das Wort die Geburt des Gothlandschen Heroismus (d. h. seines besonderen heroischen Anspruchs) aus dem Geiste der Rhetorik erkennen. Formal übernimmt er mit seiner großspurigen Absicht die Tat-Hyperbel des Sturm und Drang: »Der Welt einen Mann zu stehlen, an dem sie sich geweidet hätte wie an einer neuen Erscheinung!« (DrSchr II 76)[129], sagt Grimaldi, das heroisch gebrochene Spiegel-Ich des Helden Guelfo aus den *Zwillingen*, über seinen Freund; Karl Moor behauptet: »Stelle mich vor ein Heer Kerls wie ich, und aus Deutschland soll eine Republik werden, gegen die Rom und Sparta Nonnenklöster sein sollen« (SW I 504). In der Ich-Hyperbel erscheint ein adäquater Tropus des Genie- und »Übermenschen«-Selbstverständnisses. Hyperbeln überspielen die exakte Bedeutung ihrer Vergleichsgrößen, wie die Aussagen Moors und Gothlands zeigen: Mit Sparta und Rom werden Orte von verschiedener historischer Funktion auf einen Nenner gebracht, ebenso wie Attila, Sulla und Cäsar als Geschichtsgrößen wenig Gemeinsamkeit zeigen. Die summierende Aufzählung (»Rom und Sparta« und noch verstärkt bei Grabbe durch den Plural »Attilas, Sullas, Cäsars«) statt der alternativen (wie Attila, Sulla *oder* Cäsar) hebt die vornehmlich pathetische Funktion des Vergleichs hervor. Der Analogiekern wird gesprengt, und als Vergleichsdrittes entsteht

128 Vgl. den ähnlichen Metaphern-Einsatz in *Marius und Sulla,* wo Sulla »gewaltsame Heilungsmittel« für nötig hält (HkG I 403) und im *Hannibal,* wo Scipio der Ältere »die punischen Patienten mit dem Schwert zum Tode kurieren« will (HkG III 131).

129 Die Texte Klingers und Leisewitz' werden nach der von Loewenthal und Schneider edierten Ausgabe Sturm und Drang, Dram. Schriften Bd. I–II, Darmstadt 1959 (als DrSchr) zitiert.

ein irrationales Moment von historischer Größe; diese Größe aber bleibt – darin liegt das rhetorische Absichtsmoment – in der Emphase des Zitats politisch indifferent, insofern der Vergleich keine geschichtliche Perspektive eröffnet, in welcher die Helden als historisch Handelnde betrachtet werden könnten.

Denn entgegen den Tat-Entwürfen der Helden entwickelt sich für den Leser der Eindruck ihrer Größe nicht aus ihrem Handeln, sondern aus dem übersteigerten Sprachbild ihres Selbstbewußtseins. Gemessen an ihrer aktivistischen Ich-Hyperbel gelangen sie zu bemerkenswert geringer Tätigkeit. Dennoch bringt der Tatanspruch [130] ein neues Element in die Rhetorik der heroischen Selbstdarstellung ein; der Corneillesche Held handelt ohne Komplikation; seine Tat bildet den pragmatischen Anhang eines Entscheidungsvorganges, der nur noch als heroische Leistung öffentlich werden soll. Im hyperbolischen Tatanspruch der Helden Klingers, Karl Moors und Gothlands drückt sich hingegen die Grundthematik der Disharmonie zwischen dem Helden und der gesellschaftlichen Wirklichkeit aus. Der unerfüllbare Tatanspruch reflektiert die Realisierungskomplikation des Genies, das seinen übergroßen Ich-Entwurf durch die Verhältnisse der Wirklichkeit reduziert sieht: Indem sich Grimaldi auf die »Welt« bezieht, Moor auf »Deutschland« und Gothland auf die »Menschheit«, erscheinen in diesen Tatentwürfen Bezugsgrößen, welche die unmittelbar umgebende Welt überspannen – bei Guelfo werden die Familie, bei Moor die Gesellschaft und bei Gothland Familie und Staat in größeren sozialen Einheiten übergriffen. Darin freilich profilieren sich bereits die Unterschiede: Der Tatwunsch, in dem Entfremdungsbewußtsein gegenüber der näheren sozialen Bezugswelt ausgesprochen, verbalisiert im Sturm-und-Drang-Drama Klingers vor allem den menschlichen Anspruch des Heros, der aus der schmerzlichen

130 Zur Frage des Pathos und Tatanspruchs im Drama des 19. Jahrhunderts vgl. G. Lukács, Zur Soziologie des modernen Dramas; in: Schriften zur Literatursoziologie, ed. Ludz; Neuwied und Spandau [3]1968; S. 261–295; S. 293; und Richard Alewyn, Grillparzer und die Restauration; in: Publications of the English Goethe-Society; N. S. XII (1937) S. 1–18.

Isolation heraus seine Ich-Totalität nur noch in größeren Weltbezirken realisierbar glaubt; im Gothland dagegen illustriert die Hyperbel die Heftigkeit des Destruktionswunsches gegenüber der unmittelbaren Umgebung.

Der Brudermord, den Guelfo begeht, bedeutet im Sinne des Sturm und Drang eine große Tat; doch, gemessen am Anspruch des Helden, bietet sie nichts, woran sich die Menschheit zu »weiden« vermöchte; vielmehr bleibt sie Ausdruck der Raumprivation und Tatverhinderung durch die begrenzende Gesellschaft, weil sie – wie in den *Zwillingen* – nur symbolisch und für kurze Zeit den Ausblick freigibt; denn indem sich der Held dem Richtspruch des Vaters unterwirft, kehrt er aus der Zwangsvorstellung der Gegnerschaft moralisch in die Familie zurück. Auch Karl Moor dürfte sich ›großer‹ Taten rühmen, zerstörten sie nicht die anspruchsvolle Gerechtigkeitsidee, in deren pathetisch strahlendem Licht sie entworfen wurden. Gothlands Brudermord indessen wird nicht mehr als große Tat beglaubigt; er markiert allein den Auftakt und das Stichwort für die Redeausbrüche des Helden, in denen die lediglich aktualisierte anthropologische Verzweiflung zur Weltanschauung gebläht wird.

Die Rhetorik des Klingerschen Dramas lebt unmittelbar im Pathos des Helden: sie zielt auf die glaubhafte Verlebendigung einer mächtigen individuellen »Kraft« im Sinne Herders[131], einer Ich-Totalität; Schillers rhetorisches Anliegen wird als metaphysisches von keinem seiner Helden allein vertreten, während Grabbe seine ›teuflische‹ Destruktionsabsicht dem Bösewicht Berdoa überträgt, der sie getreulich realisiert; er intendiert die Zerstörung der traditionellen Wertvorstellung und exemplifiziert sie an der Gestalt Gothlands. Klinger will das Loblied auf das große Genie singen, aber er vermag diesen Menschen immer nur als Entwurf, als verhinderten Tatheroen zu gestalten, dessen Pathos ziellos bleibt; so klagt Guelfo: »Was ich worden wär'! was ich worden wär'! Guelfo, wie hat man schon bei deiner Geburt gearbeitet, dich zu ersticken! Und wenn ich mich anseh',

131 Vgl. Herders Aufsatz: Vom Erkennen und Empfinden der menschlichen Seele; in: Herders sämtliche Werke, ed. Suphan 1891; Bd. VIII, S. 169–202.

anfühl', mein Mut hervorbricht – . . .« (DrSchr II 76). Die Aposiopese, in welcher Guelfos energischer Ansatz abbricht, läßt sich als stilbeherrschende Figur einer stets nur intentional angelegten Sprachbewegung begreifen: »Klingers Sprachethos beruht auf einer spezifischen Haltung des Gestaltenden den Dingen der Welt und den Gegenständen seiner Dichtung gegenüber. Sie wird charakterisiert durch ein Zugreifen-Wollen, ein Besitzen-Wollen – der Redende geht allzu direkt und stürmisch auf den Gegenstand los . . . Es ist der Wille nur zu einem Hinaus, ohne gleichzeitig um das Wohin zu wissen. Ja, sehr häufig ist auch das Woher nicht klar . . .«[132]

Gothlands Pathos erzwingt ebenfalls eine ziellose Sprachbewegung; aber sie erscheint nicht einmal richtungsbewußt, vielmehr prallt die Bildführung, von der kosmischen Projektionsebene schmerzhaft verstärkt, auf den Redenden zurück, um in dem sinnlosen Hin und Her zwischen dem zerstörten Ich und dem hyperbolisch verzerrten All nur noch als Energie-Reflex der Verzweiflung zu fungieren. Vor allem aber nährt sich Gothlands Pathos vom Erlebnis der Zerstörung:

– So liege ich nun da, gescheitert an
Dem Strand der Hölle, – rettungslos auf ewig!
Gleich einem Schiffer, welcher von
Dem Malstrom unaufhaltsam aus
Der heißen Zone hingeschleudert ward
An Islands Eisgebirge! – (HkG I 80)

Weh! Weh! Wie hat sich alles doch verändert!
Wie labte gestern noch der Anblick der
Natur mein krankes Herz! Wie lächelte
Die Sonne! (HkG I 84)

Aus dem schmerzlichen Pathos des Verlustes steigt das heroische des Tatwillens, und deutlich zeigt sich die Kraft-Hyperbel geprägt von dem Schmerzerlebnis:

132 Friedrich Beißner, Studien zur Sprache des Sturms und Drangs, in: GRM XXII (1934) S. 417–429; S. 418.

Ha, Sonne! könnt
Ich dich einmal bei deinem Strahlenhaare packen –
Am Felsen wollt ich dein Gehirn zerschmettern,
Und dich, was Schmerz heißt, fühlen lassen! (84)

Pathos und Tatanspruch sind auffällig kausal verbunden:

Die Hölle hält
Mit festen Stricken mich gefangen, ...
...
So muß ich denn aus *Notwehr* sündgen! ... (86)

– Hab ich keine innre Größe mehr,
So muß ich sie mit äußerer ersetzen; (88)

Wer einmal
Geboren ist, muß ewig leben, er
Mag wollen oder nicht, denn von
Dem ersten Augenblicke seines Seins
Gehöret er der Hölle zu! (93)

Die von den Klingerschen Helden so programmatisch beklagte Tatprivation durch die Welt läßt sich als ein zentrales Thema des Sturm und Drang erläutern, wenn der *Götz* oder Lenzens Helden mit in die Untersuchung einbezogen werden, obgleich dort das Pathos eine seltene Instrumentierung dieser Problematik darstellt. Im *Götz* beispielsweise wird die Unmöglichkeit der Tat, die ja der freie Ausfluß der großen Persönlichkeit sein soll, aus umfassenden historischen Bezügen – die ihrerseits das Gepräge eines durch Möser und Herder beeinflußten Geschichtsdenkens zeigen – heraus erläutert. In vielen das Drama strukturierenden Motiven und Symbolzügen (z. B. die Verstümmelungen des Titelhelden und seines Freundes Selbitz, die schwächliche Anlage des kleinen Karl) und besonders eindringlich in den sich gegen Ende des Dramas häufenden apokalyptischen Zeichen erfährt der geschichtliche Untergang einer Welt, die die Daseins- und Entfaltungsbedingung des Helden darstellte, ihren theatralischen Zuschnitt. Während in den ersten Szenen der Raum der Natur und die Welt der geschichtlichen Auseinandersetzung für Götz noch identisch waren, treten diese beiden Bereiche in der letzten Szene auseinander: In der Natur atmet der alte Held noch »Himmlische Luft – Freiheit«, während die Welt, wie Elisabeth bemerkt, »ein Gefängnis«[133] geworden ist. Zu Beginn dieses Auftrittes sorgte sie sich noch über ihren Mann: »Du verglühst in dir selbst«, und fand damit ein Bild, das sich auf die meisten heroischen Gestalten des Sturm und Drang anwenden ließe. Faßt die Figur prägnant die Lebensbedingung etwa der Klingerschen Helden, so bestimmt sie in dem zitierten Kontext bereits die Lebensunmöglichkeit für Götz. Er ist gebrochen, und die Szenenangabe »Im Turm« symbolisiert die Raum- und Tatprivation, welcher der Titelheld erliegt.

In seinem Aufsatz über *Götz von Berlichingen* hat Lenz die Tatproblematik des Dramas als Grundanliegen seiner Zeit hervorgehoben. Daß der Dichter des *Hofmeister* überdies die wichtigsten Reflexionen der Geniezeit über diese Frage vorgelegt hat, mag verwundern. Aber in seinem *Supplement* zur Abhandlung *Vom Baum des Erkenntnisses Gutes und Bösen* gibt Lenz seine Anschauung wieder, daß der Mensch allein durch Handeln und Tätigkeit den ihm vorgeschriebenen Weg zur Gottähnlichkeit zu durchmessen vermöchte. Damit rückt er das Tat-Problem in den weiteren Zusammenhang eines religiös-teleologischen Geschichtsdenkens, dem wiederum seine ästhetische Doktrin untergeordnet ist. Hier zeigt sich der Dichter als Aufklärer: während seine Geniegefährten den großen Helden als lebendige Vollkommenheit mit einer unvollkommenen Welt konfrontieren, erhält sich Lenz die entwicklungsgeschichtliche Perspektive, daß der in der Tragödie frei agierende Held nur als Vorbild für eine noch im Verpuppungsstadium zur Freiheit hin befindliche Menschheit dienen kann. Lenz' Komödien greifen darum ihr Thema aus der gegenwärtigen Zeit heraus und zeigen das Scheitern des zur Freiheit bestimmten Menschen in einer vom Ideal der Freiheit noch weit entfernten Gesellschaft. Sein Held Läuffer bewegt sich in seiner dramatischen Biographie auf einer der geschichtlichen Entwicklung – wie sie sein Schöpfer im Auge hat – völlig entgegengesetzten Bahn: Stellt er sich im Eingangsmonolog noch mit pfiffigem Selbstbewußtsein vor, so verliert er im Laufe des Dra-

133 Goethe, Hamburger Ausgabe Bd. IV [7]1968; S. 175.

mas alle Spontaneität und verstrickt sich immer tiefer in den Kontext der Gesellschaft, die alle seine Handlungen und Reaktionen im voraus zu programmieren scheint. Schon in der Verführungsszene mit Gustchen träumt er sich selbst in eine vorgegebene Opferrolle: »Es könnte mir gehen wie Abälard –«[134], unfähig, seiner Erkenntnis vom »verfluchten Adelsstolz«, der seine Liebe hindert, ein tragfähiges Handlungskonzept anzuschließen. Und er tut ein übriges, indem er nicht nur die Rolle Abälards in einzigartiger Ergebenheit zu Ende spielt, sondern sich selbst auch noch den Part der strafenden Gesellschaft auferlegt. Mit der Selbstkastration unterläuft ihm geradezu die Parodie der großen Tat: Der Akt der Emanzipation aus der Umgebung, die freie Entfaltung der geniehaften schöpferischen Kraft entartet zu einem Schlag gegen die eigenen natürlichen Vermögen. Gefesselt in Konventionen, nur an der Kette einer hochentwickelten Sittlichkeit kann Läuffer nicht einmal das Bewußtsein einer möglichen Befreiung entwickeln. Auf dem Wege zur Gottgleichheit macht er sich den Menschen ungleich.

Wenn Goethe die Unmöglichkeit der Tat in der geschichtlichen Landschaft eines Epochenwandels inszeniert, am Ende einer Zeit, in der Natur und Gesetz eine harmonische Einheit bildeten, und damit Motivation und Versöhnung zugleich bietet, während Lenz die Abwesenheit von großen heroischen Leistungen als Diagnose seiner Zeit vorspielt, die noch weit von ihrem Heilsziel entfernt ist, begnügt sich Klinger mit der rhetorischen Explikation des Themas, ohne die Ursachen der Tatprivation so eindringlich zu reflektieren. In dem gebärdereichen Redestil, mit dem seine Helden bereits handelnd in die Welt einzudringen vermeinen, dem ruhelosen Bewegungsdrang gegen eine Welt aus Widerständen[135], aber auch durch dramaturgische Mittel, Charakterkontrast und Konfigurationen soll sein anthropologischer Entwurf Plastizität gewinnen und wirkungsvoll von der Bühne

134 Jakob Michael Reinhold Lenz, Der Hofmeister etc.; in: Werke und Schriften I–II, ed. Titel et Haug; Stuttgart 1966; Bd. II, S. 42.

135 Vgl. hierzu die Untersuchung der »Machtwörter« Klingers bei Kurt May, Die Struktur des Dramas im Sturm und Drang; in: K. M. Form und Bedeutung; Stuttgart 1957; S. 42–49.

herab für die Idee des Genies werben. Im *Gothland* haben die analogen Handlungselemente, die überdrehte Haßtirade gegen die nähere und fernere Umgebung nur noch für eine endgültig zerstörte Mensch-Idee Ausdruckswert, der Gesellschaftshaß in den *Räubern* wird immerhin pragmatisch gedeckt. Der Gothlandsche Tatheroismus kann sich allein als destruktiver artikulieren, in die zynische Metapher der »Heilmittel« tönt die idealistische Konzeption nur noch dissonant hinein. Guelfo gewährt in der Gewalttat seiner mächtigen gestauten Naturkraft freien Lauf, während Karl Moor auch als Mörder einer idealistischen Gerechtigkeitsidee verpflichtet bleibt.

Wenn Gothland seinen Heroismus, seine seelenlose Vitalität allein in dem Wirkungsbild seines Zerstörungsfurors spiegelt, so treibt er damit den stärksten Ausdruck seiner Notlage hervor, die sich dadurch bestimmt, daß seine Handlungen und Reaktionen nicht aus einem souveränen Ich, sondern aus den Zufällen der Fremdbestimmung durch die Welt fließen. Seine Notlage darf also nicht psychologisch oder gar aus einer »Wesensschicht« des Helden interpretiert werden[136]. Gothland wird ja – und die Analyse der Handlungsführung gibt dafür eindeutige Belege – ein Opfer der Intrige und rhetorischen Bemühung Berdoas. Mit der Mensch-Idee zerbricht auch Gothlands Fähigkeit, die Elemente der Wirklichkeit anders als von ihrer grausen, den gutwilligen Menschen bestialisierenden Seite her zu begreifen; durch keine Vernunft gemildert, prallen sie auf seine veräußerlichte, wund gewordene Leidenschaft und wenden als Projektionen seiner Verzweiflung auch den Kosmos ins Unmenschliche. Paul Adams weist in seiner Untersuchung über das Weltbild im *Gothland*[137] neben den Illustrationen einer zerstörten Menschidee auch solche Bilder nach, die eine zerbrochene Gottesidee zur Vorstellung bringen; diese Anschauungselemente lassen sich von den anderen freilich nicht getrennt betrachten. Einmal überwiegen, wie sich an der von Karl Witt-

136 Jahn; a.a.O. S. 13 ff. und S. 29.

137 Paul Adams, Das Weltbild in Grabbes ›Herzog Theodor von Gothland‹; in: Jb. der Görresges. II (1927); S. 103–135.

mann[138] gefertigten Ordnung Grabbescher Bilder leicht nachweisen läßt, Vergleichsfiguren und Metaphern aus dem menschlichen Bereich; zum anderen wird dort, wo Gott ausdrücklich erscheint, eigentlich nur die Teufel-Thematik variiert. Eine manische Lust an der Umkehrung setzt sich in diesen Wendungen durch, ursprüngliche schmerzliche Intensität spricht daraus nicht; vielmehr gesellt sich die verzerrte Gottesphysiognomie als anthropomorphe Spiegelung zu dem kosmischen Bildfeld, das Gothlands Visionen auffängt. In menschlichen Deformationen und Schwächungen sieht er sein Welterlebnis reflektiert. Die Wüste ist das »Brandmal« der Welt (HkG I 80), »Wahnsinn« hat die Welt erschaffen (81), Donner sind die »Fußtritte des Schicksals« (81), Jahreszeiten ein »ewges *Fratzenschneiden* der Natur« (84), die Sonne ist zunächst eine »Pestbeule«, dann die »Amme«, die das All mit ihrer »fieberheißen Milch« tränkt (85), die Sternenherrlichkeit ein »flüchtges Lächeln« (128), die »Himmelswölb'« ein »müdes Augenlid« (128). Der symptomatische Sinn dieser Figuren erschließt sich jedoch nicht aus einem Analogiemoment, das die Vergleiche oder Metaphern gemeinsam zum Ausdruck brächten, sondern aus der Beobachtung, daß die ans Ziel der sprachlichen Fluchtbewegung gesetzten Projektionsbilder beharrlich auf den menschlichen Bereich zurückverweisen, lediglich von einer heroisch-pathetischen Energie ins Kolossale entrückt. Der Tatanspruch gesellt sich zu den Schmerz-Hyperbeln und begleitet sie als heroische Energiequelle, als Ursprung der Sprachbewegung und Grundbild aller heroischer Selbstdarstellung.

Die Sprache vollzieht beinahe gesetzhaft die gleiche Bewegung: Von der Beobachtung einer Situation und Erfahrung schreitet der Drang zur bildhaften Verdinglichung ins Allgemeine fort:

Was zittre ich?
Weswegen flüstre ichs so leise?
– Ei, darf der Hund in seine Kette beißen,

138 Karl Wittmann, Die Vergleiche in den Dramen Grabbes. Diss. Gießen 1924.

So darf es auch der Mensch! (Sehr laut) Ja, Gott
Ist boshaft, und *Verzweiflung* ist
Der wahre Gottesdienst! (HkG I 82 f.)

Mit den hyperbolischen Sprachbildern erreicht Gothland auf dem Umwege der Projektion jedoch fortwährend die Gleichsetzung von persönlicher Erfahrung und Wahrheit. Erst allmählich erscheint das Bild der Wirklichkeit als Ursache der pathetischen Fluchtgebärde; solange Gothland die Wirkung seiner Untaten noch als die Vernichtung seiner Ehre oder seiner Wertideen erfährt, bleibt er im moralischen Bezugsfeld seines zerstörten Weltbildes; selbst wenn er am Ende des dritten Aktes jenes ihn so irritierende Bauernidyll zerstören läßt, gibt er diese Aktion als ideelle Verzweiflungsgebärde aus, insofern sie dem Abbild seiner zerstörten Glaubenswelt gilt; das folgende Bittgebet bietet aber weitere Anhaltspunkte:

– Ihr göttlichen Gewalten, gebt mir, wenn
Ihr seid, ein langes Leben auf der Erde;
Es ist so wenig – ein unseliges
Bewußtsein seiner Nichtigkeit,
Ein Kriechen auf dem Schlamme, eine Kette
Von Qualen – und dennoch ists
Mein Alles! – Gönnt es mir!
Ich hab ja keine Ewigkeit, kein Glück
Und keine Hoffnung mehr, – *peinigt* mich, aber
Laßt mir das Einzge, was mir blieb, laßt mir
Das arme, nackte Leben! laßt es mir! (HkG I 121)

Unmerklich beinahe schwenkt die in der dritten Zeile beginnende Paraphrase (ein unseliges / Bewußtsein *seiner* Nichtigkeit . . .) in die dritte Person ab: Allgemein beklagt Gothland die materielle Erbärmlichkeit der Menschen, für sich selbst den Verlust von Ewigkeit, Glück und Hoffnung; sein Pathos ist egozentrisch artikuliert, aber allgemein gedacht. Gothland erfaßt hier für einen Augenblick die Wirklichkeit, indem er sie ebenfalls als projizierte Individualerfahrung von sich stößt: Im Schlamm, in der Erdenwirklichkeit wird jedoch nicht eine einfache Zuständlichkeit erfaßt, sondern ein Widerstand (das »Kriechen« auf dem Schlamme und die Metapher der »Kette« sind

Bilder der gehemmten Bewegung), dem im Drama immer wieder die Bilder des Heroismus entgegengehalten werden, entsprechend der anthropologischen Idee: »Der Mensch / Trägt Adler in dem Haupte / Und steckt mit seinen Füßen in dem Kote!« (HkG I 81) Die Sphäre des Kotes und die heroischen Projektionen umschließen im pathetischen Spannungsbogen die Welt, deren Wirklichkeit das Verzweiflungsbild und den heroischen Entwurf erzwingt, ohne unmittelbar selbst als faßbare Ursache zu erscheinen.

Wo liegt der Zusammenhang mit dem Sturm und Drang? Roger A. Nicholls hält viel von den Aufschlüssen, die literaturgeschichtliche Vergleiche liefern: »Grabbe uses the means available to him in the traditional heroic drama of passion in order to present his own spiritual crisis and his own tourmented vision of the world«[139]. Der Vergleich erlaubt jedoch noch Präzisierungen: Auch Grimaldi fühlt sich als »Wurm, . . . in Kot gestampft« (DrSchr II 71), aber er findet das intensive Bild für eine Personalerfahrung und wirbt pathetisch um Sympathie für sich und sein Leiden; Gothland glaubt eine allgemeine Wahrheit verkünden zu können; er will sich mit seiner individuellen Erfahrung in die Vorstellung einer Erdenwirklichkeit retten, die in der Weltanschauungsrede aufgebaut wird und als unendlicher Kosmos der Bosheit den Leiden des Helden und seinen Reaktionen die Signatur des unausweichlich Notwendigen verleihen soll.

Die »Heilung« der Menschheit, die im Konflikt mit dem Heros ihre Wunden empfängt – Klinger denkt sie sich allein als Versöhnung mit dem Genie, wenn sie auch zumeist auf dessen Vernichtung oder Flucht besteht. Gothland starrt nur auf die Möglichkeit, die Menschheit zu zerstören, indem er sie ideologisch oder real auf seine Erfahrungen zu verpflichten sucht; erst das späte Drama wird weniger radikale Lösungen anstreben; dort freilich hat sich dann auch die »Menschheit« als Gesellschaft zu erkennen gegeben. Insofern wird sich Grabbe dort von der

139 Roger A. Nicholls, The Drama of Ch. D. Grabbe; Den Haag, Paris 1969; S. 44.

rhetorischen Explikation des Heroismus, wie er sie zunächst von Klinger und Schiller übernahm, ab- und der Dramaturgie des *Götz* und des *Hofmeister* zuwenden. Es sind die im Theater jener beiden wichtigsten Sturm-und-Drang-Dramatiker erspielten Möglichkeiten einer Demonstration des Geschichtlichen und Gesellschaftlichen, auf die er dann zurückgreifen wird: Die Herleitung und Motivation der heroischen Reaktionen aus der historischen Situation und ihrer besonderen sozialen Ausprägung. Die faßbaren Elemente der Wirklichkeitserfahrung im frühen Drama und die umrißhaft sichtbare Wirkung der Gesellschaftswelt innerhalb des dort so unabwendbar scheinenden Desillusionsprozesses durch eine Höllenwelt bedürfen aber noch der Erläuterung und Vertiefung im Vergleich.

Kerker- und Höllenwelt

Das Pathos, der hyperbolische Bildbogen zeichnen als Sprachgebärden die Bewegungen der Befreiung nach; durch die Bildlichkeit ihrer Selbstdarstellung scheinen vor allem die Gestalten Klingers in ihre empfindende, affektive Personalität eingefügt wie in eine Zwangsjacke. Im leidenschaftlichen Redestil wird diese Erfahrung immer wieder symbolisch gesprengt, in grammatischen Brüchen und syntaktischen Gewaltsamkeiten, die Fr. Beißner so zutreffend als »Sprachkampf« [140] charakterisiert hat. Freilich vollziehen sich im Sprachbild nur die Bewegungen einer empirisch nicht möglichen Befreiung, denn es ist der Widerspruch und Widerstand zwischen sich und der Welt, den die Helden Klingers als innere Problematik, als Leiden an sich selbst erfahren. So behauptet Wild in *Sturm und Drang:* »Unser Unglück kommt aus unserer eigenen Stimmung des Herzens, die Welt hat dabei getan, aber weniger als wir« (DrSchr II 293). Doch wenn die »gräßliche Unbehaglichkeit« des Genies in der Welt stets als unerfüllte Liebe, als Bruder- oder Familienkonflikt auf die Bühne gebracht wird, so gibt diese beharrlich wiederkehrende

140 Beißner; a.a.O. S. 47.

Konstellation doch zu erkennen, daß die Krisen in dem dramatisch exponierten Seeleninnenraum den Konflikt mit der sozialen Welt überhaupt spiegeln. Zwar wird die Gesellschaft bei Klinger selten unmittelbar angesprochen – in die Isolation des Genies fallen nur die Schatten dieser widerständigen Wirklichkeit –, aber die Unbehaglichkeit artikuliert sich eben doch nur im Verhältnis zum *Sozialen*[141], in dem Sinne, wie die Soziologie ihren Begriff neutral zu fassen versucht. In der scheinbar beiläufigen Erwähnung der unbefriedigenden Beziehungen zu den Menschen offenbart Wild unwillkürlich die ursächliche Kluft:

> Um aus der gräßlichen Unbehaglichkeit und Unbestimmtheit zu kommen, mußt' ich fliehen. Ich meinte, die Erde wankte unter mir, so ungewiß waren meine Tritte. Alle guten Menschen, die sich für mich interessierten, hab' ich durch meine Gegenwart geplagt, weil sie mir nicht helfen konnten. (DrSchr II 294)

Die wechselseitige Bedingtheit von Welterfahrung und innerer Dispostion vermag Wild hier selbst zu begreifen, wenn er erzählt, daß ihm seine ungewissen Tritte wie das Schwanken der Erde erschienen seien; er regt damit selbst die Deutung an, daß ihn in Wahrheit die Gegenwart der Menschen geplagt hat. Unzweifelhaft jedoch beschreibt Wild den als schmerzlich erfahrenen Zustand der Introversion. Das was Kurt May »Mangel an Sozialität«[142] nennt, erweist sich im Laufe der ersten Szenen als Widerstand gegen das Soziale; denn Wild vermag an ›Bestimmtheit‹ eben doch nur unter Menschen zu gewinnen; aber er wünscht sich eine andere Form des Sozialen, die er nur nicht

141 Vgl. den Artikel *Gesellschaft,* in: Fischer-Lexikon der Soziologie, ed. René König, Frankfurt/Main 1967; S. 106. – In diesem Sinne wird der Begriff der Gesellschaft stets verstanden, sofern er nicht durch den beschriebenen Sachverhalt selbst Einschränkungen oder Spezifizierungen erfährt; für Klinger erweist er sich als unbedingt zutreffend, aber auch für Grabbe. Beide stellen dem negativ gesehenen und durch Flucht oder Destruktion abgewehrten Sozialen eine utopische Vorstellung entgegen, die freilich auch das Soziale betrifft, die aber gerade wegen ihres utopischen Charakters – das Grundmodell hat die Färbung eines Rousseau'schen vorgesellschaftlichen Zustandes – begrifflich abgesetzt werden soll.

142 Kurt May; a.a.O. S. 49.

programmatisch zu definieren vermag. Die Kumpanen, mit denen er durch die Welt zieht und die seinen Zustand in der Konfiguration nur variieren, die ebenfalls »Narren« darstellen in ihrer gesellschaftlichen Unbestimmtheit (vgl. Blasius: »Ich hab' alle Figuren angenommen. Dort war ich Stutzer, dort Wildfang, dort tölpisch, dort empfindsam . . .«, DrSchr II 293), der auch nur unbestimmte Tatendrang, im Krieg die »einzige Glückseligkeit« zu finden, drücken Gesellschaftsfeindschaft und Sehnsucht aus nach einer anderen Sozialität, die sich offenbar entweder nur in der Liebe oder einer Utopie der Gesellschaftsharmonie, der Idylle, zu erfüllen vermag. Viel deutlicher artikuliert der Titelheld in Leisewitz' *Julius von Tarent* die utopische Befreiungssehnsucht des Sturm und Drang, seine Idee einer reinen Welt der Freiheit:

Und mußte denn das ganze menschliche Geschlecht, um glücklich zu sein, durchaus in Staaten eingesperrt werden, wo jeder Knecht des andern und keiner frei ist – jeder an das andre Ende der Kette angeschmiedet, woran er seine Sklaven hält? – Narren können nur streiten, ob die Gesellschaft die Menschheit vergifte . . .«
(DrSchr I 580)

Staat und Gesellschaft enthalten keine lebendigen Orientierungsvorstellungen für den Sturm und Drang[143]; bei Klinger hat diese Erfahrung der Gesellschaftsfremdheit die heroische Physiognomie seiner Gestalten bereits unwiderruflich geprägt; allein Grimaldi erinnert sich noch an den für den Prozeß der Introversion ursächlichen Zusammenhang der sozialen Enttäuschung:

Und da ich fiel, durch Neid und Verfolgung von Schwachen, floh Schnellkraft, Zuversicht und Festigkeit! Ich zog mich ganz in mich in mein Trauren. Das gesellschaftliche Leben unter Menschen, alle heitere Empfindungen, alle Teilnehmung an meinem und andrer Geschick, alle Sinne verwandelten sich in meiner gedrückten Brust in Haß und Widerwillen. (DrSchr II 84)

In diesen Sätzen wird die Antinomie von Ich und Gesellschaft, die in dem isolierten, schmerzlich zerrissenen Individuum weiterlebt, deutlich als zerstörerischer Prozeß im Bereich der sitt-

143 Vgl. die ausführliche Darstellung dieses Problems bei Roy Pascal, Der Sturm und Drang, Stuttgart 1963; S. 65 ff.

lichen Kräfte pointiert. Georg Lukács hat diese Dialektik allgemeiner skizziert: »Das Individuum, das in dieser Gesellschaft handelt, das notgedrungenerweise das System der Regeln im allgemeinen, im Prinzip, anerkennt, muß im konkreten Fall ununterbrochen in Widerspruch zu diesen Prinzipien geraten. Und zwar nicht so, wie es sich Kant vorstellt, daß bloß die niedrigen, egoistischen Triebe des Menschen den hohen ethischen Maximen widersprechen. Der Widerspruch entspringt vielmehr sehr häufig . . . aus den besten und edelsten Leidenschaften des Menschen. Erst viel später gelingt es der Hegelschen Dialektik – freilich in idealistischer Weise –, ein einigermaßen adäquates Bild der widerspruchsvollen Wechselwirkung zwischen menschlicher Leidenschaft und gesellschaftlicher Entwicklung gedanklich zu erfassen.«[144] Allerdings aktualisiert sich der Widerspruch zwischen dem Genie und der Gesellschaft nicht nur als ethischer Konflikt. In den *Zwillingen* spitzt er sich zur prinzipiellen Frage der Vereinbarkeit von Familienordnung und heroischem Entfaltungsdrang zu. Das Bewußtsein des Helden wird endlich so umfassend von dieser Dialektik bestimmt, daß sich ihm die ganze Welt feindlich darbietet und er andererseits seine Gefühlsregungen in die umgebende Wirklichkeit projiziert; als Guelfo seinen verhaßten Bruder mit der Geliebten sieht, ruft er:

Will kein Donner nieder? will kein Donner nieder, die springenden bäumenden Hengste zu lähmen? Ha! wie die Pferde ausgreifen! was das hebt! Sieh den Herrn im roten Kleide mit Gold, wie herzoglich prächtig! Will kein Donner nieder? (DrSchr II 87)

Ebenso werden Ereignisse der umgebenden Wirklichkeit zum Sinnbild der gleichen Gefühlssituation[145], wenn Guelfo mit Grimaldi einen Angler beobachtet:

144 Georg Lukács, Die Leiden des jungen Werther; in G. L. Werke Bd. 7 (Deutsche Literatur in zwei Jahrhunderten); Neuwied, Berlin 1964; S. 60.

145 Vgl. hierzu die Tagebuchbemerkung Friedrich Hebbels: »Bilder für innere Zustände aus der äußern Natur genommen, haben nicht bloß erleuchtende, auch beweisende, Kraft« (Nr. 808), in: Friedrich Hebbel Werke, ed. Fricke, Keller, Pörnbacher; München 1966; Bd. IV S. 162.

GRIMALDI. Wie der Kerl den Fisch zappeln ließ! Pfui!
GUELFO. Und wie ich zapple! Mit den Küssen angeln sie meine Seele, und ich blute. Kamilla! Kamilla! Ich häng' an der Angel, zucke mich zu Tode! (DrSchr II 88)

Diese Spiegelsituation, die Umkehrbarkeit der Wirkungen und Ursachen, bezeichnet die Erscheinungsweise des Helden bei Klinger besonders prägnant. Bisweilen übermächtigt die Wirklichkeit des Genies die Wirklichkeit des Dramas: Die Projektionen, das egozentrische Vervielfältigungsstreben geben dem szenischen Raum die Dynamik eines seelischen *Intérieurs* und lassen die Spielwelt des Dramas zum vergrößerten Gefängnis des Bewußtseins werden. Aber ebensogut bleibt die umgekehrt gesetzte Beziehung aufschlußreich, denn stets bestimmt die Gesellschaft, meist in ihrer ›mikrosoziologischen‹ repräsentativen Form, die Spielwirklichkeit des Sturm-und-Drang-Dramas: immer wieder gestalten die Dichter ihre Stoffe als Familiendramen, und dabei bleibt es ohne Bedeutung, ob sich die Konflikte innerhalb einer oder mehrerer Familien (vgl. *Sturm und Drang*) ereignen. Diese Beobachtungen stützen die Einsicht von Kurt May, daß in den *Zwillingen* die Gegenfiguren Guelfos (eben seine Familie) »gleichsam die Rolle der Wände im Gefängnis, an denen der Gefangene des Kerkers sich blutig stößt« [146], spielen.

Überhaupt gehört das szenische und metaphorische Bild des Kerkers zum unverzichtbaren Inventar des Sturm und Drang bei der Beschreibung oder pathetischen Demonstration der inneren und äußeren Zustände seiner Helden. Mit Gerstenbergs *Ugolino* steht die qualvolle Haft geradezu als dramatisches Thema am Beginn der Epoche; die thematische oder motivische Dominanz [147] des Kerkerbildes bezeichnen das gemeinsame Welterlebnis der Begrenztheit und Bestimmbarkeit der menschlichen Existenz; die Enge des Gesellschaftlichen prägt das Bewußtsein der Sturm-und-Drang-Gestalten und schließlich auch ihre Sprechweise.

146 May; a.a.O. S. 46.

147 Vgl. auch hierzu die zusammenfassenden Äußerungen bei Pascal; a.a.O. S. 365.

Der Grundkonflikt des Genies und der Gesellschaft, seine Ursachen und Hintergründe lassen sich freilich auch an den utopischen Lösungen, die Klinger in anderen Dramen gestaltet, wiedererkennen: Gerade der Verlauf des *Simsone Grisaldo* oder der *Neuen Arria* machen deutlich, daß der heroische Anspruch des Genies keine verkümmerten Kommunikationsbedürfnisse voraussetzt, sondern daß dieser Anspruch aus einer Krise der Gemeinschaft erwächst, ihrer sittlichen Schwäche und Beschränktheit, die das Genie daran hindern, seinen Reichtum an Menschlichkeit in sie einzubringen.

Grabbes Frühwerk indessen verschärft den Konflikt zwischen den Helden und der sozialen Bezugswelt bis zur völligen Unversöhnlichkeit. Gothlands Affektstatur, seine Moral, selbst seine sprachlichen Register – sie wurden ja durch Berdoas Strategie der Desillusion so entschieden auf das Pathos der Verzweiflung reduziert, daß die versöhnende Stimmung des *Ethos* in ihm keine Resonanz mehr finden könnte. Das »Gemüthliche und rein Menschliche«, das Grabbe bewußt zu zerstören unternommen hat, erfaßt – bezogen auf den seelischen Haushalt seiner Gestalten – die soziale und personale Bezugsfähigkeit; mit ihr, darin liegt die Absicht des Dramas, erlischt der Mensch als gesellschaftliches Wesen. Das Kerkerbild des Sturm und Drang hat sich in Grabbes Frühwerk zur Höllenmetapher, ja darüber hinaus, der dramatischen Tendenz des Bildes gemäß, zur Höllenwirklichkeit radikalisiert. Das Infernalisch-Bestialische der Handlung findet sich immer wieder im Höllenvergleich oder Teufelsbild charakterisierend erfaßt. Ein Monolog Gothlands, der zu einer heroischen Selbstdarstellung ansetzt, geht über in eine Bildballung, die, sich hyperbolisch steigernd, das Ich schließlich als Hölle der eigenen Seele, als infernalischen Ort der Selbstzerstörung erfaßt:

Ja ja, geballt hab ich die Fäuste, um
Die Runzeln meiner Stirn mit ihnen platt
Zu schlagen; ein Palast der Stürme ist
Mein Haupt; wie'n tollgewordner Hund
Schlägt mein Gewissen seine Zähne in
Die Tiefen meiner Seele; meine
Gedanken würgen, meine Glieder

Bekriegen sich – (mit dem höchsten Schmerzgefühl)
– Ich bin eine Haufe von zusammen-
Gesperrten Tigern, die einander
Auffressen! – – (HkG I 131)

Für Gothland gelangt der heroische Anspruch gar nicht erst zur Entfaltung; vielmehr will eine fatale Interdependenz, daß – nachdem ihn der Teufel Berdoa zur Bestie werden ließ – für Gothland auch die ganze Wirklichkeit infernalisch wird. Sprachbildlich tritt darum auch die Hölle als beherrschende Vergleichsgröße hervor: In der ersten Verzweiflung glaubt Gothland bereits, er läge »gescheitert an / Dem Strand der Hölle« (HkG I 80); dann entwickelt er eine »Religion der Hölle« (144): »Allmächtge *Bosheit* also ist es, die / Den Weltkreis lenkt . . .« (82), und daraus folgt die Erkenntnis: »*Unsterblich* sind wir für – – die *Höllenstrafen*!« (83) Das Brausen des Meeres wird für ihn zum Wiehern des Satans (86). Apologetisch beschwört er die Unausweichlichkeit seiner Rolle: »Die Hölle hält / Mit festen Stricken mich gefangen« (86), und er möchte gern jede »Höllenpein zwiefach / Mit Höllenpein« (87) als Rache dem Neger heimzahlen. Endlich trägt auch Gothland erfolgreich dazu bei, die Welt zur Hölle zu machen; er, der selbst ankündigte:

– Hab ich keine innre Größe mehr
So muß ich sie mit äußerer ersetzen; (88)

hat es schließlich erreicht, seine innere Hölle in eine äußere zu verkehren bzw. die äußere in seinem Inneren zu vollenden.

Grabbes Höllenwelt im *Gothland* steigert also die Kerkerwelt des Sturm und Drang, denn sie zeigt nichts mehr von der Öffnungsmöglichkeit, welche sich die stets individuelle Kerkererfahrung des Sturm und Drang noch sprachlich und auch als Perspektive erhält. Grabbes Hölle soll die Welt überhaupt bezeichnen; damit wird im *Gothland* auch jene Höllenmetapher zur beherrschenden Wirklichkeit, die in den *Räubern* nur symbolischen Realitätsrang einnahm. Mit seinem großen Monolog in der letzten Szene des vierten Aktes entwirft Karl Moor eine, wie es scheint – hyperbolische Selbstbestimmung:

»*Ich* bin mein Himmel und meine Hölle« (SW I 591). In dieser Wendung kristallisiert sich der bewußte Ausdruck der eigenen Freiheit; zum anderen tritt der heroische Anspruch hervor, einen sittlichen Kosmos zu repräsentieren; das Bild enthält aber auch eine unbewußte symbolische Vorausdeutung darauf, daß die sittliche Person zum Ort der vollzogenen Gerechtigkeit werden wird. Benno von Wiese beschreibt diesen Vorgang wie folgt: ». . . die Wonnen der Liebe zu Amalia verwandeln sich in Folterqualen und damit in ein Werk der göttlichen Vergeltung«[148]; auch Karl Moor erfährt sich selbst als Hölle, und indem ihm Amalia verzeiht, wähnt er sich für einen Augenblick erlöst: »Der Friede meiner Seele ist wiedergekommen, die Qual hat ausgetobt, die Hölle ist nicht mehr –« (SW I 614). Endgültig erlischt die innere Hölle erst, als er den »Bau der sittlichen Welt« außerhalb seiner selbst erkennt und durch sein Opfer rehabilitiert.

Gothland glaubt nur noch an die ausschließliche Herrschaft der Hölle, die Franz Moor vergeblich zu errichten versucht:

– Wer einmal
Geboren ist, muß ewig leben, er
Mag wollen oder nicht, denn von
Dem ersten Augenblicke seines Seins
Gehöret er der Hölle zu! (HkG I 93)

Dieser erste Ausdruck von Grabbes Immanenzglauben wird später einmal geradezu die Qualität des Tröstlichen gewinnen; hier jedoch stellt sich die Welt noch als die höllische Immanenz dar, die auch dem Tod jedes transzendente Geheimnis entreißt, so daß ganz folgerichtig den sterbenden Gothland auch keine höllische Angstvision mehr quält:

(Mit brechender, ersterbender Stimme) Und – und
Die Hölle? O, die ist zum – wenigsten
Was *Neues*, – und ich – wette:
Auch an die Hölle kann man sich gewöhnen! (HkG I 204)

148 Benno von Wiese, F. Schiller, Stuttgart ³1963; S. 166.

Die Hölle kann Gothland nicht mehr schrecken, weil er sich bereits an sie gewöhnt hat, ja angepaßt, denn seine Bestialität bezeichnet die Physiognomie eines Höllenbewohners. In dieser Spiegelbildlichkeit des heroischen Charakters und der Wirklichkeitshölle konkretisiert sich auch im *Gothland* das dialektische Verhältnis zwischen Held und Wirklichkeit, die sich nur über den Umweg des Lustspiels *Scherz, Satire, Ironie und tiefere Bedeutung* als Gesellschaft zu erkennen gibt[149]. Der Heroismus entspringt im Drama Grabbes nicht einer religiös gespeisten ethischen Kraft wie im Barock oder einer neuen Mensch-Idee wie im Sturm und Drang, sondern der Heroismus Gothlands erscheint als die leere Rettungsgebärde auf den übermächtigen Angriff der Wirklichkeitshölle, als Exil der anthropologischen Wertvorstellung in einen unbestimmten Bezirk heroischer Tatmöglichkeit. In *Don Juan und Faust* wird die dramatische Wirklichkeit allmählich als Gesellschaft erkennbar. Aber auch dort überwiegen der ›Wirklichkeitscharakter‹, die Teufels- und Höllenbezüge der dramatischen Aktion und Spielwelt, obgleich diese als kombiniert bürgerliche, höllische, mythische, astronomische Wirklichkeit eine auf den »Übermenschen« zugeschnittene Über-Welt darstellt, die dem Helden immerhin eine beträchtliche Bewegungsfreiheit einräumt. Doch enthüllt sich auch diese Welt als ein dramatischer Demonstrationsbezirk, an dem sich nur erweist, daß die Gesetze der Wirklichkeit überall gültig sind und den Heroen nirgends zur Entfaltung kommen lassen. Fausts Weltenreise ermöglicht einen Ausflug in die Bezirke der Gothlandschen Projektion; wenn Gothlands Bildpathos solche weitgezielten Fluchtversuche unternimmt, um schließlich nur die zerstörerische Bosheit der Wirklichkeit auch noch den kosmischen Sphären anzulasten, so erscheint Fausts Weltenfahrt und Reise in die vermeintliche Freiheit der Firmamente schließlich als die perfide Konzession der Hölle, um ihn nur noch drastischer an ihrer Wirklichkeit scheitern zu lassen. Denn Faust hat sich mit dem Teufel zwar verbündet, aber mit einem besonders hinter-

149 Vgl. die Interpretation des Lustspiels auf S. 31 ff. Zum Gefängnis-Bild bei Büchner vgl. Weiss; a.a.O. S. 258.

hältigen Teufel, der von Anbeginn gegen seinen Mandanten intrigiert und ihm nicht einmal den erotischen Genuß verschafft, den er versprochen hat. Und endlich ersteht aus dem als »Ritter« verkleideten Satan ein überzeugter Parteiredner bürgerlicher Selbstbeschränkung; auf Fausts Frage, wie er glücklich werden könnte, antwortet er:

Machs
Wie Millionen deiner Brüder – schlaf,
Iß, trink und sei vergnügt. (HkG I 454)

Während es Don Juan gelingt, die bürgerliche Etikette zu verspotten, scheitert Faust an ihr; denn in Donna Anna hat ihm der Teufel eine besonders hartnäckig auf die gesellschaftliche Tugend eingeschworene Partnerin verschafft, die sich seinem Werben konsequent widersetzt. Der Infamie des Teufels gelingt es damit, Fausts Heroismus eben auf die Welt zu fixieren, der er seiner Tendenz nach entfliehen möchte.

Fausts Unendlichkeitshunger läßt sich als die in eine Spielhandlung umgesetzte pathetische Sprachbewegung Gothlands begreifen; wenn er den Teufel auffordert, alle Elemente der heroischen Projektionswelt, Hölle, Gipfel, Himmel gewaltiger vorzuführen, als er sie sich vorstellen kann, so wünscht er, auf seiner Weltreise die anthropomorphe Spiegelwelt zu durchbrechen:

Zeige mir
Den Abgrund, welchen ich nicht bodenloser,
Den Gipfel, den ich mir nicht schwindelnder,
Das Weltall, welches ich mir nicht
Unendlich größer denken könnte – Was
Bis jetzt ich von der Welt erkannte, hat
Mir nur bewiesen, daß es Größ und Kleinheit
Darin nicht gibt, – und daß die Milb so sonderbar
Erbaut ist als der Elefant – (HkG I 453 f.)

Auch die mit mythischen Elementen durchsetzte Welt in *Don Juan und Faust* gestattet nur eine Variation des Not-Heroismus, den der *Gothland* entwarf; erst im Geschichtsdrama gelangt das heroische Tatpathos allmählich zu dramatischer Konkretion.

B. MONUMENTALER HEROISMUS

Aktionsrhetorik und Gottähnlichkeit

Die Konfrontation des Helden und der Wirklichkeit, im *Gothland* indirekt als Bekehrung und Zerstörung einer idealistisch orientierten Person dargestellt, mit dem *Don Juan und Faust* zum mythischen Spiel verfremdet, inszeniert das historische Drama als Grundhandlung, insofern es dem Geschichtshelden eine unbewegte Gesellschaftswelt entgegensetzt. Mit der Stoffwahl bereits leitet Grabbe die Bewältigung der frühen Darstellungsprobleme ein und setzt einen intellektuellen Prozeß in Bewegung, der zunehmend die gemäße künstlerische Objektivierung der eigenen Welterfahrung im geschichtlichen Bereich ermöglicht. Dennoch schließt sich das mittlere Drama formal zwanglos an die ersten Stücke an, denn den zwei frühen Stilebenen (im *Gothland* dem hohen und niederen, in *Don Juan und Faust* dem hohen und satirischen Stil) und den entsprechenden Bewußtseinsstufen (Heroismus und Desillusion) korrespondieren im Geschichtsdrama zwei Wirklichkeitsebenen: die heroisch-monumentale und die unheroisch-soziale.

Der in Gothlands Person vorgestalteten Polarisierung des Menschenbildes, wie sie das Dictum: »Der Mensch / Trägt Adler in dem Haupte / Und steckt mit seinen Füßen in dem Kote« (81) veranschaulicht, mit einem für den jeweiligen Bereich charakteristischen Bild (Adler–Kot, d. h. Himmelsphäre–Erdenschmutz), verleiht die Dramaturgie des historischen Dramas auf zwei anthropologischen Wertebenen Anschaulichkeit. In der Handlung werden die Sphären der großen Geschichtshelden und des gemeinen historischen Fußvolks streng gegeneinander abgesetzt. Zur Charakterisierung der beiden Bereiche erscheinen wieder jene Bildfelder, die im Frühwerk die Bewußtseinsstufen illustrierten, um nun zusätzlich die soziologische und heroische Wertschichtung räumlich mitzuvollziehen. Gleichzeitig erlaubt es die konsequente Polarisierung der Weltsphären, zunehmend auch die Rhetorik des Tatwillens pragmatisch zu decken. Von *Marius und Sulla* an gelangt der heroische Tatanspruch allmählich zu dramatischem Vollzug, unbehelligt von der Desillusionsmacht der Wirklichkeit, die zwar lebendig auf die Bühne gestellt, aber im Kostüm einer sozial erbärmlichen Welt nicht mehr zum Zuge kommt. Wenngleich Grabbe mit *Don Juan und Faust* den »Schlußstein« seines »bisherigen Ideenkreises« gesetzt zu haben glaubt, so eröffnet er sich doch die Geschichte als den eigentlichen Demonstrationsraum seiner Anschauungen, die im Frühwerk, nur ideell verlagert als religiöse und weltanschauliche Problematik, jede Spielhandlung überwucherten. In der Geschichte haben die zum Teil leeren Sprech- und Denkbewegungen spielerische Aktualität erlangt.

Allerdings bleiben Grabbes historische Helden zunächst vor allem Rhetoriker; im Gegensatz zu den frühen Heroen zwingt sie keine akute Noterfahrung, immer wieder ihre eigene Größe herauszustellen. Doch der Dichter greift mit dem Vorsatz nach dem Stoff, »sich und die Nation . . . zu verherrlichen« (HkG V 213). Damit verrät Grabbe bereits vor Beginn der Arbeit die unaufgelöste Darstellungsdissonanz, da er nämlich nicht nur ein »historisches«, sondern gleichzeitig auch ein »herrliches« Zeugnis der Geschichte zu liefern beabsichtigt. Wenn Grabbe später in seiner Selbstrezension schreibt, der Dichter ». . . bauet das Gestell zu Palästen, aber füllt es nicht aus« (HkG V 277), dann hat er mit bemerkenswerter Schärfe die pomphafte Vordergründigkeit des Dramas auch erkannt.

Die Helden der beiden Hohenstaufen-Dramen werden nicht wie die Sturm-und-Drang-Heroen daran gehindert, sich als Handelnde auszuzeichnen, aber ihr Handeln erscheint in einem eigentümlichen Sinne unwesentlich, d. h. durch die dramatischen Anschauungselemente ihrer Taten wird nicht das Wirkungsverständnis eines historischen Vorganges gefördert; mit Vorliebe redend, verhehlen sie nicht ihre Aufgabe, den Zuschauer vor allem durch die Selbstbezeugung ihrer historischen Größe zu fesseln. Bereits die Analyse zur Destruktionsthematik hat deutlich gemacht, daß die Schicksalsidee ebenso wie die des Tragischen allein in den rhetorischen Explikationen Gewicht haben und in die Zusammenhänge der Handlung nur selten einzudringen vermögen. Der Begriff der Aktionsrhetorik bezeichnet diesen Sachverhalt, der sich als Inkongruenz der dramatischen Absicht, einen historischen Vorgang als großes Dokument nationaler Geschichte zu präsentieren, und der Darstellungsleistung begreift, die sich in der Beschränkung auf die Demonstrationsmittel des Rededramas als künstlerisch unzulänglich erweist.

Wenn Gothland, seinen Destruktionszwang heroisch stilisierend, »einer von den Sullas« werden wollte, so bietet das *Sulla*-Drama eine Erklärung für diesen Wunsch: Sulla verkörpert – wenn von seiner historischen Funktion abgesehen wird – wie Barbarossa und Heinrich VI. einen Heldentypus in völliger Distanz vom Bodensatz der Wirklichkeit. Er hat die bildliche Fluchtbewegung Gothlands dramatisch-soziologisch realisiert. Dies bleibt zwar ebenfalls vorwiegend eine sprachliche Leistung, aber allein die Geschichte hat sie möglich gemacht. Hierin offenbart sich eine zunächst auffallende Eigenart der Grabbeschen Geschichtssphäre: Sie produziert von keiner Gothlandschen Intrigenwelt gehinderte, hochstilisierte Monumentalgestalten, die trotz ihrer überragenden Freiheit selbst das historisch-politische Verhalten noch ihrem Repräsentationsbedürfnis und ihrer rhetorischen Selbstdarstellung unterordnen. Beispielhaft dafür sei Barbarossas Reaktion angesichts der unabwendbaren Niederlage auf dem Schlachtfeld von Legnano zitiert; dem Wunsch des Heeres, heroisch unterzugehen, widerspricht er mit den Worten:

> Mehr als das Leben ists, den Tod verachten!
> Ich preise euch, ihr stolzen Seelen
> – Doch wert nicht sind es Mailands Schurken,
> Daß wir vor ihrer Meng erliegen – Hohn
> Und Spott wär unsre Leichenklage!
> Sie sind zu klein, um in dem Feind das Große
> Zu ehren! (HkG II 58)

Nichts von politischem Kalkül; die Versöhnung mit dem Papst in Venedigs »Glanzpalästen« soll ruhmvoller sein als die Niederlage durch die Bürger Mailands; und auch diese Versöhnung plant er nur im Hinblick auf eine noch größere Glanztat, nämlich die Entscheidungsschlacht mit Heinrich dem Löwen zu schlagen. Hier überspielt der Kaiser als sein eigener heroischer Dramaturg alle Gesetze der politischen Historie; und der Dichter stilisiert das Wesen der Person, die eine eminent politische Erscheinung gewesen ist.

In der wirklichkeitsfremden Motivierung seiner Entscheidung, die sich an die Glanz- und Schönheitserwartung des Publikums wendet, imitiert Grabbes dramatischer Held die auf die gesellschaftliche Öffentlichkeit hin angelegte Theatralik der französischen klassizistischen Tragödie auf besondere Weise. Der Held bei Corneille handelt im Lichte der hochentwickelten sittlichen Ansprüche des aristokratischen Publikums. Der Erfolg eines Dramas hing in jener Epoche nicht zuletzt davon ab, in welcher Weise der Held den moralischen Idealen dieser Gesellschaft gerecht wurde. So bilden der individuelle Charakter, die objektive Situation nur die Koordinaten einer Handlung, die in einem Prozeß der Rhetorisierung alle Äußerlichkeit zugunsten der Harmonie mit den sittlichen Elitevorstellungen des Publikums aufhebt; eine ähnliche, wenngleich in ihrer gesellschaftlichen Indifferenz gerade entgegengesetzte Haltung wird von Schillers Jugendhelden Karl Moor zur Schau getragen; das Haupt der Räuberbande beendet den großen Selbstmordmonolog in IV 5 mit einer Apostrophe an das »Jenseits«:

> Sei, wie du willt, *namenloses Jenseits* – bleibt mir nur dieses mein *Selbst* getreu – Sei wie du willt, wenn ich nur *mich selbst* mit hinübernehme. – Außendinge sind nur der Anstrich des Manns – *Ich* bin mein Himmel und meine Hölle.
> Wenn Du mir irgendeinen eingeäscherten Weltkreis *allein* ließest, den Du aus deinen Augen verbannt hast, wo die einsame Nacht, und die ewige Wüste meine Aussichten sind? – Ich würde dann die schweigende Öde mit meinen Phantasien bevölkern, und hätte die Ewigkeit zur Muße, das verworrene Bild des allgemeinen Elends zu zergliedern. – . . . Kann ich nicht die Lebensfäden, die mir jenseits gewoben sind, so leicht zerreißen wie diesen? – Du kannst mich zu nichts machen – Diese Freiheit kannst Du mir nicht nehmen. . . . Und soll ich für Furcht eines qualvollen Lebens sterben? – Soll ich dem Elend den Sieg über mich einräumen? – Nein! ich wills dulden! . . . Die Qual erlahme an meinem Stolz! (SW I 591 f.)

Der Stolz bildet die demonstrative Eigenschaft einer ganz auf sich selber eingeschworenen Sittlichkeit. Die scheinbar inhaltslose

Ich-Manie entdeckt sich dialektisch als die Utopie der Gesellschaftslosigkeit und bleibt insofern unmittelbar bezogen – als polarer Gegenentwurf – auf die Utopie der völligen Bestimmbarkeit des Menschen, der Franz anhängt. Das Ich – rhetorisch ausgefaltetes Universum der absoluten Freiheit – bleibt auf die Welt angewiesen, aber es kann in einer Gebärde der Provokation die Dinge der Welt dann eben zur Darstellung des Schauspiels hybrider Selbstvergottung nutzen und als seine Zeugen. Fließt das Handeln jedoch nur noch zur Repräsentation des Ich in die Welt, so wird es gleichwertig mit der Rede, die sich im Monolog erschöpft. – Auch der Geschichtsheld Grabbes strebt aus der Bedingtheit der Welt in einen utopischen Raum der Freiheit und kehrt als Rhetor zurück. Verglichen mit Karl Moor steht er in engerem Zusammenhang mit der Welt, obgleich er sich ebenso gerne auf einem »eingeäscherten Weltkreis« niederlassen würde. Da er aber nicht aus der Geschichte herausspringen kann, sind ihm politisch-pragmatische Überlegungen nicht ganz fremd. Doch die Zielpunkte solcher Denkarbeit weisen den Politiker lediglich als Dramaturgen der theatralischen Pose aus. Es sind im Grunde geschichtslose Triumphbilder, für die allein der Held seine heroische Tatkraft ins Spiel bringt. So fährt Barbarossa nach der oben zitierten Rede »für sich« fort, um politisch zu werden:

> Furchtbar deutlich hat mich
> Der Leu belehrt. – Ist Deutschland einig,
> Kanns der Vasall durch Abfall nicht verraten,
> So ists der Erde Herrin, wenns auch nicht
> Erobert – (Bettelei ist jegliche Eroberung,
> Nicht nötig dem, der stark genug an sich!)
> – Die Nachbarn zittern alle dann vor uns –
> Und ruhig kann ich dann vom Thronsitz schaun,
> Und bin doch *Schiedsrichter der Welt!* (HkG II 59)

Sichtbar steigert sich auch die politische Überlegung zur Gebärde der grenzenlosen Selbsterhöhung. Die Vorstellung des »Schiedsrichters der Welt«, die, so emphatisch in des Kaisers Mund gelegt, die entscheidende Maxime des Hohenstaufen bezeichnen soll, zeigt nicht nur ahistorische, sondern auch apolitische Elemente; doch markiert sie die rhetorische Gipfelidee und die Grundgebärde des historischen Heroismus.

Die gleiche Ambivalenz des rhetorisch-öffentlichen und politischen *à part* gerichteten Redehabitus[150] kennzeichnet auch das Auftreten Heinrichs VI. Beim Eintritt in die Hagenauer Reichsversammlung (III 1) spricht der Kaiser erst für sich:

> Dieses die Reichsversammlung, die ich muß
> Beherrschen? – Schmeichelei und Trotz und Schrecken,
> Schwebt mir nunmehr abwechselnd um die Schläfen
> Wie lichte bald, bald dunkle Wolken um die Alpen.
> (Laut)
> Schwer ist das deutsche Szepter, – nur ein Gott
> Vermöcht es frei zu schwingen, wie's sich ziemt.
> Neapels Herrscherstab, den ich zu tragen
> Gewohnt bin, ist dagegen nur ein Spielzeug.
> Zu schwach ist diese Hand – Darum verzeiht,
> Ihr Mächtgen und Getreuen, wenn sie unter
> Der Last bisweilen schwankt und zittert.
> (HkG II 172)

Gerade im letzten Satz des noch *à part* gesprochenen Teils überlagert die Neigung zur Selbststilisierung wiederum die taktische Absicht; darin zeigt sich die beherrschende Charakterschicht; an anderen Stellen werden auch ›menschliche‹ Züge angedeutet, aber als unterdrückt und von dem heroischen Erhöhungstrieb verzehrt.

Die Tendenz zur Selbstvergottung drängt sich gerade durch die rhetorische Bescheidenheitsformel unmißverständlich hervor, denn Heinrich schwingt das deutsche Zepter mit äußerster Geschicklichkeit; und zum anderen enthält der Vergleich mit den Alpen den selbststilisierenden Anspruch auf einen alten heroischen Topos übermenschlicher Fähigkeit: Ebenso wie Heinrich der Löwe stets mit dem Harzgebirge in einem Zuge genannt wird, zeigt Kaiser Heinrich die immer wieder beschworene Gestalt des Ätna – die Gipfelmetapher bietet sich seit jeher als tropisches Mittel an, heroische Gottähnlichkeit darzustellen. In der Antike bereits tragen Berggipfel die Sitze der Götter; vor

150 Siefert, der wie auch Hegele u. a. den besonderen politischen Charakter Heinrichs hervorzuheben versucht, ist bei den Belegstellen für seine These auf die *à part* gesprochenen Reden angewiesen.

allem jedoch im Sturm und Drang bezeichnet die Gipfelmetapher ein wichtiges Symbol titanischen Strebens; am Beginn der Epoche steht das Bildmonument in Herders Shakespeare-Aufsatz: »hoch auf einem Felsengipfel sitzend! zu seinen Füßen Sturm, Ungewitter und Brausen des Meers; aber sein Haupt in den Stralen des Himmels!«[151]

Die letzte Szene des Dramas *Heinrich VI.* gestaltet eine Gipfelszene im doppelten Sinne: Sie spielt auf dem Gipfel des Ätna und bietet gleichzeitig die entscheidende Zielsituation[152] des Dramas, denn dort erscheint szenisch-real der Monumentalentwurf des heroischen Übermenschen auf die Bühne gebracht; Heinrich, der auf dem Ätna, in triumphaler Gebärde und Weltmachtperspektiven ausziehend, seine eigene Gottähnlichkeit genießt, dieser kalte, menschenferne Held ging hervor aus dem wiederholten Bildvorwurf und der Sprachaktion rhetorischer Erhöhung und Selbststilisierung. Bereits beim ersten Eintritt in die Szene I 2 präsentierte er sich als vulkangleicher Gewaltiger, der, angewidert von niederen politischen Schwierigkeiten, seine explosive Wut damit besänftigte, daß er sinnfällig nach der fernen Kühle des Berggipfels verlangte:

> Verräter wachsen hier zu Land wie Unkraut –
> Je mehr man sie vertilgt, je ärger sprießen
> Sie aus dem Boden – O, ich glühe – Eis
> Vom Ätna! (HkG II 121)

Stets wählt er Bilder des Feuers und der Glut, um seine heroische Tatkraft anschaulich zu machen; aus der Fülle der Beispiele sei nur eines genannt: seine Seele »brennt« selbst in dem Kusse, den er seiner Gattin gibt, »wie eine Flamme« (122); am Ende der gleichen Szene wird die Idee der pathetischen Selbsterhöhung bereits in politischen Plänen konkret:

151 Herders sämtl. Werke; Bd. V, S. 208–231; S. 208.

152 Diese eigentümliche Dramaturgie, die ihre Spannung auf eine einzige und meist die letzte Szene hin organisiert, hat Grabbe selbst so charakterisiert: »Ich geh in meinen Stücken stets auf einen Punkt. Ein Punkt wird spitz, wie der Straßburger Münster in seiner Höhe. Doch eben um diese Spitze zu erreichen, muß man breit unterbauen.« (Wuk VI 178).

Ich Kaiser,
Die Kaiserkrone erblich – Deutschland,
Neapel unter meinem Fuß – Der Papst
Zu meinem Bischofe erniedrigt – . . . (129)

In der konsequent sich steigernden Vorstellungsreihe sieht der Kaiser als nächste Stufe seiner Machtentfaltung die Welt zu seinen Füßen. Die Ätna-Szene gibt dieser Idee räumlich-symbolischen Ausdruck. Als rhetorischer Anspruch geht sie vorher bereits aus der hyperbolischen Bild-Reaktion Heinrichs auf die Nachricht vom Aufstand der Normannen hervor:

– Ists nicht als rissen aus des Ätna Schlünden
Sich alle tausendjährgen Feuermeere los,
Und brandeten bis hieher, bis an meinen Fuß?
(HkG II 184)

Die Hyperbel, die die entfesselten politischen Kräfte sichtbar machen soll, bricht aus der Vergleichsfunktion aus und verwandelt sich in eine Figur des kaiserlichen Machtpathos: Denn die Feuermeere reichen bis zu Heinrichs Fuß und nicht weiter.

Schließlich, nachdem er seine nächsten politischen Ziele erreicht hat, genügt der Ätna als Bild nicht mehr:

Auf jenem Berge muß ich stehen,
Daß er mich trage an des Himmels Höhen!
(HkG II 233)

Die Zitate machen deutlich, in welcher Weise die Aktionsrhetorik die Grundhandlung des Dramas enthält: Sie führt vom Fuße des Ätna auf seinen Gipfel. Die Bergbesteigung wird zur Erfüllung des Pathos der Selbsterhöhung, das unabhängig von den politisch-pragmatischen Vorgängen die entschieden distanzierende Bewegung von der Wirklichkeit weg vorgezeichnet hat. Die Elemente der eigentlichen dramatischen Handlung erscheinen damit peripher als die Abstoßpunkte des Helden, als die Wirklichkeitssymbole, die den heroischen Distanzierungswillen stimulieren. Allerdings treten dabei die Schwächen der Dramaturgie des Rededramas überdeutlich heraus; gerade ein nicht ideell angelegtes Geschichtsdrama, dessen Handlung auch nicht durch die

Größe eines Charakters wie bei Goethe oder Shakespeare Einheitlichkeit und Lineament erhält und das dennoch eine auf die Hauptperson konzentrierte dramatische Bewegung hervorbringen will, muß sich seine Dynamik künstlich-rhetorisch erzeugen. Die Entgrenzungstendenz, politisch konkretisiert in Machtpolitik und Eroberungsstreben, liefert den Vorwand für den rhetorischen Drang aus der Wirklichkeit jeder Situation; denn auch auf dem Ätna richtet Heinrich seinen Blick in die Höhe:

> CONSTANZE Sei nun zufrieden.
> KAISER HEINRICH Nimmer – hätt ich auch
> Die ganze Welt – Schaut nicht der Himmel dort,
> So tief und sehnsuchtsvoll, ein blaues Auge
> Der Liebe, auf uns nieder, daß die Busen
> Hoch klopfen müssen, auch zu ihm zu stürmen,
> An ihm zu schlagen? (HkG II 225)

Weiss deutet den heroischen Entfaltungsdrang (vgl. Fausts Unendlichkeitshunger) und die politische Expansivrede als Transzendenzersatz [153]. Solche Deutungen bleiben problematisch, weil sie sich entschieden der Kontrolle durch den Text entziehen; zwar scheint die heroische Neigung zur Selbstvergottung Weiss' These inhaltlich zu bestätigen; aber einmal liegt in dem ständigen Zwang zur Glorifizierung ein Traditionsmoment, und zum anderen betont der Text immer wieder den Fluchtcharakter der Aufstiegsbewegung. So steht auch der Erweiterungsdrang Grabbescher Helden in auffälligem Gegensatz zu ihrer im Grunde statuarischen Existenz; wie im *Gothland* drückt sich darin die Erfahrung fremdbestimmten, beschränkten Daseins aus, die in der ständigen Kontrastbildlichkeit einer heroischen geschichtsmächtigen Dynamik überwunden werden soll; freilich haben die Helden der Hohenstaufen-Dramen die Fluchtbewegung der pathetischen Sprache auch soziologisch realisiert; sie ragen hoch hinaus über die Wirklichkeit, aber ihre Redeeinsätze wiederholen das Fluchtmotiv unaufhörlich. Die gesellschaftliche Motivation in seinem politischen Expansivdrang deutet der Kaiser in seiner Rede vor der Reichsversammlung an. Er plä-

153 Weiss; a.a.O. S. 206 f.

diert für die Erblichkeit der Kaiserkrone und begründet seinen Antrag in einer Reihe rhetorischer Fragen:

> Weshalb gilt dies mächtige,
> Erhabne deutsche Volk, lang das nicht, was
> Es wert ist? Warum wagen Nachbarn, die
> Weit schwächer sind, weit elender als wir,
> Uns Tag für Tag zu höhnen? Warum rauschen
> Des Reiches Banner nicht in Rußlands Schnee
> Und Libyens Sande? Warum schwillt die Brust
> Dem Einzelnen wie Meereswoge, und
> Verliert so jämmerlich sich in der Masse?
> Warum zertrümmerten wir Romas Welt,
> Und können diese Trümmer nicht beherrschen?
> (HkG II 188)

Der Ansatz zur politischen Expansivrede (»Warum rauschen des Reiches Banner nicht . . .«) wird von Heinrich durch eine eigenartige Überlegung abgebrochen: »Warum schwillt die Brust / Dem Einzelnen wie Meereswoge, und / Verliert so jämmerlich sich in der Masse?« Die rhetorische Frage fügt sich in den Zusammenhang von mehreren anderen, die zuletzt kaum verhüllt den politischen Erweiterungsdrang des Kaisers ins Bild brachten und seine ins Unendliche geweitete Perspektive bezeichneten; die Parallelfügung gibt dieser Frage, die sich inhaltlich von der Grundidee der anderen Fragen durch ihre Unbestimmtheit absetzt, einen besonderen Akzent: Die Hemmung seiner politischen Weltmachtambition durch die Abhängigkeit von seinen Vasallen empfindet der Kaiser als jämmerliches Steckenbleiben in der Masse. »Jämmerlich« und »schmählich« qualifizieren als stets wiederkehrende Stichworte das heroische Scheitern. Der Tod Heinrichs, den der Kaiser selbst als »schmählich« empfindet, wird diese Deutung der politischen Expansion als rhetorisch-dramatischer Entfernung aus der begrenzenden Wirklichkeit abrunden.

Der traditionelle Heroismus deutete stets den Tod, ob erlitten oder stoisch ertragen, als Moment äußerster Wertmanifestation, in welchem sich die christlich-stoische oder idealistisch-transzendentale Energie zu beweisen hatte. Bereits Grabbes Barbarossa vollzog hierbei eine Umschichtung der überkommenen Todesidee im heroischen Wertekosmos: »Mehr als das Leben ist's den Tod verachten!«, widersprach der Kaiser seinen Soldaten, die sich zum Selbstopfer bereit zeigten. Die Verachtung des Todes als Beweisaugenblick menschlich-sittlicher Qualität begreift sich als Verachtung jeglicher Transzendenz überhaupt. Und der sterbende Heinrich der Löwe tröstet sich auch damit, daß sein Leib »doch ein Stückchen von deiner Erde« (200) wird, während der Kaiser das Hinscheiden dieses Helden mit den Worten kommentiert:

So endet
Das Große, *mit 'nem Seufzer* – (HkG II 200)

Die Emphase, mit der Heinrich den »Seufzer« belegt, empört sich über den Tod als ein aus seiner Sicht unheroisches Ereignis, dessen niederes Geräusch den Helden in die Erdenwirklichkeit reißt, aus der er sich emporzuheben zeitlebens besorgt war. Heinrich VI. stirbt zwar »laut aufschreiend«, aber seine letzten Worte enthüllen sein Todeserlebnis als Absturz aus der überwirklichen Höhe der heroischen Prätention:

Weh,
Was schlug? Wer klopft? – Das ist mein Herz nicht –
Der Tod! – Der Hund! – Mein Kind! mein Kind! –
Empörung
Wird sich erheben, wild und toll wie Rosse,
Wird Deutschland, wird Neapel, stürmen
Vor dem unmündgen Herrscher – . . .
. . .
So unerwartet, schmählich hinzusterben –
O wär ich lieber nimmermehr geboren! (HkG II 238)

In dem Fluch »Der Tod! – Der Hund! –« zeigt Heinrich die heroische Sprachbewegung, welche die Dinge der unmittelbaren Wirklichkeit metaphorisch verändert: Die Hund-Metapher personifiziert den Tod und verabscheut ihn als ein Wesen aus der niederen Wirklichkeit, aus der Welt der Bestialität. Und die Empörung, die »wild und toll wie Rosse« sich erheben wird, bestimmt das Ende der heroischen Epoche; hier tritt schlagartig die »grause« Wirklichkeit der Geschichte zutage, in der Übernahme des Regiments durch wilde Bestien versinkt die heroische Welt wieder in der alltäglichen.

Welche Anstrengungen hätte Schiller unternommen, um den Tod des Helden trotz aller Schrecken seiner Materialität zu entkleiden und zu einem Ereignis des sittlichen Triumphs werden zu lassen! Seine rhetorische Anstrengung hätte auf die »ästhetische Vergötterung angesichts des Todes«[154] gezielt. Heinrich vermöchte den Tod ebenfalls als Apotheose zu feiern – am Ziel realer politischer Projekte als die Erfüllung einer historischen Sendung. Aber er erfährt darum den Tod als jämmerlich, weil der heroische Aufschwung, den er unterbricht, nicht auf ein erfüllbares Ziel gerichtet war, sondern als Selbstzweck mit seinem Ende auch seine völlige Sinnlosigkeit, seinen Fluchtcharakter offenbart. Der Schillersche Held läßt im Tod die Verstrickungen der Wirklichkeit hinter sich und erreicht für einen Augenblick den Zustand der Gottähnlichkeit; der Grabbesche Held imitiert den Gott zeitlebens und wird durch den Tod auch in seiner prätendierten Existenz vernichtet: Diese ›Schande‹ reflektiert der Ausruf: »O wär ich lieber nimmermehr geboren!«; das Ende der Selbsterhöhung ereignet sich als ein Sturz in den Abgrund der Wirklichkeit.

Der sprachliche Realitätsbezug des Monumentalheroismus

Die zerstörerische Erfahrung, die den Helden in der desillusionierenden Wirklichkeit des frühen Dramas bereitet wird, schlägt im Geschichtsdrama um zur destruktiven Gewalttat der Heroen gegen die Wirklichkeit, die reichlich mit den Zügen des Sozialen ausgestattet wird. Diese Konstellation setzt die deutliche Trennung der heroischen und Realsphäre voraus, und diesen polarisierten Weltbereichen entspricht auch die Wertstufung aller diesen beiden Zonen zugeordneten Sprachbilder. Neben der Wert- und Weltkonstitution übernehmen die figuralen Elemente aber zusätzlich auch Klammer- und Verbindungsfunktionen zwischen den beiden Bereichen: Die Verbindung der Heroen zur Wirklichkeit, sofern kein destruktiver Zusammenprall einen un-

154 Kaiser, Vergötterung und Tod; S. 35.

mittelbaren Kontakt zum dramatischen Ereignis werden läßt, und umgekehrt die Kommunikation des niederen sozialen Bereichs mit der heroischen Welt scheint angesichts der Kluft, welche die Prätention der Monumentalheroen aufreißt, nur noch metaphorisch herstellbar; ein Beispiel aus dem *Barbarossa*:

> LANDOLPH Weint der Herzog, so hängen über dem Harze Gewitter!
> ULRICH Und lächelt der Kaiser, so tanzt der Neckar noch einmal so munter, und küßt jeder Schwabe sein Mädchen noch einmal so herzlich! (HkG II 17)

Und aus der Gipfelsicht des Kaisers wachsen die Soldaten zu riesenhafter Größe, um in den Horizont seiner panoramatischen Weltbetrachtung einzutreten:

> Halb mein Heer besteht
> Aus deinen Scharen. Sie
> Erkennt der erste Blick: die Baiern dort,
> Stark, fest und treu, wie Landshuts Mauern –
> Und dort die Niedersachsen, riesig
> Und herrlich, wie die Föhren, die den Harz
> Umsausen! . . . (HkG II 19)

Das Zitat bietet eines der wenigen Zeugnisse für die Form, in der Kaiser Friedrich die reale Unmittelbarkeit eines historischen Vorgangs sprachlich vergegenwärtigt. Die Veränderung des realen Moments im Vergleich oder in der Metapher (die »Föhren« und die »Mauern« erheben die Soldaten bildlich in die majestätische Höhe des Kaisers) erweist sich als ein bewährtes Stilmittel heroischer Dramaturgie, die Kluft zwischen einem Helden und der Wirklichkeit (welcher Art sie auch sei) hervorzuheben oder zu überbrücken. Die Behandlung des Pathos hat für die Selbstdarstellung Guelfos die Spiegelfunktion der Wirklichkeit herausgestellt. Leistet sie dies nicht, so behilft sich der Redende in der vergleichbaren Isolation und Differenz zur Welt mit symbolischen Sprachgebärden, die nicht aus der Freiheit der erfindenden Phantasie, sondern aus der Schwierigkeit, das Eigentliche ohne Bezug zur Realität zu sagen, entstehen. Wild in *Sturm und Drang* beispielsweise verwandelt seine Liebessehnsucht und Welt-Entfremdung in Bilder, in denen die reine Qual der Körperlichkeit und sein Erlösungswunsch daraus den brisanten Gegensatz von Welt und Ich illustrieren: »Ich wünschte jetzt in der Welt nichts als mich herumzuschlagen, um meinem Herzen einen Lieblingsschmaus zu geben . . . Ich will mich über eine Trommel spannen lassen, um eine neue Ausdehnung zu kriegen . . . O könnte ich in dem Raum dieser Pistole existieren, bis mich eine Hand in die Luft knallte . . . Ich will die Kampagne hier mitmachen, . . . da kann sich meine Seele ausrecken . . .« (DrSchr II 293 f.). »Tumult« und »Lärmen«, »Wirrwarr« und »Krieg«, wonach sich Wild so sehr sehnt, belegen metaphorisch den gestörten Wirklichkeitsbezug. Die sprachliche Verwandlung der Wirklichkeit bei Klinger weist immer wieder auf das heroische Subjekt als ideelles Zentrum. In Schillers *Räubern* hingegen erhellt die metaphorische Veränderung der Wirklichkeit gerade den zwiespältigen Ansatz Karl Moors. In der Szene II 3 berichtet Schufterle von dem Plünderungszug in die Stadt und erzählt dann auch unbekümmert, wie er mit einem kleinen, verlassenen Kind verfahren ist, das er in einem der brennenden Häuser fand:

Ein Kind wars, noch frisch und gesund, das lag auf dem Boden unterm Tisch, und der Tisch wollte eben angehen, – Armes Tierchen, sagt ich, du verfrierst ja hier, und warfs in die Flamme –

Moor nimmt dieses Wort auf und verwandelt es zur Metapher:

Wirklich, Schufterle? – Und diese Flamme brenne in deinem Busen, bis die Ewigkeit grau wird! – Fort Ungeheuer! Laß dich nimmer unter meiner Bande sehen! . . .
Wer kann der Flamme befehlen, daß sie nicht auch durch die gesegneten Saaten wüte, wenn sie das Genist der Hornissel zerstören soll? – O pfui über den Kindermord! . . . (SW I 547 f.)

Im Kontrast zur unbekümmerten Drastik von Schufterles Bericht kann Moor nur bildhaft verfremdet die Wirklichkeit benennen: Die Metaphernsprache vollzieht auch hier eine Bewegung von der Wirklichkeit weg, und indem Moor gleich die Flammen der Hölle beschwört wie der ewige Richter, konstituiert er sprachlich wieder die heroische Sphäre, deren generalisierende Rhetorik die Untat, an der Moor seine Mitschuld durchaus erkennt, ins fatalistisch Allgemeine transportiert; die gleiche Verallgemeinerung erlaubte er sich umgekehrt, als er das persönlich erfahrene Unrecht gleich der ganzen Welt zur Last legte.

Diese eigentümliche Bewegung der Bildsprache wird bei Grabbe zu einer wichtigen Möglichkeit, die Eigenart des geschichtlichen Heroismus darzustellen; besonders der Monumentalheroismus, der sich – wie das Beispiel Heinrichs VI. zeigte – in der Abstoßbewegung aus der ›Masse‹ bestimmt, bedarf solcher Bildbrücken, um seine gänzlich menschenverachtenden Gebärden placieren zu können; beispielsweise Sulla reagiert in dieser Form: während er in der Szene II 1 Catilinas Horden bei Fidentia wüten läßt, antwortet er auf die Bitte einer Frau, das Leben ihrer Kinder zu schonen:

DAS WEIB . . . Rett die unschuldgen Würmer!
SULLA Sinds Würmer? Laß sie in die Erde kriechen!
(HkG I 394)

Die gleiche metaphorische und pragmatische Reaktion zeigt Sulla auf den rauchenden Schutthaufen von Präneste: »Als der Bürgerhaufe, *bleich* und *zitternd,* das Leben flehend«, um ihn kniet, ruft er:

Was? hat
Der Erdball einen grauen Kopf bekommen?
Erbleicht, wie weiße Haare, steht um uns
Der Pöbel! Reißt ihn aus! (HkG I 404)

Die unmittelbare Konfrontation der sonst polarisierten dramatischen Spielebenen zwingt auch im *Barbarossa* den Kaiser, gegenüber den bereits als »Schurken« gebranntmarkten Lombarden einen Metaphernbezug herzustellen:

Staub
Umwölkt das Roß, wenn es am Sommertag
Mit seinem Huf die Erde schlägt, – so qualmt
Um uns der italiän'sche Pöbel – Mit dem Atem
Des Zornes haucht ihn fort! (HkG II 55)

Ganz deutlich tritt in den drei Beispielen die Neigung der Monumentalheroen hervor, die unangenehme, beinahe als widerlich empfundene niedere menschliche Wirklichkeit mit erdbezogenen oder Metaphern des Erdenschmutzes bildlich von sich abzuwehren[155]. Sie bezeichnen die anthropologische Schicht, die – nach Grabbes Totalvision der menschlichen Situation im *Gothland* – mit den Füßen in dem »Kote« steckt.

Neu und bezeichnend für die andere Möglichkeit des Monumentalheroismus, den sozialen Heroismus in seinen Vorformen, wird die Bildbrücke; sie gestattet die Verständigung zwischen dem Heros und einer sich in Kollektiven ordnenden Welt, die häufig von seinen Soldaten repräsentiert wird; ein Beispiel aus *Marius und Sulla:* Im Wechsel der Erzählerrolle haben Marius und seine »Marianer« das Schicksal des alten Heerführers in der Verbannung ausgebreitet, und an den erinnernden Bericht eines Marianers, wie Marius einst als zum Tode Verurteilter in Minturnae seinen Henker, einen Kimber, aus dem Kerker gejagt hat, fügt der greise Heros die Fortsetzung des Wechselgesprächs:

MARIUS Wie ich glaube, ging
Es ihm wie mir: Veronas Ebnen, wo
Sein Volk durch mich ins Grab sank, mochten ihm
Einfallen!
DIE MARIANER Rom soll einfallen, damit
Die Rettungsschlacht, woran die Sklaven denken,
Und die es selbst so schnöd vergessen hat,
Ihm wieder einfällt! (HkG I 363)

Als Wortspielklammer dient zunächst das Verb »einfallen«, das von den Marianern aus dem Analogiesinn ins ursprüngliche Bild zurückgehoben wird, um in neuerlicher Übertragung wieder die erste Bedeutung zu gewinnen. An den Wunsch »Rom soll einfallen« knüpft Marius wenige Zeilen später eine neue Bildfolge:

155 Vgl. auch Heinrich VI: ». . . und wenn sich etwa der Pöbel / Wehklagend, Aufruhr drohend, sammelt, treibt / Wie Staub ihn auseinander! –« (HkG II 228).

bald wünscht ich Rom
Mit meinen heißen Tränen zu entzünden,
Bald wünscht ich sehnsuchtsvoll es in den Arm
Zu fassen und in der Umarmung, dicht
An meiner Brust, es zu zerdrücken!
DIE MARIANER Wir
Sind deine Arme, wir sind deine Tränen!
Wir werden es zerdrücken, und
Wir werden es entzünden!

Diese Wechselrede mündet in ein Bild heroischer Identifikation. Zwar bleibt hervorzuheben, daß hier weniger eine Verbindung zwischen zwei ›Welten‹ hergestellt wird, als daß der Akt der sprachbildlichen Identifikation die Soldaten für einen Augenblick in die höhere Welt aufsteigen läßt; indessen bezeichnet der chorische Dialog, der stilisiert den Helden und eine Soldatenmenge ins Gespräch versetzt, die sich allmählich herausbildende positive Relevanz des Heroismus für das Soziale. Das Zitat mit seinen pathetischen Bildern der heroischen Identifikation präfiguriert einen realen dramatischen Vorgang in den späten Stücken, wo im Zeichen des Helden außer dessen engeren Getreuen auch eine ganze soziale Wirklichkeit jenen heroischen Aufschwung nehmen wird. Ein solches nicht allein destruktives Interesse am Sozialen zeigen im mittleren Drama nur Marius und Heinrich der Löwe. Siefert deutet den Vorgang, der oben als Akt heroischer Identifikation im Bilde oder in der Bildbrücke aufgefaßt wurde, umgekehrt als Versuch, den angeblich resignierten Heros zu stützen. Seiner Darstellung nach verkörpert Marius einen Helden, der »fast keine Lebensenergien mehr besitzt«; diese Fehldeutung erweist sich als Folge des unzulänglichen stilkritischen Verfahrens zuvor (vgl. Anm. 71 S. 61); und durch eine plötzliche, unmotiviert psychologisch gewendete Sichtweise wird auch die Gruppenrolle der Marianer falsch beurteilt, wenn durch sie angeblich »Marius immer wieder aus seiner Passivität und Mutlosigkeit herausgerissen werden muß«[156]. Vor allem übersieht Siefert, daß die dramatische Handlung, die zur »Zerdrückung« Roms führen soll, bereits in

156 Siefert; a.a.O. S. 45 f.

der ersten Szene entscheidend vorbereitet wird, im symbolischen Bildbezug: Zerstörtes Karthago – Destruktion Roms. Auch Jahn verkennt über den Charakterisierungsmerkmalen, die Marius' Pessimismus und Schicksalsbewußtsein enthüllen, über seinem »gebrochenen und zweifelnden Seelengrund«[157], der durchaus angedeutet ist, die Belichtungen, die dem sozialen Helden Profil geben. Marius, der »die Unterdrückten . . . / Erheben und die Hohen in den Staub« (HkG I 364) treten will, fühlt sich eben mit der Schicht verbunden, die Sulla in die Erde kriechen sehen möchte. Jene Dialogszenen mit seinen Soldaten versuchen dieser Absicht, die Menschen im Staub zu »erheben«, sprachlich Gestalt zu verleihen.

Bereits durch die Frage nach Ziel und Ursprung des Destruktivismus wurde der Heroismus des *Sulla*-Dramas in seiner gesellschaftlichen Stoßrichtung beschrieben. Mit dem sozialfeindlichen Zerstörungstrieb entwickelt sich zunächst programmatisch ein Verhalten, das die Welt des »Kotes« erlösend zu erheben versucht. Der Held in seiner menschlichen und heroischen Attraktivität vermag die niedere soziale Welt zum Aufschwung in die höhere (geschichtliche) Sphäre zu bewegen. Diesen Aufschwung hat das Sulla-Drama indessen noch nicht inszeniert. Zwar erscheinen in ausführlichen Einblendungen Bilder aus der sozialen und politischen Wirklichkeit Roms; sie dienen zunächst jedoch nur zur Motivierung der großen Strafaktion des Helden, indem sie die Überzeugungsleistung der rhetorischen Demonstration in den frühen Dramen nunmehr aus Spielelementen und aus dem Effekt ihres dramaturgischen Zuschnittes hervorbringen. So verwandelt sich etwa die Redeform der sentenziösen Klage über die Bestialität der Menschen des *Gothland* in szenische Spielmomente, die den Egoismus in der sozialen Welt aufdecken. Doch während Gothland auf die Erfahrung des »geschminkten Tigers« mit dem eigenen bestialischen Destruktivismus antwortete, zeigt das Geschichtsdrama zwei Reaktionsweisen: die Strafaktion (Sulla) oder den gemeinschaftlichen Aufschwung ins Heroische (wie von Marius propagiert). Der soziale Heroismus bestimmt

157 Jahn; a.a.O. S. 48.

sich also durch seine Funktion. Er vermag die niedere soziale Welt dazu zu bewegen, daß sie sich aus dem Egoismus der Vereinzelung löst und in einem Akt der Entindividualisierung mit dem heroischen Willen zusammenschmilzt. Wie sich dieser Aufschwung sprachlich-dramatisch ausbildet, zeigt ein Ausschnitt der Szene IV 2 im *Barbarossa.* Vor der »Weserschlacht« versichert sich der »Löwe« seiner Getreuen:

JORDANUS TRUCHSESS Wie der Waldbrand hinter dir
Dort aufflammt, angelegt von rohen Händen,
Die dich damit zu ehren wähnten, glühn
Die Sachsenherzen alle, dich zu rächen!
HEINRICH DER LÖWE
Den Herzen leget tüchtig Holz nach! Denn
Die Treue scheint im Sturm leicht zu erlöschen!
JORDANUS TRUCHSESS
Und ob du schmälst, und ob du uns verkennst,
Für dich allein nur klopfen unsre Pulse!
KÖNIG WALDEMAR UND DER GROSSFÜRST LITAUENS
Selbst Dän und Slave stehen dir zu Dienst!
HEINRICH DER LÖWE (zu den Sachsen)
Es werden eure Häuser lodern!
JORDANUS TRUCHSESS Laß sie lodern!
Es brennen ja schon unsre Herzen! (HkG II 88 f.)

Das Flammenbild, das schon vorher aufgetaucht ist, beherrscht die gesamte dramatische Wechselrede, indem es, allmählich zum Symbol der heroischen Gemeinschaft anwachsend, alle Bereiche zusammenzieht; zu Beginn der Szene traten die brennenden Berge in Gegensatz zur Hitze in Italien: »Arme Sonne / Des Südens! Flau das Blut erhitzend . . .« (85); damit würde das frühe Motiv der klimatischen Unbehaglichkeit der Sachsen in Italien (womit der Herzog seinen Abfall von dem Kaiser motivierte) wiederaufgenommen; anders als die italienische Hitze sollen die künstlich angelegten Feuer die auf den Herzog eingeschworene Gemeinschaft des Volkes symbolisieren. In dem Dialogzitat belebt die Feuermetapher sowohl das Pathos der »racheglühenden« sächsischen Herzen als auch das ihrer Treue zum Herzog. Das Bild gewinnt einen konkreten Sinn zurück, wenn der Herzog warnt: »Es werden eure Häuser lodern!«; aber die

Sachsen begreifen sich in diesem Augenblick nicht mehr als besitzende Bürger und wandeln das Flammenbild wieder zur Metapher des Treue- und Identitätsaffekts: »Es brennen ja schon unsre Herzen!«[158] Der kurze Szenenausschnitt gibt den Vorwurf zum inneren Handlungsgang der Schlachtszenen im *Napoleon* und in der *Hermannsschlacht;* im *Barbarossa* vereinigen sich – dem Bild-Pathos nach – der Harz, der Herzog und die Soldaten zu einer einzigen heroisch entschlossenen Glut[159]. Die Metapher des ›Schmelzens‹ bietet sich geradezu an, wenn die geschichtliche Leistung des ›erhebenden‹ Heroismus beschrieben sein soll. Neben dem Katalog der elementaren Naturbewegungen zehrt die Bildlichkeit der Heldensphäre mit Vorliebe von der Symbolkraft des Feuers und des Lichts im weiteren Sinne. An den Begleitfiguren des Geschichtlichen, die sich aus diesem pathetischen Stoff bilden, wird indessen der thematische Übergang vom destruktiven zum sozialen Heroismus als motivische Verwandlung anschaulich. Zunächst entspringen den Feuer- und Lichtmetaphern die stereotyp eingesetzten Glanz- und Krafttopoi (Sonne-Sterne-Blitz etc.); später verweisen die Glut- und Feuer-Bilder auf die brennenden Städte (Bardewick oder Karthago z. B.) als Symbole des destruktiven Heroismus, der Extremwirkungen der Helden[160], so wie Sulla droht:

Find ichs zeitig, mich mit Zorn
Zu füllen, *glühen* meine Wangen, – wißt
So sinds die Städte, welche sich daran
Entzünden! – (HkG I 393)

Und endlich bringt der Feuerkomplex die tragenden Bildelemente für die Schmelzkraft des sozialen Heroismus hervor. An Sullas monumentalheroischem Feuer entzündet sich freilich kein Herz. Er fordert allein Distanz, während das Angebot

158 Auch hier sieht Siefert das »seelisch zermürbte Individuum«, findet den Beleg aber lediglich in der »plötzlich aktiveren Rollenaufgabe der menschlichen Umwelt« (a.a.O. S. 62).

159 Vgl. im *Napoleon* die heroische Entschlossenheit in der beschworenen Erinnerung: Ja, das ganze Heer war wie elektrisch – . . . alle Eine freudige, aber übergewaltige Glut . . .« (HkG II 411).

160 Vgl. die Analyse des Vulkan-Bildes; S. 206 ff.

zur Identifikation, zur ›glühenden‹ Gemeinschaft in der attraktiven Menschlichkeit der sozialheroischen Gestalten begründet liegt. Doch die Beispiele bezeugen, daß Grabbe den heroischen Aufschwung zunächst nur in Dialogen von aufdringlicher Künstlichkeit gestaltete. In den Sprecherrollen wird das Pathos überfordert: Die ›menschliche‹ Beziehung läßt sich nicht mit den gleichen Mitteln wieder aufbauen, mit denen sie zerschlagen wurde. Hier hat der Dichter dem monologischen Heroen unechte Empfindungen abverlangt. Bei der unnatürlichen Tonhöhe des sächsischen Stammesnationalismus verfallen die Redenden, um die überragende Stellung des Helden zu erreichen, in den Diskant. Dort beginnt die Oper. Allein in der indirekten, szenisch gespiegelten Erscheinung der Helden findet Grabbe die dramaturgische Grundform, um zu einer wirksamen Gestaltung des sozialbezogenen Heroismus vorzudringen.

C. ENTWICKLUNG DES SOZIALEN HEROISMUS

Das Spiegelmotiv

Die Konkretionstendenz der Grabbeschen Bildsprache, insbesondere ihre Pragmatisierung in der sozialen Realität, läßt sich paradigmatisch am Motiv der Spiegelung entwickeln.

Die Spiegelmetapher erweist sich als ein uraltes Bild für realistische Dichtung [161], von Alkidamas, der die *Odyssee* »einen schönen Spiegel des Menschenlebens« nannte, über den Komödienbegriff Ciceros in der Metapher des *speculum mundi,* die sich bis hin zu Schiller lebendig erhält, wenn dieser in seiner Abhandlung *Was kann eine gute stehende Schaubühne eigentlich wirken?* von 1784 das Theater vornehmlich als Spiegel der Tugenden und Laster [162] sieht.

Am Anfang des französischen realistischen Romans steht das bekannte Wort Stendhals aus dem Roman *Le Rouge et le Noir:* ». . . un roman est un miroir qui se promène sur une grande route. Tantôt il reflète à vos yeux l'azur des cieux, tantôt la fange des bourbiers de la route« [163]. Den Glanz des Himmels und den Schmutz der Erde, diesen umfassenden Realitätsanspruch erhebt Grabbe mit seinem Wort aus dem *Gothland,* wonach der Mensch »in dem Haupte Adler« trage und »mit seinen Füßen in dem Kote« stecke. In einer Anmerkung zum Gothland-Brief von Ludwig Tieck heißt es noch deutlicher: ». . . Poesie ist (auch nach Shakspeare) der Spiegel der Natur.« (HkG I 4) Hier soll noch nicht das Realismusproblem im Lichte Grabbes diskutiert werden; der Begriff des Realismus soll hier einstweilen, entsprechend dem Selbstverständnis des mitteleren 19. Jahrhunderts, die Tendenz bezeichnen, immer mehr Elemente der

161 Vgl. Ernst R. Curtius, Europäische Dichtung und lateinisches Mittelalter; S. 340 Anm. Dort auch der Beleg für Alkidamas.

162 SW V 824: »Ebenso häßlich, als liebenswürdig die Tugend, malen sich die Laster in ihrem furchtbaren Spiegel ab.«

163 Stendhal, Romans et Nouvelles I–II (Bibliothèque de la Pléiade), Paris 1952; I S. 557.

empirisch-dinghaften Welt zum Wirklichkeitsaufbau des literarischen Kunstwerks zu benutzen.

Die Spiegelmetapher erfaßt diesen epochalen Vorgang, aber sie bietet gleichzeitig Handhabe, die funktionelle Notwendigkeit der neuen, materiell erweiterten Wirklichkeitsdimension im Drama Grabbes zu erläutern. Denn nachweislich entwickelt sich die dramatische Darstellung der Dialektik von Heros und Gesellschaft aus einem Requisit pathetischer Dramaturgie: Die Dialektik des Ich und der Wirklichkeit erfährt von allen Dramen des Sturm und Drang ihren dichtesten und schlagendsten Ausdruck während eines Monologes in den Klingerschen *Zwillingen,* da Guelfo sein eigenes Spiegelbild erschlägt. Vorbereitet hat sich diese Szene bereits im ersten Aufzug (I 2). Grimaldi spricht dort:

Donner und Wetter! steh da, Guelfo! (Führt ihn an den Spiegel.) Dieser Blick! dieses Wesen! diese sich ausbreitende menschenbeugende Glut im schwarzen, großen, rollenden Auge! – Guelfo! Du bist für ein Königreich geboren. (DrSchr II 74)

Daß Guelfo sich seiner heroischen Statur erst vor dem Spiegel bewußt werde, erweist sich nach seinen ersten Redeeinsätzen als überflüssig; aber diese Konstellation gibt den dramaturgisch sinnfälligen Ausdruck eines zur Ohnmacht verdammten Helden: Die »ausbreitende menschenbeugende Glut« verzehrt sich nicht am Objekt, sondern in sich selbst; Guelfo vor dem Spiegel stellt kein Bild der Kontemplation oder des Narzißmus, sondern die künstlich geschaffene Situation, in welcher der Held selbst in die Rolle der Menschheit versetzt wird, die sich an ihm »geweidet hätte wie an einer neuen Erscheinung« (DrSchr II 76). Die andere Szene (IV 1) findet Guelfo – scheinbar zufällig – nach dem Brudermord wieder vor dem Spiegel; nun kann er das eigene Abbild nicht mehr ertragen:

Ha! ich kann mich nicht ansehen! Reiß dich aus dir, Guelfo! (Zerschlägt den Spiegel.) Zerschlage dich, Guelfo! – Guelfo! Guelfo! geh aus dir! Schaff' dich um! – Jetzt will ich schlafen! (DrSchr II 116)

Mit dem Mord an seinem Bruder hat sich Guelfo nur symbolisch Raum geschaffen, er hat zwar die Wand, an der er sich

»blutig stieß«, durchbrochen, ohne aber wirklich befreit zu sein, denn er begegnet im Spiegel der gleichen, in sich eingekerkerten Person. Heroischer Entwurf und fesselnde Wirklichkeit finden sich spiegelbildlich konfrontiert und scheinen auch in dem wiederholt gerufenen Namen Guelfos sprachlich reflektiert; die Symbolhandlung gipfelt darin, daß Guelfo das eigene Spiegelbild zerschlägt (»zerschlage dich, Guelfo!«) und damit die Befreiung aus sich selbst vollzieht (»Reiß dich aus dir, Guelfo! . . . geh aus dir!«). Die Absicht zu schlafen drückt als Zeichen der sittlichen Zugehörigkeit zur Menschheit den Todeswunsch aus, der auch später erfüllt wird. Mit den Widerständen endet auch das dramatische Schicksal des Helden. Die Entfaltungsenergie des Heroen bedarf der Aktualisierung durch die Außenwelt, aber diese erscheint nur als behindernd, als Kerkerwirklichkeit. Spiegelbilder und Metaphern als Symbolfiguren des geglückten und mißlungenen Sozialbezugs oder der menschlichen Begegnung erscheinen immer wieder bei Klinger[164]; im Falle des Mißlingens machen sie die völlige Introversion der Helden als verkehrte Extraversion zur sozialen Welt hin sichtbar.

Im *Gothland* taucht das Requisit oder die Spiegel-Metapher, die zumindest die Tendenz zur Konformität von Spiegelbild und Subjekt verlangt, nicht auf. Doch es wurde bereits gezeigt, daß sich in den pathetischen Deformationen der Welt das ideell zerstörte und desillusionierte Ich reflektiert: Dort werden die Welt und ihre Elemente zu einem riesigen Hohlspiegel, aus denen Gothland seine Ängste und Visionen liest. Gothlands Auftritt am Ende der Szene IV 3 gestaltet sich als eine Folge grotesker

164 Vgl. vor allem in der *Neuen Arria* die Szene III 2, wo Julio die Solina ebenfalls vor einen Spiegel führt (DrSchr II 177). Andere Beispiele belegen die Deutung der Spiegelszene in den *Zwillingen;* so z. B. wenn in der *Neuen Arria* der Spiegel der Augen als Metapher die reflektierende Kälte des realen Spiegels verwandelt und ein Bild der geglückten menschlichen Begegnung gibt; Solina: »Ha, dacht ich! das sind mir Königs Augen! Nun hab ich meinen Spiegel!« (141); auch das häufige Spiegel-Motiv der unerwiderten Liebe variiert nur das der heroischen Introversion. So verwenden es beispielsweise Luise in *Sturm und Drang,* I 3 (300), oder Curio in *Simsone Grisaldo,* III 3 (258 f.).

Irrtümer und Fehlvisionen in der Natur; und seine eigene Reflexion gleich zu Beginn gibt den anthropomorphen (das Gebirge »starrt«) Spiegelcharakter der Wirklichkeit zu erkennen.

Schneebedeckt
Und pfadlos, wie ein Abbild meines Lebens, starrt
Mich das Gebirge an! (HkG I 159)

In der Folge verkennt er »Des *Waldstroms* Brausen« als rieselndes Blut, fallende Sternschnuppen machen ihn glauben, es sei Herbst geworden unter den Gestirnen, und des »Nordlichts freundliche Erscheinung« hält er für die »Schrecknisse des Jüngsten Tags« (160). Die heroische Todesangst verwandelt sich in Bildvisionen des Weltendes; ähnliche Naturbilder beschwört Tancred im *Heinrich VI.* angesichts des untergehenden Normannenreiches:

Jedem
Gehts wie dem andern, nichts ist ausgenommen.
Die Eiche wächst und grünt Jahrhunderte,
Und sinkt zu Staub, wie jede Blum im Grase, –
Der Mensch wird alt, die Völker auch, –
Es modern selbst die Felsen der Gebirge,
Der Himmelsveste wirds nicht besser gehn, –
Die Welt wird auch wohl einmal Greis,
Man merkts an ihrer grauen Locke, der
Milchstraße nur zu deutlich – Wehe dann,
Wenn so wie wir im Reiche der Normannen,
In ihr noch ein'ge lebenstüchtige
Geschöpfe leben, . . . (HkG II 220)

Der rhetorische Steigerungsdrang führt zu einer eigenartigen Bild-Idee der Milchstraße als »grauer Locke«; die Trostrede begnügt sich nicht mit der Reflexion auf die Vergänglichkeit der Natur, sondern bezieht das Universum in die Vorstellungsreihe ein, indem sie es anthropomorph verändert; neben dieser projizierten gestaltet der *Gothland* auch eine dialektische Spiegelbildlichkeit; wenn der destruktive Habitus des Helden, der bildlich als Bestialität veranschaulicht wird, und eine desillusionierende Wirklichkeit, die das Leidenspathos zur Hölle erklärt, als Wirkungsursachen aufeinander bezogen werden, dann hebt sich die strenge Polarisierung in dieser wechselseitigen Abhängigkeit teilweise auf.

In *Don Juan und Faust* findet sich für den dramatischen Spiegeleffekt des späteren Dramas eine aufschlußreiche metaphorische Vorform; der erste große Monolog Fausts entwirft ein Bild vom dramatischen Spielort Rom:

> – – *Roma* du!
> Dem Vaterland entfloh ich, als es mich
> Nicht konnt befriedigen, – Ich floh zu dir,
> In mir *die ganze Menschheit* aufzunehmen,
> Und mich in dem Genuß zu sättgen, – denn
> Du Rom! bist der zerbrochne Spiegel der
> Umfassendsten Vergangenheit, und Heldenbilder,
> Im Glanz des Blutes der Nationen und
> Der eingebornen Bürger funkelnd, tauchen
> Aus dieses Spiegels Scherben mehr und mehr,
> Je tiefer man hineinblickt, gleich den Sternen
> Aus dunkler Nacht! – (HkG I 433)

Zum Verständnis dieser nicht ganz klar gefügten Bildsequenz soll daran erinnert sein, daß Faust sein Vaterland unbefriedigt floh, weil er »nicht einmal / Im Schlachtfeld . . . für dich kämpfend fallen« konnte; jedenfalls nannte er nur dieses einzige Motiv; in Rom indessen möchte er die »ganze Menschheit« in sich aufnehmen; dieser emphatisch gestützte Wunsch klingt wie ein humanistisches Reiseprogramm, und doch entdeckt Faust die Menschheit nur in der »umfassendsten« heroischen Vergangenheit. Die Idee der Menschheit hat sich damit offensichtlich verengt. Ein weiteres muß bedacht sein: Der zitierte Monologabschnitt folgt unmittelbar der auf Seite 53 behandelten Passage, die in der Sentenz gipfelte: »Aus *Nichts* schafft Gott, wir schaffen aus *Ruinen*.« Der symbolisch-strukturelle Zusammenhang wird damit evident: Die Zerstörungsidee, die Faust mit der Luther-Beschwörung zum Ausdruck intellektueller Identifikation entwickelt hat, trägt durch das gesamte Bildgeflecht des Monologes: Zunächst wird sie umgedeutet in das Bild des Erkenntnisdestruktivismus (»Erst zu Stücken müssen wir uns schlagen, eh wir wissen, was wir sind und was wir können!«), dann weitergeführt in der Metapher von Europas zerrissenem

»Herzen« (i. e. Deutschland), und endlich wirkt sie hinein in die Figur des zerbrochenen Spiegels. Der heroische Bezug zu den »Heldenbildern«, die mit dem Sternenvergleich noch einmal bildlich zitiert werden, liegt in dem oben genannten Fluchtmotiv, wonach Faust offenbar aus Mangel an heroischer Bestätigung Deutschland verlassen hat. Seine Reise nach Rom entpuppt sich nun auch aus anderer Sicht als ›Ersatzhandlung‹, denn beim Blick in den Spiegel erfährt Faust in dem Gefühl der heroischen Historizität des Orts die spiegelbildliche Bestätigung seiner Projektion: Diese Deutung erschließen jedoch erst die Beobachtungen zur formalen Durchbildung der Spiegelmetapher: Rom als »Spiegel der Vergangenheit« ist eine gelungene Figur, die aber während der weitergeführten Rede in immer mehr Bildderivate zerbröckelt; zunächst, insofern der Spiegel zerbrochen ist, also nur Roms Trümmer (Scherben) Spiegelfunktion haben, und zum anderen, weil der in diese Scherben »immer tiefer« hineinblickende Beschauer funkelnde Heldenbilder hervortauchen sieht, wobei das Epitheton »funkelnd« noch die Figur »gleich den Sternen aus dunkler Nacht« nach sich zieht. Damit wird Rom zu einer laterna magica. Doch das Bild des zerbrochenen Spiegels entfaltet seine ganze Bedeutung erst im Hinblick auf die Physiognomie des Beschauers: Ein Spiegel wirft eigentlich das Gesicht des Hineinsehenden zurück, und der zerbrochene Spiegel macht in einer unausgesprochenen Reflexwirkung die Bruchstellen in der Persönlichkeit Fausts und zugleich das Profil des Destrukteurs sichtbar. Der lange Blick in den Spiegel nämlich, der kein Bild der Menschheit, sondern nur heroische Spuren erfaßt, verrät trotz der forcierten Unrast des Redenden sein Verharren im reinen Selbstgenuß; denn die Bilder des Spiegels decken sich mit dem heroischen Weltentwurf des hineinblickenden Faust, der die Idee der Menschheit mit den Spuren ihrer heroischen Vergangenheit identifiziert und der sich seine Erkenntnisleistung auch nur als Destruktion vorstellen kann.

Recht betrachtet, erfassen die untersuchten Redeteile den Akt der heroischen Identifikation mit der großen Vergangenheit als Spiegelung; und darin liegt das Vorbildliche dieser Monologpassage, ihr Charakter als Bild-Zelle des späteren Geschichtsdramas. Der Wunsch, in der heroischen Vergangenheit eine Welt der großen Ich-Bestätigung zu finden, bestimmt auch Grabbes Entschluß, sich dem Geschichtsdrama zuzuwenden; und formal bietet die Spiegelung des Helden in der Natur oder Wirklichkeit die wichtigste Möglichkeit, den Geschichtspersönlichkeiten zu dramatischem Leben zu verhelfen.

Es seien noch zwei Beispiele genannt für die bildlich-zellenhafte Vorbereitung der späteren Szenenfunktion bei der Dramaturgie des sozialen Heroismus. In einem Prosaentwurf der Szene III 3 heißt es in *Marius und Sulla:*

> Einzelne Marianer auf den Posten oder an Wachtfeuern. Durch rasche und scharfe Individualisierung mehrerer von ihnen erregen sie des Zuschauers näheres Interesse. Die Lebensweise und Denkungsart dieser verhärteten Kriegesbande tritt nahe vor die Augen. Ihre Mitglieder kümmern sich weder um Rom, noch um die Welt, *sie hängen lediglich an der Persönlichkeit des Marius:* wie aus einem riesenhaft vergrößernden Spiegel strahlt aus ihrer Seele uns nur sein Bild entgegen. Wir gewinnen an ihm größeres Interesse, als wenn er selbst zugegen wäre: wer solche Anhänger hat, muß hochgewaltig sein.
> (HkG I 398)

Bereits im vorhergehenden Abschnitt konnte am Beispiel der Bildverknüpfung, des sprachlichen Brückenschlags zwischen Marius und seinem Gefolge, aufgewiesen werden, wie sich die dramaturgischen Mittel des sozialen Heroismus entwickeln. Aus diesem Szenenplan geht hervor, daß Grabbe die rhetorische Darstellungsabsicht der Heroisierung (epideiktisches Genus) nicht mehr allein den redenden und sich auch im Dialog selbst feiernden Helden überläßt, sondern sie unmittelbar dramatisch durch szenische Spiegelung zu verwirklichen beabsichtigt; der »riesenhaft vergrößernde Spiegel« betreibt nach Aussage seines Attributes die heroische Überhöhung. Der Spiegel als Metapher der Szenenfunktion bezeichnet indessen auch die Formentwicklung, die Grabbes Drama durch die Realisation seiner Sprachbilder ermöglicht: Das Exposé zur Szene III 3 des *Sulla* ließe sich zugleich als dramaturgisches Schema zu den ersten Szenen des *Napoleon* benutzen, mit der Einschränkung, daß dort nicht nur die Soldaten des Helden auftreten, sondern daß das politische Paris in seiner gesellschaftlichen Vielfalt des Jahres 1815 das Bild des Kaisers wie ein riesenhafter Spiegel in sich birgt. Aber Napoleons Soldaten, obgleich sie zur Wirklichkeit der Stadt dazugehören, kümmern sich wahrhaftig nicht um Paris oder die Welt und »hängen lediglich an der Persönlichkeit« ihres Feldherrn.

Die erste Fassung des *Marius und Sulla* enthält wiederum eine Szene, in der Sulla angesichts seiner kämpfenden Soldaten einen bezeichnenden Ausdruck findet für das heroische Wohlgefühl der Heerführer in der Schlacht:

> – 's ist doch schön, ein Feldherr sein – Man fühlt
> Die Welt, die eigne Kraft, – ein jedes Plätzchen
> Ist wichtig, – jegliche Minute kostbar, –
> Und unsre Seele spiegelt sich im Tun
> Von Tausenden! – – (HkG I 311)

Diese Stelle wurde in der zweiten Fassung gestrichen; mit der dort stärker ausgeführten monologisch-distanzierenden Selbstdarstellung Sullas war diese menschen- und umweltbezogene Redeweise nicht mehr zu vereinbaren; sie wäre dem in sentimentaler Verbindung mit seinen Soldaten stehenden Marius zuzutrauen. Statt dessen findet sich im Szenenentwurf zu II 1 der zweiten Fassung das umgekehrte Bild:

> Sullas Herz ist ein rauhes und scharfes, aber ungetrübtes Eisen. Darum spiegelt sich die Wirklichkeit deutlich darin ab. (HkG I 393)

Dieser Skizze nach wäre Sulla bereits weit über den Realitätskonflikt des Monumentalheroismus hinausgewachsen; doch wenn sich in seinem »eisernen« Herzen die Wirklichkeit deutlich abspiegeln soll, dann widerspricht dieser Charakterentwurf den dramatisch gestalteten Fähigkeiten ganz offensichtlich; denn dort erweist sich, daß Sullas Bildsprache die Wirklichkeit nur metaphorisch verwandelt und durch die heroische Perspektive verzerrt zu erfassen vermag.

So klärt sich, warum das Drama Fragment bleiben mußte: Grabbe vermochte, sowohl was die Spiegeldarstellung Marius' als auch den Wirklichkeitssinn Sullas betrifft, den in seinen

Skizzen entworfenen formalen Anspruch nicht einzulösen; die Ansätze zur Vergegenwärtigung des sozialen Heroismus bleiben rar, während die historische Realität der niederen, unheroischen Schicht bereits in ihrer politischen Funktion erkannt und gestaltet erscheint. Der mit der Person Sullas entworfene Monumentalheroismus spiegelt sich in den Hohenstaufen-Dramen eher in dem Bildbereich seiner rhetorischen Prätention: in der heroischen Natur oder in den Destruktionsszenen.

Nach den Beobachtungen an den ersten Dramen leistet die Spiegelung nicht nur die dramatisch-bildliche Vergegenwärtigung, sondern enthält auch die Erkenntnisform für das Verhältnis und die wechselseitige Bedingtheit zwischen dem Heros und der ihn spiegelnden Realität. In den pompösen Monumentalszenerien der *Hohenstaufen* häuft sich jedoch nur der Gebrauch dieser Spiegel-Metaphern; beispielsweise in der Versöhnungsszene zwischen Papst und Kaiser im *Barbarossa* in Venedigs »Glanzpalästen« kommentiert der Doge von Venedig die feierlich-statuarische Situation so:

Die Masten aller Völker schmücken sich
Mit Flaggen, und stehn da wie Riesenblumen!
Gleich eurem Siegesbogen, vollgedrängt
Von Nobili, erhebt sich der Rialto!
Und nicht Girlanden bloß und goldne Pracht
Schmückt jedes Fenster – Fürstinnen und Damen
Verzieren und erfüllen sie – es glänzen
Italiens schönste Augen euch entgegen,
Ein flammender, ein tausendfacher Spiegel,
Begierig euer Abbild zu empfangen! Blickt
Selbst hin und nehmt den Dank der Welt! (HkG II 70 f.)

Die Spiegel-Metapher, die am Ziel der rhetorischen Steigerung die vielen Schmuck- und Glanzmomente vereinigt, erhöht, ihrerseits als »flammender« Reflex durch das Bild des Kaisers heroisiert, die Menge der des Kaisers Abbild begierig empfangenden »Nobili«. Die zitierte Rede des Dogen enthält die Rollenfunktion ihrer Zentralmetapher, sie spiegelt die heroische Idee des Kaisers; in dieser Form der spiegelbildlichen Betrachtung liegt ein Moment der Erweiterung und des Selbstgenusses:

So antwortet der Prinz Heinrich auf den Vorschlag seines Vaters, er solle sich durch eine Heirat mit der Prinzessin Constanze zum Herrscher über das Normannenreich machen:

> Neapel! Neapel!
> Als Herrscher sich in seinem Golf zu spiegeln!
> Es schwingt mich himmelan mit Adlerflügeln! (72)

Diese Bild-Idee der Spiegelung im Golf von Neapel realisiert das Drama *Heinrich VI.*, wo Heinrich in einen »Silberspiegel« (123) zu blicken glaubt, und Grabbe – die Vollendung dieser Szene Kettembeil mitteilend – erhebt die rhetorische Sprachaktion zum Handlungsbericht: *Heinrich VI.* ». . . wächst riesenhaft. Er spiegelt sich in Neapels Golf, und tränkt ihn mit Blut« (HkG V 272). Diese Monumentalgebärde weist sich durch ihre beharrliche Wiederkehr unter verschiedenen Belichtungen als ein Schlüsselbild des Dramas aus, wenn sie die Vorstellung von der dramatischen Unbewegtheit des Kaisers heraufruft, der in denkmalhafter Starre auf sich selbst blickt und auf die Wirkung seiner Taten:

> Was sollt ich fremde Herzen schonen?
> In Blut und Feuer *glänzen* Kaiserkronen! (HkG II 139)

Barbarossa spiegelt sich in heroischen Naturvorstellungen; Heinrich der Löwe spiegelt sich in der Natur selbst, wenn er geschlagen vom Heer des Kaisers an der »wüsten Küste in Ostfriesland« liegt:

> Am Nordmeer liegt der Sachsenherzog, blickt
> Ins unermeßliche Gewühl der Wogen, und
> Sieht darin nur die eigene, vom Sturm
> Empörte Brust! (HkG II 100)

Hier wird die ›Tragödie‹ des Sachsenherzogs in bezeichnender Knappheit erfaßt: Der Heros der sozialen Identifikation, der sich nicht zuletzt durch die Spiegelung seiner heroischen Anlage im ›Volk‹, d. h. in einigen das Volk repräsentierenden Sprecherrollen, bestätigt fand, erlebt die Situation des Exils, der Vereinsamung als Genuß der heroischen Egozentrik und muß erst wieder von seiner Gattin aus der monologischen Selbstbetrachtung gerissen werden. ›Volk‹ und die nationale Heimat bilden bei Grabbe Komplementärerscheinungen einer auf den sozialen Heros bezogenen Geschichtswelt. In der Spiegelung versucht der Dichter die besondere wechselseitige Abhängigkeit und Beeinflussung des Helden und seiner Umwelt zu gestalten. Hier zeigen sich bereits Einwirkungen des herderschen Historismus, der – offenbar als Nachwirkung intensiver Ranke-Lektüre in der Spätzeit – noch deutlicher zutage treten wird. In dieser Verarbeitung der herderschen Anregungen unterscheidet sich Grabbes dramatisch-dialektische Spiegelung von der Goetheschen Reflexlehre, die in dessen Bemerkungen zu den *Wiederholten Spiegelungen*[165] ihre theoretische Fundierung erfahren hat. Die wiederholte Spiegelung begreift Goethe, analog zu dem Begriff der Entoptik, als Symbol des »sittlichen« Vorgangs, der die Ereignisse der Vergangenheit durch ihre aufeinanderfolgende Reflexion im Bewußtsein des Dichters, seines Lesers, des Historikers etc. sich nicht ». . . allein lebendig erhalten, sondern sogar zu einem höheren Leben emporsteigern« läßt. Goethe hat diese Erkenntnis der verwandelnden und überhöhenden Kraft der »wiederholten sittlichen Spiegelungen« vor allem in seinem Spätwerk produktiv umgesetzt. In *Wilhelm Meisters Wanderjahren*[166] und in *Faust II* entfaltet sich aus der vielfachen und immer wieder in neuer Weise sich erschließenden Bezüglichkeit von Personen, Symbolen, Bildern, von Natur- und Geschichtselementen ein unendliches Spektrum von Bedeutungsmöglichkeiten. Diese Spiegelungen stiften jedoch, wie W. Emrich hervorhebt[167], kein kausales oder genetisches Beziehungsverhältnis, wie beispielsweise aus der häufigen Verwendung historischer Symbole in *Faust II* zu schließen wäre, sondern die kaleidoskopartige Variabilität der Bezüge durch verschiedene Sichtweisen, die Vielfalt der Relationen begründen eine »höhere Wirklich-

165 Goethe; Hamburger Ausgabe, ed. Trunz; Bd. XII, [6]1967; S. 322 f.

166 Vgl. dazu Manfred Karnick, *Wilhelm Meisters Wanderjahre* oder die Kunst des Mittelbaren. Studien zum Problem der Verständigung in Goethes Altersepoche. Diss. Freiburg 1968.

167 Emrich, Symbolik; S. 125 ff.

keit« der Dinge und Menschen, in denen nicht fixierte Bedeutungen und abstrakte Ideen zum Ausdruck gelangen, sondern der Reichtum der im einzelnen angelegten Möglichkeiten[168]. Das Verfahren der wiederholten Spiegelungen schließt auf dem Wege der Analogie der Bilder und Erscheinungen Kunst, Geschichte und Natur in einen symbolischen Bedeutungszusammenhang, worin alle Elemente, einander emporsteigernd, ihre Vielfalt zu offenbaren vermögen.

Das Spiegelbild bei Grabbe hingegen veranschaulicht ein wechselseitiges Bedingungsverhältnis, und darin liegt ein Moment der Identität: Wenn die Ruine den Helden intellektuell charakterisiert, gleichzeitig aber auch das Wirkungsbild seiner destruktiven Macht vorzeigt und endlich noch als Symbol historischer Wirklichkeit überhaupt fungiert und damit die dialektische Beziehung von Held und Wirklichkeit erfaßt, so entwickelt sich in der Spiegelung aus dem Requisit der pathetischen Selbstdarstellung der Formbegriff für die Dramaturgie der Spätzeit, die die Beziehung des Heroen und der sozialen bzw. nationalen Umwelt zu gestalten sucht. Auch hier – darin liegt noch eine Gemeinsamkeit mit Goethes *Faust II* – wird die klassische Formkonzeption aufgehoben und verändert. Die Technik der indirekten Darstellung und der aus dieser mittelbaren Expositionskunst herausweisenden Symbolik bedingt einen neuen Gestaltbegriff. Dieser kann sich freilich nur aus der Interpretation eines Ganzen entwickeln lassen.

Wenn sich die frühen Geschichtsheroen Grabbes auch noch nach den Erfahrungen Büchners »wie zernichtet unter dem gräßlichen Fatalismus der Geschichte« fühlen[169], weil es ihre heroische Stilisierung so will, dann kündigt sich mit der Entwicklung der Spiegeltechnik doch die Widerlegung dieser Erfahrung an. So kann Grabbe schon anläßlich des *Barbarossa* von einem »Schick-

168 Über Goethes Stellung im Historismus und die Entwicklung seines eigentümlichen Geschichtsverhältnisses vgl. Friedrich Meinecke, Die Entstehung des Historismus; München und Berlin 1936; Bd. II, S. 480 ff.

169 Georg Büchner, Sämtliche Werke und Briefe, ed. Bergemann; Wiesbaden 1958; S. 374.

salsdrama, in der besseren Bedeutung« mit der Begründung sprechen: »Die Verhältnisse sind gegeben . . .« (HkG V 277). Zwar sind in der Tat auf der Seite der Sachsen »Verhältnisse« gegeben, aber die Handlung entwickelt sich noch nicht mit anschaulicher Notwendigkeit aus den historischen Bedingungen. Dies wird die Dramaturgie der späten Periode leisten, und die Spiegelung begründet ihre Wirksamkeit; durch das enge Bezugsverhältnis zwischen Heros und Wirklichkeit wird der »gräßliche Fatalismus«, den Büchner in der Verselbständigung der geschichtlichen Vorgänge gegenüber ihren Urhebern erfuhr, gebändigt.

Die Idylle als Beispiel szenischer Spiegelung

Der angesichts seiner Dauer und seiner Mitteilungsfunktion von Hegele lediglich als »Tupferszene« bezeichnete Auftritt V 2 in *Heinrich VI.* stellt – recht besehen – einen mehrschichtigen und perspektivenreichen Einschub in die bis dahin kontinuierliche dramatische Aufstiegsbewegung dar. Das offenbar so beschränkte »Gehöfte eines Herdenbesitzers bei Palermo«, das zunächst die lediglich in der Monumentalsicht geschrumpfte reale Gegenwelt zu vertreten scheint, enthält zugleich den Aufriß einer das Heroische überlagernden Weltidee.

»Tupferszene« oder »Genreszene«[170] sind Kennzeichnungen, die vor allem den thematischen Spielwert dieser Abschweifung

170 Hegele, a.a.O. S. 92, nennt die »Spieldauer« das erste Kriterium der »Tupferszene«, verfehlt es jedoch, das gerade in diesem Urteil über die dramatische Zeit liegende Moment der Gegensätzlichkeit zu den staatspolitisch-breiten Szenen der heroischen Selbstdarstellung weiter zu entwickeln: Der Handlungskontrast in der symbolischen Verkürzung wäre der rein dramaturgische Zugang zum Wesen dieser Szene. Vgl. auch die Anm. 95 auf S. 100 dieser Arbeit.
Gegen den Genrecharakter dieser Szene spricht sich auch Eberhard Seybold aus in seiner Untersuchung: Das Genrebild in der deutschen Literatur. (Studien zur Poetik und Geschichte der Literatur 3); Berlin, Köln, Mainz 1967; S. 112. Genre bildet, wie Seybold zeigt, bei Grabbe meist nur die stoffliche Einleitung einer Szene: später erweist sie sich je als satirische Maßnahme (in der Bardewick-Szene) oder als Aus-

verkennen. Einerseits rückt sie neuerlich eine geschichtsferne Welt ins Rampenlicht, wenn auch in einem anderen Bewußtseinsstand als Bardewick, andererseits fällt der Schatten des zunehmend ins Fragwürdige gleitenden Kaisers auf diese fremde Region, und der treibt aus dem Kontrast die Bilder und Fluchtlinien hervor, wie die Geschichte als Zeitverfallenheit zu überwinden wäre. Der Hinweischarakter dieser Szene erschließt sich aus der dramaturgischen Analyse, daß sie, dem Spielzusammenhang entrückt, die sich monumental entfaltende Weltmachtperspektive des Kaisers unterbricht, aber wiederum nicht so weit zurücktritt, daß sie ihre glücks- und stimmungsgesättigten Bilder nur als Gegenentwürfe zum ›tragisch‹ scheiternden Heroismus ausbreitete. Der Handelnde ist durch Spiegelung und Kommentar selbst gegenwärtig. Gleich die Eingangsworte des Knechts: »Nun haben wir einen neuen Herrscher« (HkG II 233) reflektieren das Politikum programmatisch, und auch die folgenden Sätze umkreisen das Geschehen aus der Entfernung, aber gerade darum aufs Wesentliche zusammengezogen. So nimmt das Bild der drohenden »Wetterwolke«, das der Knecht für den Kaiser eben seiner Grausamkeit wegen findet, unbewußt auch wieder etwas von seiner Gewaltigkeit zurück: In der bloßen Naturerscheinung, die sich nur einmal entladen kann, erfährt der Vulkanismus, den sich Heinrich selbst zusprach, eine kritische Korrektur. Methodisch wird auch in den folgenden Sätzen auf dem Wege der korrespondierenden Spiegelung stets die Naturhaftigkeit in Heinrichs bevorzugten Pathosformeln der Größe hervorgekehrt und damit die organische Abgeschlossenheit jener Landschaft ausgesprochen, in der sich der Kaiser selbst zu sehen vermeint. In der Szene zuvor hatte er noch gesagt:

druck des politischen Weltzustandes (II 2 in *Marius und Sulla*) oder als symbolisch-kontrastierendes Instrument der Dramaturgie. Erst in der *Hermannsschlacht* gewinnt sie dramatische Eigenbedeutung. Nicht allein durch ihre Demonstrier- oder Kommentierfunktion, wie Hegele und Seybold jeweils feststellen, sondern darüber hinaus als integriertes Element in der Gesamtdramaturgie des *Heinrich VI.* stellt sich diese Szene dar, insofern sie in symbolischer Knappheit auch die pathetisch abgestoßene Wirklichkeit des Dramas enthält.

Nichts Größres doch als die
Natur – Auf jenem Berge muß ich stehen,
Daß er mich trage an des Himmels Höhen! (233)

Einer solchen rhetorisch projizierten setzen die Landmenschen eine substantiell erfahrene Natur entgegen, dem Naturtopos die reale Wirklichkeit. Die kaiserliche Selbstvergottung findet hier in dem ruhigen Vertrauen auf den Vater Ätna ihren Gegenentwurf, den grenzenlosen Machtideen spotten die tanzenden Landmädchen, und die Streiflichter auf jene begrenzte Umgebung zeigen, wie ganze Jahrhunderte an Geschichte mit Leichtigkeit absorbiert werden können:

Du, Freund, sieh da die Trümmer des Apollotempels, – dort die Befestigungen der Karthager, – da wieder der Römer, – hier einen zerfallenen Turm der Byzantiner wider die Korsaren, – da Wälle und Linien der Sarazenen, – alles zu Stücken. Nur Eines ist geblieben: Der Hirte wechselt hier mit Hirten, der, welcher hinaustreibt, hört das Rufen dessen, der hereintreibt, und ein Mann, der nicht schliefe, könnte sich doppelten Lohns erfreuen. ... (HkG II 234)

Diese Sätze lassen die Szene weit über ihre Spiegelfunktion hinauswachsen. Mit ihren wenigen Bildern umreißen sie deutlich die Landschaft und den Geist einer idyllischen Welt. Die Abgeschlossenheit der ländlichen Szenerie, wo die politischen Tagesneuigkeiten nur von ferne eindringen, die sich den Weiden so harmonisch anpassenden Trümmer der abgestorbenen Geschichtsepochen, jenes gelassene Zeitgefühl, das sich gerade im Erlebnis der zyklischen Erneuerung bestätigt sieht – alle diese zum Teil schon vorher skizzenhaft sichtbaren Züge bilden traditionelle Bau- und Motivelemente der Idylle[171]. Natürlich bricht diese Szene mit dieser Bestimmung nicht aus ihrem Gattungsgefüge aus, sondern sie instrumentiert ihre thematische Aussage mit den topologischen Mitteln einer anderen Dichtform. Freilich lassen sich die möglichen verschiedenen Inhalte und Formen der Idylle nur insofern festlegen, als sie allgemeine Wunschbilder von einem glücklichen harmonischen Zustande der Menschheit heraufrufen.

171 Renate Böschenstein, Idylle (Realienbücher für Germanisten; Abtlg. Poetik); Stuttgart 1967. Auch die folgenden Ausführungen stützen sich zum Teil auf dieses präzis zusammenfassende Bändchen.

Dadurch wurde es jedoch leicht möglich, daß der Gattungsbegriff sich aus dem poetologischen Zusammenhang löste, um auf dem Wege der Politisierung durch Rousseau in die philosophische Reflexion der Ästhetik und Geschichtsspekulation zu geraten. Dort allerdings steht die Gattung bereits im Banne des Theoretikers Schiller, der in seiner Abhandlung über *Naive und sentimentalische Dichtung* dem ästhetischen Phänomen des Idyllischen eine systematische Grundlegung verabreichte. Während – nach Schiller – die anderen Dichtformen vornehmlich den Kontrast von Idee und Wirklichkeit zu ihrem Gestaltungsprinzip erheben, führen die arkadische bzw. die elysische Idylle eine ideale Wirklichkeit vor, jene als verlorenen, diese als wiedererworbenen Besitz.

Wie schon die *Jungfrau von Orleans* zeigt, kann damit die arkadische Idylle durchaus als die integrierte Spielwelt einer anderen Gattung hervorgebracht werden, um zugleich die geschichtliche Situation, den geistigen oder sittlichen Stand der handelnden Personen aus dem *Intérieur* ihrer Lebensverhältnisse symbolisch oder kontrastierend darzustellen. Auch Grabbe macht von dieser Möglichkeit Gebrauch, die Idylle als Deutbild einer verlorenen, zumeist jedoch angestrebten sozialen Wunschwelt sprachlich oder in seiner dramatischen Landschaft einzuführen. Ganz ohne Zweifel erprobte er damit verschiedene Erscheinungsweisen eines seiner zentralen Motive. Gothland, dem das Ausmaß seiner Zerrüttung gerade vor dem Hintergrund eines ländlichen Stillebens ins Bewußtsein dringt, fixiert sich selbst noch auf den vollen Gegensatz zu dieser Möglichkeit der friedlichen Weltordnung. Dagegen vollzieht sich das *happy end* von *Scherz, Satire etc.* ausdrücklich in einer »Schäferhütte« wie »aus Guarinis Pastor fido« (HkG I 265) und spielt das arkadische Glücksmotiv damit leise an. Die abermals mit Trümmern vervollständigte Szene zu Beginn von *Marius und Sulla* steht in klarer positiver Beziehung zur politischen Programmatik des Stücks: Über den Trümmern Roms möchte Marius seine Weltverbesserungsidee verwirklichen; und wenn vor Karthagos Ruinen der Fischer Marius den römischen Liktoren nicht verrät, dann zeigt er damit eine freilich sehr vorsichtig angedeutete Solidarität. Andererseits schwingt das Motiv des Idyllischen auch in jenen Weltverbesserungsparolen Grabbescher Helden mit, die sich in rustikale Bilder kleiden. Gothland, der zerstörende »Arzt«, pervertiert freilich das Motiv:

> Den Ackerbau will ich befördern, dies Feld
> Will ich mit Leichen düngen, damit
> Das Gras wächst, – . . . (HkG I 110)

Marius droht dem im Chaos zusammenbrechenden Rom kurz vor seiner Ankunft:

> Sie hießen spöttisch mich den Bauer, und
> Beim Gott der Rache, ich versteh das Mähen.
> . . .
> Die Straßen
> Sind meine Furchen, Leichen meine Saat,
> Und allgemeine Pest ist meine Ernte! (HkG I 384)

Gewiß bietet der Text selbst nur wenige Hinweise darauf, daß in dieser zynischen Metaphorik noch eine idyllische Ordnungsvorstellung mitgedacht wird: Diese läßt sich jedoch aus dem wiederholten Hinweis des Helden selbst oder seines Sohnes auf die arkadische Vergangenheit des Marius herleiten (»Wenn ich so . . . denke: / Wie ich erst Lämmer führte, dann Nationen« HkG I 396). Dagegen sind in *Heinrich VI.* der Monumentalheroismus und die idyllische Welt in absoluten Widerspruch gesetzt. Während die Menschen auf dem »Gehöfte« offenbar untereinander und mit der Natur in Harmonie leben, lebt der Kaiser in entfremdeter Distanz zu seiner Umgebung; bezeichnend für dieses Verhältnis möchte seine Gattin lieber »Bäurin, statt Kaiserin« sein (233). Heinrich selbst entdeckt in der Natur stets nur die Symbole der Erhabenheit. Die künstliche Natur stirbt jedoch mit ihrem redenden Schöpfer; sie erstarrt im Vergleich mit den wenigen Metaphern natürlicher Unendlichkeit. Die langatmigen Bildzüge der Selbstentgrenzung machen indessen die Gewalt des Absturzes, der die letzte Szene bewegt, spürbar: Der Kaiser stürzt vom Gipfel des Ruhmes in den Abgrund der Bestien. Die »Hunde« und »wilden Rösser«, die Bestien, die mit ihrem Schmutz und ihrer Tollheit den Tempel des Heroen verunreinigen, erscheinen als die natürlichen Verbündeten der Hirtenmenschen, deren Welt sich durch den Tod geradezu erneuert.

Die Idylle der Szene V 2 ragt jedoch nicht allein mit den Zügen einer Kontrastwelt zur »Größe der Geschichtsbegebenheit« [172] in die dramatische Biographie des Kaisers, sie spiegelt nicht nur das Heroische in seiner Weltlosigkeit, sondern sie enthält bereits in sich das gedankliche Gegenbild zur Politik des einsamen Höhenfluges. Bereits in der Person Heinrichs des Löwen waren die Gegensätze zwischen dem Heroismus und der Weltwirklichkeit aufgehoben: Seine programmatische Hinwendung zur Umwelt bestätigte sich darin, daß er den Gedanken tröstlich fand, nach seinem Tode ein Teil der Heimaterde zu werden. Als geschichtstätiger Held trachtete er aber vor allem danach, mit seinem Aufschwung auch seine Umwelt in das Licht der eigenen Größe zu tauchen, mit Volk und Land zu einer Einheit zu verschmelzen. In dem so unglaubwürdig klingenden Pathos der Identifikation, das durch die Sachsenszenen der Hohenstaufen-Dramen schwingt, in der opernartigen Vereinigungsregie mißglückte die Gestaltung einer alten Utopie gesellschaftlicher Harmonie, die W. Emrich im Hinblick auf Goethes *Elpenor*-Fragment beschreibt [173]. Auch in diesem dramatischen Versuch der frühen Weimarer Zeit wird – in goethischer Umgestaltung – die alte, vor allem durch Rousseau wiederbelebte Idee eines goldenen Zeitalters Wirklichkeit, wenn durch die Erscheinung des Helden ein in Einzelinteressen zerteiltes Volk vereinigt wird und »Wut und Unsinn«, die sonst das Volk »durchflammten«, in Vergessenheit geraten scheinen:

> Der Hohe blickt den Niedrigen wie seinesgleichen an; zu seinem Herren hebt der Knecht ein offnes, frohes Aug, und der Beleidigte begegnet sanft des Widersachers Blick . . . So mischt der Freude unschuldige Kinderhand die willigen Herzen und schafft ein Fest, ein ungekünsteltes, den goldnen Tagen gleich . . . [174]

Die Grabbesche Idylle von Herr und Knecht, die in ihrer utopischen Unberührtheit von den historischen Auseinandersetzun-

172 Benno von Wiese, Die deutsche Tragödie; S. 514.
173 Emrich, Symbolik; S. 104 f.
174 Goethe; a.a.O. Bd. V; S. 329.

gen die Struktur des Geschichtsdramas aufzubrechen scheint, verdichtet die gleiche Erwartung an den monumentalen Helden, die Heinrich der Löwe immerhin in der aus allem Gesellschaftlichen herausführenden Verschmelzung von Heros und Volk erfüllt hatte.

Aus der ineinander gespiegelten Weltlosigkeit der Geschichte und der Geschichtslosigkeit einer vollkommenen Welt erwächst als neue Vorstellung die Vervollkommnung der Welt durch die Geschichte. Wenn diese arkadische Kleinwelt in *Heinrich VI.* das Bild des Kaisers nicht in seiner prätendierten Größe wiedergab, sondern geschrumpft und in die zyklische Gleichgültigkeit der Zeitläufe entrückt, so stellt sich darin das umgekehrte dramaturgische Verfahren dar, das die folgenden Dramen in wichtigen Verfeinerungen anwenden werden. Die Spiegelung macht also eine Schicht der heroischen Persönlichkeit sichtbar, die unter dem Druck unerfüllter Erwartung und Hoffnung der ihm anhängenden Menschen zur dramatischen Aktualisierung gedrängt wird. In Grabbes letztem *Hohenstaufen*-Drama stehen noch der Charakter des Helden und die Erwartung der Umwelt weit auseinander. Aber die nahezu gleiche Konstellation wird im *Napoleon* am Ende zur Deckung gebracht. Die in der Idylle verschlossene Möglichkeit zur gesellschaftlichen Utopie werden die Schlachtszenen zur Wirklichkeit hin öffnen.

Spiegelte die Idylle des *Heinrich VI.* in ihrem Trümmerpanorama beinahe ein ironisches Portrait des Helden, so verwebt der Auftritt II 1 des *Napoleon* das lebendig reflektierte Bild des Korsen in die Aufbauelemente seiner Szenerie. Wurde im Hohenstaufendrama die zu keiner Erfüllung gelangte, aber dem Heroen und der arkadischen Welt bestimmte Vereinigung daran ablesbar, daß die Menschen dort den Ätna ihren »Vater« nannten, der Kaiser sich mit dem Ätna verglich, ohne selbst väterlich zu sein, in ihm ein Sinnbild entdeckte, ohne selbst diese sinnbildliche Kraft zu verkörpern, so wird der ebenso vulkangleiche Napoleon in dem ihm gewidmeten Stück immer wieder als »Vater Veilchen« apostrophiert. Die Verschmelzung des Heroischen und Idyllischen kündigt sich darin schon an. Die Freundschaft zwischen Herr und Knecht, im *Heinrich VI.* ein wirkungslos eingespieltes Bild der sozialen Utopie, wird in der Aufschmelzung aller sozialer Differenzen im *Napoleon* Wirklichkeit: Dort ist die Idylle aus der Geschichte selbst hervorgebracht.

In welcher Weise sich der soziale Heroismus in einer idyllisch-naturhaften Wirklichkeit darstellt, läßt sich an der Spiegel-Szene II 1, »Paris im Jardin des Plantes«, beispielhaft belegen. Sie reflektiert in kunstvoller Mehrschichtigkeit die Rückkehr des vertriebenen Kaisers von Elba. Beherrschend wirken zunächst die vielen Bewegungseffekte der Bildsprache, der Dynamismus der Jugendlichkeit, des Frühlingshaften, des Blühens, wie schon F. Martini festgestellt hat[175]; sie erzeugen eine Kontrastspannung gegen den beschaulichen Grundcharakter dieses begrenzten Spielraums. Im Anschluß an die Szene I 4, in der Napoleon seine Rückkehr nach Frankreich beschloß, gewinnen alle Bewegungen die Spiegeleigenschaften eines am Ort selbst noch nahezu verborgen gebliebenen politischen Prozesses; gleich der Beginn entfaltet in seiner plötzlichen dynamisierten Bildlichkeit kommende Ereignisse, wenn der alte Gärtner ruft:

Nicht so wild Kind, nicht gesprungen, – hier ging einst Buffon sehr ruhig und ordnete sein System. (HkG II 355)

In den wilden Sprüngen des Mädchens erscheint die Rückkehr Napoleons in das Frankreich der Bourbonenrestauration mimisch vorgestaltet: Die Herzogin von Angoulême kommentiert nämlich später die Nachricht von Napoleons Landung mit den Worten: »Nun macht Er seine Tigersprünge, wie einst . . .« (364), und in dem an Buffon gemahnenden Garten wird auf das Paris des König Ludwig angespielt, der sich wenig zuvor so äußerte:

weit lieber würd ich in Hartwell wieder meine Kräuter und Blumen suchen, und nach Linné ihre Ordnungen bestimmen, als auf dem Thron Frankreichs sitzen. (HkG II 341)

Das *System* bildet eine Grabbesche Grundformel der künstlichen Wirklichkeit und Geschichtsferne; immer wieder bemüht

175 Fritz Martini, Grabbe. Napoleon oder die hundert Tage; in: Das deutsche Drama vom Barock bis zur Gegenwart, 2 Bde; Düsseldorf ²1960; Bd. II, S. 42–64; S. 49.

er Satire und Polemik gegen seine naturwidrige Verengung[176]; in dieser Szene wird darum die Erinnerung an das Zeremoniell der adelig-steifen Hof-Etikette von der Jugend und frühlingshaften Stimmung überwältigt; und daß diese Bewegungssymbolik eine zunächst naiv-politische Hoffnung ausdrückt, macht der unwillkürliche Übergang in den Worten des Mädchens deutlich, das auf die Frage nach den Blüten von Weide und Kastanie antwortet:

> Ja! alle, alle, und die Silberpappeln knospen dazu – O,
> ça ira, ça ira. (355)

Erst eine ganze Weile später erweist sich der Frühlingsüberschwang des Mädchens als schwärmerische Verliebtheit; doch das spontan zitierte Revolutionslied bewahrt seine politische Perspektivierung auch dann, wenn das Mädchen die von dem Onkel getadelten Worte auf die aufbrechenden Blüten bezieht: Wenig später ergeben sie sich nämlich als Zitat des Geliebten Pierre und stellen sich wiederum in ihrer politischen Bedeutung heraus, wenn sich dieser als Revolutionär und Bonapartist zu erkennen gibt; schließlich bringt der Auftritt Pierres die Erwartung auf Napoleons Rückkehr überhaupt erst direkt zum Ausdruck, nachdem sie symbolisch-perspektivisch schon die halbe Szene beherrscht hat.

Blühen und Hoffnung, der bildliche und psychologische Reflex der Rückkunft Napoleons, sind als ein Beziehungsgeflecht über die ersten Szenen gelegt[177] und brechen am Beginn des zweiten Aktes in spielerischer Unmittelbarkeit auf. Das Veil-

176 Siehe dazu vor allem die Prusias-Satire im *Hannibal,* wo der König den von den Römern besiegten Hannibal belehrt, seine Schlachten hätten »durchaus kein System« (HkG III 146).

177 Bereits in der ersten Szene wird von Vitry der Zusammenhang zwischen Napoleons Rückkehr und dem Frühling hergestellt: »In unsrem schönen Frankreich blühn jeden Lenz das Veilchen, der Frohsinn und die Liebe wieder neu, – Veilchenvater kommt auch zurück.« (HkG II 323) Frühling, Blühen und Frohsinn in dieser Szene werden zu Anschauungselementen sowohl der Liebe des Mädchens wie auch der Rückkehr Napoleons. – Die im Zusammenhang mit dem Herrschaftswechsel genannte »wieder grünende Ulme« (356) weist als Element der Idylle Theokrits (vgl. R. Böschenstein, Artikel »Idylle« im Fischer-Lexikon

chen, Napoleon-Metapher der bonapartistischen Verschwörer, und die Lilie, das heraldische Symbol der französischen Könige, erscheinen in diese jahreszeitliche Stimmung mittelbar und direkt verwoben. Pierre, der die Nachricht von der Rückkehr Napoleons bringt, fordert: »Und alle Lilien ausgerottet, . . .« (HkG II 356), während die beiden Veteranen Chassecœur und Vitry sich auf die Nachricht, daß Napoleon gelandet sei, mit dem Bild: »das Veilchen blüht!« (HkG II 377) verständigen.

Eine andere naiv-politische Resonanz erfährt der Ruf Pierres, daß alle Lilien ausgerottet werden sollen, im Munde der Marktfrauen, die wie der dumpfe Stoff der Geschichte ebenfalls fordern: »Weg Gensd'armes und Lilien!«, sich dann aber von einer Phantasiegeschichte über Linné ablenken lassen und mit Hochrufen auf den »Fürst« Linné davonziehen. Aber in den letzten, scheinbar spielerisch-unverbindlichen Worten des Liebespaares bleibt mit ganz besonderer Kunst die Spiegel- und Erwartungsfunktion des Frühlings erhalten; auf die Worte des Mädchens

> Ha, da die weißen Kirschblüten – sitzen sie nicht am Baume, wie junge Lämmer, die am grünen Berge klettern? – Wie schön!

antwortet der junge Pierre galant: »In deinem Auge blitzen sie schöner. – Napoleon soll jetzt, wie man munkelt –« (357). Es bedeutet in dem Bild- und Motivgeflecht dieser Szene keine Abschweifung, sondern eine Assoziation, wenn der Liebhaber durch die in den Augen der Geliebten reflektierten Kirschblüten wieder auf Napoleon zu sprechen kommt; zudem bestätigt diese Wendung die Spiegelfunktion der ganzen Szene. Das Mädchen unterbricht Pierre wiederum mit den Worten: »Folge mir unter den Kirschbaum.« Damit schließt dieser Auftritt mit einer Bewegung, die die zwei Liebenden noch einmal sich aus der einsetzenden Dynamik eines historischen Vorgangs absondern läßt; doch dieser schwebende, ganz undramatische Schluß eröffnet durch den abgebrochenen Satz, in dem ein Gerücht über Napoleon ausgesprochen werden soll, einen Erwartungshorizont, der in der zu-

der Lit.; Bd. II S. 294) voraus auf die Idylle als Deutbild der utopischen Gemeinschaft.

nehmend spannungsgeladenen und gerüchtehaltigen Atmosphäre der folgenden Szenen die dramatischen Bewegungen bestimmt.

Die behandelte Spiegelszene aus *Heinrich VI.* bot nur den kalten und indifferenten Reflex vom heroischen Dasein des Kaisers; entsprechend seiner Entfernung von der Wirklichkeit gab diese Szene sein Bild nur klein wieder, seine Schrecklichkeit war durch die Gegenvorstellung naturhafter Vergänglichkeit reduziert. Die Spiegelszene im *Napoleon* indessen reflektiert die menschenbewegende Eigenart des Heroen: Die räumliche Ferne Napoleons wird in einer ganz unmittelbaren sinnlichen Nähe seiner Wirkung aufgehoben.

Auch Egmont erweist in der Spiegelung durch die »Gunst des Volks, die stille Neigung einer Fürstin, die ausgesprochene eines Naturmädchens, (und) die Teilnahme eines Staatsklugen«, wie Goethe in *Dichtung und Wahrheit* hervorhebt[178], seine *attrattiva,* seine menschliche Anziehungskraft; gleichzeitig jedoch spiegeln diese Szenen der mittelbaren Darstellung auch die Größe und Vielfalt seiner Individualität, so wie sich Klärchen selbst als der »kleine Teil von deinem Wesen«[179] begreift. Bei Grabbe indessen spiegeln die Volksszenen Napoleon allein in seiner möglichen politisch-militärischen Funktion. Entwickelt der Monumentalheroismus die pathetische Prätention von Freiheit, während die Erfahrung der Notwendigkeit nur als ein dem Helden Wesensfremdes (im Grund nur als der Tod) erscheint, so geht der soziale Heroismus ganz aus der Notwendigkeit einer politischen Situation hervor. So wie dem jungen Mädchen seine verliebte Spontaneität in dem Garten des würdigen Buffon verboten wird, so findet sich das heroische Frankreich in die bourbonische Welt des restaurativen Formalismus gezwängt. Die Wirklichkeit der Volksszenen präfiguriert in Bildern, Symbolen und rhetorischen Handlungsvorstößen das Geschehen, bis es tatsächlich eintritt. Diese Notwendigkeit trägt nicht den Charakter von Fatalität, sondern entsteht im Horizont der sozialen Gegebenheiten einerseits und aus dem Reflex der heroischen Größe in der Welt andererseits.

178 Hamburger Ausgabe Bd. X, [4]1966; S. 176.
179 Hamburger Ausgabe Bd. IV; S. 440.

III. KAPITEL

DIE HISTORISCHE UMWELT UND IHRE DRAMATISCHE GESTALTUNG

A. DER HEROISCHE BEREICH

Begriff und Erscheinung des Volks

Die Ausführungen zur Destruktionsthematik und die Analyse der Heroismusidee bei Grabbe haben deutlich gemacht, daß sich die Beziehung, die den Helden und die Wirklichkeit als Gesellschaft polar gegeneinanderstellt, in der Schlacht unter dem Bild und Begriff des Volkes in ein pathetisch beschworenes Identitätsverhältnis zu verwandeln vermag. Dieser Aufschwung der ursprünglich verachteten Masse der bestialischen Bürger- und Pöbelwelt in eine fest zusammengeschlossene heroische Gemeinschaft hat Grabbe an keiner Stelle dramatisch angemessen zu gestalten vermocht, aber immer wieder spiegelt sich die Macht und Wirkung des Heros in diesem Schmelzprozeß, der aus der in Einzelinteressen zersplitterten städtischen Gesellschaft eine patriotisch auf das Allgemeininteresse eingeschworene Tat- und

Gefühlseinheit zusammenballt. Dieses Pathos und die Choreographie der Zusammengehörigkeit bestimmen die Tonhöhe und den Bewegungsablauf jener dramatischen Zielaugenblicke, auf die hin die innere Dynamik aller Szenen des Stücks angelegt erscheint.

Die Volksidee, die aus den Schlachtszenen Grabbes lebendig hervortreten soll, entwickelte sich mit dem veränderten Geschichtsdenken des Sturm und Drang und stand dort bereits in einem Spannungsverhältnis zum Begriff der bürgerlichen Gesellschaft, einer Spannung, die auch darin ihren Ausdruck fand, daß die sich als bürgerlich begreifende Aufklärung, insbesondere Nicolai, heftig gegen einen idealisierenden Volksbegriff polemisierte, den sich die zu jener Zeit entfaltende Begeisterung für die sogenannte Volkspoesie zu schaffen wußte. Die gesamte Volkslieddiskussion im letzten Drittel des 18. Jahrhunderts blieb durch diese Doppelbedeutung des Volksbegriffes belastet, den das Adelungsche Wörterbuch von 1780 so bestimmt: »Volk« heißen erstens »Die untern Classen der Glieder einer Nation oder eines Volkes, . . . welche sich von der Handarbeit nähren; wo es auch hier nur im gemeinen Leben und mit einem anklebenden verächtlichen Verstande gebraucht wurde«, und zum anderen »Ein aus mehrern Menschen bestehendes Ganze, . . . eine Menge Menschen, welche einen gemeinschaftlichen Stammvater erkennen und durch eine gemeinschaftliche Sprache verbunden sind . . . Indessen wird das Wort Volk am häufigsten von alten Völkern, ingleichen von neuern nur ganz allgemein gebraucht.«[180]

Die entscheidende Voraussetzung für den gehobenen Volksbegriff des Sturm und Drang bildete indes der berühmte *Discours sur l'origine, et les fondements de l'inégalité parmi les hommes* Rousseaus, der in dem einfachen Volke (dem der ersten Adelungschen Definition) am ehesten noch etwas von der Menschheit in ihrer Urform, im Stande der Harmonie mit der Natur wiederentdecken zu können glaubte[181]. Herder hat sich

180 Johann Christoph Adelung, Versuch eines grammatisch-kritischen Wörterbuches der Hochdeutschen Mundart, Bd. IV; Leipzig 1780.

181 »L'homme sauvage . . . , on le voit toujours se livrer étourdiment au premier sentiment de l'Humanité . . . C'est la canaille, ce sont

schon früh mit Rousseau beschäftigt und in ihm einen verwandten Geist erkannt[182], und wenn er die Lieder »alter Völker« zum Ausdruck seiner besonderen, freilich auch religiös bestimmten Naturerfahrung erhebt, dann hat er sie nicht zuletzt mit den Augen der Rousseauschen Zivilisationskritik betrachtet. In dem *Auszug aus einem Briefwechsel über Oßian und die Lieder alter Völker* gesteht der junge Herder zunächst den Bezug zu dem Franzosen: »– – – Sie lachen über meinen Enthusiasmus für die Wilden beinahe so wie *Voltaire* über Roußeau«, dann aber illustriert und bestätigt er seine Vorliebe für die Lieder der »Wilden« in den Erfahrungen seiner Seereise:

Auf Einmal aus Geschäften, Tumult und Rangespoßen der Bürgerlichen Welt, aus dem Lehnstul des Gelehrten und vom weichen Sopha der Gesellschaften auf Einmal weggeworfen, ohne Zerstreuungen, Büchersäle, gelehrten und ungelehrten Zeitungen, über Einem Brette, auf ofnem allweiten Meere, in einem kleinen Staat von Menschen, die strengere Gesetze haben, als die Republik Lykurgus, mitten im Schauspiel einer ganz andern, lebenden und webenden Natur . . . – nun die Lieder und Thaten der alten Skalden in der Hand, ganz die Seele damit erfüllet, an den Orten, da sie geschahen – . . . [183]

Der Gegensatz zur bürgerlichen Gesellschaftskultur und das Mitschwingen der geschichtsutopischen Vorstellung, daß die Welt der »Wilden«, auf dem Schiffe lebendig nacherlebt, vielleicht einmal wiederherstellbar sei[184], diese Momente bezeichnen Übereinstimmung und Weiterbildung des Rousseauschen Ansatzes:

les femmes des Halles, qui séparent les combattants, et qui empêchent les honnêtes gens de s'entr'égorger.«; Discours sur l'origine, et les fondements de l'inégalité parmi les hommes; in: Œuvres complètes de Jean-Jacques Rousseau III (Bibliothèque de la Pléiade); Paris 1964; S. 109–194; S. 156.

182 Vgl. dazu Frederick M. Barnard, Zwischen Aufklärung und Romantik. Eine Studie über Herders soziologisch-politisches Denken (Philologische Studien und Quellen 17); Berlin 1964; S. 70.

183 Herder; Bd. V, S. 168 f.

184 Über die in Herders geschichtsphilosophischem Denken vermischten Anschauungsformen: Antik-Rousseau'sches Verfallsdenken, christlich-aufklärerische Vorstellungen eines göttlichen Heilsplanes und die auf Polybios zurückgehende Lehre vom Kreislauf menschlicher Dinge, vgl. Meinecke, a.a.O. Bd. II, S. 417 f.

Herder entdeckt in der Beziehung von Volksdichtung und Natur die organische Volksidee, die im Denkzusammenhang seiner Geschichtsmetaphysik nicht mehr den Gegensatz von *aetas aurea* und moderner Gesellschaft als ihrem Verfallszustand konstruiert, sondern die als ein übergreifendes natürliches Ganzes begriffen wird. Damit tritt auch das einfache Volk in den Gesichtskreis des Geschichtsbetrachters, der darum in dem Aufsatz *Alte Volkslieder* die bisherige beschränkte Blickweise der Historiographie kritisiert: ». . . unsere ganz mittlere Geschichte ist . . . nur Pathologie des Kopfs, des Kaisers, auf Einer Seite, an Einem Ohre. An Physiologie des ganzen Nationalkörpers ist wenig gedacht.«[185] Freilich, da Herder weiterhin in der Volkspoesie den eigentümlichsten Ausdruck des Nationalgeistes zu finden glaubte, so war auch der Polemik der Aufklärung[186] nicht der Boden entzogen, auch wenn er immer wieder betonte: »Volk heißt nicht, der Pöbel auf den Gassen«[187].

Die Volksidee des Sturm und Drang, in der Form wie sie am klarsten der junge Herder entwickelte, blieb jedoch – wie auch Adelungs Begriffsbestimmung widerspiegelt – zunächst auf die alten Völker bezogen. Für die Vorstellung des Volkes als politisch-soziale Ganzheit, als organisches Wesen bevorzugte auch Herder den Begriff der Nation. Erst die Romantiker, vorzüglich die politische Romantik, nahmen diesen Volksbegriff auf, um ihre durch die napoleonische Besetzung politisch aktuell gewordene patriotische Vorstellung von der ideellen Einheit der Nation auszudrücken. Damit trat jedoch der bereits in der Herderschen Volksidee wirksame pietistische religiöse Gehalt nur sichtbarer heraus. G. Kaiser hat diesen Säkularisierungsprozeß,

185 Herder; Bd. XXV, S. 65.

186 Siehe dazu Pascal, a.a.O. S. 105 f.

187 Herder; Bd. XXV, S. 323; ähnlich mußte sich Bürger gegen den Vorwurf zur Wehr setzen, den Gesang des Pöbels zu fördern. In der Vorrede zur zweiten Ausgabe seiner *Gedichte* bestimmt er den von Schiller so scharf kritisierten Begriff der Popularität: ». . . der Geist der Popularität, das ist, der Anschaulichkeit und des Lebens für unser ganzes gebildetes Volk, Volk! nicht Pöbel!« Zitat nach P. Kluckhohn, Die Idee des Volkes im Schrifttum der deutschen Bewegung (Literaturhistorische Bibliothek 13); Berlin 1934; S. 45.

der aus der religiösen Gemeinde der Pietisten die patriotische Gemeinschaftsidee der Nation entstehen läßt, dargestellt[188]. Auch in den Schriften der politischen Romantik wird die patriotische Volksidee stets gegen die egoistisch zersplitterte Bürgerwelt abgesetzt. Wie stark freilich das Einheitspathos der Befreiungskriege religiös vorbereitet war, das geht aus einer Predigt Schleiermachers deutlich hervor:

> . . . nur der kann ununterbrochen in einer seinen Kräften angemessenen gottgefälligen Tätigkeit sein, nur der kann alle Pflichten erfüllen, alle Rechte ausüben, alle Vorteile benutzen und also einheimisch sein wie ein Bürger in dem Reiche Gottes, der es treu mit dem Volke hält und meint, dem ihn der Herr zugesellt hat. Wie verschwinden gegen ihn der Gast und der Fremdling mit ihrem unsichern, unstäten Tun!... Darum laßt uns nicht Gäste und Fremdlinge sein, sondern Bürger mit den Heiligen.[189]

Hier wird der Bürgerbegriff zur Metapher einer höheren Sozietät; andere Schriften scheiden den Patrioten und Bürger streng voneinander; Kleist deutet in dem achten Kapitel seines *Katechismus der Deutschen* die Besetzung Deutschlands als Strafe für die Mißachtung der höchsten Güter, an deren Spitze Gott und Vaterland figurieren:

> FRAGE. Woran hingen sie, mit unmäßiger und unedler Liebe?
> ANTWORT. An Geld und Gut, trieben Handel und Wandel damit, daß ihnen der Schweiß, ordentlich des Mitleidens würdig, von der Stirn triefte, und meinten, ein ruhiges, gemächliches und sorgenfreies Leben sei alles, was sich in der Welt erringen ließe.
> FRAGE. Warum also mag das Elend wohl, das in der Zeit ist, über sie gekommen, ihre Hütten zerstört und ihre Felder verheert worden sein?
> ANTWORT. Um ihnen diese Güter völlig verächtlich zu machen und sie anzuregen, nach den höheren und höchsten, die Gott den Menschen beschert hat, hinanzustreben.[190]

188 Gerhard Kaiser, Pietismus und Patriotismus im literarischen Deutschland. Ein Beitrag zum Problem der Säkularisation; Wiesbaden 1961.

189 Predigt vom 24. August 1806; Zitat Kluckhohn, a.a.O. S. 71.

190 Heinrich von Kleist, Sämtliche Werke und Briefe, ed. Sembdner; München [3]1964; Bd. II, S. 356.

Wenn Grabbe in seiner Abhandlung zur *Shakspearo-Manie* schreibt: »Das *Volk* ist eine wunderbare Erscheinung; die Individuen, aus denen es denn doch besteht, sind in der Regel nur mittelmäßig begabt . . . – dennoch pflegt im Volke als Gesammtheit stets die richtige Ansicht, das wahre Gefühl vorzuherrschen« (HkG IV 31), dann lebt neben der an Rousseau gemahnenden Formulierung[191] hier vor allem die romantische Volksidee weiter. Im *Barbarossa* und in der *Hermannsschlacht*, wo das »Volk« stets im Zusammenhang mit seiner heimatlichen Umgebung erscheint und sich selbst als Ausdruck dieser Natur-Umwelt begreift, zeigt sich Grabbe der Grundidee von Herders Geschichtsphilosophie verpflichtet, nach der jedes Volk in seiner Eigenart genetisch aus den historischen, geographischen und kulturellen Bedingungen, in denen es lebt, verstanden werden muß:

> Wie eine Quelle von dem Boden, auf dem sie sich sammlete, Bestandtheile, Wirkungskräfte und Geschmack annimmt: so entsprang der alte Charakter der Völker aus Geschlechtszügen, der Himmelsgegend, der Lebensart und Erziehung, aus den frühen Geschäften und Thaten, die diesem Volk eigen wurden.[192]

Herder bildet den Bezugspunkt und geistesgeschichtlichen Vorläufer jenes Grabbe, der seine Sachsen ständig mit dem Harz

191 Vgl. den Beginn des 3. Kap. im Buch II des *Contrat Social:* »Il s'ensuit de ce qui précède que la volonté générale est toujours droite et tend toujours à l'utilité publique: mais il ne s'ensuit pas que les délibérations du peuple aient toujours la même rectitude. On veut toujours son bien, mais on ne le voit pas toujours.« Œuvres Complètes III, S. 371. Allerdings darf diese Beziehung zu Rousseau nicht überschätzt werden. Die Beschäftigung Grabbes mit dem französischen Philosophen ist belegt durch A. Bergmann, Grabbe als Benutzer der öffentlichen Bibliothek in Detmold; in: Archiv für Landes- und Volkskunde von Niedersachsen, Heft 20 (1944), S. 62–119; S. 89. Aber die bei Rousseau politisch gedachte Kollektivität der »volonté générale« erhält in der Romantik und bei Grabbe einen stärker rückwärts gewandten utopistischen Zug. Die hervorstechenden Merkmale von Emotionalität und Spontaneität konstituieren den Gegenentwurf zu einer Gesellschaft, die durch Reflexion und mangelnde Kommunikationsfähigkeit ihre Einheit verloren hat.

192 *Weitere Ideen zur Philosophie der Menschengeschichte;* Bd. XIV, S. 84.

oder der stürmischen Nordsee in eine Bildperspektive setzt, in der ihre Körpergröße und wilde Reckenhaftigkeit bezeichnet werden soll (vgl. vor allem die Szene IV 2 des *Barbarossa*). Dieses Motiv wird in der *Hermannsschlacht* noch stärker ausgestaltet.

Auf den Einfluß der Romantik weist das patriotische Element, das politische Einheitspathos in Grabbes Volksbegriff, wie es vor allem aus den Preußenszenen des *Napoleon* beherrschend hervortönt. Diese Abhängigkeit belegt auch ein Zeugnis der späten Zeit, in welchem Grabbe ein rares Denkmal »lippischer Volksdichtung« vorzustellen glaubt; zwar handelte es sich dabei um ein sogenanntes »Guckkästnerlied«[193], aber vor allem die Anmerkung Grabbes zu diesem Dokument gibt interessanten Aufschluß:

> Es ist nöthig und vorsorglich, uralte originelle Verse und Prosa so mehr für bessere Jahre aufzubewahren, als unser Zeitalter ein zersetzendes, alle Eigenthümlichkeit auflösendes Element zu werden droht . . .
>
> (HkG IV 249)

Auch hier wird die »Volkspoesie« einer zerfahrenen, unglücklichen Zeit entgegengesetzt, so wie Achim von Arnim seine *Aufforderung* (zur Sammlung von Volksliedern)[194] mit der politischen Zersplitterung Deutschlands begründet. Und wenn Grabbe in einer brieflichen Variante des oben zitierten Textes von einer »tief aus dem Volksleben rätselhaft emporgesproßten Dichtung« (Wuk V 208) spricht, dann deckt er wiederum die Schicht seines Begriffs auf, die auf Herders und Rousseaus Volksidee zurückverweist, die von der Vorstellung eines vorgesellschaftlichen Zustandes der Menschen bestimmt wird.

Damit gewinnt die Deutung der Idylle des vergangenen Kapitels ihre volle historische Dimension. Das Idyllische, das zu Beginn von *Marius und Sulla*, in *Heinrich VI.* und *Napoleon* und während der *Hermannsschlacht* im symbolischen oder dramatischen Zusammenhange mit dem Helden auftaucht, enthält

193 Siehe hierzu die Anmerkung des Bearbeiters der HkG, Bd. IV, S. 633 ff.

194 Nach Kluckhohn, a.a.O. S. 88.

das utopische Bild jenes Gesellschaftszustandes, der sich real nur noch in der Schlachtsituation wiedererreichen läßt und dort augenblicksweise im Pathos der Kämpfenden sich spiegelt. Denn die Verschmelzung von Heros und Soldaten geschieht stets als die Vereinigung des Helden mit einem im heroischen Aufschwung befindlichen *Volk,* einer patriotischen Gemeinschaft, die ihr kollektives Bewußtsein aus der Idee einer gemeinsamen ethnischen und naturhaften Herkunft nährt. Daß dieser patriotische höhere Volksbegriff nicht nur zufällig auftaucht, weil er mehr oder minder zur Rhetorik der Kriegs- und Kampfanfeuerung gehört, wird in *Marius und Sulla* überzeugend nachweisbar. Dort kritisiert Saturninus in der Szene II 3 die bestienhaft grausamen und feigen Bürger, die sich zuvor als heroisches Volk glaubten feiern zu können:

Du bist ein verlaufener Freigelassener, Sextus ein Parasit, Cajus ein Schneider oder sonst etwas. Wie wollte man aus euch ein Volk zusammengießen? (HkG I 375)

Alle drei Angesprochenen werden von Saturninus in ihrer gesellschaftlichen Rolle bestimmt und disqualifiziert. Das heroische Volk, so will die Metapher »gießen« verstanden sein, nimmt aber nur die aus ihrer starren sozialen Determination gelösten Menschen in sich auf.

Die Schlüsselmetapher des »Schmelzens« (vgl. S. 158 f. dieser Arbeit), die die Auflösung des Bürgers in der Gemeinschaft sichtbar macht, bewertet eben jenen Vorgang positiv, den Hegel in seiner Vorrede zu den *Grundlinien der Philosophie des Rechts* scharf kritisiert, weil er ». . . die reiche Gliederung des Sittlichen in sich, welche der Staat ist, die Architektonik seiner Vernünftigkeit, . . . diesen gebildeten Bau in den Brei des ›Herzens . . .‹ zusammenfließen« läßt[195].

Die romantische *Begeisterung* wächst aus der Erfahrung der deutschen Zersplitterung hervor, die gerade während der napoleonischen Besetzung besonders schmerzlich empfunden wurde,

195 G. W. F. Hegel, Werke in zwanzig Bänden (Theorie Werkausgabe); Frankfurt/Main 1970; Bd. 7, S. 19.

während bei Grabbe doch vorzüglich die Erfahrung der »kleinlichen Umgebungen« das längst verhallte Pathos der patriotischen Einheit neuerlich zum Klingen bringt. Die Unterscheidung von Gemeinschaft und Gesellschaft, eines ideellen, auf höhere Ziele gerichteten Verbandes und einer durch reine wirtschaftliche Zweckmäßigkeit organisierten Sozietät, bestimmt freilich im Anschluß an die Romantik noch lange ganz entschieden das soziologische und politische Denken[196].

In welcher Weise sich Grabbes Volksbegriff in seinen Dramen darstellt, wird die Interpretation des *Napoleon* und der *Hermannsschlacht* zeigen. Da sich aber diese Volksidee durch die stets mit ihr verbundene Bildlichkeit der geographischen und klimatischen Determination (Heinrich der Löwe fällt von Barbarossa ab, weil sich seine Sachsen in Italien nicht wohl fühlen und ihnen der Schinken nicht schmeckt; die Römer scheitern in dem Hermann-Drama an den westfälischen Witterungsbedingungen) stark an Herder anlehnt, bedarf es noch der Analyse des Naturbildes in Grabbes Drama. Herder sieht in Geschichte und Natur seinen Gott lebendig und wirksam; auf diesem me-

196 Die begriffliche und moralische Unterscheidung von Gesellschaft und Gemeinschaft bleibt entscheidend wichtig für die bedeutenderen staatsphilosophischen und soziologischen Überlegungen des 19. und 20. Jahrhunderts. Hegel beschreibt in der *Rechtsphilosophie* die bürgerliche Gesellschaft als »Stufe der Differenz« zwischen der Familie und dem Staat. In ihr ist das Sittliche in »seine Extreme verloren« (§ 182 ff.). Rechtsphilosophie; a.a.O. S. 339 f. Marx glaubt, daß »die ganze ökonomische Geschichte der Gesellschaft« sich in dem Gegensatz von *Stadt* und *Land* bewegt; in: *Das Kapital* (Ökonomische Schriften I, ed. Lieber et Kautsky; Darmstadt 1962) S. 401. An Hegel und Marx knüpft Ferdinand Tönnies in seinem Werk: *Gemeinschaft und Gesellschaft.* Grundbegriffe der reinen Soziologie; Leipzig [8]1935 (Erstauflage 1887), an. Ohne die teleologische Perspektive seiner Vorbilder teilt Tönnies die Zeitalter in solche der »Gemeinschaft« und solche der »gesellschaftlichen« Anlage ein, die sich in rhythmischem Wechsel gegenseitig ablösen. Ihre Grunderscheinungen faßt er in folgender Weise zusammen: »(Gemeinschaft): Familienleben = Eintracht. Hierin ist der Mensch mit seiner ganzen Gesinnung. Ihr eigentliches Subjekt ist das Volk usw.« – »(Gesellschaft): Großstädtisches Leben = Konvention. Diese setzt der Mensch mit seiner gesamten Bestrebung. Ihr eigentliches Subjekt ist die *Gesellschaft schlechthin.«* (S. 251)

taphysischen Glauben beruht die Einheitlichkeit seines Historismus. Wie aber stellt sich das Verhältnis von Geschichte und Natur bei Grabbe dar?

Natur und Naturbildlichkeit

Die Verwandtschaft des Grabbeschen Naturverständnisses mit dem des Sturm und Drang spricht aus der sein ganzes Werk durchziehenden Polemik gegen die einengende bürgerliche Moral sowie gegen die Systeme der Naturforschung[197]; diese Abneigungen inspirierten sowohl die Satire auf die Naturforscher in *Scherz, Satire, Ironie und tiefere Bedeutung*, denen der Teufel nicht ins System »paßt«, als auch die pathetische Rede Don Juans gegen die Heirat (HkG I 483). Endlich variiert die ironische Koppelung von Bourbonentum und Linnéschem System im *Napoleon* ebenso wie die Üchtritz-Satire des *Hannibal* das Aufbegehren des Sturm und Drang gegen das aufklärerische Verständnis einer gesetzhaften Naturordnung.

Walter Weiss[198] hat nun den Versuch unternommen, Grabbes Drama als Ganzes im Lichte jener Naturhaftigkeit zu begreifen, die Herder am Drama Shakespeares feiert. Er stellt diesen geistesgeschichtlichen Zusammenhang auf dem Wege eines Analogieschlusses her, der Herders Formulierung, Shakespeare gestalte die Geschichte »so groß und tief wie die Natur«, als Ausgangspunkt und Verständnishypothese auch für Grabbes Werk gültig glaubt; die Analogie vervollständigt sich für Weiss zur geistesgeschichtlichen Abhängigkeit, insofern Herders metaphysische Natur und Geschichte bei Grabbe (»Enttäuschter Pantheismus«) als entgötterte Natur- und Geschichtswirklichkeit sichtbar bleiben soll. Dieser Ansatz schafft eine Reihe von Zwangsläufigkeiten, die sich im Laufe der Weiss'schen Interpretation als fragwürdige und bisweilen gewaltsame Behauptungen ausnehmen.

197 Vgl. dazu Herders Polemik gegen Buffon in seiner Abhandlung *Auch eine Philosophie der Geschichte zur Bildung der Menschheit;* in: Herders Werke Bd. V, S. 656.

198 Walter Weiss, Enttäuschter Pantheismus; S. 203–246.

Zunächst läßt sich die Natur und Naturbildlichkeit in Grabbes Drama weder inhaltlich noch formal einheitlich bestimmen, da sie sich bedeutsam in dem Entwicklungsprozeß verwandelt, der alle wichtigen Motivelemente in seinem Werk erfaßt. Zudem bietet gerade das Frühwerk, wo die geistesgeschichtliche Abhängigkeit einer bestimmten Naturanschauung offenbar werden müßte, keine Auseinandersetzung mit pantheistischen Ideen, sondern die Zerstörung von illusorischen, leeren Harmonievorstellungen; der verzweifelte Materialismus des *Gothland* begreift sich ebenfalls nicht als pervertierte oder entgöttlichte Herdersche Idee, sondern unterstreicht lediglich die aufklärerische Attitüde in Grabbes Polemik gegen diejenigen idealistischen Weltdeutungen, welche die »grause« materielle Seite der Geschichte übersehen. Endlich wurde auch gezeigt, daß die pantheistischen ›Brocken‹, die durch das Faust-Drama schwirren, keineswegs die Trümmer einer zerstörten Gottnatur, sondern die Versatzstücke eines intellektuellen Heroismus darstellen, der sich mit diversen, einander zum Teil widersprechenden geistigen Möglichkeiten rhetorisch versucht, ohne über den verselbständigten Darstellungsdrang hinaus irgendeine verbindliche Richtung einzuschlagen.

Für das Drama der mittleren Periode bietet die Herdersche Vergleichsformel »wie die Natur« darum eine zutreffende Erkenntnishypothese, weil das Grabbesche Verhältnis von Natur und Geschichte sich dort auf die Analogie beschränkt. Der Vergleich dominiert unter den tropischen Verwandlungsmöglichkeiten seiner Bildsprache, und das *wie* bleibt eine rationale Konjunktion auch dann, wenn die Vergleiche hyperbolisch die Analogiefunktion sprengen: Denn gerade die Hyperbolien öffnen eine weite Divergenzsphäre zwischen Realmoment und Vergleichsbild. Wie die barocke Metapher verweigert auch das Bild bei Grabbe die ». . . symbolhafte Verschmelzung beider Gleichnishälften zu einer neuen irrationalen, gefühlsgetragenen Einheit (und) . . . bleibt das letzthin disparate Nebeneinander zweier Glieder«[199].

199 Gerhard Fricke, Die Bildlichkeit in der Dichtung des Andreas Gryphius (Neue Forschungen 17); Darmstadt ²1967; S. 33.

Es ist also nicht verfehlt, auch die Grabbeschen Bilder nach Stoffgruppen zu ordnen, wie es zuerst Karl Wittmann[200] getan hat, und diese Ordnung durch eine Funktionsanalyse zu ergänzen. Denn offensichtlich hat Grabbe sich mit seinem Katalog von Naturbildern ein reiches Instrumentarium geschaffen, das ihm die Wertschichtung und polarisierte Weltordnung seines Dramas jederzeit lebendig vorzustellen ermöglicht. Unter dem zentralen Gesichtspunkt der heroischen Qualität lassen sich alle Bildelemente in Grabbes Welt in einer geradezu hierarchischen Wertstufung einordnen: Von der kosmischen Sphäre bis zur niederen Animalzone. Diese Bildsäule repräsentiert den Universalbereich der Welt, den sein Drama erschließt, aber dieser Bereich ist größer als der Aktionsbezirk, der in der heroischen Geschichte aus dieser Totalwirklichkeit hervordrängt. Über die gesamte Natur wird verfügt als Bildhaushalt für die Welt als Ganzes, während nur ausgewählte Elemente dieser Natur das heroische Ereignis der Geschichte begleiten und deuten. Die Zweiwertigkeit der beiden Weltbereiche erweist sich als das auffälligste Organisationsprinzip für den Bildkatalog der Natursphäre. Weiss, in dem Bestreben, das einheitlich Naturhafte der Geschichtsbilder nachzuweisen, nivelliert diese Unterschiede: Für ihn bewirken etwa die Tierbilder einheitlich eine Bestialisierung der Menschen, gleichgültig, welche historische Eigenart oder soziologische Herkunft sie charakterisieren: »Die Menschen werden derart häufig im Bild zu wilden Tieren, daß das Menschliche vom Bestialischen geradezu bedrängt wird und oft dem Blick entschwindet«[201]. Auch hier trägt eine Ungenauigkeit das Argument: Die Funktion und die Bedeutung des einzelnen Bildes dürften nur dann zur Identität gebracht werden, wenn dieses keine erkennbare Bezeichnungsenergie mehr enthält. Von solcher Auszehrung findet sich allein die Bildsprache im *Gothland* betroffen; in allen anderen Dramen indessen kehrt das Tierbild bestimmte anthropologisch-soziologische Qualitäten hervor, die nur gewisse Aspekte der menschlichen Gesamterscheinung sicht-

200 Karl Wittmann, Die Vergleiche in den Dramen Grabbes, Diss. Gießen 1924.

201 Weiss; a.a.O. S. 217.

bar machen. Darüber hinaus aber besteht ein klarer Unterschied zwischen den niederen (Vögel, Würmer etc.) und den höheren Tierarten, bei welchen sich wiederum Bestien und Raubtiere deutlich unterscheiden. Tiger und Löwe sind alte heroische Metaphern, das Bild des Löwen war im Barock, wie Fricke zeigt[202], auch bisweilen christlich getönt; die vielen Wortspiele, die sich aus dem Beinamen Heinrichs des Löwen abgeleitet finden, umkreisen ebenfalls ausschließlich eine heroische Qualität. Das »Menschliche«, das Weiss bedrängt sieht, hat bereits der *Gothland* grundsätzlich zerstört, und in keiner späteren Gestalt wird es mehr angestrebt. Die Welt der Geschichte entfaltet ihre eigene Anthropologie, und deren Wertschichtung reflektieren die Tierbilder.

Weiss verzeichnet zwar die einzelnen Stoffgruppen unter den Grabbeschen Bildern, interpretiert sie jedoch nicht textbezogen, sondern als Elemente der naturhaften Geschichtsphysiognomie; und so werden für ihn Bestien und Vulkane als Metaphern und dramatische Elemente zum Ausdruck der gleichen Zustandsqualität der Geschichte, die er beklagt: »Heinrich VI. vergleicht sich selbst mit dem Vulkan; die Machtgier, die in ihm brennt, mit dem Feuer des Berges. Er setzt sich also mit einer Elementarerscheinung der Natur gleich. Geschichte wird so zum Elementargeschehen, wie durch die Raubtierbilder.«[203]

Die genaueren Beobachtungen zur destruktiven Bildlichkeit im Grabbeschen Drama zwangen bereits dazu, jedes einzelne Element aus dem Textzusammenhang in seiner eigentümlichen Signifikanz und aus seiner Stellung im gesamten Bildhaushalt Grabbes zu erfassen. Als eine immer wiederkehrende Grundfigur trägt der heroische Bergtopos zusätzlich allgemeine Bedeutungen, wenn er im Drama auch eine besondere Charakterisierungsfunktion übernimmt. In dieser Spannung muß auch das Vulkan-Bild, Heinrichs Selbstvergleich, gesehen werden (vgl. den folgenden Abschnitt). Eine differenzierte Bewertung der Bildelemente aus dem Naturbereich ergibt dann folgendes Gesamtbild: In dem Großen, Elementarhaften der heroischen Aktion, in der

202 Fricke; a.a.O. S. 72. 203 Weiss; a.a.O. S. 221.

Wirkung der löwenhaften Heroen, die die Welt aus ihrer spießerhaften geschichtlichen Indifferenz in die ›Glut-Sphäre der patriotischen Gemeinschaft reißt –, erscheint keine dauernde Qualität der historischen Vorgänge, sondern ein mit äußerster Energie erreichter Spitzenaugenblick; mit Ausnahme der *Hermannsschlacht* wird die Wirklichkeit der Historie stets zweiwertig, in Wertbereiche polarisiert, gestaltet. Allein die Erinnerung an die großen Geschichtsmomente entzündet die Phantasie des Dichters Grabbe; ein solches Geschichtsbild, das sich aus der Vergangenheit nur die heroischen Glanzereignisse als Orientierungspunkte auswählt, das sich vorzüglich im Schlachtereignis kristallisiert, wo die Zeit als Kontinuum gerade abgestreift wird, ein solches Geschichtsbild erschließt sich nicht im Lichte Herderscher Geschichtskontinuität. Wenn Grabbe, wie Dietmar Schmidt[204] hervorhebt, seine Briefe immer wieder mit historischen Daten und Schlachtreminiszenzen schmückt, dann unterstreicht er auch dort seine Vorliebe für den aus einem geschichtlichen Zusammenhang gelösten großen Augenblick, für die perspektivlose Synchronie des »Historischen«, das sich nur durch den Zufall des Datums ein Element von Zeitlichkeit bewahrt. Diese Perspektivlosigkeit seines Geschichtsbildes bedingt auch Grabbes Unfähigkeit, eine Entwicklung für die Zukunft begründet vorauszusagen. Jene vagen Prophezeiungen, in denen Weiss die Herdersche Geschichtsmetaphysik als leere immanente Transzendenz weiterleben sieht[205], erweisen sich als Projektionen der Größe in die Zukunft. Napoleons Worte: »Nordamerika wird übrigens binnen vierzig Jahren ein größeres Karthago, der Atlantische Ozean ein größeres Mittelmeer, um welches die Alte und Neue Welt sich lagern –« (HkG II 400), lassen sich nur durch die Überinterpretation des Adjektivs »größer« auf das Bild einer immanenten Unendlichkeit festlegen. Der Vergleich des vergangenen Karthago mit dem zukünftigen Amerika faßt weniger die graduellen Unterschiede ins Auge, sondern betont den ewig lebendigen Anspruch auf Macht. Das Bild einer substantiellen Gleichförmigkeit der Geschichte schließt Napoleon mit

204 Dietmar Schmidt; a.a.O. S. 162. 205 Weiss; a.a.O. S. 206 f.

der Prophezeiung ab, daß auch Amerika als Herrscher einst abgelöst werde: »Zwei, drei ärmliche Jahrhunderte und dann wandeln auf den Inseln und Küsten der noch grenzenloseren Südsee die Herrscher des Menschengeschlechts.« (400) Es bedarf keines »transzendierenden« Geistes, um behaupten zu können, daß zumeist das Größere auch das Mächtigere sein wird. Grabbe hat in diesem banalen Sinne dramatisch stets das Scheitern der schwachen und den Sieg der starken Partei als notwendig herausgestellt. Diese militärische Notwendigkeit wird zwar dramatisch vertieft, aber – mit Ausnahme der *Hermannsschlacht* – aus keinen übergreifenden Zusammenhängen heraus motiviert.

Geschichte und Natur: Grabbe nutzt ihre Analogien, um das Vergangene in kraftvoller Anschaulichkeit wirken zu lassen; so schreibt er in einem Brief:

> Heute ist Napoleons Krönungstag, und der Tag von Austerliz. Mich umwehen seine Donner ... (HkG V 191)

Die Naturbilder »wehen« und »Donner« veranschaulichen das Vergangene als sinnlich unmittelbar der Grabbeschen Phantasie gegenwärtig. Auch bei einer anderen Schlacht-Erinnerung stellen sich Bilder der Natursphäre ein; am 21. V. 1835 schreibt Grabbe an seinen neuen Verleger Schreiner:

> Heut muß ich mich ein bißchen ausschütten. Es ist einer der größten Tage, welche Deutschland erlebt hat. 1809, 21. Mai, war der zweite, siegreiche Tag von Aspern, Napoleon zum ersten Male in offenem Feld mit seinem *auserlesensten* Heer vom Erzherzog geschlagen. Lannes oder Montebello spürte mit 2 abgeschossenen Beinen auch, daß das Geschick sich wenden könne.
>
> Es ergreift mich furchtbar, und der Lisette kann ich Aspern nicht sagen, weil sie nichts davon versteht.
>
> Aspern! Diese Kürassierangriffe, diese Morderei auf den Kirchhöfen, diese schwellende, vorbeidonnernde Donau – Was Ungeheures! (Wuk VI 141)

Die Metonymie, die das Datum für ein vergangenes Ereignis setzt, ergreift in ähnlicher Weise die geschichtliche Reminiszenz kraftvoll und gibt ihr das Relief des unmittelbaren Erlebnisses; diese Naturbilder überwinden die Zeitdistanz zum Vergangenen: In Grabbes Phantasie verbinden sich die Kürassierangriffe und die »Morderei« mit der schwellenden und donnernden Donau zu einer gemischten und gewaltigen Erinnerung. Die asyndetische Reihung setzt die Geschehniselemente nur scheinbar in gleichgültige Beziehung, denn die Glieder der Aufzählung, ihrerseits schwellend, reproduzieren den Dynamismus der berufenen Ereignisse. Dennoch bleibt ihre sachliche Mitteilungsfunktion innerhalb der Sprachbewegung erhalten; die Teilglieder der Passage werden von zwei Ausrufen umklammert: »Aspern!« und »Was Ungeheures!«, was heißen soll: Die Kürassierangriffe, die Morderei etc. bei Aspern waren etwas Ungeheures. So intendieren die gemischten Elemente der Aufzählung keine Identifikation von Natur und Geschichte, sondern ein vergleichendes assoziatives Wechselspiel zwischen den beiden Bereichen: Die Sprache des Briefes – bewußter Versuch der Kommunikation – muß das *tertium comparationis,* das die verkürzte Vergleichsbeziehung zwischen der Naturreminiszenz und den Schlachtereignissen ermöglicht, benennen, während es die dichterische Sprache verschweigt, indem sie das ›Ungeheure‹ als einen Stil-Effekt zu produzieren versucht. Die Entwicklung der *Natur* bei Grabbe – vom illustrierenden Naturkatalog zur integrierten heroischen Landschaft – läßt sich so veranschaulichen, daß bei einer Schlachtdarstellung von Aspern in der frühen Periode die »donnernde Donau« bildlich-rhetorisch in der Sprache geschwollen wäre; im späten Drama hätte sie unbedingt zum Szenenbild gehört.

Am Ende, in der *Hermannsschlacht,* verändert sich das Erscheinungsbild von Grabbes Geschichte noch einmal. Die »donnernde Donau« wird nunmehr selbst geschichtlich aktiv. Der Konkretionsprozeß, der die Natur und die heroische Tat aus dem Katalog der rhetorischen Ansprüche und der Illustrationsmittel löste und zu Elementen der Bühnenwirklichkeit erhob, läßt schließlich die Natur sogar zu unmittelbarer geschichtlicher Wirkung gelangen. Diese Wendung erinnert in anderer Weise an die Herdersche Natur- und Geschichtsmetaphysik, denn in der *Hermannsschlacht* wird die Niederlage der Römer in entscheidendem Maße als klimatisches Scheitern motiviert. Während die Germanen in harmonischer Einheit mit ihrer Umgebung leben, betreten ihre Gegner eine völlig fremde Welt, die sich gleichzeitig mit der wachsenden kriegerischen Entschlossenheit der Germanen unter Hermanns Führung für die Römer dämonisiert und von Hexen und Geistern bewohnt scheint. Doch auch innerhalb dieses dramatisierten Herderschen Historismus wird Weiss' geistesgeschichtlicher Ansatz nicht durch den Text gedeckt; denn Grabbes Natur in dem letzten Drama erscheint weder gottlos noch überhaupt als »universaler Hintergrund«[206]; vielmehr wird sie selbst aktiv und hilft den Feind bekämpfen:

> HERMANN Helft doch unserer armen Retlage! Sie wollen den Bach überschreiten, und so klein er ist, wehrt er sich und schwillt ganz ärgerlich auf! (HkG III 362)

Diese neue Wendung belegt zudem den völlig unmetaphysischen Naturbegriff: Die mittelbare Wirkung der geographischen und klimatischen Bedingungen, aus denen Herder seine einheitliche Sicht von Natur und Geschichte als Ausdruck und Realisationssphäre Gottes entwickelt, verwandelt sich bei Grabbe in eine unmittelbare geschichtliche Einflußnahme der Natur. Formal vollendet sich hier der Konkretionsprozeß der Naturbildlichkeit, der sich – wie der folgende Abschnitt zeigt – in verschiedener Weise und keineswegs kontinuierlich vollzieht; er veranschaulicht eine neue Geschichtsdeutung, die den Ansatz gefunden hat, das Vergangene in der Sichtweise der Kontinuität zu begreifen.

Konkretion und Reduktion von Naturbildern

Der Gesamtstoff der tropischen Figuren in Grabbes Drama läßt sich sowohl qualitativ einer hohen und niederen Wirklichkeitssphäre zuordnen als auch funktionell nach charakterisierenden und substituierenden Bildern unterscheiden. Solche die heroische Welt charakterisierenden Bilder sind der Löwe, mit Einschrän-

206 Weiss; a.a.O. S. 199.

kungen die Raubtiere (nicht die Bestien)[207], Raubvögel – alte heraldische Symbole der Kraft –, der Bereich der Planeten und Sterne und die Welt der Gipfel und Vulkane. Gemeinsam ist diesen Bildern allen, wie Weiss meint, die »Entfernung vom Menschlichen«; doch trifft diese geistesgeschichtliche Qualifikation nicht ihr Eigentliches; der traditionelle Bedeutungswert dieser Bilder ebenso wie ihre Funktion als Grundfiguren im Grabbeschen Drama, die sie bisweilen im szenischen Entwicklungsprozeß zu räumlich-symbolischer Konkretion gelangen läßt, stellt sie in anderen Zusammenhang: Der ethische Begriff des Menschlichen ist durch einen in seiner Wirkung soziologischen Wertmaßstab, den der heroischen Qualität abgelöst. Der Begriff des Menschlichen bewertet das Individuum; in der Schlacht jedoch, in der patriotischen Gemeinschaft erhebt sich der einzelne durch einen Akt der Entindividualisierung in eine höhere Wertsphäre und lebt allein aus dem Bewußtsein, ein Gruppenglied zu sein. Entsprechend dieser Sichtweise werden die qualifizierenden Bilder vergleichbar als Distanzchiffren von der sozialen Wirklichkeit; denn in der Schlacht finden sich heroisch charakterisierende Bildelemente ebensowenig wie die (im folgenden Abschnitt behandelten) real charakterisierenden: Die Wirkung der Schlacht, die ihre Akteure nicht mehr einzeln, sondern nur noch als Kollektiv bewertet, spiegelt sich darin. Der Konkretionsprozeß erweist sich freilich auch als ein sprachlicher Vorgang mit dem Ziel, heroische Bilder aufzulösen, sie durch charakterisierende Spielzüge überflüssig werden zu lassen.

Die anderen, der heroischen Welt zugeordneten Bilder liefert die bewegte Elementarnatur; wie bei den charakterisierenden kann auch bei ihnen auf eine größere Zahl von Belegen verzichtet und auf die weitgehend zuverlässige Sammlung nach Sach-

207 Vgl. die Worte des Kaisers in *Heinrich VI.* über Heinrich den Löwen: »So ist der Welfe, bricht wie ein reißend Tier / Den Bann, . . . verheert die Städte . . . / . . . Just so wenig wie ein Löwe, / Mit dessen Namen er sich prahlend schmückt, / Je lernt des Reichs, des Kaisers Ehre schätzen, / Wird er es lernen. Will er denn so gern / 'Ne solche Bestie sein, so laßt uns auch / Als solcher ihm begegnen –« (HkG II 185).

gruppen bei Wittmann[208] verwiesen werden. Die Bilder der bewegten Elementarnatur substituieren heroisches Geschehen (oder spiegeln Tatprojektionen – vgl. voriges Kapitel): Nicht nur Bilder, sondern ganze Bildketten begleiten das Geschehen im mittleren Drama, vor allem dort, wo Grabbe einen Aktionshöhepunkt ins Auge faßt, ohne ihn in szenisches Spiel oder pointierten Dialog dramaturgisch umzusetzen. Formal scheint hier die Tradition des Rededramas lebendig, das seine Wirkungen mit Vorliebe nicht durch sichtbare, sondern rhetorische Mimesis zu erreichen sucht[209]; aber anders als bei Seneca oder Corneille will das Drama Grabbes einen politischen Konflikt darstellen, den es nur beiläufig aus dem Charakter des Helden entwickelt, sondern viel stärker aus einer Vielzahl realer Umstände zu motivieren sucht, ohne diese jedoch zur Anschauung zu bringen. Gerade angesichts der dynamischen Anlage des *Barbarossa,* die das dramatische Aktionsbild in der Schlacht vorbereitet, erweisen sich die Tiraden und Handlungssubstitute ohne Inhaltsbezüge als »Schaum« (HkG V 300), als Zeugnis der noch nicht entwickelten dramatischen Vorstellungstechnik; denn die Dynamik der Bildbewegung bleibt stets unbeantwortet von der Aktion: Statuarischen, heroisch-geschichtlichen Augenblicken dient das sprachliche Bewegungsmoment zum Ersatz. So bereitet sich der Abfall Heinrichs des Löwen vom Kaiser in einem Monolog vor:

Seh ichs endlich?
Und strahlt er wieder wild in Mitternacht,
Der Stern der Welfen? – – – Er ist ein *anderer*
Als *der von Waiblingen*! Sie stiegen beide
In fabelhafter Vorzeit Dämmerung,
Mit wundervollem Glanz aus Deutschlands Boden,
Und stiegen immerdar, Jahrhunderte
Hindurch, bis zu des Äthers letzten Gipfeln,
Ein zweites Paar der Dioskuren –
– Nun nahen sie im Scheitelpunkt zusammen,
Und Einer muß sich beugen, oder muß
Erlöschen, oder beide müssen sich
Zerstören! –

208 Wittmann, Die Vergleiche in den Dramen Grabbes.
209 Vgl. Lausberg, Handbuch der lit. Rhetorik; I S. 593.

– Deinen Sturm spür ich, Geschick!
Er weht durch Friedrichs und durch mein Geschlecht!
Wie zwei Kometen treibt er unausweichlich
Einander uns entgegen, jeder flammend
Von Wetterstrahlen und Vulkanen – (HkG II 16 f.)

Alle Gipfellagen der sprachbildlichen Technik haben sich hier vereinigt: Sterne, Äther, Gipfel, Kometen, Blitze und Vulkan; dieser pathetischen Ballung heroischer Symbole und Figuren folgt sogleich die Handlungssubstitution, hier in Form des Widerstandes gegen ein Handeln:

Stimme
Der Freundschaft, töne! töne! Übertön
Der Ostsee und des Nordmeers Brausen, das
Hoch über Deutschlands Gau'n und Alpen dringend,
Den Sachsenherzog ruft und mahnt nach Norden! –
(HkG II 17)

Und der Entschluß, doch zu handeln, nimmt folgerichtig diese Motive leicht variiert wieder auf:

Der Elbstrom braust mir durch
Die Adern, und der Harz mit seinen Schrecken,
Mit seinen Felsen, Bäumen, Geiern, zieht
In meinen Geist und wird lebendig! Nicht
Mehr zag und zweifle ich – . . . (HkG II 34)

Barbarossa reagiert mit kaiserlicher Heftigkeit:

Vom Himmel stürzet, Sonnen! Alpen
Schmelzt hin wie Schnee, wenns taut im Lenz!
Erdball
Erhebe! Felsen löst euch auf in Rauch
Und Dampf – denn heut vergeht die deutsche Treue!
(HkG II 41)

Und nachdem Heinrich der Löwe mit seinen Leuten abgezogen ist, da klagt er ihnen hinterher:

O mir ists, da ich die Tapfern
Fortziehen seh, als rissen tausend Eichen,
Dir mir gewurzelt in des Herzens Gründen,
Sich blutend daraus los! (HkG II 43)

In den Bildsequenzen und Hyperbolien verrauscht ein dramatischer Höhepunkt, die Konfliktartikulation mißrät zu rhetorischen Kraftgebärden. In seinem ersten Monolog hatte Heinrich sein Verhalten als historisch-notwendigen Akt tragischen Ausmaßes qualifiziert, und doch entbindet die Szene selbst weder Spannung noch Dramatik; der Austausch von Tiraden, die krampfhaften Gesten (Heinrich »in des Kaisers Arme stürzend« – »sich aus der Umarmung losreißend«, der Fußfall des Kaisers, die ständig ihre Waffen schwingenden Begleiter auf beiden Seiten) erzeugen Bilder monumentaler Steifheit[210]. Rudi Bock[211] hat dargelegt, wie viele zeitlich weit auseinander liegende Ereignisse Grabbe in diesem Akt zu einer historischen Riesenszene versammelt hat. Die geschichtlichen Entwicklungen und Ereignisse mehrerer Jahrzehnte finden sich auf dem roncalischen Gefilde in einem einzigen pomphaften Auftritt konzentriert; das Spannungshafte wurde aus der Zeit genommen und in Bildsequenzen der Elementarnatur substituiert, d. h. verräumlicht. Hier bereits erscheint – in einer von Weiss ebenfalls nicht intendierten Bedeutung – Geschichte als Natur, in dem Sinne nämlich, daß statt des historischen Geschehens Naturbilder aus massierten Heroismus-Topoi heraus die dramatische Wirkung erzielen sollen.

In den handlungsreichen Dramen der Spätzeit erscheinen die Naturbilder, die eine Handlung substituierenden Bildschübe verkürzt und reduziert. Ein Beispiel für diesen Prozeß: Heinrich der Löwe spiegelt seine Situation im Meer (der »öde Ozean«), und beruft visionär das Schicksal seines Geschlechts in dem gleichen Element:

Ha! der öde Ozean
Wird weit und weiter und erfüllt sich – Wälder
Von nordschen Masten, statt des Laubs umrauscht
Von stolz geschwollnen Segeln, fliegen hin

210 Das hat auch schon Immermann gesehen; in seinen *Memorabilien* (Werke, Berlin o. J.; 18–20. Teil; II, S. 21) bemerkt er: »Diese Kaiser und Könige, Fürsten und Herren reden, als hätten sie sich erst aus einem Kompendium kennen gelernt;«

211 Rudi Bock, Das Verhältnis von Dichtung und Datentreue; S. 24.

Auf ihm – Die Windsbraut schadet nicht – Sie buhlt
Mit ihnen! – – Und der Wellen Rücken brechen
Wie Glas, so wie die Schiffe nahn! – Sinds Schiffe?
Sinds schwimmende Vulkane? – Feinde kommen!
Doch Lava strömt aus allen Schlünden,
Und Donner brüllen hinterdrein! – Die Gegner
Versinken! – – Und in Siegesruhe wiegen
Sich wieder auf der See die Flotten, und das Wappen
Der Welfen flagget hoch an ihren Bäumen,
Den Szeptern aller Meere! (HkG II 103)

Im Bild des Meeres greift Grabbe auf eine, wie Fricke bezeugt[212], alte Metapher für das menschliche Schicksal zurück, die in der barocken Lebensallegorie der Seefahrt eine vielverwendete Variation erfuhr. In seinem Bildhaushalt bezeichnet das Meer den heroischen Bereich (ganz anders als die Erde!); seine ›niedere‹ Lage wird dadurch ausgeglichen, daß sich das Meer zum »Spiegel« höherer Werte oder Sphären erhebt als Spiegel der Ewigkeit oder »ewiger Gesetze«, den Gothland beruft (HkG I 62). Den Tropus »Spiegel der Sternenwelt« bildet Napoleon (HkG II 348), der auch die heroische Qualität dieses Elements hervorkehrt, wenn er am Ende der Elba-Szene in einer Apostrophe an Amphitrite verspricht, nicht nur Frankreich, sondern auch das Meer aus den Händen der Krämer zu befreien (HkG II 354).

Die Reduktion des Meerestopos zeigt der *Hannibal*, wenn dort Barkas den heimgekehrten Feldherrn mit den Worten begrüßt:

– – Enkel! Deine Stirn ein sturmerstarrtes Meer!
HANNIBAL Es stürmte lange drüber hin, bis endlich der Frost kam und die Wellen stehn blieben. (HkG III 129 f.)

Unschwer läßt sich in dieser dialogisch aufgelösten Schicksalsfigur die bildliche Fügung aus dem Monolog Heinrichs wiedererkennen; Jahn entwickelt aus dieser Metapher der erstarrten Bewegung einen Formbegriff für den ganzen *Hannibal*[213]; Weiss

212 Fricke; a.a.O. S. 48 ff.

213 Jahn; a.a.O. S. 123.

hat ihm bereits widersprochen[214]; in der Tat mischen sich im *Hannibal* dynamisch-dramatische und episch-statische Elemente, während der *Barbarossa* mit seinem rhetorischen Dynamismus lediglich Scheinbewegungen vorspielt, die seiner in dramatischer Unbewegtheit verharrenden Handlung nicht aufhelfen: Der *Hannibal* hat eine durchgehende, den historischen Prozeß bezeichnende symbolhafte, dynamische Bildlichkeit; das Drama erstarrt am Ende in den stilisierten Gesten des byzantinischen Systematikers und Theaterkönigs Prusias. Die Hohenstaufen-Dramen erdrücken in ihrer monologischen Struktur von vornherein die Spielhandlung[215].

Die Entwicklung, durch welche sich Grabbes Drama aus dieser widersprüchlichen Form-Inhalt-Beziehung befreit, wird nun vor allem in dem Konkretionsprozeß anschaulich, der das pathetische wie auch symbolisch-charakterisierende Bild des Vulkans erfaßt. Der Vulkan als Bild wie auch als reales Element der Spielbereiche steht dank seiner symbolischen und stofflichen Beziehung zur Eigenart und Funktion der Helden an der Spitze der heroisch charakterisierenden Bilder der mittleren Periode. Papst Alexander spricht zwingend das Vergleichsmoment mit den Hohenstaufen aus:

> Ha, das sind zwei Hohenstaufen!
> Nie hab ich sie gesehn – doch wie den Ätna
> An seinem Feur und seiner Höhe, ahnt
> Man sie am Blick und an der stolzen Haltung!
> (HkG II 67)

Das Assoziative dieses Vergleichs weist bereits über den hyperbolischen Vergleichsweg auf die allgemein ästhetische Funktion des Vulkanbildes: Zwei Elemente verbinden sich zunächst darin, wie Alexander sagt, die Höhe (Distanzmoment) und das Feuer (die wichtigste Metapher heroischer Energie), und, eng verbunden mit dem letzteren, kommt die latente Destruktionsdrohung noch hinzu; Heinrich artikuliert sie selbst:

214 Weiss; a.a.O. S. 175.

215 Vgl. Hegele; a.a.O. S. 62 ff.

CONSTANZE (auf Heinrich blickend)
Wer dächte
Bei diesen Worten, diesen Blicken voll
Begeisterung, daß Zorn und Mord und Tod
Aus ihnen sprühen könnten?
KAISER HEINRICH Freundin,
Wo Feuer ist, da brennts, – bald so, bald so, –
Etwas muß es verzehren. – Sieh den Ätna, –
Er machts nicht besser, bald beglückt
Und bald zerstört er – (HkG II 236)

Das Feuer gibt sowohl eine Anschauung von der Machtgier, auf die Weiss abhebt, als auch ein Bild der ethischen und sozialen Indifferenz, die den Herrscher als Destrukteur erfüllt; in der Szene zuvor nannten die Schäfer den Vulkan »Vater Ätna«, eine Qualität, die Heinrich gar nicht realisiert. Der Vulkan beglückt als Naturschönheit und zerstört als Elementargewalt, und so sieht sich der Kaiser: Er zerstört in sinnloser Destruktion und beglückt, indem er dem ästhetischen Prinzip des Monumentalheroismus folgt.

Kein Bild verfügt über eine so starke Charakterisierungsenergie wie der Vulkan; die in ihm liegende Ambivalenz von Statik (verbunden mit der Destruktionsdrohung) und explosiver Bewegung, die auch die Struktur des mittleren Dramas, seine rhetorisch bewegte Statik bezeichnet, hat Grabbe zu einem Paradoxon verschärft, das seine eigene hektische Art erfassen sollte: »Ich glaube der Aetna hat am meisten Ruhe, wenn er das meiste Feuer speit« (HkG V 212).

Die Konkretion des Vulkanbildes, zunächst bezogen auf den statuarischen (ruhigen) und pathetischen (feuerspeienden) Helden, geschieht gleichsam auf dem Wege der Extraversion. Der Beginn der Szene IV 6 des *Napoleon* liefert das Anschauungsbeispiel, das sich aus dem Zusammenhang der Handlungsführung erschließt: Nachdem der Kaiser das »Karussell« [216] der fran-

216 Das »Karussell« ist das grundlegende Formaperçu, aus welchem Höllerer die gehaltliche und strukturelle Einheit des Dramas zu entwickeln versucht; vgl. das Grabbe-Kapitel seines Buches: Zwischen Klassik und Moderne. Lachen und Weinen in der Dichtung einer Übergangszeit; Stuttgart 1958.

zösischen Restauration beschleunigt und durch die Zentrifugalkraft seiner hektisch entfalteten Tätigkeit die politische Entwicklung in die von ihm gewünschte Richtung getrieben hat[217], erlebt er gerade in dem Augenblick der größten Spannung die bewegten Ereignisse als ruhendes Zentrum: Er schläft. Grabbe hat die historisch bekannte Tatsache, daß Napoleon inmitten des Schlachtgeschehens zu schlafen vermochte[218], zu einer bedeutsamen Konstellation organisiert: Ungestört von den betriebsamsten Schlachtvorbereitungen liegt Napoleon »schlummernd auf der Lafette einer Kanone«:

> VITRY Chassecœur, nun hast du, was du wolltest – Da schläft er, und die Gewitter der Schlacht umziehen uns als wären es seine Träume. – Wie kann er schlafen? – Vor uns Preußen, vom Himmel Regen, um uns schlachtdurstende, aufmarschierende Franzosen.
> CHASSECŒUR Der Kaiser kann, was er will. So sah ich ihn schon oft. (HkG II 417)

Und selbst den Beginn der Schlacht erlebt der Kaiser als innere Beruhigung durch den gewaltigen Schlachtenlärm:

> (Der Zwölfpfünder wird abgefeuert. Sofort donnern auch alle französischen Batterien, Heergeschrei, Trommeln, Trompeten, Janitscharenmusik dazwischen. Infanterie und Kavallerie rückt vor, nur die Garde bleibt stehen. Die Preußen bewegen sich gleichermaßen unter gewaltigem Artillerie- und Kleingewehrfeuer den Franzosen entgegen)
> NAPOLEON Ha! meine Schlachtendonner wieder – – In mir wirds still – – – (Er schlägt die Arme übereinander)
> (HkG II 419 f.)

Das Bild des feuerspeienden Vulkans ist zur räumlich-drama-

217 Napoleon selbst hat sich bereits mit dem Feuer verglichen: »Ist er nicht vernichtet, oder nicht behütet wie Feuer, so stürzt Europa zürnend oder liebend ihm nach.« (HkG II 400)

218 Hellmuth Becker, *Napoleon oder die hundert Tage.* Ein Drama in fünf Aufzügen von Ch. D. Grabbe, Diss. Marburg 1920, S. 22, weist die Quelle nach.

tischen Extraversion gelangt[219], und in dieser szenischen Situation hat sich auch das Elementarhafte der heroischen Bewegung verflüchtigt, denn solche Wirklichkeit gewinnt Kraft und Anschaulichkeit nicht mehr durch den Apparat der Redeelemente. Die Schlacht-Szenen wälzen das künstlerisch erstrebte ›Ungeheure‹ in solchem Maße auf die Bühne, daß dem Troß der Naturbilder kein Raum mehr offensteht. Im Gegensatz zu den Inszenierungen des mittleren Dramas findet in diesen Bildern der ehedem menschenferne Heros, den Pflichten der Selbstdarstellung enthoben, in stilisierten Dialogpassagen den Weg zur heroischen Kommunikation auch mit seinen Soldaten.

Der Dramatisierungseffekt, den die künstlerische Entwicklung in Grabbes Drama zeitigt und der das bewegte Sprachbild aus dem Gegensatz zur unbewegten Aktion löst und beide in den heroischen Aktionsfeldern der Schlacht zusammenschließt, dort wo eben auch die pathetisch sprechenden Helden zur Tat gelangen, diese dramatische Konkretion der Grundbilder bezeichnet nicht die einzige sichtbare Wirkung des Entwicklungsprozesses in der Form und Dramaturgie des späten Grabbeschen Dramas. So wird die substituierende Naturbildlichkeit nicht überall durch die dramatische Geschichtsaktion abgelöst, sondern sie gelangt auch, den Spielraum konstituierend, unmittelbar in den Horizont der Handlung. Die panoramatischen Visionen des Monumentalhelden werden abgelöst durch die ausführliche Bezeichnung der geographischen Lage des Schlachtfeldes (vgl. S. 99). Doch bleibt die Topographie zunächst ohne Bezug zur Aktion selbst, und erst die *Hermannsschlacht* versucht auch die landschaftliche Umgebung in die Handlung einzubeziehen; dies geschieht zum Nachteil der Gesamtanlage des Spiels. Nirgendwo deutlicher jedoch als im Mißlungenen läßt sich die künstlerische Absicht erkennen.

219 Ferdinand Josef Schneider, in seiner Monographie, Ch. D. Grabbe. Persönlichkeit und Werk; München 1934, kommt dieser Deutung nahe, wenn er die gleiche Szene so kommentiert: »Grandios ist vor allem die strenge Beherrschtheit und unerschütterliche Ruhe, die vom sprunghaften Fieber und von der vulkanischen Stoßkraft seines Innern jetzt kaum noch etwas ahnen läßt« (S. 276).

B. DIE NIEDERE WIRKLICHKEIT

Konstituierende Bilder

Der Akt der Demaskierung verbildlicht eine Grundgebärde realistischer, unmittelbarer gesellschaftsbezogener Dichtung und literarischer Erkenntnis. Die Literatur der sogenannten französischen *moralistes* schuf eine besondere Kunstform, um die Doppelwertigkeit gesellschaftlicher Konvention und menschlicher psychologischer Wahrheit darzustellen. Erst der Roman der drei großen »Realisten« Stendhal, Balzac, Flaubert hat diesen Entwurf einer theoretischen Literatur in einer der großen traditionellen Formen künstlerisch glaubhaft zu verwirklichen vermocht [220]. Auch das Werk Grabbes beginnt mit der Gebärde der Demaskierung: In der Vision des »geschminkten Tigers« verkündete Gothland den Zusammenbruch des rational-idealistischen Menschenbildes; zunächst nur eine rhetorische Figur, entfaltet sie sich als ein physiognomisches Grundbild, das sich in dem Entwicklungsprozeß des Grabbeschen Dramas konkretisiert. Der »geschminkte Tiger« parodierte unwillkürlich in Form einer Katachrese den anthropologischen Begriff des *animal rationale* und wandte sich damit gegen alles Idealisch-Systematische im Denken über den Menschen [221].

Walter Höllerer hat die analog gebildete, aber einen eindeutig gesellschaftlichen Sinn tragende Figur der »lächelnden Bestie« zum physiognomisch-typischen Grundbild aller Grabbeschen Gestalten erklärt; das ist der Verallgemeinerung wegen nicht haltbar, ebenso wie Höllerers ästhetisches Deutungsmodell des Karussels und der Komödie nur *eine* Form der Zeiterfahrung in

220 Vgl. Hugo Friedrich, Drei Klassiker des französischen Romans. Stendhal, Balzac, Flaubert; Frankfurt ^{4}1961; S. 41 ff.

221 Vgl. Fritz Schalk, Einleitung zu ›Die französischen Moralisten‹, 2 Bde; Bremen, Leipzig 1962; Bd. I, S. VII–LIV: »Der ständige Kampf der Moralisten gegen die Systematik ist der Wurzelboden einer Form gewesen, die sich aus dem Verlangen erklärt, die ganze Fülle des Lebens zu verstehen.« (S. XXI)

Grabbes Drama begreift, die sich mit der Struktur des *Napoleon* insgesamt keineswegs deckt[222]. Beide Form-Aperçus verkennen die grundlegende Polarisierung der beiden Bereiche, des sozialen und heroischen, im Drama Grabbes, deren thematische Bedeutung einläßlich dargestellt worden ist. Immerhin macht Höllerer deutlich, daß die Bestie eines der wichtigen, die menschliche Physiognomie der Realität aufzeigenden Bilder vorstellt; freilich Realität im Sinne der Sozialwirklichkeit, der unheroischen Welt, denn die neuere und ›höhere‹ Wirklichkeit der Schlacht- und Feldzugsaktionen vernichtet nicht nur die Welt der Gemeinen, sondern besorgt auch die Reinigung der Handelnden von der Schminke des Bestialischen: Die Schlacht ermöglicht es für einen Augenblick, daß alle Bestienphysiognomien von der Bildfläche der Geschichte verschwinden.

Den *Gothland,* so wurde gezeigt, beherrschte die *Bestie* als das Bild der zerstörten anthropologischen Idee, aber es wies mit seinem ihm zugehörigen Bedeutungsfeld zurück auf die Wirklichkeit, die sich durch Intrige und Rhetorik Berdoas als Motor der Desillusion und der ideellen Zerstörung herausstellte. Die Grabbeschen Tiermetaphern geben die demaskierten Physiognomien der bürgerlichen Welt wieder oder – wie Grabbe immer wieder sagt – des »Pöbels«, der »Menge« und »Masse«[223], in welchen Bildern sich der dritte und vierte Stand soziologisch untrennbar vermischen. Die Unzahl der Tierbilder im *Gothland* wird darum konstituierend für die immer wieder pathetisch in den Blick gebrachte Höllenwirklichkeit. Über die Identität von Wirklichkeit und Hölle in Grabbes Frühwerk wurde bereits gehandelt. Die Faustische Teufelsbeschwörung beruft ebenfalls Bestienbilder, um die Höllenwirklichkeit spiegelnd sichtbar werden zu lassen:

222 Höllerer; a.a.O. S. 30 ff; etwas differenzierter bereits bei Martini; a.a.O. S. 50 f.

223 »Die Menge ist ein Hund« (HkG V 176) oder: »Die Menge ist eine Bestie« (HkG V 185). Es sei auch auf die Arbeit von Warren W. Reich, Bestiality in the Dramas of Ch. D. Grabbe; University of Connecticut 1969/70 hingewiesen, die nicht mehr eingesehen werden konnte.

– Wie giftiges Gewürme windet, dreht
Sichs hier – dazwischen schwefelhafter Schimmer!
– O Unheil und Verzweiflung! Was sind Tiger?
Was sind Alligatoren, Krokodile?
Nichts! nichts! 'Ne Albernheit, ein wahrer Spaß
Hiergegen! – Dampf umweht mich, den kein sterblich
Gemüt erträgt!
(Vom Buch auffahrend und in die Leere starrend)
Ich sehe sie: die *Pforten*
Der Hölle! Ehern, brennend heiß, – vom Feuer,
Das hinter ihnen lodert, hoch gerötet
Gleich *glühnden* oder *überschminkten* Wangen
Der Jungfraun *oder* Huren! – Alles eins! (HkG I 435)

Das Höllenfeuer, das an die Schminke der Huren oder Jungfrauen erinnert und hierbei nicht einmal mehr einen Unterschied zuläßt, wird freilich in seiner Furchtbarkeit ein wenig gedämpft. Aber die Bildfügung erreicht es doch, daß die geschminkten Bürgerphysiognomien als satirische Elemente hervorwuchern und eine kurze dramatische Inversion von Hölle und Wirklichkeit eintritt; denn im *Don Juan und Faust* entwickelt die satirische Demaskierung der Gesellschaft zwar bereits wichtige Handlungszüge, aber erst in *Marius und Sulla* stellen sich die Bürger-Bestien in voller Aktion vor.

Der Vergleich mit dem Barock fördert die Einsicht, daß in dem Bildbezug von Hölle und Bestie ein alter Bildtopos weiterlebt, in welchem nach Windfuhr[224] die Tierbilder Teufelsbezeichnungen sind. Bei Shakespeare gestalten die Tiermetaphern die ethische Unterscheidung zwischen heroisch-guten und inferior-gemeinen Personen; dem entspricht nicht unmittelbar eine soziologische Schichtung wie bei Grabbe. Wenn andererseits die innere und äußere Entwicklung König Lears und Richards III. jeweils in solchen sich gegen Ende der Handlung häufenden Bestien- und Tierbildern gespiegelt[225] wird, dann erweist sich Shakespeare jedoch als Formvorbild für den Gothland-Dichter.

224 Manfred Windfuhr, Die barocke Bildlichkeit und ihre Kritiker. Stilhaltungen in der deutschen Literatur des 17. und 18. Jahrhunderts. (Germanistische Abhandlungen); Stuttgart 1966; S. 326 ff.

225 Vgl. dazu Wolfgang Clemen, Shakespeare's Imagery; London 1951.

Der Prozeß der dramatischen Konkretion der Bestienbilder bei Grabbe gibt diesen Figuren auch ihren im zeitgenössischen Sprachgebrauch erworbenen Bedeutungsumfang zurück. Das Bild der Bestie als eine Metapher mit politisch-soziologischen Bezügen entsteht in Deutschland vor allem nach der französischen Revolution und bildet die erste spontane und sich dann durchsetzende Bezeichnung für die Schreckensmänner oder auch allegorisch für die Revolution selbst. So spricht Schiller in dem einleitenden Brief vom 13. Juli 1793 zur ersten Sendung der *Briefe zur ästhetischen Erziehung* an den Herzog Friedrich Christian von Augustenburg u. a. von der »brutalen Gewalt der Thierheit« [226], deren sich das liberale Regiment der Vernunft nicht zu erwehren vermöchte; Gleim entdeckt in den Revolutionären »Tiger und Krokodile«, Wekhrlin »Wölfe«; Klopstock, in seinem Gedicht *Die Jakobiner* nennt die Revolution »eine Riesenschlang«, der jüngere Stolberg spricht brieflich von einer »hunderthalsigen Hydra« [227]. Goethe wiederum erhebt das Bestienbild im *Reineke Fuchs* ins Symbolisch-Allgemeine; daß aber die Erlebnisse nach der französischen Revolution und die gesellschaftlichen Folgen ihrer »Tierheit« in den Fabeltieren gespiegelt erscheinen, beweist seine Bemerkung zur Lektüre des Fabel-Volksbuches in der *Campagne in Frankreich* [228].

Lebendig zeigen sich die politischen Bestien freilich auch im 19. Jahrhundert; Weiss gibt den Hinweis auf Heines Gedicht *Die Wanderratten* [229], eine allegorisch-satirische Beschwörung der Kommunisten. Der unmittelbare Zusammenhang mit der fran-

226 Schillers Briefe, ed. Jonas (Kritische Gesamtausgabe), 7 Bde.; Stuttgart, Leipzig, Berlin o. J.; Bd. III, S. 333.

227 Diese und weitere Belege bei Alfred Stern, Der Einfluß der französischen Revolution auf das deutsche Geistesleben; Stuttgart, Berlin 1928.

228 »Hatte ich mich bisher an Straßen-, Markt- und Pöbelauftritten bis zum Abscheu übersättigen müssen, so war es nun wirklich erheiternd, in den Hof- und Regentenspiegel zu blicken: denn wenn auch hier das Menschengeschlecht sich in seiner ungeheuchelten Tierheit ganz natürlich vorträgt, so geht doch alles, wo nicht musterhaft, doch heiter zu, und nirgends fühlt sich der gute Humor gestört«. Hamburger Ausgabe [7]1964; Bd. X, S. 359 f.

229 Weiss; a.a.O. S. 219 Anm.

zösischen Revolution bleibt jedoch auch bei Eichendorff sichtbar: In der Novelle *Das Schloß Dürande* und der Verserzählung *Robert und Guiscard,* deren Handlung jeweils mit den Revolutionsereignissen unmittelbar verwoben ist, erscheinen einzelne Physiognomien stets unter der Metapher des Bestie oder bildlich als wilde Tiere[230]. Und schließlich auch in Stifters kleiner Novelle *Zuversicht* werden die Revolutionäre ganz selbstverständlich in die Metapher des »Tigers« gekleidet, wobei sich freilich schon zu Beginn der Erzählung das Gespräch um die Tigerhaftigkeit der Menschen überhaupt drehte[231].

Der Verweis auf die Tradition bedeutet nicht, daß die Tierbilder Grabbes Revolutionsphysiognomien enthüllten; dennoch erschließt sich nur aus dem historischen Zusammenhang die Bezeichnungskapazität der Figur, welche in der Desillusionschiffre der *Bestie* auch bei Grabbe jenes politisch-soziologische Bedeutungsmoment mitschwingen läßt, das sich dann ja auch in der dramatischen Erscheinung der bestialisch-feigen sozialen Individuen lebendig hervorkehrt.

Das Bestienbild bei Grabbe verhält sich zu dem bezeichneten Menschen wie die Hölle zur Wirklichkeit: Bestie und Hölle bilden beim jungen Grabbe Affektmetaphern, die die Bestürzung des Enttäuschten und Desillusionierten anschaulich machen. Wenn Gothland behauptet:

– Wär ein Gott,
So wären keine Brudermörder! –
Ich glaube, daß es Panther gibt,
Ich glaube, daß es Bären gibt,
Ich glaube, daß die Klapperschlange giftig ist,
Allein an Gottes Dasein glaub ich nicht! (HkG I 81)

230 Renald in *Schloß Dürande* über die revolutionären Horden: »... die wilden Tiere sind verstoßen in den wüsten Wald ...«; Eichendorff, Werke und Schriften (Cotta), ed. Baumann, 4 Bde. Stuttgart o. J.; Bd. II S. 847; in *Robert und Guiscard* lautet eine entsprechende Stelle: »Und immer näher wälzt sich her der Sturm, / Den da und dort ein Schrei des Volks begrüßte / Wie das Geheul der Schakals in der Wüste.« (Bd. I 462)

231 »Man ... sagte, daß dort, wo nicht schon eine tigerartige Anlage sei, die Zeit keinen Tiger hervorrufen könne.« Stifter, Ges. Werke, ed. Stefl (Insel), I–VI 1939 ff.; Bd. III S. 824.

dann gewinnt dieses zunächst sinnlose Glaubensbekenntnis seine Bedeutung erst, wenn auf dem Wege der Konkordanz der oben entwickelte Realitätsbezug der Tierbilder in der Rede mitgedacht wird. In der dreifach beschworenen Grausamkeit der Bestien verkleidet sich das Bekenntnis zur Destruktionsgewalt der Wirklichkeit nur exotisch. Durch die Erkenntnisformel der eigenen Bestialität drang längst das Bild der zerstörten Gottesidee, weil Gothland der Rhetoriker seine Einsicht nur als allgemein anthropologische Vision von sich zu stoßen und Gothland der desillusionierte Idealist sie nur als sentenziöse Wahrheit zu ertragen vermochte; die übriggebliebenen Glaubens-Reflexe werden sich ausschließlich am Überzeugungsgehalt der Wirklichkeit orientieren. An einer anderen Stelle erscheint die Gottesidee in einer Schöpferperiphrase parodiert, die den Gott zum Urheber der destruktiven, bestialischen Wirklichkeit erklärt.

> Mord ist frei! Keine Gnade! –
> Er, der
> Die Wölfe machte, ihnen Zähne gab,
> Und einen heißen, niegelöschten Durst
> Nach Menschenblut, er, der die Vipern schafft,
> Und die Erdbeben aus den Tiefen ruft,
> Wird uns entschuldigen! (HkG I 110)

Die parodierte Schöpferperiphrase schlägt um in eine Beschwörung des Teufels, weil die Schlacht als Mordplan, einem atavistischen Zwang zur moralischen Rechtfertigung folgend, der objektiven Entschuldigung bedarf; aber die objektive Wahrheit des Teufels verdeckt lediglich in apologetischer Rhetorik die subjektive Sicht und Erfahrung der Wirklichkeit.

Die Voraussetzung und Bestätigung dieser Deutung ergibt sich aus Berdoas Selbstbekenntnis: ». . . sie haben mich behandelt, wie / Ein wildes Tier; wohlan, so sei's denn so! / Ich will 'ne *Bestie* sein! die Schuld / Auf ihre Häupter, wenn ich sie nun auch / Nach meiner Bestienart behandle!« (HkG I 38) Den Verzicht auf die sittliche Verantwortung dramatisiert der *Gothland* als einen Prozeß der Emanzipation aus dem idealistischen Glauben an die Würde des Individuums in der Hölle der Wirklichkeit. Berdoas programmatische Rede will zu verstehen geben, daß die Bestie, im Menschen angelegt und von der realen Erfahrung geweckt, sich gegen die Wirklichkeit zur Wehr setzt und sie dadurch wirkungsvoll repräsentiert. In der Haltung moralischer Verantwortungslosigkeit setzt sich Berdoa über die Hölle als Ort der Verdammnis hinweg und sichert gerade damit ihre Herrschaft. Aus diesem Hin- und Hertaumeln zwischen gegebener und selbstverschuldeter Bosheit befreit allein die Idee des Heroismus, auch wenn Gothland sie nur rhetorisch zu vertreten vermag. »Bestie« und »Hölle« chiffrieren indessen das die Verantwortung des einzelnen leugnende Opfergefühl, die Erfahrung eines hilflosen Ausgeliefertseins an die Wirklichkeit: Das Bestienbild besitzt Tiefenschärfe als eine zugleich apologetische, vornehmlich aber entlarvende Figur des gesellschaftlich bestimmten Menschen.

Nur Berdoa reflektiert Ursprung und Ursache seines Zerstörungszwangs, da er auf die Erfahrungen der Wirklichkeit zu antworten glaubt. Der Heroismus Fausts und Don Juans versteht sich bereits als Versuch der Selbstbefreiung aus der Fremdbestimmung durch diese Wirklichkeit. In ihrem prahlerisch zur Schau getragenen Amoralismus schwingt jedoch – ähnlich wie in den programmatischen Reden Sullas, Jouves oder der Scipionen – der Schmerz, der verzweifelte Ursprung des Heroismus, merklich nach. Allein, die Idee sittlicher Verantwortung, die der *Gothland* nachdrücklich in Frage stellt, bleibt lebendig und steigert sich zum überheblich-moralischen Anspruch des Heros gegenüber der sozialen Wirklichkeit, indem er zugleich die gesellschaftliche Zersplitterung zu überwinden versucht. Dabei gewinnt die heroische Idee den Rang neuer sittlicher Verbindlichkeit: Nach ihrem strengen Maßstabe wird die Bürgerwelt, die sich dem Heros verweigert, und ihre Krämer-Mentalität durch das Signum des Bestialischen gebrandmarkt und mit Vernichtung bedroht.

Bestien bevölkern Grabbes ganzes Werk; sie tragen die Physiognomien einer grausen und gemeinen Wirklichkeit, die immer wieder an die Oberfläche der historischen Welt gelangt und nur kurz von den Blitzen der heroischen Aktion überstrahlt wird. Unter diesem Licht vollzieht sich zuvor der satirische oder dramatische Demaskierungsprozeß, der den Akt rhetorischer Entlarvung, wie ihn die frühe Figur des »geschminkten Tigers« als Katachrese vorgespielt hatte, ablöst.

Satirische Demaskierung

Der Akt der Demaskierung in der Satire bei Grabbe erweist sich als die in eine Handlung umgesetzte Desillusionserfahrung. Im Frühwerk rückte die Desillusionsrede eine naive Idealwelt in höhnischen Kontrast zu einer als wahr empfundenen Wirklichkeit; die Satire indessen spottet nur noch über die durchschauten Ansprüche der Gesellschaft, die in der Äußerlichkeit von Anstand und aristokratischer Konvention eine größere oder bessere Menschheit vorzustellen glaubt.

Als ein aktiver Satiriker unter Grabbes Gestalten agiert vor allem Don Juan (gemeinsam mit Leporello). In der Szene II 1 gelingt es ihm, Donna Anna zu überraschen und ihr in ausgewählten Bildfolgen seine Liebe zu gestehen; als Octavio auftaucht, zieht er sich mit den Worten zurück:

> Der Herr Octavio hat mich nicht gewahrt –
> Er kommt langsamen bürgerlichen Schrittes.
> Zur Seite tret ich in dies Lustgebüsch
> Und lausche auf die hübschen Redensarten,
> Mit denen er sich expliziert. Man kann
> Von derlei Schuften lernen, – sie besitzen
> Gefühl – das heißt, statt Phantasie und Geist
> Genug zu haben, mit der Leidenschaft
> Zu spielen, und mit ihr als goldnem Kranz
> Des Lebens Horizont zu schmücken, lassen
> Sie sich von ihr durchpeinigen, schrein laut
> Vor Schmerzen, und verkaufen diese Ware
> Für freie und selbstständige Empfindung.
> Und doch – die Weiber sind so dumm – nur Dummheit
> Kann sie besiegen – Mit den Wölfen heulen,
> Und bei den Weibern frömmeln, tanzen, lügen!
> (HkG I 449)

Der Parallelismus der letzten beiden Halbsätze: »Mit den Wölfen heulen, / Und bei den Weibern frömmeln, tanzen, lügen«, läßt keine Zweifel darüber, daß sich Don Juan als Eroberer und Verführer in der Welt der *Bestien* zu bewegen glaubt; dennoch zeigt sich als Hintergrund seines antibürgerlichen Ressentiments lediglich der heroische Distanzierungswille, denn selbst die echte, wahrhaft empfundene Leidenschaft läßt er nicht gelten. Don Juan stellt sich hier auch als Rhetoriker der Leidenschaft vor, der nicht dämonisch gefühlsbesessen, sondern ohne Engagement, außer dem Bedürfnis nach Selbststilisierung, seine Rede spielerisch mit dem Ausdruck der Leidenschaft belebt. Gefühl allein gilt diesem Heros als Schwäche, und wenn er im folgenden Auftritt versteckt und »für sich« das Gespräch zwischen Donna Anna und Octavio mit spöttischen Zwischenreden durchsetzt, dann versteht sich diese satirische Anstrengung allein als Ausdruck seiner Gefühlsfeindschaft. Gewiß, in jedem Satz des Bräutigams glaubt er vermeintliche Anmaßungen zu enthüllen, aber dieses satirische Verfahren ohne Objektivierung ihres Wertanspruches zeugt nur von Verachtung und radikaler Voreingenommenheit, die den bürgerlich-unheroischen Octavio gegen den eigenen »übermenschlichen« Hedonismus herabsetzt. Es sind darum auch keine menschlichen Schwächen, die Don Juan in der Rede des Bräutigams entdeckt, sondern er zielt in der willkürlichen Angriffslust seiner Spottglossen auf die gesellschaftliche Gebundenheit und Konventionalität des Verhaltens, wenn er den Wunsch Octavios, mit Donna Anna den Segen des Vaters zu erbitten, so kommentiert:

Bravo!
Nichts vom alten Schlendrian versäumt:
Des Vaters Segen hilft zur Liebe just
So viel, als Katzen bei dem Fischfang!
(HkG I 451)

Der Vergleich zieht die Liebe in die Sphäre niederer Jagdpraxis und tierischer Instinkte, von der sie sich – mit dem Wunsch nach Segen – doch deutlich entfernt. Aber der Genußaspekt der Liebe stellt wiederum Don Juans »Wahrheit« dar; nur der Held kann sie adeln. Der heroische Wertmaßstab belegt alles, was die sittliche Egozentrik in die Peripherie verweist, mit den Bildern aus der Sphäre der Bestialität, den Figuren der Herabwürdigung. Den Gegenpol zum Inferior-Materiellen bildet nicht das Geistige, sondern das Heroische. Die Entlarvungsanstrengung Don Juans gilt der ganzen Welt. Er vermutet hinter allen Erscheinungen, die nicht sein heroisches Sich-Gebärden hervorgebracht hat, Kleinheit und Erbärmlichkeit, so daß er in ständiger Bereitschaft zum satirischen Ausfall steht. Als ihm das Standbild des toten Gouverneurs ins Haus tritt, behandelt er die als Rächer auftretende Erscheinung wie einen normalen Gast und mit dem Aufwand sorgfältiger gesellschaftlicher Etikette. Grabbe hat in Don Juans Reaktion viel Überlegung gesteckt; davon zeugt seine Frage an Kettembeil: »Was soll Don Juan dem Geist, der ihn zur Hölle ruft, präsentiren? Sallat, Endivien, Gurken und Kalbsstoß? Auch da muß noch Ironie stecken. Soll er die Polizei rufen lassen?« (HkG V 213) Der dramatische Don Juan bietet seinem Gast schließlich doch nur Speisen an, aber welch satirischer Zug wäre ihm geglückt, wenn er die Polizei gerufen hätte! Eine solche Ironie könnte mißverstanden zwar seinem heroischen Profil schaden, aber mit dieser Rücksicht hat es Grabbe verfehlt, die Sozialsatire des Dramas mit der vernichtenden Schärfe und Konsequenz zu realisieren, welche die rücksichslose gesellschaftliche Zerstörungsabsicht seiner Helden eigentlich hätte erwarten lassen.

Die immer gleiche gesellschaftlich bestimmte Wirklichkeit, die Don Juan ins Licht zieht und entlarvt und der Faust zu entfliehen versucht, hat Grabbe in einem anderen Briefzitat satirisch bezeichnet: »Wie Flugsand, sagt Faust (der meinige), stäuben die Sterne durch den Nachthimmel. Als der liebe Gott (möchte ich sagen) seine Kaffeemilch umgoß, enstand die Milchstraße« (HkG V 164). Was Faust in heroischer Illusion nicht sieht, der »Weltironie« Grabbes scheint es unzweifelhaft: Auch der liebe Gott lebt nicht ohne die Schwächen, die den Ärger der bürgerlichen Welt ausmachen. Die Milchstraße, ein Fleck auf der sauberen Tischdecke des Himmels – dieses Bild einer Kosmogonie aus gesellschaftlichem Fehlverhalten macht die Sinnlosigkeit des Teufelsbündnisses deutlich, wo selbst auf der Weltfahrt nur die gleiche Wirklichkeit zur Anschauung gelangen kann, die Faust alltäglich quält; hier entlarvt Grabbe auch noch den Kosmos, nachdem der Teufel bereits im Drama die Maske hat fallen lassen müssen.

Die Satire in *Don Juan und Faust* richtet ihre polemische Absicht gegen die Gesellschaftlichkeit der Welt; darin offenbart sich ihre Bestialität und ihr Höllenwesen. Die Sichtweise, die dieses Drama bestimmt, bleibt jedoch unverbindlich und versucht nicht, dem Leser die Illusion einer gestalteten objektiven Wirklichkeit zu vermittln; sie vertritt ihre ›Wahrheit‹ durch das Argumentationsschema ihrer Helden, die ihren rhetorisch ausgewiesenen höheren menschlichen Rang durch eine kleinliche, konventionell erstarrte Gesellschaftswelt bedroht sehen.

Die Satire Grabbes bildet eine verfeinerte Form seines Destruktivismus und damit bisweilen die mimische Vorbereitung und Motivierung der dramatischen Morde. Am Ende des Auftritts zwischen Octavio und Donna Anna verläßt Don Juan sein Versteck, von dem aus er ihr Gespräch glossiert hatte, und faßt zusammen:

Der
Armselge! Geld, Heirat und Auskommen
Die Pole seines Lebens! Schade, daß
Maschinen fehlen, um im Ehebett,
Und in der Kirche, auf dem Ackerfeld
Und in der Küche, solches Volk ersetzen
Zu können! – – Herr Octavio *irrt* sich aber,
Wenn er heut nacht ins Brautbett wähnt zu steigen –
Denn mitten in der Hochzeitsfeier stürzt
Er blutend auf das Estrich, oder
Nicht heiß ich Don Juan! (HkG I 451)

Unverhüllt spricht Don Juan die Mordabsicht aus, nachdem er sein Opfer zum ›Volk‹, zur Maschine und früher bereits zur Bestie degradiert hat. Hier erscheint in der schärfsten Weise die Wertanmaßung der heroischen gegenüber der unheroischen Welt aufgezeigt. Octavio wird nichts als seine soziale und konventionelle Gebundenheit vorgeworfen; Don Juan hat allein seinen Namen dagegenzuhalten (»oder nicht heiß ich Don Juan«). Aber nur scheinbar stellt sich die Wirklichkeit der Gesellschaftswelt durch die Sicht Don Juans verzerrt dar; denn die Konfiguration Don Juan – Octavio wiederholt und bestätigt sich in der Gegenüberstellung von Faust und Ritter und gewinnt darin ihre Objektivierung; in beiden Fällen siegt das unheroische Prinzip.

Die dramaturgisch wirkungsvolle Darstellung des Konflikts der beiden Personengruppierungen bietet das Apart-Reden. In dieser den Dialogfluß immer wieder unterbrechenden Sprechweise erscheint beharrlich die doppelte Wirklichkeit des Dramas geöffnet: Don Juans Angriff auf die Gesellschaftswirklichkeit und des Teufels Intrige gegen Faust, die den Heroen in die Verhältnisse der niederen Realität zurückzuziehen sucht – beide werden mit den gleichen einfachen Mitteln organisiert. Im »für sich« offenbaren beide ihre wahre Absicht, die sie der Intrige wegen nicht äußern dürfen; dabei üben sie die sprachliche Methode, den Bildern und Metaphern des heroischen (oder prätentiösen) Ausdrucks, d. h. ihrer realen Redeintention einen Sekundärsinn unterzuschieben und in diesem die eigene Destruktivabsicht zu artikulieren:

> FAUST O welche Wonne! welcher Hochgenuß!
> Könnt ich euch fühlen, tiefste Pulse der
> Natur!
> DER RITTER Ihr sollt sie fühlen, Doktor – (für sich) wenn
> Du dir dabei den Finger nicht verbrennst.
> (HkG I 438)

> DON OCTAVIO *Nicht selger kann ich werden als ich jetzt*
> *Es bin!*
> DON JUAN (für sich) So ist es Zeit, du *stirbst* heut abend!
> (HkG I 450)

Das Wortspiel ermöglicht die einfachste Methode der Demaskierung und, verbunden mit dem Apart-Sprechen, offenbart es schlagend die Doppelbödigkeit aller gesellschaftsbezogenen Erscheinungen. Der Ritter versteht an Fausts Wunsch, die Pulse der Natur zu fühlen, nur das taktile Moment in dem »Fühlen«; er weist damit auf das Physisch-Erotische, das Faust später in seinem Werben um Donna Anna nicht – wie Don Juan – realisiert: »Ein Weib / Hat Hände, Wangen, Busen und Verstand – / Anpacken kann man sie an hundert Stellen«. (HkG I 499), worin seiner Ansicht nach die Ursache von Fausts Scheitern (»Fingerverbrennen«) liegt. – Don Juan entdeckt in Don Octavios Glücks-Hyperbel der »Seligkeit« den religiösen Grundsinn und spielt ihn gegen das weltliche Glücksinteresse des Bildes aus.

Satiriker tauchen regelmäßig in allen das Gesellschaftliche direkt vorstellenden Dramen Grabbes auf: Saturninus in *Marius und Sulla,* Jouve im *Napoleon,* die Scipionen des Hannibaldramas und Hermann gegenüber den Römern. Immer wieder wird jedoch das satirische Demaskieren rhetorisch gesteigert und dann zum Vorwand oder zur bildlichen Vorbereitung der Destruktion; Jouve, die Revolutionsbestie, demaskiert sich vor allem selbst, wenn er auf die Einladung der unbekannten Dame zum Souper (IV 1) zunächst antwortet:

JOUVE Ohne andere Begleitung?
DIE DAME Nur Ihre Ehre soll mich führen.
JOUVE (für sich) Wer weiß, wohin wir dann geraten.
(HkG II 397)

Der Begriff der Ehre hat für Jouve keine Verbindlichkeit als Ausdruck gesellschaftlicher Konvention; und in dem laut gesprochenen Nachsatz: »Sie sollen meine Ehre Ihrer Erwartung gemäß finden«, spiegelt er seine eigene Ehrlosigkeit in der nur maskierten Sittenlosigkeit der Dame. Nur hinter der Ironie verbirgt er sich; denn auch Jouves Destruktionsaffekt gewinnt allein im Apart seinen unverhüllt drastischen Ausdruck, nachdem er ihn hinter seinem satirischen Kommentar zur Proklamation der neuen Verfassungszusatzakte noch verborgen gehalten hatte:

JOUVE Madame, Ihren Arm?
DIE DAME Mit Vergnügen, mein Herr.
JOUVE (für sich) Die ehebrecherische Kokette! – – – Ob nicht im unerforschten Innern der Erde schwarze Höllenlegionen lauern und endlich einmal an das Licht brechen, um all den Schandflitter der Oberfläche zu vernichten?
Oder ob nicht einmal Kometen mit feuerroten, zu Berge stehenden Haaren – . . . (HkG II 399)

»Schandflitter der Oberfläche«, diese Bildfügung weist Jouve als heroischen Destrukteur aus, der nicht in Schlachten, sondern in Revolutionen die Vernichtung der Wirklichkeit wünscht, wenn auch diese Revolution wie ein apokalyptisches Unheil hereinbrechen soll. Die Satire bietet sich als ein sprachlich-spielerischer Ersatz für den sozialen Zerstörungsaffekt an, den Jouve nur eine kurze Weile unverhüllt demonstrieren durfte, als die Bourbonen bereits geflohen waren und Napoleon noch nicht in Paris eingetroffen. Da wütete er mit einer revolutionären »Höllenlegion« in der gesellschaftlichen Wirklichkeit, die mit der herannahenden Ankunft des Kaisers sich für einen Augenblick in unverhüllter Bestialität gezeigt hatte, um dann hinter dem Feldzugsgeschehen zu verschwinden.

Im *Napoleon* ist damit eine Technik zur Vollendung gereift, die bereits in *Marius und Sulla* Anwendung gefunden hat: Der dramatische Vorgang politisch-gesellschaftlicher Entlarvung vor dem Hintergrund der drohenden Ankunft des Heros. Die Szene II 4 im Zimmer des Königs beleuchtet mit unerbittlicher Schärfe das politisch-menschliche *Intérieur* des Bourbonenhauses; bezeichnend für die geschichtliche Ahnungslosigkeit am Hofe, erscheint die Nachricht von der Landung Napoleons zunächst in ein Apropos gesetzt:

> MONSIEUR Sire, ich bin müde und kann am Abendessen nicht teilnehmen. Ich bitte, mich entfernen zu dürfen, nachdem ich Ihnen hiermit meine Aufwartung gemacht. Das Wildbret ist schon in den Küchen. – – Apropos, was fällt mir doch ein? – Ja, eben hör ich, Bonaparte ist gelandet bei Toulon. (HkG II 363)

Die bedrohliche Nachricht verändert die trocken und müde vorwärts gebrachte Konversation überhaupt nicht, bis die Herzogin von Angoulême hinzukommt und durch die ihr ebenfalls beiläufig mitgeteilte Landung Napoleons in höchste Erregung gerät. Ihr von schrecklichen Ahnungen getriebener Ausbruch wird in der Hofgesellschaft als peinlich registriert; die Satire begnügt sich mit dieser Kontrastwirkung: Gegen die männliche Entschlußkraft der Herzogin stechen die »Bildsäulen« der Männer als unpolitische, im aristokratischen und legitimistischen Eigendünkel versponnene Weltfremdlinge ab. Napoleons Landung erhält für sie allein dadurch Bedeutung, daß er den Frieden ihres abendlichen Mahls zu beeinträchtigen droht; nur weil die politische Autorität Talleyrands Maßnahmen gegen Napoleon für nötig halten soll, läßt sich diese Gesellschaft überhaupt dazu herab, die Förmlichkeit ihres Gesprächs mit Politika zu befrachten. Aber auch dies scheint im Konversationston abgetan, wenn der König bemerkt: »Halt ihn nicht für zu gefährlich.« (368) Allein die Herzogin besteht auf militärischen Maßnahmen, auch als ihr der König entgegenhält:

> KÖNIG LUDWIG Aber heute laßt uns erst von dem Wildbret Monsieurs kosten.
> HERZOGIN VON ANGOULÊME Sire, ich komme mir selbst wie ein gehetztes Wild vor und mag dergleichen nicht essen. (HkG II 369)

Die aktive Frau mit dem politischen Instinkt überspielt den hungrigen König zur historischen Karikatur: Seine Gicht, seine gedankliche Trägheit und die vergreiste Geschichtshaltung seines Adels kennzeichnen das Bourbonenhaus als museal versteinerte Welt, in welcher nur für die Herzogin von Angoulême jedes Ereignis und Wort eine symbolische Bedeutung entlassen, worin sich das politische Schicksal ihrer Familie bildhaft präfiguriert: Das zerspringende Schmuckstück weist auf die Zerstörung, das zum Mahl aufgetragene Wild auf Vertreibung hin. Hier erscheint auch das aristokratische Geschlecht zum »Oberflächenflitter« verzeichnet, der, wenn nicht der blinden Destruktion Jouves, so doch der politischen Zentrifugalkraft Napoleons zum Opfer fällt.

Die Satire Grabbes, die vor allem im Spätwerk den rhetorischen Demaskierungszwang des frühen Dramas zur szenisch wirkungsvollen Spielhandlung ausgestaltet, erfüllt dort zusätzlich die Funktion, die dramaturgische Bewegung auf den »Punkt« der Schlußszenen hin zu organisieren, in der Dynamik der Handlung gleichzeitig das einheitsstiftende Moment zu beleben. Die Satire des Kontrastes, der sprachlichen Entlarvung, die ironische Gegenführung und destruktive Evidenz der grausen Wirklichkeit, die Spannung der dramatischen Enthüllung setzen die *Realität* Grabbescher Szenen in größere strukturelle, aber auch in weitere Sinnzusammenhänge.

Realismus?

Es ist am Ende der allgemeinen Erwägungen unumgänglich, auch den schillernden und geistesgeschichtlich belasteten Begriff des *Realismus* auf anderer Grundlage kritisch zu beleuchten. Grabbes Wirklichkeitsdarstellung wird in der neueren Forschung zumeist als seine besondere künstlerische Leistung bewertet. Während zwar Otto Nieten Grabbes »gesunden kräftigen Realismus« stets noch von »Zynismus und Verzweiflung« zersetzt sah[232], hat Benno von Wiese mit seinem Aufsatz über die historischen Dramen Grabbes[233] eine neue Bewertung dieser Frage ermöglicht. von Wiese, mit den charakterisierenden Begriffen »naturalistisch und impressionistisch« das Grabbe-Drama gegen die klassische Dramaturgie absetzend, weicht zwar der Frage des Realismus aus, doch hat er in scharfer Distanzierung von F. J. Schneiders Grabbe-Monographie[234] herausgearbeitet, daß Grabbes Gestalten und die Elemente seiner Geschichtswelt nur unter- oder gegeneinander Verweisungsfunktion haben und nicht mehr über sich hinaus. Die Wirklichkeit seines Dramas muß unmittelbar in ihrer eigentümlichen Bewegung verstanden werden, denn alle Sinnbezüge entfalten sich ihm immanent. Dennoch richtet v. Wiese seine Fragestellung bereits in diesem Aufsatz auf das »Tragische« der Geschichtsdeutung, eine Konzeption, die

232 Otto Nieten; a.a.O. S. 393.

233 Benno von Wiese, Die historischen Dramen Grabbes; in: Die Welt als Geschichte 7 (1941), S. 267–294.

234 F. J. Schneider; a.a.O. Schneider zeigt in seiner Monographie, was den biographischen Teil seiner Untersuchung betrifft, für Grabbes Persönlichkeit ein bemerkenswertes Einfühlungsvermögen; die Deutung der Dramen scheitert an dem unzulänglichen psychologischen Ansatz und an dem zeitbedingten Versuch, Grabbes Helden als »Herrenmenschen« ideologisch zu rekrutierten.

sich aus der unscharfen These entwickelt: »Wirklichkeit ist für Grabbe geschichtliches, nach Größe strebendes Dasein, das dem Tode und der Vergänglichkeit verfallen ist.«[235]

Am Begriff des *Realismus* versucht sich seither die Grabbe-Forschung zu profilieren, freilich nicht immer erfolgreich. So behauptet W. Höllerer zwar ausdrücklich, »Grabbes ›Wahrheit‹ ist nicht mit dem Schlagwort ›Realismus‹ zu fassen«[236], dennoch wird er von W. Weiss wiederum unter die Realismus-Interpreten eingereiht[237]. Leippe[238] kritisiert mit Recht die vielartigen »Frage*ansätze*« bei Kaufmann, der nur vorsichtig von einer »realistischen Tendenz«[239] bei Grabbe spricht, weil sie sich zu keinem eigentlichen »Frage*zusammenhang*« konzentrierten, entwickelt seinen eigenen Ansatz jedoch ausschließlich aus Briefzitaten und theoretischen Bemerkungen Grabbes und bleibt die Erprobung

235 v. Wiese, Die historischen Dramen Grabbes; S. 288.

236 Höllerer; a.a.O. S. 397 Anm.

237 Weiss; a.a.O. S. 206.

238 Hans Leippe, Das Problem der Wirklichkeit bei Ch. D. Grabbe; in: Vom Geist der Dichtung (Gedächtnisschrift Petsch); Hamburg 1949; S. 270–285; S. 275.

239 Friedrich Wilhelm Kaufmann, Die realistische Tendenz in Grabbes Dramen; in: Smith College Studies in Modern Languages (Northampton, Massechusetts) Vol. XII, No. 4 (1931) S. 1–47.

Durch inadäquate Problemstellung bleibt die Untersuchung von Ernst Diekmann, Ch. D. Grabbe, Der Wesensgehalt seiner Dichtung. Versuch einer Deutung seiner Weltanschauung; Detmold 1936, ohne konkrete Ergebnisse. Mit seiner ontologischen Fragestellung gerät Diekmann darum in begriffliche Schwierigkeiten, weil er mit dem unglücklichen Ansatz, Grabbes Werk leiste so etwas wie »Seinserkenntnis«, in die Spannung der beiden Wirklichkeitsebenen, der historischen und der dramatischen, hineintreibt. Diekmann rettet sich mit der Verlegenheitsformel, daß das „irrationale Seinserlebnis in der bewußten Sphäre des Dichterischen der Objektivität des ›Außen‹ angeglichen wird« (S. 85).

Ebenfalls im Bereich der Realitätsthematik bewegt sich A. W. Hornsey mit seiner Arbeit ›Idea and Reality in the dramas of Ch. D. Grabbe‹; (Pergamon Press) Oxford, London etc. 1966. Allerdings liegt das Gewicht seiner Fragestellung auf der »idea«, die in den *Hohenstaufen* gewissen Rückhalt in der Thematik der Größe findet. Die letzten drei Dramen behandelt Hornsey bezeichnenderweise gemeinsam in einem Kapitel und versteht sie nur als »expression and portrayal of Grabbe's own inadequacy« (S. 144).

seiner These am Widerstand des Textes nicht zufällig schuldig. Dennoch ist Leippes Fragestellung geeignet, als Parallele und Kontrast eine schärfere Begriffsbildung von Wahrheit und Funktion der Wirklichkeit bei Grabbe zu ermöglichen.

Ausgehend von der »Vielschichtigkeit und Heterogenität des Wirklichen« bei Grabbe, worunter er unterschiedslos literarische Themen, Einflüsse, geistesgeschichtliche Spuren, alle die faktische Geschichtlichkeit bestimmenden Elemente des Werks versteht, findet Leippe in der Äußerung Grabbes am Ende von *Marius und Sulla:* »Der Dichter ist vorzugsweise verpflichtet, den wahren Geist der Geschichte zu enträtseln«, die Formel, aus der er die besondere Geschichts- und Wirklichkeitssicht Grabbes entwickeln zu können glaubt. Dabei setzt er die Wendung »Geist der Geschichte« zwar gegen den Schillerschen Idealismus ab (wie ihn Grabbe in der *Shakspearo-Manie* beschrieb), bezieht ihn stattdessen aber auf die rein stoffliche Qualität der Geschichte: »es ist die Schicht der historischen Tatsächlichkeit und Zeitlichkeit, die . . . unter dem Namen der Geschichte schlechthin erscheint und die als solche auch in Grabbes Formel vom ›Geist der Geschichte‹ enthalten ist. Ist der Wirklichkeitscharakter dieser Schicht in ihrer Faktizität, ihrer Materialhaftigkeit evident, so ist doch auch der zu ›enträtselnde‹, ›hervorzuziehende‹ Geist, bei dem es sich folglich nicht um eine entgeschichtlichende Vergeistigung und Symbolisierung der Historie, sondern um eine verborgene Realität der Geschichte selbst handelt, nicht minder wirklich« [240].

Hier ist der Versuch, die materielle Wirklichkeit der Geschichte aus der idealistischen Verweisungsfunktion zu lösen, sie aber als Bedeutungsträger zu erhalten, zumindest begrifflich mißlungen. Das Vielartig-Disparate des Grabbeschen Dramas einfach als Evidenzerscheinung der Geschichte zu subsumieren, heißt Grabbes Geschichtsdeutung als Stoffkompilation mißverstehen. Leippe geht es jedoch nur um den Wirklichkeitsbegriff, und er hätte sich die mißverständlichen Umwege seiner Bestimmung erspart, wenn er am Text bemerkt hätte, daß beim jungen Grabbe der

240 Leippe; a.a.O. S. 279.

Wahrheits- und Wirklichkeitsbegriff identisch sind. Die Wirklichkeit der Historie wird freilich nicht durch ihren »Evidenzcharakter« wahr, sondern dadurch, daß ihre Aufdeckung (oder Darstellung) eine heroische Leistung bedeutet; denn das von Leippe so sehr bemühte Wort am Ende von *Marius und Sulla* stammt aus der Periode, in der für den Dichter noch galt, was Gothland so aussprach:

> – Der Mensch erklärt das Gute sich *hinein,*
> Wenn er die Weltgeschichte liest, weil er
> Zu *feig* ist, ihre grause Wahrheit kühn
> Sich selber zu gestehn! (HkG I 80 f.)

Aber nicht nur derjenige, der die Weltgeschichte liest, sondern ebenso derjenige, der die »grause« Wirklichkeit handelnd hervorbringt oder entlarvt, gewinnt diese heroische Qualität der Kühnheit (auch diese rhetorische Figur wird zur dramatischen Realität werden, und zwar in der Terenz-Handlung des *Hannibal*); die Untersuchungen zum Destruktionsproblem haben ergeben, daß der junge Grabbe gerade im Aufdecken der materialistischen, bestialischen Menschlichkeit die von Gothland angesprochene historische Wahrheit und Wirklichkeit suchte. Berdoas Wahrheitsintention und Destruktivismus erwuchsen aus einer Haltung, die sich als aufklärerisch ambitionierte literarische Pose auch bei Grabbe nachweisen ließ.

Das Gothland-Wort läßt keinen Zweifel über die Wahrheitsfunktion der Geschichte. Anfangs war es allein die »grause« Wirklichkeit, die Grabbe zu suchen sich bestrebte; sie konstituierte sich aus der Bestialität der niederen sozialen Wirklichkeit und dem Destruktionsaffekt der Heroen gegen die gleiche Wirklichkeit. Doch in dieser moralisch bewerteten Polarisierung bereitete sich die spezifisch Grabbesche Geschichtsdarstellung vor, die sich nicht mit dem Aufdecken der unheroischen, bestialischen Krämer- und Gesellschaftswelt begnügt, sondern im Zerstören dieser Wirklichkeit eine ›höhere‹ Schönheit und eine neue dramatische Realität sucht. Wenn nämlich Grabbe zum *Napoleon* schreibt: »Der Stoff groß, von selbst dramatisch« (HkG V 294), dann entsprechen diese Worte nicht mehr der frühen Realitätskonzeption, auf die sich Leippe beruft und die er hier bestätigt zu sehen glaubt; in der späten Periode spielen die Begriffe der »Größe« und des »dramatischen Charakters« nicht mehr auf die Wahrheitsqualität einer geschichtlichen Wirklichkeit an, sondern beide Begriffe erfassen jene immanente Spannung des Geschichtsvorgangs selbst, die – dem Hohenstaufenstoff nicht eigentümlich – von Grabbe früher künstlich konstruiert werden mußte, nämlich die dramatische Bewegung auf einen »Punkt« (Wuk VI 178) der heroischen Entladung zu, in deren Verlauf die historisch-gesellschaftliche Realität vom destruktiven oder sozialen Heros aufgelöst, überwunden oder zerstört wird; in *Marius und Sulla* zeigte sich dieser dramatische Handlungsablauf schon angesetzt, er erzwang den Prozeß der doppelten Strafaktion gegen Rom (wider alle historische Wahrheit); im *Barbarossa* konzentrierte sich das Geschehen in der eigens erfundenen Weserschlacht; im *Heinrich VI.* kulminiert die dramatische Aktionsrhetorik in der Szene des Abfalls aus der Gebärde monumentaler Selbstvergottung auf dem Ätna; in der mittleren Periode also ereigneten sich dramatisch-künstlich angelegte Höhepunkte. Der *Napoleon*-Stoff indessen erweist sich darin von selbst dramatisch, daß die pragmatische Handlung mit dem dramatisch-satirischen Entlarvungseffekt in allmählicher Steigerung zur Schlacht führt. Und daß diese Schlacht ihren Sinnbezug nicht zuletzt in der unmittelbaren oder symbolischen Destruktion gerade dieser zuvor entlarvten ungeschichtlichen, bestialisch-kollektiven Realität sucht, braucht nicht mehr eigens gegen Leippe betont zu werden.

Es stellt sich trotz dieser Einschränkung weiter die Frage, ob der Begriff des *Realismus* für Grabbe etwas einträgt. Dabei darf das »Schlagwort«, wie Höllerer mit Recht warnt, nicht das eigentliche Sachproblem überspielen; dennoch, in einer Dichtung, in der die bestimmende Macht der Wirklichkeit auf die Vorstellungsweisen und Handlungsmöglichkeiten ihrer Gestalten mit solchem Nachdruck gestaltet ist, gewinnt der Begriff eine sachliche Mitteilungsfunktion, trägt er mehr ein als nur ein Schlagwort. Dann auch verschlägt schwerlich Höllerers Argument, daß die »Entdeckung Grabbes und Büchners zur Zeit des Expressionismus . . . auf Sprach- und Gestaltungsschichten, die nicht poetisch-realistische Gepräge tragen«[241], weist.

Die neuerlich zusammengefaßte Diskussion um die *Realismus*-Problematik[242] macht die Unzulänglichkeit aller Perioden-Begriffe deutlich, wenn sie mehr leisten sollen als eine allgemeine und doch treffende Charakterisierung eines Epochenstils; das Fluktuierende im Ergebnis solcher terminologischen Konzentration läßt sich nur schwer vermeiden, und der Versuch einer Vertiefung des *Realismus*-Begriffs mit deduktiven Verfahren (wie bei Lukács) führt zu ebenso unverbindlichen Ergebnissen wie die induktive »Neubegründung« aus individuellen Strukturen; das eine führt zur Ideologisierung, das andere – wie Brinkmanns Buch[243] zeigt – zur Auflösung des Begriffs, der ja eine inhaltliche Qualität zu erfassen bestimmt ist. Der Gegensatz ideal–real, welcher den Gattungsbegriff *Realismus* stützt, läßt sich auch auf die Leseerfahrung anwenden, die ganz bestimmte Grundformen literarischen Ausdrucks durch verschiedene Epochen hindurch beschreibt[244]. Es beleidigt keineswegs die künstlerisch-formale Eigentümlichkeit jedes einzelnen Kunstwerks, wenn man in ihm allgemeine Entwicklungstendenzen konstatiert[245].

Es läßt sich also dort, wo die Wirklichkeit (geradezu als materialistisch-seelenlose Realität) mit solcher Macht in die Welt eines Kunstwerks eindringt und gleichzeitig formkonstituierend wirkt, dem definitorischen Angebot des Begriffs *Realismus* zu-

241 Höllerer; a.a.O. S. 397. Allerdings zeigt sich in einer Anmerkung zum Büchner-Kapitel des gleichen Buches, daß Höllerer über einen sehr differenzierten Realismus-Begriff verfügt (Anm. 66).

242 Begriffsbestimmung des literarischen Realismus, ed. Brinkmann (Wege der Forschung CCXII); Darmstadt 1969.

243 Richard Brinkmann, »Wirklichkeit und Illusion«, Studien über Gehalt und Grenzen des Begriffs Realismus für die erzählende Dichtung des 19. Jahrhunderts; Tübingen [2]1966.

244 Vgl. Erich Auerbach, Mimesis. Dargestellte Wirklichkeit in der abendländischen Literatur; Bern u. München [3]1964; S. 514 ff.

245 Vgl. Gerhard Kaiser, Um eine Neubegründung des Realismusbegriffs, in: Begriffsbestimmung des literarischen Realismus; S. 236–258; S. 253.

nächst kaum ausweichen. Denn wie Hugo Friedrich[246] und Brinkmann gemeinsam, wenn auch auf verschiedenen Wegen, nachweisen, entstehen realistische Dichtungen aus dem Prozeß der Zerstörung von Vollkommenheitsvorstellungen, und die Hilfsformel des *Realismus* bestätigt sich dann als Begriff, wenn sich der Übergang vom Idealismus gerade darin offenbart, daß begrifflich und im formalen Anspruch Wahrheit und Wirklichkeit zur Deckung gelangen. Dieser Prozeß stellt sich bei Grabbe so dar, daß im Zuge der Formentwicklung seines Werkes die konkret gedachte und darum ihrer rhetorischen Überzeugungskraft beraubte Bildlichkeit der Klassik, die das frühe Drama zusammenballt, in die unmittelbar-lebendige Szenenregie der späten Periode überführt wird. Geistesgeschichtlich läßt sich dieser Vorgang als Revision jenes Prozesses deuten, der von der Wirklichkeitsnähe des Sturm-und-Drang-Historismus zur »wahren« Symbolsprache der Klassik führte. Diese klassische Sprache hatte eine ihrer historischen Ursachen nicht zuletzt in der Erfahrung des Chaos der französischen Revolution. Aber während Goethe sich erschreckt vor der »millionenfachen Hydra der Empirie«[247] zurückzog, seine Irritation freilich in der *Natürlichen Tochter* beinahe bis zur Unkenntlichkeit verschlüsselte und seine politischen Hoffnungen wiederum auf eine Gestalt wie Napoleon setzte[248], so gab Grabbe einem im wesentlichen durchaus ähnlichen Wirklichkeiterlebnis unverstellten Ausdruck. Er zeigte die vielfach abschattierte, aber einheitlich bestialische

246 Hugo Friedrich, Das antiromantische Denken im modernen Frankreich, München 1935; ders. Drei Klassiker des franz. Romans.

247 Brief an Schiller vom 16./17. August 1797. Hamburger Ausgabe (Briefe II) 1964, S. 294.

248 Dies geht u. a. aus dem Brief an Schiller vom 9. März 1802 hervor. Dort schreibt Goethe über die Lektüre von Soulavies *Mémoires historiques et politiques du règne de Louis XVI:* »Im ganzen ist es der ungeheure Anblick von Bächen und Strömen, die sich, nach Naturnotwendigkeit, von vielen Höhen und aus vielen Tälern, gegeneinander stürzen und endlich das Übersteigen eines großen Flusses und eine Überschwemmung veranlassen, in der zugrunde geht wer sie vorgesehen hat so gut als der nichts ahndete. Man sieht in dieser ungeheuren Empirie nichts als Natur und nichts von dem, was wir Philosophen so gern Freiheit nennen möchten.« a.a.O. S. 431 f.

Physiognomie der »Hydra« und überließ die erlösende »Sendung« (HkG IV 93) weniger der Kunst als den napoleonischen Heroen. Der entscheidende Unterschied zur Klassik erscheint also darin, daß sich der Realist Grabbe die ›Erlösung‹ nicht mehr als Perspektive sittlicher Humanität, sondern allein pragmatisch denken kann. In diesem Zusammenhang bildet der *Realismus* keinen unbestimmten Stilbegriff, sondern seine formale Notwendigkeit wird als Inhalt sichtbar.

Damit erst eröffnet sich die spezifische Fragestellung, die nach der besonderen Qualität der Wirklichkeit sucht und nach der Art des Verhältnisses zwischen den Menschen und dieser Wirklichkeit. Denn hieraus ergeben sich Stilmöglichkeiten in unendlicher Vielfalt, und darum bleibt es falsch anzunehmen, daß der *Realismus* sich in platter Spiegelwirklichkeit erschöpft. Die Wirklichkeit erscheint immer in dem Maße wahr, wie sich das Verhältnis des Menschen zu der ihn umgebenden Welt künstlerisch objektiviert; die zunehmende Materialität der Welt, ihre Gesellschaftlichkeit wird das Medium zur Erfassung der Menschen oder, wie Hugo Friedrich für den französischen Roman des 19. Jahrhunderts den Epochenstil bezeichnend konstatiert: »die Romane . . . sind ›wahr‹, weil sie ihre Gestalten in die Bedingungen und Situationen stellen, in denen die Menschen der Zeit selbst stehen, die also deren ›Wirklichkeit‹ bedeuteten«[249]. *Realismus* fällt damit auch nicht mehr als Schlagwort der Inhaltsbestimmung herab, sondern bezeichnet den literarischen Niederschlag einer verwandelten Weltdeutung. Freilich wird damit der Begriff erweitert, aber, seiner Natur nach unspezifisch, lediglich gegen die idealistische Welterfassung abgesetzt, kann er sich nur durch die einläßliche Untersuchung zu jedem einzelnen Kunstwerk, das sich unter dem allgemeinen Begriff als zugänglich erweist, formal ergänzen lassen.

Zurück zu Grabbe: Sein Werk, vor allem unter dem genetischen Gesichtspunkt, wird durch den Blick auf seine realistische Tendenz allein nicht erschlossen. Die Beobachtung des Destruktivismus und Heroismus zeigen, daß der ›Wirklichkeitscharakter‹

249 Hugo Friedrich, Drei Klassiker des französischen Romans; S. 17 f.

seines Dramas erkämpft ist, möglich geworden als die Folge der heroischen Tat- und Destruktionsenergie und daß zum anderen diese Wirklichkeit keine neue Orientierungsgröße für den aus seiner idealistischen Gewißheit gelösten Menschen bedeutet, sondern daß der Idealismus in der destruktiven Aktion gegen diese Wirklichkeit rudimentär weiterlebt.

Es sei zur Illustration dieser These noch einmal die Szene II 3 aus *Marius und Sulla* behandelt, eine politische Massenszene, die in anarchischer Gleichgültigkeit die heterogensten Elemente zu verbinden scheint; aber das Chaotisch-Vielstimmige der diversen Auftritte, Reden, chorischen Einlagen erweist sich in jedem stofflich-politischen Einzelmoment als funktionsgebunden im Sinne der dramatisch-satirischen Wahrheitsenthüllung.

Der Szenenablauf wird in seiner inneren Bewegung bestimmt von Angst und Erwartung, die sich auf die Person des Marius richten, der sich mit Cinna und Sertorius allmählich der Stadt Rom nähert. Marius hatte sich als Befreier der Armen (HkG I 364) angekündigt, und in den beiden Tribunen Saturninus und Flavius scheint sich die Marius-Partei im Senat zu profilieren. In II 2 plädierten sie noch für die Erneuerung der gracchischen Gesetze; auf die Drohungen der Senatoren antwortete Saturninus:

. . . Wisse: in diesem Augenblick wogt eine Million Plebejer, die jedes Haar auf unsrem Haupte schützt, um diesen Tempel, und vor den Toren der Stadt sieht man schon den Staub von dem Heere des Marius aufwirbeln. (HkG I 366)

Aber bereits in dieser Szene erschienen die klaren Parteiungen gespalten und aufgelöst; die Wut des Volks richtete sich plötzlich gegen seine eigenen Tribunen, die der Menge nur mühsam zu entkommen vermochten; und zu Beginn der 3. Szene entspinnt sich dann zwischen Flavius und Saturninus ein erster Dialog, der auch von der Seite der politischen Repräsentanten die Kluft zwischen Tribunen und Volk offenbart.

Furcht, Furcht, das ist der einzige Gott der Menge! Wer nicht selbst Macht besitzt, sie in Angst zu setzen, muß sich auf fremde Schreckbilder berufen, auf den Marius, auf den Sulla! O selig, selig diese

Glücklichen, die den blinden Haufen anspeien dürfen, weil sie ihn zu zermalmen vermögen! (HkG I 372)

Die Bestialität des Volks zwingt wie in gesetzhafter Notwendigkeit die destruktive Gebärde nach außen; aber die unfähigen Volksvertreter können sich nur auf die Schreckbilder berufen und erzielen damit keine Wirkung. Für den sich nun anschließenden Verlauf der Auftritte, der neugeschlossenen und zerbrechenden Koalitionen bietet sich Grabbes Kommentar an, der zwar erst den Plan der 6. Szene charakterisiert, aber bereits hier zur Deutung beiträgt:

Immer deutlicher leuchtet aus dem Gange des Stückes hervor, daß die römische Welt weder auf der Erde noch in der Religion einen festen Haltpunkt mehr hat, und daß, wenn sie nicht auseinanderfallen soll, nur der Despotismus sie halten kann. Darum mußten Männer wie Marius und Sulla erscheinen und das werden, was sie geworden sind. (HkG I 388)

Alle Perspektiven dieser Szenen richten die Aufmerksamkeit des Zuschauers auf die stereotyp gleichförmige Situation und Wirklichkeit, die sich als demaskierte egoistische Vereinzelung erkennen läßt: Unter dem Herannahen des Marius wird in der Selbstenthüllung der bestialischen Physiognomien ein Wahrheitsmoment sichtbar, das stets wieder Gothlands Verzweiflungserkenntnis: »Ein geschminkter Tiger ist der Mensch«, in die Erinnerung ruft. So wird jeder Auftritt und jedes Wort zu einem Wirklichkeits- und Wahrheitsbeitrag; die »Demonstrierfunktion«[250] der Szene hebt nicht allein den geschichtlichen Vorgang heraus, sondern bezieht die Situation auf den Charakter der beiden Helden Marius und Sulla: Ihr Destruktivismus wird zum Abbild und ihre heroische Entschlossenheit zum Gegenbild der Parteienzersplitterung in Rom.

Während Octavius dem Marius entgegenzieht, beginnt in der Stadt die »Pöbelherrschaft«. Saturninus entpuppt sich immer mehr als Agitator; er ist ein politischer Berdoa, der seine Massenpsychologie mit gesetzhafter Sicherheit anwendet:

250 Vgl. dazu Hegele; a.a.O. S. 89 ff.

FLAVIUS Dort kommt eine Schar keck lärmend heran, – tritt zur Seite.
SATURNINUS Zum Scherz! denn wir haben nichts mehr von dem Haufen zu fürchten, eine Viertelstunde ist bereits vorbei. (HkG I 373)

Hier wird zunächst rhetorisch die Masse in ihrer triebhaften Inkonstanz demaskiert; aber dem Behauptungssatz folgt alsbald die pragmatische Demonstration: »Ein Haufen Volks« tritt auf und will, sich an einem Gerücht erhitzend, dem Patrizier Scävola das Haus einschlagen. Der Bürger Sempronius unterbindet den destruktiven Affekt, indem er die Menge mit einer Phrase sozialer Solidarität ablenkt und auf die mögliche Gefahr hinweist:

Also Brüder, – handelt im Geiste eurer Ahnen, – seid weise wie sie, berechnet und spart eure Tapferkeit, – noch ist Gefahr, noch herrscht Octavius, – kurze Geduld, und desto größere Ernte! (HkG I 374)

Die heroische Anmaßung des Wortes »Tapferkeit« wird durch das Satzprädikat »berechnen« und »sparen« unter das ökonomische Kalkül gedrückt, das auch das Zielwort von Sempronius' Rede »Ernte« offenbart. »Ernte« weist jedoch auch voraus auf die rustikale Metaphorik, mit welcher der Bauer Marius die Stadt bedroht: »Die Straßen / Sind meine Furchen, Leichen meine Saat, / Und allgemeine Pest ist meine Ernte!« (384)

Gern beschränken sich die Bürger darauf, revolutionäre Schlagworte durch die Luft schwirren zu lassen, und solche rhetorische Tapferkeit läßt Sempronius gleich ins Schwärmen verfallen:

O schönster Tag! Wir sind wieder, was wir waren: ein erhabenes, ein herrliches Volk. Die Schalen schweben im Gleichgewicht: wir verdienen die Hülfe des Marius, und Marius verdient die unsrige! (HkG I 374)

Cajus möchte zur Feier unverzüglich ein Glas Wein trinken; aber der groteske Selbstbetrug wird zuvor von Saturninus aufgestört, woraufhin die Bürger wieder in ihre bestialische Gebärde zurückverfallen: »Die Tribunen! die Verräter! Zerreißt, erwürgt sie! Liefert sie den Konsuln aus!« (375) Saturninus läßt sich jedoch nicht beirren, er entlarvt und zerstört den heroischen Volksbegriff:

Das Volk? Du bist ein verlaufener Freigelassener, Sextus ein Parasit, Cajus ein Schneider oder sonst etwas. Wie wollte man aus euch ein Volk zusammengießen? Ich bitte, jeder denke an seine eigne Not; eure Weiber huren, eure Kinder haben kein Brot; was lärmt ihr auf der Straße? (HkG I 375)

Saturninus' Rede faßt lediglich den Entlarvungseffekt der Szene zusammen, nämlich die Satire der Kontrastspannung, in welcher die Gruppenbewegung und Aktion immer nur angekündigt, aber nie realisiert wird und der gemeinsame heroische Handlungsansatz jeweils kläglich scheitert, wenn er nicht schon im bloßen Widerspruch erstickt. Der sinnlose, ständig drohende und mechanisch einsetzende Stimmungsumschlag enthüllt stets aufs neue die instinkthafte Reaktion der Horde: Saturninus überredet den Bürgerhaufen, der ihn eben noch lynchen wollte, zur Tat gegen die wenigen in der Stadt verbliebenen Truppen, aber als Gipfel der Widersinnigkeit wird ihm der plötzliche Mut der Leute erst recht unheimlich:

SEXTUS Vorwärts, wir wollen unsere Rechte zurückerobern und müßte es gehen bis in den Tod!
SATURNINUS Götter, sprechen sie vom Tode? So denken sie an ihn. Wenn sie denken, Flavius, ist es Zeit, daß wir wegeilen.
FLAVIUS Nein, bleib, sie sind in gutem Zuge.
SATURNINUS Du kennst sie nicht; sie denken! sie werden feig! nur wenn sie fühlen, sind sie tapfer! (HkG I 376)

Diese grotesk simple Psychologie des Heroismus wird bestätigt: Ein paar Söldner scheuchen den Haufen der Bürger wie Hühner auseinander; angesichts der neuen Gefahr hält auch die Koalition zwischen den beiden Tribunen nicht mehr:

FLAVIUS Weh mir, es ist vorbei mit uns!
SATURNINUS Es freut mich!
Du lernst die Volkscourage kennen.
FLAVIUS Schämst
Du dich nicht? Bist du sinnlos? Die Gefahr
Droht dir sowohl als mir.
SATURNINUS Das mein ich grade.
FLAVIUS Ich bitt, empör mich nicht zum Äußersten.
Nicht länger duld ich dies dein lächelndes
Gesicht! Du Fratze, es ist doch nur Täuschung,

Du lügst dir Mut an; deine Brust ist hohl,
Ich will dran klopfen! (HkG I 377)

Saturninus genießt das Chaotische der Situation und registriert darin befriedigt die allseitige Selbstenthüllung; denn auch der Senat beginnt sich zu entzweien, und so braucht er nur abzuwarten, bis alle widerstreitenden Parteien sich gegenseitig paralysiert haben; die Senatoren geraten vor allem über die Frage in Zwist, ob der gefangene Flavius hingerichtet werden soll; Ancharius widerspricht Crassus dem Vater, der für rücksichtsloses Handeln plädiert:

ANCHARIUS Du bringst uns alle ins Verderben,
Du gibst dem Marius, dem Cinna Ursach
Uns alle zu berauben und zu würgen, du
Zerbrichst das Grundgesetz der Republik,
Die Unverletzbarkeit der Volksvertreter;
Ich gehe zum Senat, er darf dies nicht dulden!
CRASSUS DER VATER
Das Grundgesetz der Republik ist null
Solang die Konsuln diktatorische
Gewalt bekleiden. Die Tribunen aber
Verdienen ihren Tod mehr als zuviel,
Und wagen selbst das nicht einmal zu leugnen.
ANCHARIUS Ich wasche meine Hände feierlichst!
CRASSUS DER VATER
Wasch dein Gesicht. Zweideutigkeit und Angst
Beflecken es. (HkG I 379)

In der Stunde der Gefahr zeigt sich plötzlich jedes Wort und Argument durchsichtig auf seinen egoistischen Grund, und jedes Gesicht wird als Maske transparent. Es läßt sich erkennen, daß die Steigerung, die der zunehmend scharfe Wahrheitseffekt dieser Szene bewirkt, einhergeht mit der immer häufigeren Nennung von Marius' Namen, der sich in unsichtbarer Parallelaktion der Stadt nähert.

Nachdem der besiegte und in der Schlacht verwundete Antonius das unmittelbare Wirkungsbild von Marius' Gewalt in die Szene getragen hat, erscheint plötzlich auch wieder Saturninus auf der Szene. Der Fall Roms steht bevor, und nur noch Crassus der Vater zeigt sich entschlossen, mit der Stadt unterzugehen. Ancharius indessen eilt als Unterhändler davon, Marius um Mäßigung zu bitten. Gerade in diesem Augenblick gibt Saturninus der Menge ein Zeichen: Er ersticht den alten Crassus und entfesselt die lange von Feigheit zurückgedrängte Bestialität der Masse; man spießt amüsiert den noch feigeren Scävola auf und vergnügt sich in risikoloser Plünderung; Saturninus jedoch sondert sich ab. Die Menge vollzieht nur den ersten Teil der Vergeltungsaktion, der zweite wird sie selbst treffen:

> VIELE STIMMEN Juchheisa! er krepiert! es lebe Marius!
> SATURNINUS Er lebe! auf den Leichen seiner Feinde! – Nun weiter! nicht geruht! alles ist euch offen! Gehirne und Kisten! (Für sich) Die Hunde! (HkG I 383)

Was sich in den Rede- und Handlungsauftritten dieser Szene II 3 abspielt, offenbart nicht einfach nur »Geschichtsunmittelbarkeit«[251] oder Lebensnähe und Fülle. In der Gesamtbewegung ihrer dramatischen Choreographie ebenso wie in ihren Elementen wird der Handlungsentwurf der allersten Szene[252] realisiert. In der Materialität der geschichtlichen Tatsachen allein – wie Leippe interpretieren müßte – läßt sich jedoch eine gestaltende Absicht noch nicht erkennen; die formale Einheit erschließt erst eine genauere Beobachtung der inhaltlichen Bewegung, der Dramaturgie der Destruktionsthematik: Der Geschichtsstoff erweist sich also nicht in einem transzendierenden Sinne als wahr, sondern in der dramatisch-thematischen Organisation der Handlung auf die stereotype Enthüllung von Egoismus und Vereinzelung.

Alle an der Handlung Beteiligten zeigen ein doppeltes Gesicht; darin erscheint die Transparenz der Gesellschaftswirklich-

251 Benno von Wiese, Die deutsche Tragödie; S. 484.

252 Das Chaos in Rom hat Marius in dem Traum vorausgeahnt, der seine sinnbildliche Bedeutung durch den bereits vorher entwickelten Parallelismus Trümmer Karthagos – Zerstörung Roms preisgibt: » – – Mir deucht, der Genius von Karthago war bei mir, mit einem zerbrochenen Mastbaum statt des Szepters, – er hieß mich mit wild freundlichem Zähnefletschen willkommen, bedauerte sehr, daß er mir keinen Stuhl anbieten könne, weil ihm sein Hausgerät verbrannt sei, versicherte, daß wir wechselseitige Gastfreunde geworden wären, und drückte meine Faust so entsetzlich, daß ich fürchtete, er wolle sie zermalmen, und laut aufschrie!« (HkG I 346).

keit auf ihre brüchige ›wahre‹ Verfassung hin, die durch die Herankunft des Heroen wirksam wird. Denn selbst die Bürgermasse ist in drei Gestalten »individualisiert«, wenn sie sich nicht in chorischem Sprechen erschöpft; die destruktive Anonymität, die immer wieder im Gruppenappell (»Schlagt ihn tot!«) geäußerte, aber erst in der Situation der völligen Gefahrlosigkeit realisierte Absicht zu morden, zu plündern etc. wird vor allem aufschlußreich als *nicht* durchgeführte Handlung; die Solidarität beruht in der Feigheit, denn die soziale Ideologie »Einer für Alle, Alle für Einen!« hat der Tribun als Phrase entlarvt. Aber die Tribunen sind ebenfalls »doppelte Kerle«, die ihre Aufgabe als Volksvertreter nur als Vehikel ihrer egoistischen Interessen wahrnehmen. Allein in der Gestalt des Crassus hat Grabbe eine sowohl durch die Senats- wie auch die Straßenszene durchgängig scharf politisch profilierte Persönlichkeit gestaltet. Im dramatischen Wechsel der Physiognomien, im Entlarvungseffekt, den der Name Marius' in die Aktion bringt, in der sich steigernden destruktiven Tatstimmung zeigt die Szene ihre inhaltliche und formale Einheit: Die Ankunft des Marius, die unmittelbaren Folgen seiner Rückkehr und die objektive Notwendigkeit seiner politischen Strafaktion werden in einem Handlungszuge bewältigt; damit erreicht die künstlerische Dramaturgie die Qualität der historischen ›Wahrheit‹.

Der Wirklichkeitsgewinn dieser Szene wird tatsächlich mit dem Schlagwort des *Realismus* nicht mehr zureichend bestimmt. Denn nicht Weltfülle tritt hier hervor, eine kritisch beleuchtete, aber in allen ihren Einzelheiten belangvolle Diesseitigkeit, wie sich der Wirklichkeitsbegriff der meisten *Realismus*theorien bestimmen läßt, sondern eine Reduktion der geschichtlichen Wirklichkeit auf wenige Züge, in denen sich die Koordinaten der Grabbeschen Welt- und Geschichtsdeutung überhaupt erkennen lassen. Die historische Umwelt in *Marius und Sulla* erscheint als eine durch die geschichtlichen Bewegungen aufgestörte, zeitlose Zuständlichkeit. Auch in anderen Dramen verläßt sich Grabbe stets auf die gleichen satirischen Effekte, um die konformen Weltzustände Roms in *Marius und Sulla* oder Bardewicks, das soziale Paris oder Karthago aus der mimischen Aktion hervorgehen zu lassen. Aber diese Wirklichkeit wird mit allen symbolischen und perspektivischen Maßnahmen als der Zerstörung geweiht dargestellt; sie erscheint nicht um ihrer selbst willen, nicht als dramatische Form historischer Erkenntnis, sondern in dem satirischen Zuschnitt von Grabbes Wahrheitspropaganda, die alle Größe, sei sie gegenwärtig oder vergangen, durch Egoismus, Krämergesinnung, Scheinsucht, durch die Zersplitterung der Gesellschaft gefährdet zeigt. Den letzten Antrieb bildet der Wunsch nach einer Verwirklichung menschlicher Größe. Die früh gewonnene Einsicht, daß die Welt das Große nur »genießt« (HkG IV 94 f.), setzte Grabbe nicht produktiv in eine Erkenntnishaltung gegenüber der Gesellschaft um, sondern neben der Satire entwickelte er nur jene fragwürdigen dramatischen Formen, die die Zerstörung oder Überwindung des satirisch gesehenen Sozialen auf der Bühne sinnfällig machen sollen.

Die Grabbesche Schlacht, die bis zum Stilbruch kontrastierende Darstellung von »grauser« Wirklichkeit und heroischer Glücksutopie, die ohne Rücksicht auf die Bühne und mit höhnischer Verachtung der Guckkastenmentalität erfaßten Wirklichkeitsausschnitte, die Tonlage des patriotischen Pathos und die Bildlichkeit der in ein Volk aufgeschmolzenen Gesellschaft lassen sich weder mit den inhaltlichen noch mit den Stilkriterien des Realismus begreifen. Die Beispiele heroischer Erhabenheit, die freilich als vergnügter Marsch in den Kugelregen künstlerisch nicht überzeugen können, erinnern eher an den Idealismus Schillers als an den bis ins Dokumentarische reichenden *Realismus* Büchners. Der auf das Bestialische reduzierten Gesellschaftswelt entspricht der auf das Heroische reduzierte Idealismus.

Das thematische Gewicht und die formale Notwendigkeit, wodurch die Grabbeschen Gefechtsszenen sich im dramatischen Zusammenhang ausweisen, verbieten es, den Satiriker Grabbe als den eigentlichen *realistischen* Künstler zu feiern[253] oder den

253 Hans-Dieter Schäfer, Ch. D. Grabbe. Die Herausbildung seiner Weltanschauung und sein Beitrag zur Entwicklung des realistischen Dramas. Studie zu den Geschichtsdramen; Diss. Berlin 1965. Schäfer faßt das »realistische Drama« als eine Darstellungsleistung auf,

Dichter des mißtönenden Schlachtpathos auszuklammern, wie es etwa Höllerer tut. Dies verzeichnet das Bild Grabbes, das zur Vollständigkeit und zum Nachweis seiner Originalität gerade auch seine Monstrositäten und Schwächen aufnehmen muß.

welche im Sinne des dialektischen Materialismus die gesetzhafte Notwendigkeit geschichtlicher Vorgänge sichtbar macht. In der Entwicklung dieser Kunst bleibt Grabbe nach Schäfers Ansicht »auf halbem Wege stehen« (S. 155) Er attestiert ihm, die Klassenkämpfe seiner Zeit in der Geschichte dargestellt, aber keine »aufwärtsführende Entwicklung« gesehen zu haben. Angesichts der *Hermannsschlacht* führt diese These in nicht verleugnete Verlegenheit: Hier ». . . verwehrte es ihm der Stoff, an die materialistische Gestaltung von Klassengegensätzen anzuknüpfen«. (219) Als ob die Stoffwahl nicht Ausdruck des künstlerischen Interesses wäre! – Grabbe gestaltet jedoch vor allem die *Auflösung* der Klassengegensätze; dies aber nicht durch ihre revolutionäre Überwindung, sondern durch die Aufschmelzung der Klassen, nicht durch Emanzipation, sondern durch Reduktion der Individuen.

IV. KAPITEL

›NAPOLEON ODER DIE HUNDERT TAGE‹ ALS DRAMA DER REVOLUTION

A. VARIATION UND UMGESTALTUNG DER DRAMATISCHEN GRUNDMOTIVE

Die Szene I 1 als Modell der neuen Dramaturgie

Die alten Bilder und Motive der polarisierenden Sichtweise: Himmelssphäre und Erdenschmutz, gesellschaftliche Wirklichkeit und heroische Projektion, politische Maskierung und Wahrheit, die Bildgegensätze und ihre Perspektivierung auf den Weltzustand ebenso wie auf seine geschichtlichen Erlösungsaussichten – auch durch die wechselhafte Kontrastregie der ersten *Napoleon*szenen hindurch zeigen sie sich lebendig. Ohne Schwierigkeiten lassen sich die Ausdruckselemente des destruktiven und des Monumentalheroismus in den zahlreichen sich zur historischen Revue fügenden Spielfragmenten und Auftrittsfolgen nachweisen; doch die pathetische Beharrlichkeit, mit der sich früher die stets gleichen Erfahrungen durch die Bildsprache zur Anschauung brachten, die Intensität der Redehaltung, der figurative Aufwand haben sich nun auf der Ebene der Dramaturgie entscheidend verwandelt: in rapide wechselnden, scheinbar willkürlich abgebrochenen, dennoch eng zusammengeschlossenen Einblendungen treten aus der unübersichtlichen Vielfalt einer politisch-historischen Riesenszene immer wieder neue Personengruppen im Vordergrund zu einer bedeutungsvollen Konfiguration zusammen und prägen die unverwechselbare Physiognomie Grabbescher Realität mit den spezifischen Zügen der historischen Situation und der in ihr schwingenden Aufbruchsbereitschaft. Den *ornatus* der Geschichtsvisionen früherer Helden hat die gereifte Kunst des Dichters hier zur unmittelbaren, wenn auch immer noch sinnbildlich zusammengedrängten Spielhandlung erhoben.

Die Verbindung mit dem Frühwerk erschließt sich zudem aus der formalen Analogie der Demonstrationsabsicht[254]. ›Demonstration‹ stellt, wie gezeigt, ein genus der Rhetorik dar. Wenn Berdoa seine Weltverzweiflung rhetorisch in einer Reihe von Beispielen und Belegen durchspielte, so wurden diese als *expolitio* des demonstrierten Grundgedankens aufgefaßt (vgl. S. 20 f. dieser Arbeit). Die historische Situation verlangt ein ähnliches Verfahren; aber ihre Grundidee wird nicht mehr als ›Rede‹ pathetisch aufgedrängt, sondern die das Geschichtliche deutende Demonstrationsabsicht scheint als Grundmuster durch die Auftrittswechsel hindurch. Dabei zeugt für die Eigenart des künstlerischen Anspruchs, daß die Szene über die bloße Reihung dramatischer Einzelelemente weit hinauswächst, wenn sich aus dem Ablösungsverfahren, aus der spielerischen Bildkette eine dramatische Bewegung entwickelt, die formal und inhaltlich die Einheit des Stückes repräsentiert.

Wie jedes Geschichtsdrama Grabbes erschließt auch der *Napoleon* seine exponierende historische Perspektive aus einem Bild politischer bzw. sozialer Entfremdung: Der exilierte Marius,

254 Vgl. hierzu Hegele a.a.O., der diesen Szenentypus durchweg als »Demonstrationsszene« bezeichnet. Er gelangt bei der Analyse dieser Szene zu weitgehend übereinstimmenden Ergebnissen, was die formale Anlage betrifft. Die Zielrichtung der ›Demonstration‹ jedoch bleibt unerkannt.

die Mailänder auf den Trümmern ihrer Stadt oder die Normannen auf ihrer besetzten Heimaterde stehen am Schlußpunkt eines geschichtlichen Vorgangs, der sie aus ihren angestammten Umgebungen verdrängte. Sie alle präsentieren sich in der Situation der Machtlosigkeit, in einer durch nachwirkende politische Ereignisse abständig gewordenen Welt. Die beiden Kaisergardisten, die das Handlungsbild des *Napoleon* eröffnen, bieten mit ihrem Erscheinen eine ironisch zugespitzte Variation des alten Expositionsmotivs, indem sie, offenbar völlig geistesabwesend im Trubel einer Straßenszene, ihre umgebende Welt und Wirklichkeit überhaupt nur darum zur Kenntnis nehmen, weil der Lärm einiger sich zankender Spieler unüberhörbar geworden ist. Dieser Lärm, den zunächst allein Vitry wahrnimmt, dient freilich nur als Analogiebrücke in die Traumwelt Chassecœurs, die sich von diesem Augenblick an gleich als Gegenwelt zur dramatischen Szenerie entfaltet. Der Lärm kann nicht in die Ohren Chassecœurs eindringen, weil dort noch der Kanonendonner napoleonischer Schlachten nachhallt; und als sich der Kaisergardist dennoch, aus seinen heroischen Träumen aufgeschreckt, in diese Wirklichkeit bequemen muß, da zeigt er sinnfällig sogleich die Gebärde, in deren Zeichen allein sich die beiden Welten wieder vereinigen ließen – er verfällt in heroisch-destruktives Wunschpathos: »O mein Karabiner, dürft ich mit deiner Kolbe wieder die Kisten zerschmettern wie die Gehirne!« (HkG II 323). Vitry erfaßt zwar die Ursache des Lärms, der ihm die Existenz der realen, widerständigen Welt signalisierte, aber die Vorstellung der Glücksspieler bildet nur den Abstoßpunkt für die bekannte bildliche Fluchtbewegung aus der Wirklichkeit, das »Spiel« wird zur Bildklammer in die Welt der Vergangenheit und Erinnerung: »Ja, ja, Vater Veilchen spielte um die Welt, und wir waren seine Croupiers.« (323) Und das Bild des Veilchens ermöglicht wieder den Sprung über die Gegenwart und Wirklichkeit hinaus in die Zukunft: »In unsrem schönen Frankreich blühn jeden Lenz das Veilchen . . . wieder neu, – Veilchenvater kommt auch zurück.« (323) In wenigen Zügen hat der Dichter zur szenischen Realität dieses reich belebten Straßenauftritts ein hoffnungserfülltes Gegenbild eröffnet, indem er – nimmt man den Lärm der Spieler sinnbildlich wie Vitry – den Streit um den materiellen Eigennutz und die Welt der heroischen Schlachten aufeinander bezieht; eine historische Perspektive ist eröffnet, die sich ständig, durch Wertkontrast, Gegenspiel und Destruktionswiderstand, erneuert und in immer überraschenden Abwandlungen erweitert.

Gleich der nächste Bildausschnitt variiert dieses Expositionsmodell von Wirklichkeit und Gegenspiel in den parallelgeschalteten Ausrufen des Bildgaleristen und des Menageriebesitzers; diese Konstellation der Ausrufer ermöglicht den ironisch-zufälligen Bezug zwischen den Bildern der Bourbonen und den realen Tieren, die den Neugierigen zur Betrachtung angeboten werden; und ironisch wird die Anzüglichkeit, die die Bourbonen mit niederen Zirkustieren in Verbindung bringt, gerade durch das Eingreifen eines Polizisten aus dem Jahrmarktsgewirr als Politikum verdeutlicht. Hier scheint schon etwas von der Künstlichkeit und Steifheit des Königshauses gegenwärtig und der Entlarvungseffekt der diese Kreise präsentierenden Szenen vorweggenommen: Die Portraits – als Ausdruck des Äußerlich-Formellen – und die Menagerietiere – als zoologische Exempla – lösen in der Regie der kontrastierenden Bezüglichkeit die Sentenz der »geschminkten Bestien« spielerisch auf. Gleichzeitig setzt sich die ›Natur‹ der Menagerie und der grotesken Raritäten in Gegensatz zur organisch-politischen Natur, welche Vitry in dem heimkehrenden Napoleon beschworen hatte (»Vater Veilchen« etc.).

Die Strenge dieses Verfahrens geht aus der ökonomischen Verknüpfung der Auftrittsfolgen hervor, denn an diesen Gelenkstellen entfalten sich vor allem die leitenden Motive der Handlung. Indem nämlich die beiden durch den Ausrufer verdrängten Soldaten wieder in den Spielkreis des Vordergrundes zurückgeführt werden, vermischen sich sinnvoll zwei Anfangsmotive: Spiel und Destruktion. Ein auf die Straße stürzender Spieler, dessen »Gehirn . . . die Kleider der Umstehenden« beschmutzt, Opfer eines Hintergrunddramas, belebt die Szene urplötzlich. Dem zuvor geäußerten Wunsch Chassecœurs, Kisten und Gehirne zerschmettern zu dürfen, worin sich die Entfremdung und der Haß des Soldaten vereinigten, scheint hier die nahe Erfüllung angezeigt zu werden, wenn seiner Destruktionsgebärde ein so unerwartetes Wirkungsbild vorgespielt wird. So wie schon kurz zuvor Vitry sich das »Spiel« sinnbildlich übersetzte, gibt auch Chassecœur dem Vorgang seine rasche Deutung: Hier sei sicher einem Betrüger Recht geschehen; so, wie nach der Rückkehr Napoleons allen Recht widerfahren werde, ließen sich seine Worte ergänzen. Der Traum scheint einen Augenblick lang wirklich geworden, so daß Chassecœur seinen Kumpanen sogar daran hindert, dem Verunglückten beizuspringen. Und selbst Vitrys mitleidige Einfühlung in das Schicksal der Familie des Opfers löst bei dem Freund nur den wiederholten Anspruch auf die Verwirklichung seiner heroischen Hoffnung aus, denn Chassecœur nutzt das Stichwort »Hunger« nur als Anstoßpunkt für die Reihe der Gegenvorstellungen, die sich an die Projektion der Misere ins Universale: »ich wollte die ganze Welt hungerte mit zur Gesellschaft« (324), anschließen. Schließlich, die psychologische Pointe am Ende dieses Handlungsabschnitts, die Vitry nicht einmal den Namen der Bourbonen (»Bonbons, oder wie es heißt«) kennen läßt, versteht sich in dem Expositionsgefüge von Realität und Gegenwirklichkeit, das in den Reden der beiden Soldaten ausgespielt wird, als widerwillige Rückkehr in die Wirklichkeit auf dem Wege der Negation.

Der Savoyardenknabe mit seinem Lied von der Marmotte scheint sich zunächst in diese wechselhafte Bewegung einzustimmen. Die Bildlichkeit des natürlichen Gegensatzes von Sommer und Winter variiert zudem auch leise die Hoffnung auf Napoleons Rückkehr, die vorher die beiden Soldaten mit dem Hinweis auf die Regenerationskraft des Frühlings ausgesprochen hatten. Aber dieser Anklang bildet keine deutliche Motivwiederholung; der natürliche Wechsel weist kaum noch auf den Gegensatz von historischer und aktueller oder heroischer und materieller Spielwelt, sondern er rhythmisiert diesen Vorgang, ohne ihn in einer eindeutigen Textur zu verknüpfen. Höllerer argumentiert darum stichhaltig, wenn er die strukturell-rhythmische Funktion dieses viermal jeweils zum Aktbeginn ertönenden Liedes gegen die reine Inhaltsinterpretation B. von Wieses abhebt[255]. Freilich schwingt auch etwas von idyllischer Natürlichkeit in der Strophe mit, aber sie läßt sich nicht auf die Symboldeutung fixieren, die v. Wiese im Auge hat, wenn er die Grabbesche Idylle als unwirklich zu erklären versucht: eine solche Möglichkeit leuchtet nur kurz auf, denn die wahre »Idylle« dichtet Grabbe, wie noch zu zeigen sein wird, in den Schlachtszenen. Das Marmotteliedchen, das sowohl den Kreislauf der geschichtslosen Welt nachzeichnet, aber auch die Zeitaufhebung des Idyllischen anklingen läßt, steht in klarer funktionaler Beziehung zu dem dramatischen Geschehen, wo es sich zunächst so vertraut einzustimmen und doch gleichzeitig befremdend zu wirken vermag. Je näher Napoleon und die Verwirklichung der heroischen Aktion rücken, desto weniger vernehmbar wird auch der Knabe. Nachdem er in II 2 sein Liedchen nach der Regieanweisung noch vollständig singt, unterbricht er sich in III 1 an unbezeichneter Stelle und wird in IV 1 sogar durch Jouve gleich nach der ersten Zeile aufgefordert zu schweigen. Die Auftrittsvariationen lassen sich insofern als ein allmähliches Verstummen begreifen, denn im fünften Akt ertönt das Lied überhaupt nicht mehr. Der Savoyardenknabe gehört also auch zur Wirklichkeit der zersplitterten Sozialverfassung in Paris, als lyrischer Kommentar und Stimme des Widerspruchs, und wenn er auch die Zusatzakte zur Verfassung beschwören will, dann erscheint dies als letzter Akt der ›Komödie‹, die er kontrastierend begleiten durfte.

Aber er kommentiert nicht nur die Wirklichkeit der Geschichte selbst, wie Höllerer hervorhebt, sondern zugleich auch die Zeitqualität der Wirklichkeit außerhalb der Geschichte. Der Wechsel von Herrschern und neuformulierten Verfassungen versteht sich wie der Wechsel von Sommer und Winter, aber die Ankunft Napoleons begreift sich als der *Sommer,* als Periode geschichtlich-heroischer Wiederbelebung. Bereits der Auftritt in der ersten Szene, die Ankündigung, daß das Murmeltier im *Sommer* in Paris tanzen werde, deutet auf das Ende dieser vom

255 Höllerer; a.a.O. S. 35 f. B. v. Wiese, Tragödie; S. 519. Vgl. auch Weiss; a.a.O. S. 209.

indifferenten Zeitfluß getragenen Wirklichkeit hin, die Wunschreden der beiden Kaisergardisten finden insofern schon eine allerdings noch kaum vernommene Resonanz.

Daß der Savoyardenknabe zur historischen Partei der beiden Gardisten gehört, will der nun folgende Ablösungsvorgang illustrieren; ausgerechnet der Guckkastenausrufer will etwas »Besseres« zu bieten haben als ein Murmeltier. Er ergänzt den Gegensatz von Spiel und Destruktion durch den von Natur und Wirklichkeitsfremdheit. Die ironische Spielführung, die Grabbe hier betreibt, legt diesem Ausrufer das anmaßende Angebot in den Mund, »die ganze Welt . . ., wie sie rollt und lebt« (325) vorweisen zu können, die große Geschichtswelt in Bildern. Der so eingeleitete Auftritt des Guckkastenzeigers, der den beiden abgedankten Soldaten in seinem Gerät ihre eigenen Kriegserlebnisse vorführen will, stellt einen ersten dramatischen Höhepunkt dar, der die kleinen und kurzen Deutbilder des Beginns resümierend abschließt.

Als Kommentar dieser ersten Bilderreihe, die wegen ihres zusammenfassenden und zugleich vorausweisenden Gestus auch als mimische Grundszene der ganzen Napoleon-Handlung aufgefaßt werden kann, läßt sich Grabbes Aufsatz über den Briefwechsel zwischen Schiller und Goethe heranziehen[256]. In der Einleitung dieser polemischen Schrift gibt Grabbe eine vernichtende Kritik seiner Zeit, die sich allein von den Spuren und dem Abfall vergangener Größe nähre, und es ist diese Zeit, die er

256 »Mit Napoleons Ende ward es mit der Welt, als wäre sie ein ausgelesenes Buch, und wir ständen, aus ihr hinausgeworfen, . . . davor . . . In succum et sanguinem haben wir es indeß noch nicht vertirt, selbst die historischen . . . Guckkastenzeiger . . . nicht ausgeschlossen«. (HkG IV 93) Es scheint nicht ohne Ironie, daß gerade der alte Goethe Grabbes polemischer Gegenstand als Ausdruck der Zeit werden konnte. Aber vor allem sah er durch die »Briefwechselei« sein heroisches Schillerbild in Frage gestellt, das sich – durch die schon früh behauptete Ähnlichkeit von Dichter und Held (vgl. S. 30 dieser Arbeit) – mit dem Napoleons durchaus verband. Der Haß gegen die eigene Zeit ließ die Darstellung der Restauration aus der Blickweise des Ironikers und mit der Perspektive ihrer Destruktion so sehr gelingen.

im Drama zu vernichten ansetzt; denn Guckkastenzeiger und das Linnésche Pflanzensystem verdichten sich ihm hier wie dort zu kennzeichnenden Symptomen einer Epoche, die das Große nur zum »Genuß« ausbeutet, indessen alles »chaotisch durcheinander« liegt (HkG IV 94). Auf der Bühne wird durch die Dramaturgie der Gegensatzspannung der literarische Angriff in wenigen Zügen zur szenischen Realität: Der Bourbonenstaat, der sich nur im Bild oder im System (Bildergalerie, Menagerie) darstellt, entlarvt sich vollends durch seine Geschichtsauffassung, und Vitry, der den Guckkasten, den Inbegriff einer wirklichkeitsfremden Geschichtsdarstellung, zerschlägt, handelt offensichtlich im gleichen politischen Affekt wie der Polemiker Grabbe, der sich mit seiner Abhandlung »darein zu schlagen« (HkG V 298) vorgenommen hatte. Entscheidend erweist sich dabei, daß hier stets die gleiche Symbolhandlung vollzogen wird, die sich in dem zerschmetterten Spieler gleichfalls zeichenhaft ausdrückte, als destruktive Zuspitzung der Kontrastregie, und die in sich die gesamte Handlung des Dramas verschlüsselt. Stellvertretend führt Vitry hier einen Schlag gegen das bourbonische Haus, das sich in seiner falschen Geschichtsdeutung selbst darstellte und verurteilte. Der Guckkastenbesitzer, dem sein Gerät zerschlagen worden ist, ruft darum auch nicht um Hilfe, sondern schreit »Konspiration«, weil er weiß, daß diese Zerstörungstat dem System gilt, das er lobt. Neuerlich hat die Konfrontation von Vergangenheit und Gegenwart zur zerstörerischen Entladung gegen die politische Wirklichkeit geführt, und in einer drohenden Imitationsregung will das Volk auch gleich den Mann »zerreißen«.

Wenig später fällt ein neues Stichwort, das die heroische Gegenwirklichkeit eröffnet, aus deren lebendiger Vorstellung heraus die destruktive Aktion erwuchs. Zunächst nur ein Traum, drängt sich Chassecœurs Napoleon aus der Erinnerung nun in immer stärkeren Bildern in den Spielraum. Zu Beginn chiffriert als das »Veilchen«, das jeden Frühling wieder blüht, wird er nunmehr zur Sonne, die wieder aufgehen soll (328), ein Bild, das das Sommermotiv des Savoyardenliedes wiederaufnimmt und intensiviert.

Damit hat der Dichter alle Grundfiguren, das motivische Material seines Stückes ausgebreitet und mit der mimischen Akzentuierung versehen, die die dramatische Handlung mit innerer Notwendigkeit fortwährend entwickeln kann. Der Prozeß, der diese neue Dramaturgie vorbereitete, findet hier seine künstlerische Vollendung. Die Polarisierung der Welt, aus der angestrengten Gebärde rhetorischer Überzeugungsabsicht heraus gestaltet, verwandelt der *Napoleon* in ein rhythmisches Spiel und Gegenspiel, das sich scheinbar beliebig aus einer Fülle von Gestalten herauslöst und doch von einer konzentrierten Anlage zeugt.

Auch die folgenden Auftritte der ersten Szene bieten im Grunde nur die in verschiedenen Konfigurationen durchgespielte Demonstration der historisch-politischen Verhältnisse und ihrer inneren Gegenströmung, die schon zu Beginn in symbolischen Einzelbildern und Aktionen exponiert wurden. Der herrschende Bourbonenstaat, dessen geschichtliche Qualität in den Deutbildern der Portraitgalerie, Tiermenagerie und Guckkastenrealität über sich selbst bezeichnende Aussagen lieferte, wird ständig einer unter der Figur Napoleons gefaßten Vergangenheit und Zukunft entgegengestellt, wobei in immer neuen mimischen Handlungsvorstößen die Zerstörung dieser Wirklichkeit vorgespielt wird. Chassecœur und Vitry sind völlig auf das *Zerschlagen* fixiert, wovon zahlreiche Beispiele zeugen. Vitry: »Jetzt gehts schlecht. Aber gibts künftig Gelegenheit, so habe ich zwei Hände zum Losschlagen, und gibts keine, habe ich zwei Füße zum Tanzen.« (II 328 f.) Heinrich IV. wird danach beurteilt, was er »schlug«:

> VITRY Er war König von Frankreich und schlug ein paarmal einige tausend Rebellen.
> CHASSECŒUR Der Knirps! – Weiter nichts? (HkG II 336)

Freilich, dieses *Zerschlagen*, so blind es scheint, präfiguriert eine geschichtliche Bewegung: In den beiden abgedankten Gardisten lebt allein das ›heroische Prinzip‹ Napoleon. Doch erschöpft sich das Verfahren der gespiegelten Charakterexposition des exilierten Kaisers nicht in den vielen Bildern des »schlagenden« Feldherrn. Seine Person als politische Kraft wird auch in der noch immer lebendigen Wirkung der französischen Revolution gegenwärtig. Aus diesem Motivkomplex erschließt sich die thematische Grundkonzeption des Dramas.

Motiv und Thematik der Revolution

Mit dem Gespräch zwischen den beiden Soldaten und dem alten Offizier hat die Handlung ihre rhythmische Sprunghaftigkeit abgelegt, ohne dabei auf die Grundbewegung dramatisch-ironischen Kontrastes[257] zu verzichten; denn die zwei Emigranten, deren Unterhaltung ebenso einläßlich wiedergegeben wird wie jene der Soldaten, beklagen auch nicht minder wortreich die Verhältnisse der Wirklichkeit; während aber für Chassecœur und Vitry erst mit Napoleons Verbannung der Bezug zur Wirklichkeit zerstört wurde, scheint für sie bereits in den »achtziger Jahren« die Welt untergegangen (330). Mit ihrem Auftritt öffnet sich ein weiterer historischer Horizont, der sich freilich vor allem hinsichtlich der französischen Revolution als doppeldeutig erweist, wenn einmal aus dieser Zeit neues Licht auf die gegebene geschichtliche Situation fällt, gleichzeitig aber jene Vorgänge der Vergangenheit mit wechselnder Akzentuierung dem gegenwärtigen Geschehen beziehungsvoll parallelgeschaltet werden: Die Ereignisse der französischen Revolution bilden bisweilen das Aktions-Vorbild der dramatischen Handlung, die zugleich mit der wachsenden Aussicht auf Napoleons Rückkehr, die sich ganz zu Beginn nur als Hoffnungsperspektive einzeichnete, eine besondere geschichtliche Spannung gewinnt.

Den Vergleich und die Parallelisierung der Situation kurz vor der Revolution von 1789 mit den Bedingungen der restaurativen Periode im Jahre 1815 vollzieht als erste die alte Putzhändlerin; sie will die brisanten politischen Nachrichten an ihrem Tisch verlesen wissen, an dem sie auch saß, als einst Camille Desmoulins die Nachricht von der Entlassung Neckers

257 Zur Funktion des Kontrastes bei Grabbe vgl. vor allem Jahn; a.a.O. S. 135 f.

brachte. Nunmehr berichtet der Advokat Duchesne, der wenig später von der alten Frau mit Desmoulins verglichen wird, daß in der Deputiertenkammer Anträge eingebracht worden sind, die auf die Rückgabe der Nationalgüter zielen. Die Situation spitzt sich zu, als die beiden Emigranten ihre Zustimmung zu dieser politischen Entwicklung bekunden; das »Volk« will diese beiden gleich zu Boden geschlagen sehen, während Vitry, wiederum in distanzierender Gebärde, immerhin die mutige Haltung der beiden alten Herren zu würdigen weiß und Chassecœur daran hindert, sie hinterrücks zu erstechen. Der Vorgang wird in mehrerer Hinsicht bedeutungsvoll: Während Vitry und Chassecœur, die die Revolution durchaus als großen »Augenblick« einschätzen (vgl. S. 333), in ihrer einseitigen Blickrichtung festgelegt bleiben, da ihnen die Revolution nur als heroisches Exempel gilt, als Beispiel der Destruktion, eröffnet sich mit dem Auftritt Duchesnes eine andere Sichtweise ihren Spielraum. Duchesne ruft mit dem Pathos religiöser Wahrheit die Wirkung der Revolution ins Bild und prophezeit die Rückkehr Napoleons:

> . . . Ludwig der Sechzehnte stand vor den *Schranken,* die ihm das Volk setzte und zerschmetterte daran mit allen seinen Höflingen zu blutigem Schaum! – . . .
> Ich muß es aussprechen und die Wahrheit verkünden. Selig sind die, die da blind sind, und zu sehen wähnen, aber unselig sind die Sehenden, welche bemerken, daß Blinde nichts erblicken, und dennoch handeln, als sähen sie. Der König ist gut, aber das Geschmeiß der Aasfliegen aus den Zeiten der Pompadours verdunkelt ihm das Auge . . . Aber wartet! –
> CHASSECŒUR Nur nicht zu lange, mein Herr.
> DUCHESNE Noch ist es nicht aller Tage Abend, und wär er da, so möchte wieder gebadet in den Wogen seines heimatlichen Mittelmeers mit neuem Glanze ein ungeheurer Meerstern aufsteigen, der die Nacht gar schnell vertriebe!
> VITRY Der Stern hat einen grünen Rock an, Obristenepauletts, weiße Weste, weiße Hosen, einen kleinen Degen, und schlägt in der Bataille die Arme unter. (HkG II 334 f.)

Unverkennbar hat sich das frühe Wahrheitspathos Grabbescher Helden am politischen Gegenstand konkretisiert. Gewiß,

Duchesne vermeidet es, Napoleon direkt als politischen Erlöser anzusprechen, aber die prophetische Rede, die den Kaiser am Abend aller Tage als ungeheuren Meerstern aufsteigen sieht, um die Nacht zu vertreiben, greift auf rhetorische Formeln der Erlösungserwartung zurück. Wichtig ist auch das Motiv der Blindheit, denn schon wenige Augenblicke vor Duchesnes großer Rede hatte der alte Offizier mit Nachdruck den Wahncharakter[258] der politischen Selbsteinschätzung des Altadels gebrandmarkt, und der beschwörenden Vision des zurückkehrenden Napoleon in der Rede Duchesnes als eines in den Wogen des Mittelmeeres gebadeten »Meersterns« entsprach des Offiziers Naturbild von der Revolution als einem brausenden Bergstrom. Diese Intensität der Deutbilder für die historische Funktion Napoleons und der Revolution weist auf einen Zusammenhang, der aus der bildlichen Synopsis die politische Wirkungsidentität entwickeln will: König Ludwig erinnert angesichts der Stadt Paris mit Anspielung auf die Revolution: »Welche Stürme sind nicht hingebraust durch jene Straßen?« (342), und Napoleon spricht selbst von den »empörten Wogen der Revolution« (349); aber zusätzlich korrespondiert Duchesnes Vision vom Meerstern, der bei anbrechender Nacht erscheint, genau der Bühnenkonstellation in I 4, wo sich Napoleon abends selbst im Meer spiegelt, »hinbrausend nach den Küsten von –«[259]; die Reihe der Beispiele ließe sich beliebig verlängern: bei der Nachricht von Napoleons Landung will die Herzogin von Angoulême in bezeichnender Reaktion die »Sturmglocken« läuten lassen; wenig später nennt sie ihn eine »stilldunkle Wetternacht« (369). Er wird, wie wiederum Jouve meint, Frankreich »in seinen Strudel« (386) ziehen. Die offenbare bildliche Synopsis von Kaisertum

258 »Nicht einen Strohhalm weit sind sie aus . . . ihrem stolzen Wahn herausgegangen . . .« (HkG II 331); »wahn« möchte Grabbe im Sinne von »blind« verstanden wissen (vgl. HkG V 269).

259 HkG II 348; vgl. auch Ludwigs Bild von dem zur Kontemplation gezwungenen Helden: »Er, der Große ward ein armer Einsiedler von Elba, starrt vielleicht grade jetzt in das Meer, ... das ihm, ein Spiegel, groß wie Er selbst, höhnisch sein Antlitz zurückwirft.« (HkG II 342)

und Revolution liefert Napoleon selbst nach dem Ende der Schlacht bei Waterloo, wo er die Zukunft Frankreichs in düsteren Farben zeichnet und ein Ende der trostlosen Zeit erst prophezeit, wenn ». . . der Weltgeist ersteht, an die Schleusen rührt, hinter denen die Wogen der Revolution und meines Kaisertumes lauern . . .«. (458) Die Gewalt- und Destruktionsmetapher der Revolution und des Bonapartismus bezeichnet in den ersten Szenen vorausdeutend eine gemeinsame Funktion, die als dramatische Aktion aus der leitmotivisch organisierten Textur hervorgeht. Die sich intensivierenden, stets synchron geschalteten Zerstörungschiffren der revolutionären Erinnerungsbilder und der Napoleonerwartung setzten sich plötzlich um in szenische und pragmatische Realität.

Napoleon bezeichnet sich am Ende des ersten Aktes selbst als »Sohn der Revolution« (354); die gleich darauf folgende Szene II 1 verbindet auf andere Weise die beiden politischen Perspektiven: zunächst erklingt kurz die Refrainzeile des Revolutionsliedes »Ça ira«, und wenig später verkündet ein »Bonapartist« und »Revolutionsmensch« die Nachricht von der Landung Napoleons. Die beiden Szenen II 5 und III 1 spielen auf dem berüchtigten Grèveplatz. Zwei dort auftretende Bürger zeigen sich ebenso wie die konspirierenden Politiker Carnot und Fouché erfüllt von der düsteren Historizität dieses Orts, wenn sie eine Fülle von Reminiszenzen an die Revolution in ihr Gespräch einfließen lassen. In engste Verknüpfung gelangen die beiden komplementären Motive jedoch, wenn Fouché »bei dem roten Schein der furchtbaren Laterne« (373) Carnot den Vermerk in seinem Tagebuch zu lesen gibt, der besagt, daß Napoleon auf dem Marsch nach Paris begriffen ist. Nicht minder bedeutsam wird am ehemaligen Standort der Guillotine die Ausgangsepisode der Szene, wo die beiden alten Revolutionäre beinahe über die schlafenden Gardisten Chassecœur und Vitry stolpern, die sich in Erwartung der kommenden Ereignisse bereits auf dem Grèveplatz niedergelassen haben.

An gleicher Stelle schlägt alsbald die Revolution aus der Bildlichkeit zur unmittelbaren Spielhandlung um. Das Machtvakuum – zu Beginn der Szene III 1 flieht der König, und erst an ihrem Ende trifft Napoleon in Paris ein – bietet den raffgierigen Bürgern und Krämerseelen, aber auch ehemaligen revolutionären Nebenrollen Gelegenheit, ihr ungeschminktes Gesicht zu zeigen. Ihre Auftritte, Reden und Gebärden beleben das dramatische Bild des vollständigen geschichtlichen Chaos, worin sich der revolutionäre Destruktivismus für eine Weile die Herrschaft sichert. Indem Napoleon jedoch diesem Treiben schließlich ein Ende setzt, erscheint er nicht als die »Wiederkehr der Revolution«[260], sondern – wie sich schon aus der auch in dieser Szene weitergeführten widerständigen Rolle Chassecœurs und Vitrys ergibt – als die radikale Realisierung ihres gesellschaftlichen Zerstörungsanspruchs.

Die Szene III 1 folgt in ihrem Ablauf dem dramatischen Prinzip der Steigerung. Erzeugt wird sie durch zunehmende Herrschaft des Chaos und die sich abzeichnende Ankunft Napoleons, die sich spiegelbildlich entsprechen. In den spektakulären Vorführungen politischer Demagogie, in denen vor allem die Brutalität, zugleich aber auch die Dressierbarkeit der Masse anschaulich wird, präsentieren sich lediglich die »kleinen Tyrannen«, deren Rückkehr Napoleon später auch für die Zeit nach seiner Niederlage prophezeien wird. Der Schneider, der eine Revolution »stiftet« (378), spekuliert geschickt auf den Sensationshunger der Masse und vergnügt sich mit einer Parodie der Revolution; freilich, das Spiel, das er inszeniert, das »kühne Scherzen«, das er sich leistet, wird von der Wirklichkeit ohne Spaß fortgesetzt. So wie das in II 1 spielerisch zitierte Revolutionslied hier plötzlich in schauerlicher Ernsthaftigkeit ertönt, so findet in der von ihm nur scherzhaft stimulierten Volkswut der Kopfabhacker Jouve eine begeisterte Resonanz; angesichts des in der ersten Szene (S. 324) zerschmetterten Spielers zitterte das Volk, – der von Jouves Hammer erschlagene Schneider erregt Freude:

260 Martini; a.a.O. S. 49.

VORSTÄDTER UND ANDERES VOLK Ha! Blut!
Blut! Blut! – Schaut, schaut schaut, da fließt,
da flammt es – Gehirn, Gehirn, da spritzt es,
da raucht es – Wie herrlich! Wie süß! (HkG II 381)

Die spielerisch inszenierte Revolution behält auch im Augenblick des brutalen Ernstes den Charakter des Schauspiels, wenn die zuschauenden Bürger den Mord mit den verzückten Beifallsrufen eines Theaterpublikums quittieren. Die Inszenierung des Schneiders schien so lange geglückt, wie er die Bestien von sich abzulenken vermochte; der nächstgrößere Tyrann, Jouve, lenkt sie zurück und verstärkt die plötzliche Umkehrung des Spiels in grausame Wirklichkeit dadurch, daß er mit seinem Mord ein moralisches Urteil zu sprechen vorgibt: Der Schneider wollte – ebenso wie später der Krämer – lediglich seinen Profit aus der politischen Umwälzung ziehen. Eine Gesinnung wird hier bestraft, der auch Napoleon zuvor gedroht hatte, als er in seinem Schlußmonolog der Elba-Szene versprach, das Meer (Amphitrite), dessen symbolische Funktion und Nähe zur Revolutionsthematik bereits aufgezeigt wurde, »den Händen der Krämer« zu entringen, die es »mit der Elle« messen wollten (354).

Die Theater-Revolution zeigt auch ihre grotesken Requisiten, denn das Verfahren gegen den Schneider beruft sich auf eine Hure als Göttin der Gerechtigkeit, und als es Chassecœur plötzlich ebenfalls an den Kragen gehen soll, weiß Vitry diese mit einem simplen Kompliment zu bestechen. Das Groteske bei Grabbe bildet die Erscheinungform des Demaskierten: Es sind die politischen Bestien, die in dieser Szene ihre Brutalität offenbaren, indem sie die profitgierigen Bürgerbestien zerreißen; unter dem Herannahen Napoleons freilich verkürzt sich dieser Tanz der Bestien zum Vorspiel, die kleinen Tyrannen schaffen die Voraussetzungen für den großen; Vitry sagt es deutlich:

Kamerad, still – den Kaiser und uns hat die Revolution gemacht, diese aber machten die Revolution und den Kaiser. (HkG II 382)

Das ganze *Napoleon*-Drama entfaltet sich in doppeltem Sinne als Geschichtsdrama, indem es bildhaft-dramatisch eine heroische Geschichtshandlung vorspielt und diese gleichzeitig als die Parodie und Wiederholung der vorgängigen Revolutionsgeschichte inszeniert. Doch Grabbe erzielt seine Wirkung durch fließende Übergänge: Die Revolutionsbildlichkeit mündet in Revolutionstheater, und das Theater geht über in Revolutionsrealität, die freilich das Gesicht der Grabbeschen sozialen Utopie trägt, die Scheinharmonie der Schlacht.

Zunächst sieht auch Jouve mit der Rückkunft Napoleons ein, daß sein Spiel beendet ist, sogar, daß seine Rolle als ›Revolutionär‹ ihn zum Funktionär der Machtübernahme durch den Kaiser bestimmte:

Vorstädter, Ruhe! – Wir spielen nicht mehr mit Ludwigs Gensd'armes, sondern mit Ihm. Er ist ein schlechter Kerl, aber sein Handwerk versteht er. Paris liegt in seinen Ketten, eh es ihn nahe ahnte.
(HkG II 384)

Sein und der Vorstädter Wüten scheint Jouve nunmehr geradezu von Napoleon eingeplant, und darum zögert er nicht einen Augenblick, die Fahne der neuen Partei zu schwingen, die sich als die stärkere erweisen muß. Aber sogleich wird sein Verhalten wieder durchsichtig als theatralische Gebärde. Das Revolutionsspiel wird mit dem Napoleonspiel in seiner Person lediglich durch den Wechsel der Maske verbunden: Hatte Jouve den Schneider erschlagen, weil er als Revolutionär den gewinnsüchtigen Kaufmann verachtete, so erschlägt er den gewinnsüchtigen Krämer, weil er mit einem ähnlichen moralischen Rigorismus nun als Patriot die Embleme des Kaisertums aus dem Geschäft halten will; doch auch diese Mordtat inszeniert er als satirischen Auftritt:

Dir schaff ich . . . das Trikolor umsonst: sieh, diese Faust ballt sich unter deiner Nase, und du wirst weiß, – jetzt erwürgt sie dich und du wirst blau wie der heitere Himmel, – nunmehr zerstampf ich deinen Kopf, und du wirst rot vor Blut. (HkG II 385)

Die Mordtat, moralisch motiviert, gerät gleich wieder zur Parodie auf die patriotische Idee, in deren Namen das Symbol geschützt werden soll.

Klar und unmißverständlich tritt die Bedeutung dieses Ablösungsvorgangs, der die Revolution durch das Erscheinen Napoleons abschließt und weiterführt, erst im IV. Akt hervor. Am Ende der Szene auf dem Marsfelde, die davon Zeugnis ablegt, in welcher Weise Napoleon den politischen Tendenzen dieser Zeit seinen Tribut zollt, ruft Jouve das Bild einer Revolution der Höllenbestien herauf, die ihm und seinen Genossen mißglückt ist (vgl. S. 222 dieser Arbeit). Der »Oberflächenflitter«, den er hinweggefegt sehen möchte, enthält das zutreffende Bild für die Maskierungen der nur politischen Welt. Aber gleich zu Beginn der nächsten Szene gibt Napoleon bekannt: »Nun gehts in das Feld ...« (HkG II 399). Die Revolution, die den Oberflächenflitter vernichten soll – das macht dieser Übergang offenbar –, findet ihre eigentliche Erfüllung in den Schlachtszenen. Der Widerstand gegen die soziale politische Wirklichkeit der Restauration, von Vitry und Chassecœur verkörpert, die Revolutionsbildlichkeit, die immer wieder den Vergegenwärtigungsrahmen für Napoleon abgab, die Destruktivgebärden, die sich ebenso gegen die überständige Welt der Bourbonen richteten wie gegen das Revolutionstheater Jouves, münden formal und ihrer ideellen Stoßrichtung nach in die von Napoleon erzwungenen Feldzüge.

Für die Grabbesche Deutung der französischen Revolution stellt diese Szene III 1 ein Schlüsselereignis dar. Die Kenntnis der Dramaturgie der politischen Massenszene erlaubt es, auch hier ihre Funktion so zu bestimmen: In den Auftritten der Vorstädter wird ein Prozeß der politisch-physiognomischen Demaskierung gestaltet, indem immer deutlicher durch das Spielmedium der Sprache, durch das Bild der situationsbedingten, historisch-pragmatischen Rede das zeitlose Gesicht der Bestie hindurchscheint. Jouves Worte: »Die Jakobinermützen überdauern am Ende doch alles« (384), drücken im realen Zusammenhang der historischen Situation die Hoffnung auf die Wiederkehr der Revolution aus; die Perspektivierung der Handlung ließ indessen keinen Zweifel darüber, daß die Jakobinermützen nur eine politische Montur der »Bestien«, wie sie der Schneider ankündigte, bedeuten. Als das Blut des Schneiders »fließt« und »flammt«, fordert Jouve seine Gesellen auf: »Wer noch keine rote Mütze hat, färbe sich, bis wir edleres haben, mit diesem Blute das Haar.« (381) Diese Ersatzmützen klären über den Sinn der »echten« auf. Der blinde, bestialische Blutdurst eines Berdoa, der in seinem Zerstörungsgeist bereits als exzessiver bzw. pervertierter Aufklärer erkannt wurde, hat hier eine zweite dramatische Verlebendigung gefunden; und ihre innere Verwandtschaft bestätigt sich darin, daß sich Jouve und seine Gesellen bereits zu Beginn ihres Auftritts als Teufelsfreunde zu erkennen gaben:

VORSTÄDTER VON ST. ANTOINE Hoch die Vernunft!
ANDERE Die Hölle mit ihr!
WIEDER ANDERE Und der Himmel breche zusammen!
NOCH ANDERE Der Teufel soll Gott sein!
ALLE Das soll er, er ist ein braver Kerl!
JOUVE Das ist er, Brüder, aber eben darum der Verleumdete, der Unterdrückte – (HkG II 380)

Die totale Destruktion, die diese Vorstädter ankündigen, verrät zwar keinerlei heroische Ambition mehr, die Gothland noch zeigte. (Darum vertreten auch in dieser Szene die beiden Soldaten Chassecœur und Vitry die Gegenpartei der sich ankündigenden Napoleonhandlung; ihr Gedankenspiel gleitet ja nicht mehr wie in I 1 in die Vergangenheit zurück, sondern ist konzentriert auf die bevorstehende Ankunft Napoleons.) Indessen bleibt Jouves Destruktivismus geprägt von einem moralischen Impetus, von einer politischen Wahrheitsidee, was ihn wiederum den frühen historischen Monumentalheroen ähnlich macht, den »Sullas« oder Barbarossa. So behauptet er, als er bemerkt, wie der Schneider seine Fahne nach dem Winde hängt: »Derlei Memmen sind schändlicher als die öffentlichsten Mordbrenner« (381). Doch die moralische Kategorie ist leer, sie zitiert den bestialischen Affekt im Gewand einer rudimentären, nicht mehr reflektierten Ethik.

Die Parodie der Revolution enthüllt – nach den Grabbeschen Maßstäben – keine neuen politischen Physiognomien, sondern entdeckt in der heroischen Anmaßung der kleinen Tyrannen gerade die verstärkte, allzeit herrschende historische Wirklichkeit. Zwar sucht die Revolution auch den »Oberflächenflitter« hinwegzufegen, die gesellschaftliche Welt aufzuheben, aber sie errichtet lediglich die Gewaltherrschaft des Pöbels, die die Heraufkunft des großen Heros nur um so dringender erscheinen läßt. Dennoch bedeutet die zum Namen und zur Erscheinung des *Empereurs* komplementär entfaltete Revolutionsthematik, daß die heroische Napoleonhandlung nicht nur die historische Folge der Revolution bildet, sondern geradezu die zuvor verfehlte Funktion des Gesellschaftsumsturzes übernimmt. Das geschieht auf eigene Weise, zeitlich begrenzt, denn die von Höllerer so stark herausgearbeitete »Karussell«-Thematik weist voraus auf die Wiederkehr der Bestienwirklichkeit. Doch lassen sich die Schlachtszenen allein in diesem Zusammenhang begreifen, der dem Grabbeschen Drama die stets geleugnete thematische und formale Einheit verleiht. Die Analyse dieser Partien selbst wird das bestätigen.

B. DIE HISTORISCHEN KRÄFTE UND IHRE DRAMATISCH-SPRACHLICHE ERSCHEINUNG

Die Bourbonen und der Altadel

Die einzelnen Handlungspartikel der ersten Szenen bezeugen nicht allein die besondere Expositionskunst Grabbes, der die Demonstrationsabsicht der Rhetorik überlegen für eine neue Dramaturgie fruchtbar zu machen verstand, sondern sie bilden zugleich auch die dramatischen Konzentrate der Spielhandlungen, die in den folgenden Szenen zur Anschauung gelangen. Jene ironisch zugespitzte Einlage, die aus den parallelgeschalteten Ausrufen des Galerie- und des Menageriebesitzers einige spöttische Schlageffekte gegen das Bourbonenhaus zu gewinnen vermochte, inszeniert I 2 als reale Haupthandlung. Schon ihre Regieanweisung lautet charakteristischerweise: »Paris. Große Galerie in den Tuilerien«[261], und, wie zur Bewunderung von seltenen Kunstgegenständen angetreten, haben sich dort auch eine Menge altadeliger Damen und Herren versammelt, die auf die Rückkehr der Spitzen des bourbonischen Hauses aus der heiligen Messe warten. Auftritt und Erscheinung der königlichen Familie mit ihrem Gefolge werden sodann von den Adeligen und einigen Bürgern kontrastierend kommentiert:

MADAME DE SERRÉ Welch ein Mann! Das ist, Herr Marquis, das ist noch ein König! Ein *geborner!* Diese heitere Miene, dieser Adel im Antlitz –
DER ALTE MARQUIS Die unwillkürliche Grazie –
MADAME DE SERRÉ Selbst in dem scheinbar nachlässigen Gange –
ERSTER BÜRGER (zu dem andern) Der dicke Herr König hinkt ja wie der Teufel –
ZWEITER BÜRGER (zum ersten) Das kommt vom Podagra.
ERSTER BÜRGER Und das Podagra kommt vom Saufen, Fressen und –
ZWEITER BÜRGER Sieh einmal, welch ein ernsthaftes Bocksgesicht geht ihm zur linken Seite –

261 HkG II 337. Hervorhebung von mir.

ERSTER BÜRGER Still, still! Die hagere Dame auf der rechten Seite ist Frau des Bocksgesichts, – sie selbst steht unter der Jesuitenkutte, er steht unter ihrem Pantoffel, der König steht unter ihm, und Frankreich unter allen zusammen. (HkG II 338 f.)

Das Gegenspiel der überhöhenden Ausrufe und des entlarvenden Kommentars löst die frühere rhetorische Demaskierungsrede dialogisch auf. Während sich der alte Marquis mit seiner Tautologie (»unwillkürliche Grazie«) einer unüberlegten, sprachlich leeren Konversationsformel bedient, stellt sich auf der Gegenseite wie selbstverständlich der Bildkatalog der gesellschaftlichen Entlarvung ein: mit dem Teufel und der Bestienphysiognomie (»Bocksgesicht«) greifen die Bürger zu Illustrationswendungen, in denen sich im Frühwerk der exzessive Prozeß der Materialisierung vorstellte; diese historische Wahrheit scheint, wenn auch im moralischen Sinne, nicht weniger »grausig« zu sein, denn die beiden Bürger vermögen sie nicht auszuhalten; der zweite bemerkt nämlich:

Komm, laß uns fortgehen. Ich kann dies nicht mehr hören und anschauen. Dieses Geschlecht ist schlimmer als schlimm, es ist *ekelhaft!* (339)

Es sind deutlich die qualifizierenden Ausdrücke, in denen jene historisch überalterte Gesellschaft ihre Scheinwelt lebendig zu erhalten versucht, die hier den Ekel als Geschmacksaffekt auslösen; diese die Selbstdarstellung der Adeligen kennzeichnenden Wertbegriffe »Adel«, »Grazie«, »erhaben«, »treu«, »heiter« stellen ähnliche ›Reizwörter‹ dar, das Banale und Niedere überhöhende Qualifikationen, wie sie schon den Baron im Lustspiel *Scherz, Satire, Ironie und tiefere Bedeutung* zu destruktiven Wunschbildern herausforderten[262]. Was jener in den gröbsten Überspitzungen sich vom Herzen redete, das findet sich in diesem Auftritt als parodierendes Spiel verwandelt und fortgesetzt. Denn kaum sind die beiden Bürger verschwunden, da erheben die verbleibenden Adeligen in einer grotesken, an Formen des Heiligenkultes gemahnenden Gebärde (»O Gott, auch

262 Vgl. S. 33 f. dieser Arbeit.

das Nef ist wieder da! Ja, Christus ist erstanden!«) die Worte des Königs zu Monumenten: »O welch ein Monarch! – Welche Worte: . . . – – Man sollte sie in Erz graben, – hier ein Monument errichten! – Wie groß ist er! wie huldvoll! –« (HkG II 340) Eine belanglose Äußerung des Königs wird von seinen Anhängern zur denkwürdigen Leistung verklärt. Durch diese völlige satirische Verzerrung und die Schlußepisode der Szene, die den König von seinen Schweizergardisten wie ein indifferentes Objekt geschützt zeigt, das sie gar nicht einmal kennen, verschieben sich die Linien des Galerieauftritts zur Karikatur musealer Versteinerung.

Auch in der Szene I 3 scheinen Ausgangssituation und Perspektive lediglich variiert. Denn unwillkürlich nähert sich der König dort gleich zu Beginn dem ironischen Anschauungsbild der bourbonischen Herrschaft, dem des Systems, das sich als Menagerie und Guckkastengeschichte einführte:

> weit lieber würd ich in Hartwell wieder meine Kräuter und Blumen suchen, und nach Linné ihre Ordnungen bestimmen, als auf dem Thron Frankreichs sitzen. (HkG II 341)

Linné, der bei Grabbe immer wieder zitierte Name für das Naturfremde und Realitätsferne, kenzeichnet hier freilich nur die Neigung eines Königs, der, verglichen mit anderen Bourbonen, noch ein deutliches Bewußtsein seiner unsicheren politischen Lage hat, ohne seine exakte Kenntnis der Situation für ein sinnvolles Handeln nutzen zu können. Überzeugt der König bisweilen durch Anflüge von Klarsicht, so durchdringt mit dem Auftritt der anderen Familienmitglieder der Firnisgeruch der Vergangenheit um so intensiver den politischen Raum der »Galerie«. Es ist nicht einmal ihre eigene Vergangenheit, sondern die immer wieder angestarrte Revolution und der Name Napoleons, die beherrschend ihre Schatten werfen und das geschichtliche Trauma der Bourbonen zur eigentlichen Realität heraufrufen. In einem langen Gespräch mit der Herzogin von Angoulême zeigt sich der König mit seinen begeisterten Bildern aus der mächtigen heroischen Vergangenheit, vor allem der napoleonischen Siege, unbewußt als Regisseur der schon in der ersten Szene entfalteten Gegenwirklichkeit zur eigenen Regentschaft:

da breitet *Paris* sich aus! – Welche Stürme sind nicht hingebraust durch jene Straßen? Kein Fleckchen, das nicht von dem Blute, welches darauf vergossen, Inschrift tragen könnte, von der Bluthochzeit bis zu der Guillotine . . . Noch keine drei Jahre und dort rückten mit Siegesklängen, mit feueratmenden Geschützen, Pferd an Pferd gedrängt, und Bajonett an Bajonett, . . . die Weltbezwinger stolzen Zuges von Spanien nach Moskau. (HkG II 342)

Während sich der König selbst dankbar für den »Ruhmeskranz« zeigt, den Napoleon seinem Frankreich errungen hat, und sogar zu wissen vorgibt, wie jeder Stein der Stadt Paris von der Revolution geprägt ist, erschöpft sich das politische Konzept seiner Vertrauten darin, die alten Verhältnisse wiederherstellen, die Uhr zurückdrehen zu wollen. Eine gänzlich geschichtslose Fremdheit der Wirklichkeit gegenüber bestimmt das Handeln und Denken dieser Menschen, und der Bericht des Herzogs von Berry über seinen blamablen Anbiederungsversuch gegenüber Chassecœur (I 1, S. 337) dokumentiert unter anderem Vorzeichen die Irrealität dieser politischen Existenzen. Die Abfuhr, die er erhalten hat, wertet er moralisch als Mißachtung einer huldvollen Geste. Doch ist es wieder gerade Berry, der den König mit absurdem Aufschneiden über dessen politische Befürchtungen beruhigen möchte. Ludwig beruft mit einer gewissen Hellsicht genau die Situation der folgenden Napoleon-Szene:

Ich habe Nachrichten. Er soll oft an Elbas nördlichem Ufer stehen, und nach Frankreich schauen – Seine Blicke bedeuteten selten Heil.

Berry weiß aber gleich das rechte Wort:

Die Blicke des armen Teufels? Des Toren, dem sein gutes Los den Mund so voll warf, daß er alles wieder ausspeien mußte? Dessen, der jetzt als eine lebendige Schandsäule auf seiner Insel umherwandelt? Dessen, den ich, wenn ich damals erwachsen gewesen wäre, mit zwanzigtausend Mann treuer Soldaten mitten in seiner Glorie leicht hätte nach Vincennes führen wollen? (HkG II 345)

Der Sprüchemacherei folgt zwar alsbald die ironische Gegenführung durch die Herzogin: »Wo aber waren die zwanzigtausend treuen Soldaten?« Aber ihr Einwand bleibt ohne Widerhall und wird bald durch das Stimmgewicht von zwei »Geschäftsmännern« erdrückt, die dem König bestätigen, daß »wir den Korsen nicht zu fürchten brauchen.« (345) Die zahlreichen Abwandlungen, unter denen der Name Napoleons in dieser Szene genannt wird[263], lassen die politische Präsenz des »Korsen« immer eindringlicher werden. Während die erste Szene und die erinnernden Gedankenspiele Vitrys und Chassecœurs den heroischen Napoleon der Vergangenheit ins Bild brachten, entsteht hinter den teils geängstigten, teils überheblichen Napoleonperiphrasen der kläglichen Dynastie, die angesichts der unfreundlichen Wirklichkeit in die inzwischen unwiederbringliche Vergangenheit zurücksinkt, der Kaiser der Zukunft.

Aus der im Konversationsstil geführten Diskussion über die politische Lage ergibt sich kein geschlossenes Bild dieser Gesellschaft als politischer Gemeinschaft. Die auseinandergehenden Meinungen spiegeln Persönlichkeiten, die – mit Ausnahme einer Frau, der Herzogin von Angoulême – sich gar nicht politisch zu profilieren vermögen. Stets sind es Außenstehende, die für Maßnahmen plädieren, die beiden »Geschäftsmänner« Blacas d'Aulps und d'Ambray, während der König seine Entscheidungen wiederholt von der Meinung Talleyrands abhängig macht. Die Szene, die diese Gesellschaft porträtiert, schließt mit einer ironischen Pointe, die der gänzlich geistesabwesende Herzog von Angoulême als eine für das pragmatische Verhalten der Familie charakteristische mimische Figur anspielt; zunächst hatte er schon auf eine politische Frage des Königs geantwortet:

Sire, ich denke, wie meine Gemahlin. – Ich sehe und sehe schon lange, – da auf dem Dache sitzt ein wunderschöner Tauberich – könnte man ihn fangen! – (HkG II 346)

263 »Er, der Große« (342), »Mörder d'Enghiens«, »Kaisertiger«, »korsischer Rebell« (343), »Bonaparte«, »der einst so unbekannte Korse«, »Er« (344), »armer Teufel», »Schandsäule«, »Korse« (345).

Am Ende wiederholt er diesen Wunsch:

Der Tauberich, der Tauberich da oben – Welch einen Kropf hat er – und siehe die allerliebsten Täubchen, die ihn umflattern – Ich hätt ihn längst totgeschossen, aber ich muß ihn lebendig haben. Unser Houdet soll ihn fangen. (HkG II 348)

Die ängstliche Frage seiner Gattin: »Hast du von den neuen Verschwörungen gehört?«, beantwortet er ärgerlich: »Das alberne Zeug. Laß uns nicht daran denken.« Die ›Taube auf dem Dache‹ ist sprichwörtlich geläufig, und das wiederholte Begehren danach, während die politische Erdenwirklichkeit zielsicheres Handeln erforderte, versteht sich einmal als sinnbildliche Gebärde der Gedankenflucht vor der Wirklichkeit; die Taubenepisode treibt aber gleichzeitig die Kontrastfigur zum Auftritt des so vielfach verächtlich zitierten Napoleon in der folgenden Szene hervor; dort schaut, wie vom König zuvor hellsichtig beschrieben, der »Korse« sehnsuchtsvoll auf das entfernte Frankreich, aber sein Blick in die Ferne läßt ihn nicht die Wirklichkeit seiner Umgebung vergessen; vielmehr verschweigt er in einem seiner ersten Sätze den Namen des fernen Wunschobjekts »Frankreich« in einer Aposiopese und wendet statt dessen seine Aufmerksamkeit den Problemen seiner realen Welt zu.

Martini deutet die Bourbonen-Szene I 3 lediglich inhaltlich, wenn er sich mit der Feststellung begnügt: ». . . in ihr fädelt sich keine sichtbare Handlung ein, sie bleibt ein historisches Gesprächsbild[264].« Im Gegenteil entwickelt diese Szene inhaltlich die politische und im Rhythmus ihrer ständigen Abstoßbewegung vom abwesenden »Korsen« auch die dramatische Notwendigkeit von Napoleons Erscheinen. Zudem würde diese Szene gänzlich aus dem vorher gespannten und durch die Kunst der Variation plastisch ausgestalteten dramatischen Spannungsrahmen ausbrechen, wenn nicht auch sie über ihren historisch-pragmatischen Zweck hinaus eine Gegenspielformation enthielte, die sich später zur realen Vordergrundhandlung ausweitet. Zum anderen zeigt sich die Analogie zur Situationsbildung in den vorhergehenden Szenen darin, daß die Bourbonen wie die beiden Kaisergardisten

264 Martini; a.a.O. S. 48.

eine Wirklichkeitsfremdheit bekunden – Vitry und sein Freund direkt, die Bewohner der »Galerie« dagegen indirekt –, deren reale Motivation und Ursache allein »Napoleon« heißt: Der Heros und der Revolutionär, die jeweils aus den beiden Vorstellungswelten heraustraten, stellen den in seine beiden Funktionsweisen aufgespaltenen Napoleon dar, der erst am Ende in den Schlachtszenen wieder zu einer Gestalt verschmilzt.

Angoulême, der nach der Taube auf dem Dache verlangt, verkörpert das politische Wunschweltdenken der Bourbonen im Kontrast zu Napoleon auf Elba, der seine Rückkehr nach Frankreich realistisch plant. Diese satirisch korrespondierenden Bezüge erfahren ihre dramatische Zuspitzung in II 4, der zweiten Bourbonenszene. Dort berichtet der Herzog von Angoulême seiner Gattin erst triumphierend, daß Houdet den Tauberich »erwischt« hat, ehe er es zuläßt, daß ihr von der Landung Bonapartes bei Toulon Mitteilung gemacht wird. Auch dieser Auftritt wird beherrscht von den Sprachbewegungen einer politischen Realitätsflucht, wie sie die vielen Namens- und Bildvariationen für Napoleon und die Tauberich-Episode ausdrücken. Psychologisch sind es Wendungen des Verdrängens; durch ihre ständige Wiederkehr gewinnen sie jedoch zusätzliche Bedeutung in der perspektivierenden Anlage des Dramas, indem sie geradezu bildlich Raum schaffen für die Rückkehr Napoleons: Der Herzog von Angoulême mag die historischen Broschüren, die Carnot und Fouché erscheinen ließen, gar nicht anfassen; der Herzog von Berry möchte den Namen Elbas, von dem immer wieder die Rede ist, verbieten lassen, und das Gerücht, Napoleon konspiriere mit seinem Schwager Murat, kommentiert er mit den Worten: »Murat ist ein Narr, Bonaparte nicht viel Besseres, – darum figurierten sie unter dem Pöbel einige Jahre als große Hanswürste – Gottlob, die Zeit ist vorbei.« (363) Der Herzog von Angoulême rät auch nach der Meldung von Napoleons Landung: »Ach, bekümmern wir uns um den Raufbold nicht.« (364) Allein seine Gattin zwingt den König, indem sie die Mahnung von Blacas d'Aulps: ». . . lassen Sie es mit der Personage gut sein«, überhört, zum Handeln. Ludwig läßt den Marschall Ney kommen, worauf sich dieser kurze Dialog entspinnt:

HERZOGIN VON ANGOULÊME Der Ney, der Ney – Der unsere Zuflucht? – Kleiner und häßlicher ist sie nicht zu finden!
KÖNIG LUDWIG Er heißt der Brave der Braven, und alle alten Krieger lieben ihn.
HERZOGIN VON ANGOULÊME Er ist einer der Frechsten unter den Schlechten, und wenn die alten Krieger ihn lieben, müssen wie ihn hassen. (HkG II 365 f.)

Schon in seinem Frühwerk, insbesondere im Lustspiel, betrieb Grabbe Sprachkritik als Gesellschaftskritik. Hier geschieht es mittelbar als Parodie, denn die Sprachwelt der Bourbonen besteht vornehmlich aus prädikativen Ausdrücken oder aus substantivierten Attributiva. War es noch am Ende der Szene I 2 nötig, die illusorische, im normierten Konversationsstil erstarrte Wertbegrifflichkeit der Altadeligen durch das Widerspiel des Bürgerkommentars zu entlarven, so bildet die vorangegangene Revue der Pariser Situation einen ausreichenden Hintergrund, um die substanzlose Formelhaftigkeit der Gespräche in den Bourbonenszenen von selbst hervortreten zu lassen. Die kurze Diskussion zwischen der Herzogin und dem König behandelt *in nuce* die militärischen Fähigkeiten und die voraussichtliche Loyalität des Marschalls Ney; doch beschränkt sich der Dialog darauf, wenige qualifizierende Nomina auszutauschen. Die Herzogin beurteilt Ney ausschließlich nach einem aristokratischen Gesichtspunkt: Sein Name (das will die zornige *duplicatio* sagen) bürgt vielleicht für militärische Tüchtigkeit, gesellschaftlich ist er ohne Wert (»häßlich«) und auch heroisch nicht qualifiziert (»klein«). Der König indessen argumentiert sozialbezogen: Ney »heißt« der »Brave der Braven«. Es ist der gute Leumund, der das Vertrauen fundiert. Die Herzogin widerspricht dem König verbal, indem sie die Form seines Arguments übernimmt und gerade das Ansehen des Marschalls unter den Soldaten gegen ihn ins Feld führt. Beide argumentieren in scheinbarer Übereinstimmung des Wertanspruchs; doch orientiert sich die Herzogin moralisch (wie könnten wir die Hilfe eines ehemaligen Gegners akzeptieren?), der König pragmatisch (er könnte uns am ehesten behilflich sein). Ohne Absprache einer gemeinsamen Zielsetzung begnügen sie sich mit dem Austausch unfruchtbarer Werturteile und scheiden im tiefsten Dissens, ohne nur die Möglichkeit der Verständigung voll ausgeschöpft zu haben. Das Ergebnis der Unterredung Ludwigs mit dem herbeigeeilten Ney gibt dann beiden recht: Der Marschall tritt zunächst in die aristokratische Wertperspektive ein:

Wie konnt ich so verblendet sein – – alles, alles an diesem Hofe ist edler, anmutsvoller, erhabener als am buntscheckigen Lager zu St. Cloud! (HkG II 367)

Aber gerade darin darf die Herzogin ein Zeugnis der Wankelmütigkeit sehen, und anstatt die durch die Not gebotene Koalition mit Ney einzugehen, weigern sich die Herzöge von Berry und Angoulême, unter dem Marschall zu dienen. So bleibt dieser isoliert, erkennt den »Wahn« der höfischen Erhabenheit und geht bald zu Napoleon über.

Die bourbonischen Adeligen dokumentieren ihre Unfähigkeit, die tatsächliche, verdrängte Wirklichkeit zu bewältigen, indem sie den großen Feldherrn immer wieder rhetorisch zu besiegen oder zu vernichten trachten. Sie leben allein aus der trügerischen gemeinsamen Wertperspektive, der Konvention, der Sensibilität für Fragen der Etikette, und finden eine Ebene des Gesprächs lediglich zur Erörterung gesellschaftlicher Wertfragen. Kein Zweifel, daß Grabbe die Bourbonen nicht allein aus satirischem Vergnügen so einläßlich agieren läßt; vielmehr kristallisiert sich für ihn in dieser dumpfen Welt, der die verhaßten historischen Kompendienschreiber so viel verschönernde Sorgfalt angedeihen lassen, der konventionelle Geschichtsbegriff derer, die die Wirklichkeit nicht sehen wollen. Die augenscheinliche Daseinsgrundlage der Bourbonen bildet ihre hartnäckige Leugnung des Geschichtlichen als einer unwiderruflichen Wirklichkeit. Wenn der König sich wünscht, daß der Ruhm der Nepoleonischen Feldzüge auch dem restaurierten Frankreich erhalten bleiben solle, dann zeigt er jene Guckkastenmentalität, die das Große der Vergangenheit zum Genuß oder zum Geschäft werthält, ohne nur im entferntesten eine Imitationsregung zu verspüren. Der Geschichtslosigkeit entspricht Wirklichkeitsverlust. Anders als die monumentalen Helden aber vermag sich Ludwig nicht auf dem Sockel einer eroberten Welt aufzurichten, sondern er agiert außerhalb der Wirklichkeit, die von fremden Kräften beherrscht wird.

Das Volk als »Pöbel« und »Masse«

Die massierte Erscheinung und die historische Funktion des Volks, der anonymen Kollektive im *Napoleon* stehen in einem bemerkenswerten Mißverhältnis. Denn so überfüllt die Bühne bisweilen erscheint, der historische Vorgang, der pragmatische Ablauf der Handlung wird durch Einzelpersonen bestimmt.

Diese These bedarf jedoch der eingehenden Nachweise und interpretierenden Abrundung, denn die Neigung vieler Kommentatoren, das Scheitern Napoleon nicht zuletzt aus den Widerständen oder dem lethargischen Desinteresse der Masse zu erklären[265], verfehlt die besondere Rolle, die Grabbe den Kollektiven überläßt. Zugleich muß diese ›Masse‹ von dem bei Grabbe gleichfalls bedeutsamen romantisch-herderischen Volksbegriff abgesetzt werden, in dessen Licht Schäfer die besondere Volksverbundenheit des Dichters postuliert[266], die – im Sinne einer plebejischen Klassensolidarität – gerade bei Grabbe nicht nachzuweisen ist. Der patriotische, an Herder angelehnte Volksbegriff gewinnt dagegen in den Schlachtszenen seine Bedeutung, die freilich einer speziellen Analyse bedarf, denn dieses Volk ist keine ursprüngliche Erscheinung mehr.

Die charakteristischen Funktionen des Volks im Sinne von »Pöbel« und »Masse«, die dramatischen Spielrollen dieser spezifisch soziologisch betrachteten, beherrschend hervordrängenden Gruppe lassen sich an scheinbar gänzlich verschiedenen Beispie-

265 Vgl. B. v. Wiese, Tragödie, Sengle; a.a.O. und Jahn; a.a.O.

266 Schäfer; a.a.O. S. 144 f. Schäfers Kritik, Grabbes Verhältnis zum Volk sei widersprüchlich, hat ihren Grund darin, daß seine These nicht im Text aufgeht. Zur Doppelbedeutung des Volksbegriffs vgl. S. 184 ff. dieser Arbeit.

len anschaulich machen. In der Szene I 1 berichtet Duchesne von den restaurativen Maßnahmen, die die Bourbonen angekündigt haben, und zwei Altadelige kommentieren seine Nachricht:

> DUCHESNE Klöster sind wieder da, die Ächtung aller Heroen der Revolution ist im Werke, Leibeigenschaft wird darauf folgen –
> (Marquis von Hauterive und Herr von Villeneuve sind wieder nähergetreten)
> MARQUIS VON HAUTERIVE Nun, mein Herr, das wäre alles noch so übel nicht.
> HERR VON VILLENEUVE Das mein ich wahrlich auch.
> VOLK Was? »So übel nicht?« »Das mein ich auch?« Zu Boden die altadligen Schurken, die dummstolzen Feiglinge!
> (HkG II 333)

Die Reaktion des Volkes bildet hier den rhythmischen Abschluß der politischen Auseinandersetzung. Ein Moment der Ironie liegt freilich darin, daß das Volk, die Einwürfe der Altadeligen abgekürzt nachsprechend, dem wahren Wert der preziösen Litotes »so übel nicht« erst einmal nachsinnt, ehe man in die Drohgebärde ausbricht. Aber viel später wird von Vitry, einem durch Erfahrung belehrten Massenpsychologen, das Gesetzhafte dieser Reaktion bestimmt. Er unterbricht in III 1 Duchesne, der zu einer beschwichtigenden Rede ansetzen will, mit den Worten:

> Herr Redner, still – Die da verstehen den Teufel von Ihrem Brei, und wen sie nicht verstehen, den bewundern sie nicht, . . . sondern sie bringen ihn um. (HkG II 382)

Die Menge versteht die Emigranten in der ersten Szene nicht, und so läuft ihre Reaktion mechanisch ab: Echo und Verstärkung des Echos, um sich wiederum bis zur destruktiven Affektgebärde zu steigern. Dieses Mechanische in der Echofunktion des Volkes tritt am Ende des Auftritts deutlich hervor: Die beiden Emigranten, von Vitry beleidigt, ziehen ihre Degen, aber Vitry wehrt ihren Angriff leicht ab und schützt sie sogar gegen den wütenden Chassecœur mit den Worten: »Hoch lebe der Mut, auch bei französischen Emigranten!« Und sogleich tönt es aus dem Volk zurück: »Er lebe!« (334) Eben wollte man den beiden noch an den Kragen, nun genügt ein Wort, um die Stimmung umschwenken zu lassen.

Der emphatische Widerhall des ›Volks‹ erweist sich im Laufe des Stücks stets als Reaktion ohne eigene Spontaneität und selbst von niederen Adepten Grabbescher Massenpsychologie erregbar: Wer immer sich auf der Straße Stimme und Gehör verschafft, bekommt aus dieser vielköpfigen Echoperson seine Rede – meist affektiv verstärkt – zurück. Eine bis ins Groteske hinein ausgespielte Regelhaftigkeit dieses kollektiven Verhaltens demonstriert die Szene II 1, wo die Damen der Halle zunächst die Parolen des Bonapartisten und Revolutionärs Pierre wiederholen; als aber eine von ihnen eine Phantasiegeschichte über Linné erzählt, ziehen sie mit dem völlig sinnlosen Jubelruf »Hoch lebe der Fürst Linné!« (357) davon. Pierre stellt für ihr Verhalten, das sich auch auf alle anderen Reaktionen des Volks verallgemeinern läßt, fest: »Gott weiß, was ihnen einmal vom Linné in den Ohren geklungen hat, und was klingt, glauben sie, und erzählen es noch schallender wieder.« (357)

Die Parole bietet die einzige Artikulationsform der Masse, die sie mit dem Stoff einer augenblicksweise stimulierten Phantasie füllt. Die politische Instabilität dieser kollektiven Größe, ihre emotionale Abhängigkeit vom lediglich Sichtbaren bezeugt eindrucksvoll die Szene III 1. Ludwig muß aus Paris flüchten, und sein Schicksal wird von den Damen der Halle bedauert, während das Volk den König hochleben läßt (377). Nachdem dieser jedoch aus ihrem Gesichtskreis geschwunden ist, scheint auch das Gefühl neutralisiert, und man zeigt sich sogleich empfänglich für die dilettantische Demagogie des Schneiders. Auf seine bloße Behauptung hin, der König wolle Frankreichs beste Provinzen verschenken, schlägt die Stimmung wütend um: Das Volk will dem »verfluchten bourbonischen Heuchler« nach und ihn fesseln. Der Schneider nutzt in der gleichen Szene die Neigung des Volkes, gerüchtehaltige Stichworte »noch schallender« weiterzuerzählen und alsbald in handfeste Aktion umzusetzen, um eine »Revolution zu stiften«. Hier wie dort genügt ein Wort, ein rhetorischer Kunstgriff, um die folgenreichste Bewegung auszulösen. Grabbe hat in diesen Volksszenen seine schon im Frühwerk lediglich aus der Verachtung gespeiste Überzeugungs- und Entlarvungsrhetorik[267] als politische Massenwirkung gestaltet. Ein durch die Erfahrung der Revolution geschulter, aber auch dank der Grabbeschen Pöbelverachtung überaus erfolgreicher Massenpsychologe ist Jouve, der sich mit einem Trick – Mystifikation ebenso sehr wie satirische Verzerrung, gleichzeitig Ausdruck und Parodie der Situation – einen Weg durch die Menge bahnt:

> JOUVE Volk! Weiter nichts? Auseinander der Dreck – (Er ruft) Ein Adler! ein Adler! Da fliegt er – von der Militärschule herüber – – Welches günstige Zeichen!
> VOLK (durcheinander) Ein Adler! ein Adler! – Siehst du ihn? – Nein – Da ist er! – Das ist ja eine Wolke – – Wolke? Ein Haufen Adler, wollt ihr sagen!
> JOUVE Nun, meine Dame, lassen Sie die Herren den Himmel betrachten, – wir kommen auf der Erde desto weiter.
> (HkG II 396 f.)

»Dreck« – hier benutzt der anarchistische Jakobiner Jouve eine heroische Vokabel, die, aus dem frühen und mittleren Drama geläufig[268], nicht eben seine soziale Verbundenheit dokumentiert. Diese Redeweise des Monumentalheroismus scheint im *Napoleon,* wo keine der Hauptgestalten das Volk anders als »Kanaille«, »Vieh« oder »Pöbel« apostrophiert, nur unwesentlich verändert. Aber dort bezeichnender Ausdruck der Wirklichkeitsflucht, läßt sie sich hier nur noch als sprachliche Geste der Distanzierung werten, während die dramatische Fluchtbewegung des Monumentalheroismus völlig aufgehoben erscheint und in einen Prozeß der Identifikation verwandelt. Schon in den Pariser Volksszenen figuriert das ›Volk‹ nicht allein als Dreck, den der Held angewidert von sich klopft, sondern bildet die

267 Vgl. den Abschnitt: Destruktion als literarische Wirkungsabsicht (S. 23). Im *Gothland* hatte Grabbe seine naive rhetorische Wirkungsidee dem großspurigen Berdoa in den Mund gelegt. Hier erweist sich Jouve als dessen Verwandter, als die politische Erscheinungsweise des ›idealistischen‹ Destruktivismus.

268 Z. B. *Heinrich VI.* (HkG II 228), wo die Sarazenen den »Pöbel« wie »Staub« auseinanderzutreiben beauftragt werden. Vgl. auch S 154 f. dieser Arbeit.

wichtige Spiegelsphäre und politische Echoperson, die die Größe des Helden reflektiert und seine Qualitäten massenhaft potenziert. Diese unterste, die Material-Schicht wird gerade durch die blinde Reaktionsweise entscheidend für den Ablauf des historischen Prozesses, und die Verachtungsgebärde der Protagonisten illustriert nur deren ärgerliches Bewußtsein dieser Abhängigkeit. Gelingt aber die Koalition, so erfährt auch die Masse ihre heroische Erhöhung.

Die Bourbonen können nicht nachdrücklicher disqualifiziert werden als durch jenen Versuch des Herzogs von Berry am Ende von I 1, »einen Coup auf das Volk« zu machen. Das Unternehmen endet damit, daß er vergeblich auf das Echo seines Rufes »Es lebe der König!« wartet. Dort, wo sonst die absurdeste Parole noch aus irgendeinem Munde zurückgegeben wird, werden die Bourbonen gar nicht wahrgenommen; das »Volk bekümmert sich nicht einmal um sie« (337), stellt ein alter Offizier fest. Wenig zuvor hatte die Parole »Kaiser«, vom bedrängten Guckkastenbesitzer mit höchster Empörung ausgesprochen, ein interessiertes Echo gefunden:

PÖBEL (kommt) Kaiser, Kaiser, – ist er wieder da? (327)

In dieser offenbar doch nicht ganz mechanischen Echofunktion des ›Volkes‹ äußert sich jedoch schon ein entstehendes Geschichtsbewußtsein. Die Menge reflektiert das Chaos, aber kann auch positiv und negativ eine geschichtliche Wirkung befördern. Die Gesellschaftlichkeit aller politischen Vorgänge findet darin ihren schlagendsten Ausdruck. Auch der soeben in die Tuilerien eingezogene Napoleon kommt dem »Sehnen« des Volkes, sein Antlitz zu sehen, zwar mit dem verächtlichen Wort »Die Canaille wird anmaßend –« (388) nach, aber er erfüllt eben diesen Wunsch, weil er weiß, daß er nicht gegen die Masse regieren kann, sondern nur mit ihr. In diesem Zusammenhang muß auch die Marsfeldszene verstanden werden, als Fortsetzung und Veränderung der Massenregie: In der Doppelperspektive Jouves und seiner Dame gewinnt das Monumentalspektakel seinen Schauspielcharakter. Wie aber Napoleon zuvor entwickelt hat (S. 392), inszeniert er dieses Schauspiel bewußt aus politischem

Pragmatismus. Die Masse bekommt eine pompöse Parade vorgeführt, weil sie sich nur optisch von einem Wechsel der politischen Herrschaft überzeugen läßt. Jouve, der anerkennend über Napoleon bemerkt: »Er ist doch ein tüchtigerer Kerl als Mirabeau, Robespierre oder ich –« (383), weiß sich der politischen Regiekunst des Korsen unterlegen. Thematisch und in der Form der Situationsbildung dominiert hier das durch die Volks- und Revolutionsszenen ausgestaltete Spielmodell und Deutbild des *Theaters*. Ausgerechnet Jouve, der Regisseur jener Auftritte, macht nun den ironischen Kommentator, der den Komödiencharakter des Auftritts entlarvt. Doch seine kritische Ironie verschlägt nicht gegen die auf optische Wirkung hin organisierte Veranstaltung, wie sich deutlich an der Reaktion der Dame ablesen läßt.

Höllerer verfehlt Anlage und Funktion dieser Szene, wenn er an ihr lediglich die »Unmöglichkeit einer Kommunikation« nachzuweisen bemüht ist[269]. Die Redeteile Jouves und der Dame beziehen sich auf den Vorgang, der durch die doppelte Spiegelung gleichzeitig als Schauspiel und als politische Wirkung gegenwärtig werden soll. Die Dame vertritt die reflexionslose Rolle des Volks, das an der sichtbaren Äußerlichkeit der Dinge klebt, während Jouve zwar die Wahrheit ausspricht, aber die Dame zum Übertritt in seine Blickbahn nicht zu bewegen vermag. Der knappe, satirische Aufriß, der die Strategie der Äußerlichkeit in ihrem Effekt demonstriert, läßt auch Jouve nicht durch das Gesagte, sondern durch seine Redeweise beeindrucken: »Wie sie alles scharf und richtig bezeichnen!« (397) Napoleons Massenveranstaltung wird durch den Ablauf der privaten Begegnung in ihrem Wirkungskalkül bestätigt. Jouve muß sich, um bei der Dame Eindruck zu schinden, gerade der gleichen Imponiergebärden bedienen, die er an der pompösen Selbstdarstellung Napoleons so treffsicher demaskiert:

Mademoiselle, oder, wie ich glauben muß, Madame, weil Ihre Schönheit schon irgend jemand zur Heirat bezaubert haben wird, –

(HkG II 396)

269 Höllerer; a.a.O. S. 24.

Grabbe bietet in diesem Auftritt kein formalisiertes Gesprächsbild, das den Versuch der Verständigung kritisch als unmöglich entlarvt, sondern er zeigt ironisch die *Möglichkeit* der Verständigung in der Gesellschaft durch den wohlberechneten Äußerlichkeitseffekt. Diese Szene versucht, durch die Parallelschaltung zweier Vorgänge, spiegelnd und kontrastierend, das Soziale in seiner Konformität zum Politischen und das Geschichtliche als sozialen Vorgang sichtbar werden zu lassen. Hier soll aber vor allem die Wirkung Napoleons bestechen. Denn der Kontrast der Satire, durch den Revolutionsterror Jouves von vornherein fragwürdig, mündet in eine Simultangebärde. So wie der Feldherr Napoleon die Masse beeindruckt, weil nur die gesellschaftliche Konformierung den Erfolg der Feldzüge garantiert, so greift auch Jouve, der Jakobiner, nach Wendungen gegesellschaftliche Konformierung den Erfolg der Feldzüge garanchen; und wenn er mit dem »auch« die Dame als eine von vielen »lächelnden Bestien« bezeichnet, dann prägt er zugleich das Bild für sich selbst, für die Maskierung, deren er bei der mit Anstand getarnten Bürgerdame bedarf. Er spielt Komödie wie Napoleon, der aber der Integration auch der fragwürdigsten Personen bedarf, um die Masse zum Echoträger seines Namens werden zu lassen, der sich in Wahrheit nur heroisch legitimieren will. Die zahlreichen Stimmen des politisch-gesellschaftlichen Paris – soweit ihre Träger nicht verschwunden sind – vereinigen sich im Unisono auf den Namen des Kaisers:

> DIE DAME Der Kaiser hebt die Hand in die Höhe und beschwört die Akte!
> JOUVE Und die Pairs und Deputierten der Wahlkollegien äffen ihm nach.
> DIE DAME Das Volk erhebt sich – Wir müssen auch schwören – (HkG II 398)

Nichts als ein massenhafter Imitationsakt, und selbst Jouve schwört. Wenn auch ironisch, so bekennt er sich zum Integrationsvermögen Napoleons: Der Revolutionär begibt sich zur Schäferstunde mit einer Bürgerdame. Der Sieg Napoleons über die reine Vernichtungswut aus Welt- und Gesellschaftsverzweiflung wird darin notorisch. Jouve – das machen seine letzten Worte unwiderleglich – müßte nahezu alle Menschen aufs Schafott bringen, um die Komödie der Welt zu beenden. Napoleon spielt die Komödie zu Ende, um die Statisten für die heroische Aktion auszulösen und ihnen die Würde der geschichtlichen Tat zu verleihen.

Während das Volk gegenüber den Agitatoren und Revolutionären nur willenlos den Ton jeder kurzlebigen Interessendominante repetiert, reduziert auf die reine Echorolle, auf die Imitation der Narrengebärden anderer, vermag der Kaiser die einzige spontane Bewegung in der Masse hervorzurufen, den Punkt eines inneren Einverständnisses zu berühren, der die barbarische Wirklichkeit der Bestien, Krämer und eitlen Marionetten für eine Weile versinken läßt.

C. DIE HEROISCHE WELT UND DIE UTOPIE IHRER ERFÜLLUNG

Die dramatische Vorbereitung der heroischen Lösung

In der soziologisch-politischen Schichtung seines Dramas klar geschieden hat Grabbe die Welt der Bourbonen, die Wirklichkeit des Volks von Paris und den heroischen Bereich, der erst in den letzten beiden Akten endlich jene Überlegenheit erringt, von der zu Beginn die beiden Kaisergardisten nur träumten. Aber sie hatten schon dort unmißverständlich den totalen Anspruch der heroischen Welt verkündet, etwa wenn Chassecœur mit einem von ihm sonst kaum vernommenen Pathos die Erscheinung eines abgedankten Offiziers feierte:

> Am abgetragenen, faserigen Überrock, den er so zornig schüttelt, an den alten Militärkamaschen, mit denen er auftritt, als ging es über Leichen, und dem blutdunkelnden Auge erkennt man ihn mitten in dem Hefen des vornehmen und niedrigen Gesindels, eines so schlecht als das andere. Tod und Hölle, der ist von anderem Stahl als die neuen königlichen Haustruppen, vor denen jetzt Sieger von Marengo das Gewehr präsentieren müssen . . . Geschmiedet ist er in den Batteriefeuern von Austerlitz oder Borodino! (HkG II 329)

Ein klarer Wertanspruch tritt hier zutage: Pöbel und auch Bourbonen erweisen sich beide als Gesindel unter einer anthropologischen Wertidee, die den wahren Menschen allein in den Batteriefeuern von Austerlitz geschmiedet glaubt und die ihm nur als Helden seinen Adelsbrief zugesteht, denn »Schlachtenblut, nicht Weiberblut macht adlig.« (334) Nicht nur Stolz, sondern auch ein völlig ausgeprägtes Existenzbewußtsein diktieren solche Sätze, und die Schlachtszenen werden diesen Heroismus als gesellschaftlichen Anspruch in szenischen Einzelaufnahmen vertiefen. Zunächst am Ende der Szene I 1 faßt Chassecœur seine Lage als gesellschaftliche Unbestimmtheit und sein Bewußtsein als reine Vergangenheit in einen Satz; auf die Frage eines Bourbonen, wer er sei, gibt er die Anwort:

Ach lieber, gnädiger Herr – Wer ich bin oder sein soll, weiß ich nicht, aber wer ich *war,* das kann ich Ihnen sagen: (sich stolz aufrichtend) Ein kaiserlicher Gardegrenadier zu Pferde, zweite Schwadron, dem Ehrenkreuze nahe. (HkG II 337)

Das Motiv der Entfremdung aus den ersten Spielzügen findet hier am Ende der Szene seine Klärung und Pointierung: Die beiden Gardegrenadiere wissen nicht, wer sie sind, die gegenwärtige Wirklichkeit bietet kein Moment der Selbstbestimmung. Napoleon repräsentiert für sie den absoluten Sinn-Nexus, der sie überhaupt an die Welt bindet. Der zwanghaft mechanische Destruktionsaffekt der beiden Soldaten begreift sich als mimische Gebärde, welche die völlige Unvereinbarkeit der Wirklichkeit und der heroischen Traumwelt anschaulich machen will. Wenn der alte Offizier noch nicht alle Hoffnung begraben hat und auf eine Besserung der Lage wartet, so sieht Chassecœur keinen Punkt der Versöhnung:

DER ALTE OFFIZIER Kamerad, hoffe –
CHASSECŒUR Würge! Alles Lumpenzeug, so weit wir uns umsehen. (HkG II 329)

So kann es auch nicht der Politiker Napoleon sein, der in den immer wieder aufsteigenden Erinnerungsbildern als bessere Wirklichkeit lebendig wird, der Napoleon Fouchés, Duchesnes oder Carnots, sondern jener, der die Schlachtfeuer von Austerlitz wieder entzündet.

So unmißverständlich der mit seinem Namen verbundene Motivstrang der Revolution die Rückkehr Napoleons als gesellschaftlichen Umsturz ankündigte, so klar geht aus den heroischen Gedankenspielen der zwei Gardisten, aus ihren sprachlichen und mimischen Gebärden existentieller Identifikation der Schöpfer und Lenker gewaltiger Schlachten hervor. Aber gleichgültig, ob der vergangene oder ob in der Wunschrede der zukünftige Napoleon beschworen wird, die Rückkehr in die Gegenwart führt stets über eine symbolische Destruktionsbewegung gegen die unmittelbare Wirklichkeit, worin sich die beiden Napoleonbilder, das heroische und das revolutionäre, berühren. So ergänzt Chassecœur die Bemerkung des alten Offiziers, das Volk kenne die Bourbonen überhaupt nicht, mit einer Napoleonperiphrase und einer Drohung:

Dafür kennt es einen andren desto besser. – . . . (Auf den Boden stampfend) O! verdammtes Pflaster, das so viele Buben trägt! (337)

Ganz analog endet auch die zweite große Straßenszene mit einer kurzen pantomimischen Einlage Chassecœurs:

VITRY Was ist dir? Was treibst du mit den Armen?
CHASSECŒUR »Auf Elba rührt sichs allmählich« – Ich schwinge in Gedanken den Säbel! (360)

Als dann endlich Napoleon mit der Garde in Paris einzieht, da geben die beiden die Richtung ihrer vergangenen Drohgebärden unmißverständlich zu erkennen:

CHASSECŒUR UND VITRY Unsre Kameraden! unsre Kameraden – In Reih und Glied mit ihnen – Jetzt Pöbel, zittre! – (384)

In der Elba-Szene I 4 finden sich, kurz zusammengefaßt, alle Antworten auf die revolutionäre und heroische Napoleonerwartung. Zunächst preist der Exilierte seine Chassecœurs und Vitrys:

O meine Gardegrenadiere, wandelnde Festungswälle mir in der offnen Schlacht . . . (352)

Aber sowohl der heroische Destruktivismus der beiden Soldaten findet das kaiserliche Echo als auch jene Stimmen, die in der als Gegenhandlung entfalteten revolutionären Perspektive die Wiederkehr des Kaisers im Bilde des Erlösers von der »lumpenhaften« gesellschaftlichen Realität feierten. Denn auch in der Rede Napoleons verwandelt sich seine politische Absicht, die Erlösung Frankreichs aus der geschichtslosen Banalität der beginnenden Restaurationsepoche, wie im frühen und mittleren Drama in die Aktion eines strafenden Gottes:

NAPOLEON Kongreß zu Wien! Da streiten sie sich um den Mantel des Herrn, den sie hier am Kreuze wähnen – mein Polen, mein Sachsen wird zerteilt, – Niemand wird von dem

halben Bissen satt, ja, er wird Gift im Munde – Aber der Herr erstand! – – Europa, der kindisch gewordene Greis bedarf der Zuchtrute . . .
Wie? wenn es mir nun gefiele, den Fuß nach Frankreich zu setzen? Nicht zwei Tage und ich bin dort.
DER OFFIZIER O Sire, Sire, dahin! Sie nur können es erlösen! (HkG II 352 f.)

Die Gebärde der Selbstvergottung, im frühen und mittleren Drama ein Akt der stilisierenden Erhöhung als Flucht aus der Wirklichkeit und nur aus einem weiteren Motivzusammenhang in seinem soziologischen Gehalt deutbar, gewinnt im *Napoleon* einen fraglos gesellschaftlichen Charakter dadurch, daß das Bild der revolutionären Erlösergestalt bereits dicht in das sozio-politische Revuebild der Parisszenen gewoben ist. Das Nebeneinander und das motivische Zusammenwachsen des heroischen und revolutionären Napoleon, diese seine beiden sorgfältig getrennten, aber gleichzeitig wieder aufeinander bezogenen Funktionsweisen, finden bei Napoleon keine angemessene Formulierung; sie erfahren in seinem Munde eine erstaunliche Simplifizierung:

Die Erde ist am glücklichsten, wenn das größte Volk das herrschendste ist, stark genug überall sich und seine Gesetze zu erhalten . . . (352)

Doch es besteht kein Zweifel, daß in dieser hochmütigen Identifizierung von Volk und Herrscher auch Grabbes Credo mitgesprochen wird[270]. Nirgendwo als in den heroischen Schlachtfeldern, wo freilich die Frage nach dem Stärkeren zur Äußerlichkeit herabsinkt, hat der Dichter eine Welt mit begründetem Sinnzusammenhang zu sehen geglaubt, eine verzweifelte Utopie, in der die höchsten menschlichen Möglichkeiten aus der reinen Abgestimmtheit auf die Ziele der Gemeinschaft fließen. Nicht zufällig klingt darum auch in Napoleons letzter, resignierender Rede auf dem Schlachtfeld das Motiv der goldenen Zeit an:

Die Armen! Statt eines großen Tyrannen, wie sie mich zu nennen belieben, werden sie bald tausend kleine besitzen, – statt ihnen ewigen Frieden zu geben, wird man sie in einen ewigen Geistesschlaf einzu-

270 Vgl. dazu Wuk VI 152: ». . . ich liebe Despotie eines einzelnen, nicht vieler.«

lullen versuchen, – statt der goldnen Zeit wird eine sehr irdene, zerbröckliche kommen, voll Halbheit, albernen Lugs und Tandes, – von gewaltigen Schlachttaten und Heroen wird man freilich nichts hören . . . (457)

Die Mission des Rächers und des Erlösers erklärt Napoleon hier für gescheitert, und beziehungsvoll faßt er in diesen Sätzen die hochgespannte politische Utopie (goldene Zeit; ewiger Frieden) mit ihrer so kläglich reduzierten Wirklichkeit (Schlachttaten und Heroen) zusammen. Gewiß vermischen sich dabei Apologie und Überzeugung. Aber der Stimmungsabfall zeigt sich auf beiden Seiten, und aus dieser Ernüchterung, aus der Erkenntnis des Scheinglücks am Ende der Schlacht, dem Ende der utopischen Hoffnung, läßt sich die gedankliche Einheit des Stücks begründen. Napoleons Weltsicht bestimmt die Schlußperspektive, und darin bestätigt sich die gesamte dramaturgische Anlage, die die Napoleonhandlung als zusammenfassenden Hauptstrang aus der dynamisch bewegten Paris-Handlung immer stärker bis zum Integrationspunkt der Schlacht hervorspielt. Die innere Gegenwirklichkeit des Bourbonenchaos steigt zur eigentlichen dramatischen Realität auf.

In dieser Weise müssen auch die beiden Napoleon-Szenen III 3 und IV 2 betrachtet werden. Martini hat bereits festgehalten, daß Grabbe hier »die Methode der indirekten Darstellung« aufgibt[271]; Martini sieht auch richtig, daß der Zurückgekehrte sich der »Geschichte bemächtigt«, aber er mißdeutet die realen Vorgänge, die hektischen *Ordres*, die scheinbar willkürliche Art, mit der Napoleon seine Minister unter ehemaligen Feinden auswählt, wenn er den Korsen hier gleich an die »Grenzen« stoßen sieht, »die mit der Zeitlichkeit der Geschichte« gegeben sind; vielmehr erledigt hier Napoleon die *Politica* als Nebensächlichkeiten, als die ihm längst geläufige Konformierung der Regierungsgeschäfte, um den Spielraum für die heroische Aktion zu gewinnen. Den Abschluß dieses Prozesses markiert die Szene auf dem Marsfeld, und wenn diese in ironischer Brechung den Massenauftritt spiegelt, so wird auf den Vorgang als politischen ein Schlaglicht geworfen; erst wieder durch den he-

271 Martini; a.a.O. S. 53; dort auch die folgenden Belege.

roischen Napoleon wird aus der Farce Weltgeschichte, der, »sobald er zwei Schlachten gewonnen hat« (372), die selbstgeschaffene Konstitution zerbricht. Der Einsatz zur folgenden Szene IV 2, Napoleons Worte: »Nun gehts in das Feld, Hortense« (399), wollen doch nichts anderes andeuten als: Das Geschäft ist erledigt, nun zum Wesentlichen. Gewiß rechtfertigt Napoleon gegenüber Hortense seine Feldzüge wenig überzeugend mit politischen Notwendigkeiten, und ihr Wort vom »Feld der Eitelkeit« läßt eine Wahrheit aufblitzen, durch welche die Gründe seiner Feldzüge plötzlich noch fragwürdiger erscheinen. Aber der Sinn der heroischen Napoleonhandlung wurde ja längst entwickelt[272]; er liegt jenseits politisch-pragmatischer Erwägungen, denn das Bild der Schlachtwirklichkeit enthält nur das als sinnvoll gedachte Gegenbild zur gesellschaftlichen Realität. Im Gespräch mit Bertrand hat Napoleon das Motiv auf seine Weise dargestellt:

Geächtet! Ich! Ich kann mir die schönen Phrasen denken, in welchen die Ächtung ausposaunt ist – vom »Störer des Weltfriedens, Eroberer, Tyrannen« wirds darin wimmeln. – Eh, eine treffliche Sprache im Munde der Teiler von Polen – Vermieden sie nur die politische Scheinsucht, – würden sie nur nicht zugleich kleinliche Heuchler, indem sie große Gewalttaten begehen, – aber da wird alles mit erlogenen Beweggründen motiviert, jeder Raub mit glatten Worten ausgeputzt, und beides dient bloß, die Bewältiger und Räuber verhaßter und verächtlicher, und die Unterdrückten und Beraubten erbitterter zu machen! – Geächtet! – Weil ich als Kaiser, als unabhängiger Fürst von Elba, den Bourbons, die mir meine Pension nicht zahlten, Krieg gemacht? Hat Rußland je soviel Ursach zum Krieg mit den Osmanen gehabt? – (HkG II 391)

Napoleons Rede zeigt hier zwar wenig Elemente eines Erlösungsbewußtseins, aber sie bietet auch mehr als nur die egozentrische Begründung der Tat. Denn der geächtete Kaiser erregt

272 Die Schlacht als Erfüllung der ›Revolution‹ wird auch bildlich sichtbar. Jouve hoffte am Ende von IV 1: »Ob nicht im unerforschten Innern der Erde schwarze Höllenlegionen lauern . . ., um all den Schandflitter . . . zu vernichten.» In V 3 sagt der Obrist: »Es ist als rasselten alle Heerscharen der Hölle in eisernen Harnischen über unsre Häupter –.«

sich eben über die Doppelmoral, indem sich hinter der anspruchsvoll wertenden Sprache der Koalition handfeste, nur umschriebene Machtinteressen verbergen. Mit dieser Entlarvungsrede variiert er auf der Ebene der europäischen Politik ein Grundmotiv und die Ausgangsidee des ganzen Dramas, die in den Destruktionsgebärden, der ironischen Gegenführung, der Gesellschaftssatire ihre kunstvoll abgewandelte Gestaltung fand. Nichts scheint dem zurückkehrenden Napoleon widerlicher als die Doppelgesichtigkeit der Menschen. Er, der seinen vergangenen politischen Feinden oder illoyalen Militärs wie dem General Ney großzügig verzeiht, entläßt wütend einen Kammerherrn:

> NAPOLEON Apropos – Standen Sie bei Ludwig dem Achtzehnten im Dienst?
> KAMMERHERR Sire, ja – einige Zeit.
> NAPOLEON (für sich) »Sire, ja – einige Zeit« – Ein stotternder Zweideutler. (Laut) Meines Dienstes sind Sie entlassen. (HkG II 389)

Auch hier erweist sich die formale Analogie zur Szene I 1, wo das Volk die Bourbonen entlarvt (vgl. S. 261 f. dieser Arbeit). Mit dem kurzen echoartigen Wiederholen der fremden Worte, als ob die politische Fixierung der Person aus ihrer Sprache ablesbar sei, leitet sich die urteilende Reaktion ein. Wie die Bürger gegenüber den Altadeligen, das Volk gegenüber den Bourbonen, Jouve gegenüber dem Schneider, so verhält sich auch Napoleon gegenüber seiner Umwelt; mit einem empfindsamen Ohr horcht er auf die Ausdrucksweise des Gegenüber, ob und in welcher Weise dieser sich durch falsche Untertöne entlarvt. Die Thematik der lächelnden Bestie, Grabbes Grundbild seines Gesellschaftshasses – Napoleon wendet es ins Weltpolitische und begründet von hier aus seine Schlachtunternehmung.

Auch durch die Napoleonszenen hindurch bleibt die lineare Konzeption des Dramas folgerichtig gewahrt. Die Szene III 3 präsentiert den politischen Napoleon, der sich hier als Pragmatiker erweist, indem er die Maskierung der Welt durchschaut, sich aber nicht, wie bei Höllerer und Martini ausgeführt wird, dem »höheren Weltgesetz« beugt, sondern sich dieses Gesetz zunutze macht. Die Marsfeldszene enthält die notwendigen Folgerungen: Napoleon schwingt sich nicht auf das ›Karussell‹ der Weltbewegung, sondern stimmt es auf den Rhythmus seines Namens ein. In IV 2 agiert und spricht bereits der Feldherr Napoleon, und die folgende Szene macht ebenfalls in symbolisch gedrängter, aber nicht mehr ironisch gebrochener Form die Konsequenzen seiner militärischen Beschlüsse zum Bewegungsprinzip ihrer Aktion. Hier dreht sich kein Karussell mehr, sondern hier wird die thematische Dominanz der heroischen Idee zur dramatischen, das lockere Lineament der Schlachtaussicht in die strenge finale Bezogenheit der Feldzugshandlung übergeleitet: Das Pferd Napoleons wird probeweise allen Widrigkeiten der angekündigten Schlachten ausgesetzt; Schläge, Pistolen- und Kanonenschüsse, Bajonettenblitze bilden die mimische Vorwegnahme der kommenden Ereignisse. Schon reicht die Zeit nicht mehr für den Abschied von der Familie, und gern spart man sich die Tränen für »schicklichere Gelegenheit«. Diese Haltung diktiert nicht nur der eigenartige Schicksalslakonismus Grabbescher Helden. In der Schlacht werden sich später die Franzosen wie in einer höheren Familie fühlen, wenn das sentimentale »Où peut on être mieux, qu'au sein de sa famille« erklingt (454). Der mißratene Ausdruck des höheren Schlachtenglücks, die Utopie im verkitschten Zweizeiler scheint sich hier schon entwickeln zu wollen.

Nicht allein Napoleons Pferd zeigt sich jetzt dem Härtetest ausgesetzt, sondern symbolisch wird das Gesamtmaterial seiner Armee schon traktiert. Der Piqueur vergleicht sich mit dem Pferd: ». . . er haut bisweilen mit seiner Reitpeitsche ärger auf seinen Piqueur als dieser auf sein Pferd, wenn es nicht so sicher springt . . .« (402), wie andererseits das Pferd mit sich selbst: »Bei Gott, des Kaisers Pferd sein, ist ebenso schwer als sein Piqueur oder sein Minister.« (403) Der gezielte Druck der symbolisch vorausweisenden Szenenregie erzwingt – jenseits des Inhaltsbezuges, des Marschbefehls – auch die Aposiopesen der Rede des ersten Piqueurs, der noch gerade die bevorstehende Schlacht ankündigen kann, ehe er in einer weiteren pantomimischen Aktion mit seinem Pferde davonbraust und die Szene für die Schlachtenbewegung öffnet.

Die Feldzugs- und Schlachtszenen

Der Grundgedanke der Interpretation, der in der Analyse der letzten beiden Akte seine Abrundung findet, wurde mehrfach, unter formalen und inhaltlichen Gesichtspunkten, ausgeführt. Der Einheitsbegriff[273], der an die Dichtung herangetragen wurde, findet sich durch die Untersuchung bestätigt und vertieft, und die nahezu einhellige Ablehnung einer solchen Betrachtungsmöglichkeit in der bisherigen Forschung muß insofern überraschen[274]. Sie begründet sich indessen durch den auch hier nicht geleugneten künstlerischen Abfall des ›Schlachtendramas‹ gegenüber dem ›Epochenbild‹. Allerdings führt auch noch in diesen Szenen das angestrengte Bemühen des Dichters um eine Integration der ungewöhnlichen Stoffmasse unter die leitenden Motivstränge zu gelungenen szenischen Momenten. Sie rechtfertigen neben dem Nachweis der gedanklichen Einheit den Versuch zu einem abwägenden interpretierenden Verfahren angesichts der schwer erträglichen Stildissonanzen.

Der Wechsel des Schauplatzes aus dem Paris der Schlachtvorbereitungen in das Feldlager der Preußen scheint zunächst willkürlich und den Bruch in der linearen Konzeption auch inhaltlich auszuweisen. Doch steht dieser Perspektivenwechsel im Zeichen der dramatischen Auflösung, Schmelzung und Erweiterung, dynamische Vorgänge, denen sich diese Erweiterung des Raums anschließt. Die Pantomime in den Parisszenen hat den Blick für diese äußeren Indikatoren der Erlösungshandlung geschärft. So wurde die heroische Glücksidee, die Schlacht, dort auch nicht als entscheidende Parteiaktion angekündigt, sondern – im Gegensatz zur beengten Wirklichkeit – als Panorama freier heroischer Betätigung. Die militärisch-politische Relevanz der vergangenen Schlachten blieb dabei unbedacht.

273 Hier wird selbstverständlich auf keinen klassischen Einheitsbegriff Bezug genommen, sondern auf einen hegel-dialektischen. Ausdrücklich wird auf die Bemühungen von Klotz um eine Bestimmung der offenen Form, a.a.O., verwiesen.

274 Vgl. Hegele; a.a.O. S. 239, Martini; a.a.O. S. 55 f., v. Wiese; Tragödie, S. 520.

Was auf französischer Seite bereits ausgespielt wurde, die Entwicklung der heroischen Handlung als großangelegter Aufbruch aus der gesellschaftlichen Bedingtheit, wird nun auf der Seite der Preußen gezeigt. So wie sich in Vitry und Chassecœur die wesentlichen Züge der Epoche bewußt oder in Spiegelungen vergegenwärtigen, die Gesellschaft, die historische Situation, Napoleon selbst, so exponieren die Feldlagerszenen den Berliner Freiwilligen als eine Demonstrationsfigur, an der die besonderen Wirkungen der patriotischen Erregung und der heroischen Kriegswelt überhaupt anschaulich werden, während sich gleichzeitig aus kleinen, bezeichnend zusammenfassenden Figuren der Charakterisierung, aus ironischem Kontrast, symbolischen Elementen, mimischen Handlungskürzeln typische Züge Preußens und der Berliner Alltagswelt entfalten. In dem Berliner tritt jedoch stellvertretend eine Person aus dem »Pöbel« hervor, der in den Parisszenen nur als anonym massierte Echoperson erschien, und damit wird eine umgekehrte Kontrastwirkung möglich, denn gerade in der militärischen Umgebung mit ihrem Hang zur Konformität sticht der in seiner Angst und Halbbildung individualisierte Berliner satirisch hervor. Die Merkmale der Individualität, in den Pariser Stadtszenen eine Auszeichnung vor der Folie der Masse, erscheinen hier in den ironischen Schlaglichtern Grabbescher Entlarvungssatire als Beschränkung, während die anderen Preußen sich ganz der Idee der »glühenden« Gemeinschaft hingeben – die vielen im Feldlager brennenden Feuer (Regieanmerkung) beleuchten dazu ausdrucksvoll den Hintergrund. Der Berliner steht zunächst außerhalb der kameradschaftlichen Solidarität, die der Feldwebel selbst gegenüber dem Schlesier, einem Gemeinen, demonstriert; seine Handlungsweise wird später indirekt von Blücher, der ihm sein eigenes Eisernes Kreuz anheftet – ebenfalls eine die Rangordnungen übergreifende Gebärde –, gewürdigt. Dagegen der Berliner, mit einer Vielzahl von Sprachschnitzern wiederum durch seine Redeweise entlarvt, schilt den Schlesier einen »Wasserpole(n), ohne Bildung« und den Feldwebel »sentimental«, um seine höchst fragmentarischen Bildungsbrocken wirkungsvoll plazieren zu können. Wenn der Berliner dann noch mit dem gespreizten Stil journalistischer Kunstrichter den Schauspieler Iffland preist, dann entfernt sich das in den Parisszenen so unmittelbar aus den Handlungsbewegungen hervorgehende Anschauungsbild der *Komödie* hier plötzlich in die Weltperipherie spießiger Kunstanschauung und leerer Konversation.

Eine absichtsvolle Szenenregie läßt alsbald die beiden preußischen Heroen Blücher und Gneisenau in das fade Kunstgeschwätz des Berliners hineinsprengen; und die Bestätigung dieses mimischen Arrangements klingt aus der kernigen Aufforderung Blüchers an den »Kameraden«, den Trivialroman, den dieser gerade in der Hand hält, ins Feuer zu werfen.

Kein Wunder, als zum Generalmarsch geblasen wird, verwandelt sich der Berliner Halbgebildete in einen ängstlichen Feigling:

> Mein Jesus, welch ungeheurer Unterschied, wenn man erwartet, ob es losgeht, oder wann es losgeht. Vorher besah ich die Gefahr halb mit Lust, fast wie einen schön gemalten Bären, – jetzt wird der Bär lebendig, und mich bebt der Hemdschlapp. (HkG II 407)

Der Kontrast zwischen Kunst und Natur, zwischen Guckkastenhistorie und grauser Wirklichkeit – in dem Bild vom Bären illustriert sich das Motiv des Beginns als Erlebnis. Da scheint der zweite Berliner Freiwillige ein anderer Kerl, denn dieser hat sich nicht nur seines Titels entledigt, sondern er weist sich mit dem Blick auf die vaterländische Pflicht als Gemeinschaftswesen aus, während sein Kamerad noch mit kritischen Bemerkungen über den Klang des Zapfenstreiches den musischen Bürger spielt. In dem Heerlager, wo alles zur gemeinsamen Handlung, zur Konformität drängt, verkörpert der sich überklug dünkende Freiwillige die durch die Napoleonhandlung vernichtete und in der Atmosphäre des preußischen Lagers gänzlich verdrängte bürgerliche Welt. Grabbe hat ausdrücklich darauf hingewiesen, daß er die preußischen Jäger der folgenden Szenen mit Absicht »conform gemacht« habe[275], und das läßt sich nur recht deuten als Versuch, den preußischen Patriotismus durch *eine* Physiognomie vertreten zu lassen, als die das gesellschaftliche Individuum auf-

275 Vgl. Brief an Kettembeil vom 25. II. 1831 (HkG V 323).

saugende Gemeinschaftskraft. Um diese Wirkung höchst anschaulich zu machen, wird der Berliner auch im letzten Akt in die Handlung gestellt, und um überdies die Eigenschaften dieses Freiwilligen als habituelle, also ablegbare, im Gegensatz offenbar zu ›rassischen‹ Schwächen, hervorzukehren, hat sich Grabbe eine üble antisemitische Farce einfallen lassen. Der Jude Ephraim verkörpert darin alle verachtenswerten Qualitäten, in denen sich der Gesellschaftshaß des Dichters konkretisiert. Insofern spielt jener die Rolle des Popanz; als Heuchler, Feigling, Lügner, Afterredner und Betrüger – so weist ihn ein kurzer Dialog aus – trifft ihn mit der plötzlichen Kanonenkugel ein überdeutlich von Grabbe gelenktes Geschoß, der sich dort für einen Augenblick in eine Schmieren-Nemesis verwandelt hat. Der dem Zerschmetterten ein verzeihendes Wort nachrufende Berliner vermag nun doch gegen diesen Überbösewicht angenehm abzustechen. Der erste Schritt zur heroischen Läuterung ist getan, und wenig später erfolgt die endgültige Wandlung des Berliners zum Helden. Es scheint kaum ironisch gemeint, daß ihn ausgerechnet die Pfeife Blüchers den Sprung ins heroische Fach wagen läßt; nachdem er aus diesem ihm zur Verwahrung ausgehändigten Requisit bürgerlicher Behaglichkeit, das sich durchaus als groteske Variation der heroischen Glutmetapher sehen läßt, einige Züge genommen hat, glaubt er vor Schlachtwut zu »krepieren«, weil er sich an der Pfeife wie an einem »Vulkan« vollgesogen habe. Jetzt endlich will der Berliner auch zu den Jägern, und damit schließt sich seine heroische Biographie, die die beiden Akte und die beiden Schlachten verbindet.

Ganz der Anlage des Dramas entsprechend, hat der Dichter sich für die beiden Aktionen auf dem Schlachtfeld von Ligny und dem von Waterloo um eine Steigerung der theatralischen Effekte bemüht[276]. Der fünfte Aufzug setzt mit den Szenen in Brüssel ein, die durch überlegt kalkulierten Rückfall in das affektierte Gesellschaftsgehabe eine kurze Schattierung der heroischen Handlung bewirken, um dann wieder in Variation der dramatischen Grundstruktur die Schlachtaktion aus sich zu ent-

276 »Sämmtliche Wasserkünste dürfen aber bei Ligny nicht springen, weil Waterloo blendender seyn muß.« (HkG V 322).

lassen. Allein der Herzog von Braunschweig denkt in den »prächtig erleuchteten Sälen« lieber an den Tod, statt sich in die Tanzveranstaltung Wellingtons zu mischen, denn er betrachtet den Feldzug gerade als einen Weg der Befreiung aus der Welt der »wohlfrisierten Perücken«. Wie dem napoleonischen Gardesoldaten schrumpft ihm die entfremdete Wirklichkeit angesichts der heroischen Aussicht zum »Lumpenzeug« (425). Dramatisch gestaltet sich dieses Motiv in der folgenden Szene: Das Donnern von Napoleons Kanonen dröhnt in das banale Ballgespräch der Tanzgesellschaft, die in Schrecken erstarrt, als urplötzlich einige bereits vom Pulverdampf geschwärzte preußische Adjutanten auf die Tanzfläche stürzen und einer Dame zunächst als »Teufel« erscheinen (429). Mit dieser Figur der Angst schwingt über dem Auftritt das Bild einer apokalyptischen Vernichtung der Gesellschaft durch das Heroische, – die Visionen Jouves und Vitrys scheinen hier in dem kurzen Augenblick des lähmenden Schrekkens Wirklichkeit geworden.

Auch das letzte Bild dieser Szene erhält Perspektive durch ironische Schraffur und Kontrast: Gegen den verschämt seine Tanzschuhe betrachtenden Wellington klingt der heroische Kampfgesang der Bergschotten herauf, die sich mit ihrem mehr als tausend Jahre alten Lied als einiges Volk ausweisen und sich als ethnische Formation der heroischen und patriotischen Wertedemonstration der Schlacht beigesellen.

Die ausgedehnte Schlachtrevue, die als ›Zielpunkt‹ der Handlung nahezu einen ganzen Akt ausfüllt, bietet auch einen Höhepunkt der ideellen Handlung. Es ist der Punkt, wo für einen Augenblick die paradoxe Glückserfahrung der Idylle Ausdruck findet, wenn auch nicht übersehen werden kann, daß die realisierte Utopie des Heroismus als Gemeinschaftsleistung ihre szenische und sprachliche Gestalt im Stilbruch gewinnt. Zunächst setzt diese von V 5 an beinahe ausschließlich durch die Franzosen bestrittene Schlußhandlung mit einer Kontrastbewegung ein: Napoleon mußte sich zurückziehen und versammelt nun auf dem Gut des Pächters Lacoste seine Truppen zum letzten Sturmangriff. Dem ängstlich um seine Frau und Kinder besorgten Mann ruft beim Aufbruch der Führer der »Granitkolonne« zu:

CAMBRONNE Herr Pächter Lacoste, leben Sie nun recht wohl und laufen Sie von hier was Sie können – Grüßen Sie die Frau und die lieben Kinder, und wenn Sie nach zehn Jahren mit denselben wieder zum tausendsten Male einen Kuchen essen, oder Ihren Töchtern neue Kleider schenken, so freuen Sie sich ja von neuem über Ihre Existenz und Ihr Glück – Wir gehen jenen Kanonenmündungen entgegen und bedürfen Ihrer Elendigkeit nicht mehr! – – Donner, welch ein Kugelregen – Die Melodie!

GARDEMUSIK SPIELT

»Freuet euch des Lebens,
Weil noch das Lämpchen glüht!«

EINE DER GARDEHOBOISTEN (stürzt) O, wie süß ist der Tod! (HkG II 454)

So schneidig auch noch die Rede Cambronnes wirken mag, die Gardemusik klingt wie eine Opernnummer, und der Tod des Hoboisten mit der Zeile der Verklärung auf den Lippen straft den erzürnten ›Realisten‹ Grabbe, der die grause Wirklichkeit der Geschichte als Wahrheit beschworen wissen wollte, Lügen. Vom Standpunkt dieser Erfahrung her hat Höllerer recht, der die Lacoste-Szene als Beleg für seine Karussell-Interpretation nimmt, indem er mit dem absolut gesetzten Bewußtsein dieser zweiten Jahrhunderthälfte meint, daß sich der General in das »unsinnige Abenteuer der Schlachten«[277] stürze. Diese Szene aber will aus dem Kontrast zur leeren Glückserfahrung des Familienvaters das sinnvolle Abenteuer der Schlacht gestalten. Wenige Augenblicke vor Cambronnes Rede haben die Gardemusiker die Arie »Où peut on être mieux, / Qu'au sein de sa famille« intoniert, nämlich in dem Moment, da sich der Kaiser in einer aussichtslosen Lage an die Spitze seiner letzten Truppen setzte. Diesen Vorgang der Vereinigung versucht nun der Dichter mit den Zügen verklärender Größe zu versehen. Aber die Verklärung erwächst aus dem verneinenden Kontrast: In dem Bild des Liedes blitzt schon der Gedanke der Schlachtidylle auf, der sich aus der stolzen Distanzierung von dem Gutsbesitzer herauskristallisiert. »Vater Veilchen«, wie Napoleon in der ersten Szene berufen wurde, verkörpert den heroischen Gegensatz zum Familienvater Lacoste und bildet mit seinen Getreuen eine höhere

277 Höllerer; a.a.O. S. 37.

Familie als der feige Bauer. Der Kaiser, der während der ganzen Schlacht in regungsloser Einsamkeit verharrte, wirft seinen Titel weg und steht mit dem Degen in der Hand »wie der gewöhnlichste seiner Souslieutenante« (453) zwischen seinen Soldaten. Das Ganze wird nur eine kurze Weile dauern, bis er wieder in die Einsamkeit zurückkehren und seine Truppen allein lassen wird, aber hier allein findet sich der Fluchtpunkt, auf den hin alle Motive des Dramas auslaufen: Revolution, Idylle, Destruktion verbinden sich zu einem utopischen Augenblick der Verklärung. Freilich, die Utopie zeigt sich nur glaubhaft in den Bewegungen der Negation. Die Bilder und Gebärden erfüllter Verklärung zeugen nur von der Fragwürdigkeit der Konzeption. Die Worte: »O, wie süß ist der Tod!« (454), in ihrem falschen Wohllaut schließen sich an eine ganze Reihe von Redensarten, die den heroischen Tod oder die Verwundung zum Fest der Kaisertreue verklären. Ein Gardist, dem eine Kanonenkugel den Leib aufreißt, ruft: »Es lebe der Kaiser!« (421), und ein anderer schimpft seinen abgeschossenen Fuß, den er noch dahinfliegen sieht, einen »Deserteur« (447). Die Schlacht als utopischer Ort der heroischen oder patriotischen Erhöhung des Menschen fordert diese grotesken Kunstfiguren der Sprache. Die in den Batteriefeuern von Austerlitz oder Borodino geschmiedeten Männer, die sich nahezu dem Metall ihrer Rüstung anverwandeln, da ihre »Gesichter . . . gelb und hart wie der Messing ihrer Helme und Sturmketten« (446) erscheinen, betrachten konsequent ihren Körper nur noch unter dem Sinnbezug militärischer Funktionen. Die Heroismusidee und die Treue und Liebe zu Napoleon enthalten ihre gesamte anthropologische Substanz. Folgerichtig bedeutet die Niederlage ihres Feldherrn auch für sie das Ende der Welt: »Brechen Himmel und Erde ein?« (452), fragt sich Bertrand, als der Kaiser mit der Lippe zuckt, und Cambronne sagt nach dem Abschied von Napoleon, der die Niederlage unabwendbar weiß:

> Er ist fort – Was will der andere Dreck, den man Erde, Stern oder Sonne nennt, noch bedeuten? – Er hat uns »lebe wohl« gesagt, und leicht das Auge gewischt – Das heißt: sterbt meiner würdig, es geht nicht anders. – (HkG II 458)

Das Bild des »Drecks« indiziert wieder einen unabwendbaren Wertzerfall in der Welt, die ohne ihren großen Helden auskommen soll, nachdem die heroische Gemeinschaft auseinandergebrochen ist. Wieder wird nach Musik verlangt:

Also, Tambour, tüchtig auf dein Kalbsfell geschlagen ... – Und schlage *lustig*, ... du quälst dich mit Trommelschlag fortan nicht wieder! (458)

»Lustig«, die emphatisch vorgebrachte Aufforderung, das Schlüsselwort der Schlachterfahrung Bülows, »lustig« lautete auch das erste Wort des Dramas; dort eine ironische Distanzierung von der Wirklichkeit anzeigend, kündigt es hier den endgültigen Abschied von der Welt an, ebenfalls mit einem ironischen Einschlag, der schon wieder die Gebärde des Sich-Verwahrens bezeichnet. Die Sinnverzerrungen, die durch Napoleons Exil die Welt in den ersten Szenen offenbarte, drohen wieder beherrschend zu werden. Das Erlebnis der begeisterten Verschmelzung, auf das sich alle Bewegungen des Dramas gerichtet hatten, droht wieder der Banalität der politischen Wirklichkeit, ihrer Komödienhaftigkeit weichen zu müssen, so wie es von Napoleon kurz zuvor vorausgesagt wurde. Der Tod kann für diese Heroen nur eine letzte Möglichkeit der verzweifelten Verewigung dieser Wirklichkeit anbieten. Cambronnes Abschiedsworte: »Granitkolonne, hoch und stolz wie die Sonne, und gefallen herrlich wie sie!« (459), versuchen dieses Bewußtsein ins Bild zu tragen. Die »Sonne« enthält kein Element von Vergänglichkeit, vielmehr kristallisiert sich in ihr das besondere Geschichtsgefühl der Heroen, die sich mit dem historischen *Effekt* identifizieren, der gewaltigen »Schlachttat«, die als Zeugnis ihrer Existenz bleibt und die sich nur dadurch legitimierte, daß sie als kollektive Leistung aus den kleinen Bedingungen der Gesellschaft hinauswies und ein kurzes Bild von der überragenden Größe der Menschen zu bieten vermochte, wenn sie sich in einem Willen zusammenfinden.

Die Spiel-Variationen, Spiegelungen und Aktionsbilder, in denen sich die Gemeinschaftsidee des französischen Napoleonheroismus, des preußischen Patriotismus, vielleicht auch der schottischen Volksstämme zum Ausdruck brachte, bilden die

Koordinaten dieser Grabbeschen Utopie historischer Erfüllung. So deutlich der Inhalt dieser höchsten Sinnentfaltung aus der Gestalt und dramatischen Konzeption des *Napoleon* hervorgehen mag, formal werden die Schlachtszenen ihrem Entwurf nicht gerecht. Immer wieder geht die Richtung der utopischen Harmonievorstellung aus ihrem negierenden oder zerstörenden Ansatz hervor, aber letztlich überwiegt die dramatische Realität der Zerstörung; der massive Einsatz von Waffen, Truppen, das Panorama der strategischen Bewegungen beherrschen den Raum, und Grabbe hat nicht die Mittel gefunden, die Paradoxie dieser Idee auch sprachlich zu bewältigen. Hier liegt die entscheidende Schwäche dieses Schlachtbildes, daß sie die Unvereinbarkeit von dynamischem Zeitfluß und Verewigungsdrang, den Widerspruch zwischen äußerer Erfahrung und innerer Disposition nur im Stilbruch zu bewältigen vermochte.

V. KAPITEL

›HANNIBAL‹ ALS KATASTROPHE DES ISOLIERTEN HEROISMUS

A. DRAMATURGIE DER HANDLUNG UND MOTIVGESTALTUNG

Das Hannibaldrama als Umkehrung des »Napoleon«

Ein Vergleich des *Napoleon* mit dem *Hannibal* vermöchte den Handlungsgang und die thematische Konzeption beider Dramen nach dem Verhältnis von Positiv und Negativ zu bestimmen, denn dem dramatischen Bild einer sich entfaltenden heroischen Utopie im *Napoleon* stellt das jüngere Drama eine völlige Umkehrung entgegen: Die theatralisch entwickelte Möglichkeit der Gemeinschaftshandlung erscheint gebrochen und aus einer diametralen Perspektive gezeigt als die Unmöglichkeit des Gelingens in der sozialen Isolation. Während der *Napoleon* in einer durch alle Sprunghaftigkeit der Szenenregie hindurch konsequenten Handlungslinie und in dynamischer Steigerung aus der Realität der politischen Misere in die verklärte Welt der heroischen Kampfgemeinschaft hinaufführte, entwickelt der *Hannibal* gegensinnig seinen dominierenden Handlungsstrang in der Form, daß aus einer als utopisch-ewig eingebildeten heroischen Welt der Held in eine Sphäre hinabgedrängt wird, wo sein personaler Heroismus der Übermacht der kleinen Geister erliegt.

Der *Napoleon* entfaltet die heroische Aktion als Gegenwirkung und symbolische Zerstörung einer Wirklichkeit, die sich unter den historischen Bedingungen der französischen Restaurationsperiode als Bild einer ewigen gegebenen Lage deuten ließ; doch verbreitete der Held nicht nur den Glanz seiner einsam-erhabenen Größe, sondern er hielt das Karussell der Weltbewegung an und beflügelte das ganze Land in seiner gesellschaftlichen Zersplitterung zu einer Tatperiode höchster menschlicher Größe und machte offenbar, daß diese Größe, als Möglichkeit stets vorhanden, nur von einem aus dem Sozialen hervorgehenden Helden aktualisiert werden muß. In ständigen Kontrastierungen, die die herrschende Wirklichkeit als Verfallszustand deuteten, in Bildern, aus denen die Formbarkeit der Masse lebendig hervortrat, und in den symbolischen und mimisch antizipierenden Drohgebärden war die heroische Handlung als notwendige Folge der gegebenen Verhältnisse ausgespielt worden. Im *Hannibal* bestimmt eine umgekehrte Entwicklung den Aktionsgang. Aus der ›heroischen‹ Situation, die den karthagischen Helden noch als Triumphator in Italien zeigt, entwickelt sich ebenfalls in immer stärker hervortretenden Zeichen und Bildelementen die unheroische, die Welt der Komödie als die beherrschende und den Helden abdrängende. Parallel hierzu und gleichzeitig in entgegengesetzter Bewegung verwandelt sich das bestialische und antiheroische Karthago in ein bedeutendes Symbol geschichtlicher Größe. Nicht der dynamische Zug, der den Helden und seine soziale Bezugswelt vereinigt, sondern zwei entgegengesetzte Prozesse, deren einer den einsamen Helden von der Höhe der bezwingenden Größe in die immer engeren Bezirke führt, während der andere eine in krämerhafter Selbstsucht erstickende Stadt zu einer mächtigen Demonstration ihres heroischen Vermögens erhebt, bilden das Ganze der Handlung. Die Aktualisierung des Heroischen in der niederen Welt des von Krämern beherrschten Karthago bewirkt indessen Hannibal selbst nur indirekt, und der große Held vernimmt die Kunde von dem erhabenen Untergang seiner Vaterstadt in der äußersten Erniedrigung. Diese beiden entgegengesetzten Handlungszüge erfordern eine neue dramaturgische Konzeption, denn die heroische Handlung des *Napoleon* konnte sich aus der die ganze Anlage bestimmenden Kontrasttechnik, der bildlichen mimischen und dramatischen Entgegensetzung von Heroismus und gesellschaftlich-politischer Misere, Napoleons und der Restauration, entwickeln, während der *Hannibal* nicht die symbolisch-endgültige Vernichtung der Gesellschaftswelt zum Ziele hat, sondern stets das Heroische durch das Niedrige bzw. Sinnlose gefährdet bleibt.

Die einfache, wenn auch bewegliche Regie der Gegenführung, des ironischen Kontrastes unter der vorwegweisenden Bildlichkeit der Schlacht weicht im *Hannibal* einer wesentlich verfeinerten und vielfältig beziehenden Motiv- und Symbolstruktur; hinter den einzelnen Handlungsabschnitten verbirgt sich nicht nur ein einzelner, aus der vielfachen Variation heraus demonstrierter Grundgedanke, sondern indem jede Szene in scheinbar willkürlicher Verkürzung aus dem historischen Ganzen ihren Ausschnitt liefert, vermag sich gleichzeitig in bisher von Grabbe nicht erreichter Intensität das ironische, hintergründige Gewebe der Deutelemente zu entfalten[278]. Läßt sich der *Napoleon* in seinem Reichtum an Bild- und Handlungselementen auf wenige gedankliche Grundzüge und auf eine einzige dramatische Bewegung reduzieren, so bietet der *Hannibal* einen eng zusammenfassenden Handlungsgang, aus dem sich eine kunstvoll perspektivenreiche Textur herausbildet.

Die Interpretation des *Hannibal* kann sich auf wichtige Vorarbeiten berufen. Dabei kommt der ausführlichen Analyse des Dramas durch H.-W. Nieschmidt[279] das Verdienst zu, die formale Einheit der Dichtung nachdrücklich in den Blick gerückt zu haben. Ausgehend von einem Briefzitat Grabbes, in welchem

278 Während die Szenen des *Napoleon* sich nicht selten über 10 Seiten, die erste sogar über 14 Seiten erstrecken, umfassen im *Hannibal* nur wenige mehr als 3 Seiten.

279 Hans-Werner Nieschmidt, Ch. D. Grabbes Tragödie *Hannibal*. Eine Dramenanalyse; Diss. Mainz 1950.

dieser sich gegenüber Immermann begierig zeigt, den *Hannibal*, ». . . das Werk mit den großen Heerstraßen, an deren Enden sich Karthago in Scipios Helm und Harnisch brennend abspiegelt und Hannibal in der Nacht des Todes erlischt, zu vollenden« (Wuk VI 68), versucht Nieschmidt, ». . . die organische Einheit aller Elemente des Sprachkunstwerkes aufzuzeigen und die lebendige Ganzheit der Dichtung zu erfassen«[280]. Wenn Nieschmidt mit dem Begriff des Organischen zwar auch einen unangemessenen Formanspruch an das Drama heranträgt, so vermag er immerhin die Einheit des dramatischen Vorgangs zu erschließen, denn das Bild der »Heerstraßen« deutet ja eher auf mehrere parallele Handlungsstränge hin, die etwa am Ende zusammenfinden; indessen faßt Nieschmidt die großen Züge der Aktion unter dem übergreifenden Gesichtspunkt des Geschichtsablaufes zusammen als Ausschnitte eines Ganzen, das sich in »Bewegungsphasen« vorstellt. Freilich, die an Goethesche Kunstanschauungen anknüpfenden Termini des »Organischen« oder des »Gestaltgesetzes« erweisen sich als Fehlgriffe, wenn die Einheit der Handlung aus der künstlerischen Gestaltungsleistung begründet werden soll.

Die wichtigsten Einwände gegen Nieschmidt hat bereits W. Weiss[281] formuliert. Indem er die lineare Konzeption der organischen Szenenfolgen und Bewegungsphasen als bloße Charakterisierung der pragmatischen Spielebene, die nicht in allen Szenen gleich stark hervortritt, kritisiert, öffnet er den Blick für die im *Hannibal* ständig bildlich oder physiognomisch-symbolisch gegenwärtige Schicht der geschichtsdeutenden Elemente. Indem er aber diese Deutungsfiguren wiederum auf das Modell der »Radialstruktur«[282] einengt und diese gleichzeitig als für die Gesamtgestalt des Dramas verbindlich erklärt, verliert er den wichtigen Unterschied zwischen der pragmatischen Bewegung, dem linearen Handlungsgang und den ihn gleichsam gefährdenden Urbewegungen des »sinnlosen Kreislaufes«[283] aus dem Auge.

280 Nieschmidt; a.a.O. S. 49.
281 Weiss; a.a.O. S. 232.
282 Weiss; a.a.O. S. 232 ff.
283 Weiss; a.a.O. S. 235.

Denn aus dieser Spannung, die nicht als reiner Gegensatz, aber auch nicht in kongruenten Strukturen angelegt wird, bezieht das Drama seine motivische und gehaltliche Einheit. Indem jedoch die von Weiss skizzierten Linien ausgezogen werden, treibt die Interpretation eine so ungewöhnliche Dichte des Motivgeflechtes hervor, daß sich auf diesem Wege die Fruchtbarkeit des Weissschen Deutungsversuches indirekt bestätigt.

Wenn die künstlerische Leistung des *Hannibal* in einer differenzierenden Analyse von Handlung, Motivstruktur und Thematik herausgearbeitet werden soll, so wird methodisch eine Gestaltungsweise, die den Formprinzipien des offenen Dramas gemäß ist, vorausgesetzt. Diese auf einen »Integrationspunkt« hin angelegte Dramaturgie, in welchem die verschiedenen Perspektiven und Stränge des Dramas sich zusammenfinden und der nach Klotz[284] eines der wichtigsten Organisationsmittel dieses Formtypus darstellt, hat Grabbe schon selbst in dem mehrfach zitierten Satz, demgemäß er in seinen Dramen stets auf »einen Punkt« (Wuk VI 178) ziele, vorformuliert. Der bereits angeführten Stelle von den großen »Heerstraßen« läßt sich zudem entnehmen, wo Grabbe diesen Punkt gesehen hat: Es ist jene Szene, in der die drei einander ständig durchbrechenden Handlungsstränge zusammentreffen, die Karthago-, die Hannibal- und die Scipionen-Handlung, dort nämlich, wo der Untergang der Stadt Karthago aus der Erzählung Turnus lebendig wird, wo das große Ereignis und die Tränen des Scipionen Hintergrund und Kontrast von Hannibals Tod bilden, freilich eines Todes im »unermeßlichen Chaos des Gemeinen« (Wuk VI 88), worin sich bildlich eine niedere unheroische Welt ausweist, die, stets das Heroische bedrohend, doch nie als Sieger am Ende stehen kann.

Weil sich diese letzte Szene tatsächlich nach Grabbes Angabe als der dramatische Zielpunkt, aber auch als der Integrationspunkt der deutenden Motive, als Schlußknoten der Textur erweist, darum läßt sich der *Hannibal* in Analogie zum *Napoleon* begreifen, unter der Hypothese einer linearen Handlungsführung, die zwar durch die szenische Anlage nicht unmittelbar

284 Klotz; a.a.O. S. 113 f.

ausgedrückt, bisweilen sogar aufgelöst wird, die aber als ein von Anfang an unaufhaltsamer Vorgang und durch das Beginn und Ende zusammenschließende Beziehungsfeld dynamischer, die Modalität des Notwendigen umspielender Motive, durch analoge Szenenanordnung und die bereits im *Napoleon* so auffällige Konkretionstendenz bestimmter Grundfiguren ihren inhaltlichen und formalen Ausdruck findet.

Das Verhältnis des Helden zu seiner sozialen Bezugswelt, das im *Napoleon* durch die aus der destruktiven Konfrontation herausführende pathetische Identifizierung als Dialektik begrifflich faßbar wurde (ein Hegelscher Begriff, dem freilich keine Hegelsche Realität der Gemeinschaft entsprach[285]), hat sich im *Hannibal* nicht grundsätzlich geändert, aber gleichsam tragisch kompliziert. Denn die offenbar unüberbrückbaren Gegensätze, die Hannibal und Karthago auseinandertreiben, werden ebenfalls aufgehoben, doch nicht durch den Prozeß einer dramatisch gegenständlichen Verschmelzung von Held und emporwachsender Gemeinschaft, sondern symbolisch: Karthago geht unter im Bewußtsein, sich des großen Heroen auf diesem Wege doch noch würdig zu erweisen, und Hannibal stirbt mit dem Bild der zerstörten Heimatstadt vor Augen. Die Voraussetzungen für diesen Ausgang finden sich bereits in den ersten Szenen angelegt: Hannibal hat in Karthago – anders als Napoleon – nur eine schwache heroische Partei, die paradoxerweise erst durch die Wirkung seiner späteren Niederlage zur beherrschenden wird. Auf der anderen Seite erweist sich die räumliche Ferne, die Hannibal von Karthago trennt, auch als heroische Distanz, während dennoch die ökonomisch-politische Abhängigkeit dem Helden stets wieder als Hemmnis und als sein eigentlicher Widersacher bewußt wird. Aus diesen Paradoxien heraus trifft während des ganzen Dramas auf das Verhältnis Hannibals zu Karthago immer neues, ironisch gebrochenes Licht. Denn als ihr Feldherr geschlagen wird, den sie nicht zu mächtig werden lassen wollte, beginnt die eigentliche Gefährdung der Stadt, und weil die Karthager das Heer ihres Verteidigers nicht unterstüt-

285 Vgl. S. 191 dieser Arbeit.

zen, wird dieser geschlagen und der endgültige Untergang der Stadt eingeleitet.

Weiss entdeckt in den Schicksalen Hannibals und Karthagos Parallelität (was der Bedeutung nach Gleichheit hieße). Doch wieder läßt sich das Verhältnis als Identität und Gegensatz begreifen, ohne daß die mögliche Identität zu dramatischem Vollzug gelangte. Das heroische Angebot, das Hannibal durch seine Person darstellt, wird von seiner Bezugswelt bis auf wenige Ausnahmen ausgeschlagen; allerdings bemüht sich der Held selbst auch nicht völlig konsequent darum. Die Katastrophe des isolierten Heroismus hat ihre Ursachen in einer Mißachtung der patriotischen Idee durch den Helden und in einer Verachtung des Heroismus durch die politische Welt. Erst der zu spät einsetzende heroische Aufschwung Karthagos demonstriert Hannibal die Vergeblichkeit seines Handelns als Verfehlung einer großen gemeinsamen Aktion.

Diese Thematik wird bereits in der ersten Abteilung des Dramas vollständig ausgebreitet, und aus den verschiedenen szenisch vorgestellten Wirklichkeiten entfalten sich die Handlungsstränge und Motivbahnen und zielen auf den perspektivischen Fluchtpunkt der letzten Szene.

Thematik und motivische Anlage der ersten Abteilung

Drei wichtige Motivkreise lassen sich aus dem Dialog der ersten Szene herauszeichnen, die gleichzeitig die Grundthematik und sämtliche Spannungselemente der »Tragödie«[286] umfassen. Leitmotivisch und nicht nur in Variation der bekannten Eingangsbilder der anderen Geschichtsdramen steht am Beginn das Bild der Entfremdung. Alitta antwortet auf den ermunternden Hinweis des Brasidas, sie, die Waise, solle Trost bei der »allgemeinen Mutter« Karthago suchen:

286 Der Terminus »Tragödie« in der Erstausgabe wird von der HkG ohne Grund vermieden.

Ja, Die! von Stein, mit einer Menge teilnahmloser Geschwister! – Ach, nichts Schrecklicheres als des Hauses einzige Tochter mit ihren Tränen an der Bahre der Eltern, und Millionen Volks draußen im fremden Getrieb: ein Totenlichtlein in wüster, weiter Nacht! (HkG III 89)

Die »Mutter aus Stein« bildet eine harte Figur der Entfremdung, die unter dem Bild der wichtigsten sozialen Bezugsperson den Bruch der Beziehung zum Sozialen der Stadt überhaupt signalisiert; dieses Gefühl der gesellschaftlichen Entfremdung wird auch durch die Hyperbel von den »Millionen Volks draußen im fremden Getrieb« prägnant ausgedrückt, denn die Vorstellung eines einheitlichen Volks fände sich in dem Beisatz der Massenhaftigkeit heftig widerlegt; beide die Umwelt charakterisierenden Bilder bereiten die folgende Einsamkeitsmetapher des »Totenlichtleins« vor, die das von Brasidas eingebrachte Bild des »heiteren Sterns« ebenso bitter abwandelt wie den Trosthinweis auf die »Mutter« Karthago.

Die Antwort Alittas präludiert und bestätigt jedoch auch die Tatsache einer Entfremdung zwischen den beiden Liebenden, die sich bereits aus dem ersten Dialogsplitter der Szene herauslesen ließ, wo Alitta Brasidas die Frage, ob sie ihn auch liebe, als »ewiges Gefrag« verweist. Mit der folgenden Anspielung auf die Gründe für diese Trübung eröffnet Alitta gleichzeitig die Exposition der Hannibal-Handlung, denn sie schilt den Geliebten, daß er über die Taten des Feldherrn nur spreche, ohne ihm handelnd beizustehen. Indem sie ihren Vorwurf zusammenfaßt, erläutert sie gleichzeitig auch in überscharfen Bildwendungen die Ursache ihrer Fremdheit innerhalb der Masse der Bewohner Karthagos:

Zu den Stutzern, zu dem Ungeziefer erniedrigst Du Dich, das sich hier auf den Gassen brüstet, sie beschmutzt, wie Fliegen die Teller, welche an den Siegen mäkeln, bei denen mitzufechten sie sich gehütet. Der Schützer, Sieger, brauch ich ihn zu nennen? Hannibal, schändlich wird er unterstützt. Nicht zweitausend Bürger sind bei ihm, mit Negern, Nomaden, Gesindel jeder Art muß er sich von Sieg zu Sieg quälen, ohne Frucht und ohne Dank . . . (HkG III 90)

Alitta personifiziert die winzige Hannibalpartei innerhalb Karthagos, und die Entfremdung des Mädchens gegenüber der

Umwelt und dem Geliebten entspringt und entspricht der anthropologischen Differenz, die Grabbe zwischen den Heroen und den Bestien bzw. dem Ungeziefer zu sehen pflegt. Freilich, Brasidas schilt sich selbst sogleich pflichtvergessen und akzeptiert den Tadel der Geliebten.

Kürzer und eindringlicher als im *Napoleon* entfaltet sich in diesem ersten Auftritt das Motiv der heroischen Identifikation mit dem Helden. Es gewinnt seine dramatische Durchschlagskraft aus dem umgekehrten Effekt der Entlarvungssatire, denn als ein Mädchen, das allein die Möglichkeit des Heroischen reflektiert, macht Alitta den gesellschaftlichen Zustand Karthagos sichtbar, ähnlich wie in der Herzogin von Angoulême, einer ebenso isolierten, aber mutigen und tatkräftigen Person, der Verfall des Bourbonenhauses notorisch wurde. Anders als etwa Chassecœur hat aber Brasidas noch die Möglichkeit, dem Helden handelnd zu Hilfe zu kommen. Er faßt diesen Entschluß spontan, wie aufgewacht, um sich die Liebe Alittas auch zu verdienen, und alsbald scheint es ihr gar nicht mehr zu widerstreben, von der Liebe auch zu reden, nachdem sich der Geliebte so schnell auf sein Heldentum besonnen hat; aber unwiderstehlich drängt das Bild Roms durch diesen Gedanken, daß der Freund jetzt doch in den Krieg ziehen wird. Damit öffnet sich der dritte Motivkreis:

> Nein – ich ahne – höre! – Rom ist mir im Traum erschienen, vorige Nacht, glaubs! Es leuchtete mit seinen Ziegeln: eine rote Sonne, alles verschwemmend! – Dann wieder wars 'ne Wölfin, mit Augen, groß, weit, wie das Meer, wenn es sich mit seinen stillen Tiefen nach dem Sturm hinsehnt, und in den Augen lagen versunkene Städte!
> (HkG III 90)

Indem sie den Traum als Ahnung ankündigt und durch das eingeschobene »glaubs!« Überzeugungswillen bekundet, verwandelt Alitta ihren Bericht in eine Prophezeiung, in der zugleich die gewaltige Hyperbel des Wolfs mit den versunkenen Städten im Blick das Motiv und die Thematik der Destruktion im *Hannibal* umspannt; anders als im *Napoleon* wird der Zerstörungsvorgang nicht in ständigen Bild- und Spielvariationen dynamisiert, sondern das Bild erscheint an Knotenpunkten des Geschehens und verleiht ihm das Lineament einer unwiderstehlich notwendigen Bewegung: Die alles verschwemmende Sonne weist hier voraus auf den Brand Karthagos, während die Wölfin eine mythologische Variation des Bestienmotivs darstellt. Der Bildzusammenhang Roms mit Vorgängen elementarer Zerstörung wird durch die Antwort Brasidas' auf Alittas Angsttraum abgeschlossen:

Weg mit Wolfstraum und roten Sonnen – Gibts nicht auch schwarze?
Dunkelt Hannibal nicht so um Italien? (HkG III 90)

Auch das Oxymoron einer schwarzen Sonne weist auf das Ende der Handlung. Die Sonne darf als heroisches Bild verstanden werden; »schwarz« ist eine Anspielung auf Hannibals Hautfarbe und auf die »düstere« Lage, in die er Rom gebracht hat; aber es ist auch das Bild einer erlöschenden Sonne[287], das sich am Ende zu dem Weltuntergangsbild des brennenden Karthago sinnvoll fügt.

Dichte und Intensität der Motivelemente bestimmen als die entscheidenden Prinzipien diesen Dialog der ersten Szene, die darauf angelegt ist, die Kluft und den Widerstand zwischen der heroischen und gesellschaftlichen Welt sogleich als Grundkonflikt anzuspielen. Die Waise Alitta verkörpert sinnfällig die soziale Isolation, in der sich auch Hannibal befindet, dem nur zweitausend Bürger aus den »Millionen Volks« beistehen. Nachdem sie auch ihren Geliebten in den Kampf schickt und dieser ihren Tadel recht begreift, als er fragt: »Bin ich Deiner wert, wenn ich nicht kämpfe?« (90), gewinnt der Nexus von Heroismus und Liebe seinen leitmotivischen Charakter und ein besonderes Wertgewicht durch Hannibal, der, seinen Feldzug am Ende in ähnlicher, beide Momente mischender Bildlichkeit begründend, behauptet, daß er um die herrliche »Italia« siebzehn Jahre vergeblich »warb« (121) wie um eine unerreichbare Geliebte. Am Ende der Karthagohandlung erfährt diese erotische Verklärung des Heroismus ihren intensivsten Ausdruck und den leitmotivischen

287 Vgl. die Briefstelle (Wuk VI 68), nach der »Hannibal in der Nacht des Todes erlischt«.

Abschluß; zunächst Erlösung aus sozialer Entfremdung, gewinnt der Heroismus unter dem Symbol des Weltbrandes zusätzlichen, religiösen Charakter, insofern Alitta das Selbstopfer Karthagos als »himmlische Hochzeit« begeht.

Die zweite Szene, »Großer Marktplatz in Karthago«, bietet einige Momentaufnahmen aus dem »fremden Getrieb«, von dem Alitta sprach. Hatte sich in den entsprechenden Szenen des *Napoleon* spiegelnd die Gestalt des Kaisers ausgeprägt, so wird hier die Nachricht von Hannibals Siegen geradezu ärgerlich aufgenommen; ein Sklavenhändler klagt:

> So – –? wieder Siegsnachrichten, die uns keinen Scheffel Weizen eintragen. Seit die Barkas den Kaufmann aufgegeben, und Soldaten geworden, haben wir den kahlen Nord, statt des üppigen Sudan, Eisen statt Gold, Wandel statt Handel, Rekruten statt Schöpsbraten!
> (HkG III 93)

Der heroische Aufschwung in der Barkasfamilie erscheint diesem fragwürdigen Gewerbetreibenden geradezu als Verfall; in seinen kaufmännischen Antinomien satirisch gezeichnet, ist er ein Repräsentant der Stadtgesinnung, der nicht nur durch den alten Mann bestätigt wird, sondern indirekt auch durch den ganzen Markt, wenn die gerade aus Italien kommenden Eilschiffe weit und breit mit keinem Wort der Neugierde oder Freude begrüßt werden.

Auch in dieser Szene wird ironisch die historisch-politische Situation der Stadt durch Ausrufer exponiert; aber die parallelgeführten Angebote enthalten keinen Kontrast, sondern spielen das alleinherrschende Prinzip der wirtschaftlichen Konkurrenz heraus:

> EIN MARKTJUNGE (alle überschreiend) Ja Thunfisch! Syrakuser Thunfisch! frischer! allerbester!
> MARKTWEIBER Hyänen schreien nicht so vor Hunger, wie der Junge seine Ware ausschreit!
> EIN MARKTWEIB Hats von der Mutter. Hättet Ihr *die* gehört –
> EIN ANDERES Laß die Drommete. Ich höre, wenn ich träume, sie oft noch aus ihrem Grab schmettern: »Kohl und Wirsing, Wirsing und Kohl!« (HkG III 91 f.)

Während die Waise Alitta die Fremdheit der steinernen Mutter erlebt, erweist sich der kleine verwaiste Marktjunge als prächtig geratener Zögling der allgemeinen Mutter Karthago, indem er die »schmetternde Drommete« seiner leiblichen Mutter imitiert. Auch dieses Bild variiert ein Motiv der vergangenen Szene, wo Alitta beim Abschied des Geliebten die »jubelnden Posaunen« »laut schmettern« hörte; das heroische Signal der Trompete bezeichnet auf dem Marktplatz den lautesten und voraussichtlich erfolgreichsten Ausrufer: Der kleine Marktjunge wird in der Parallelszene im IV. Teil der erste sein, der die persönliche Gegenwart Hannibals, Hauptgegenstand des Marktgesprächs, sogleich geschickt kaufmännisch ausnutzt, indem er seine Fische nach ihm tauft. Freilich besitzt auch die in merkantiler Einigkeit lebende Gesellschaft ihre Fremdheiten und Maskierungen; wenige Schlaglichter in der Szene beleuchten kurz, in stichwortartiger Prägnanz die Verhältnisse: die Marktfrau beispielsweise, die einem Karthager nichts Rechtes zu antworten mag, als dieser ihre routinierte Formel kaufmännischen Entgegenkommens »weil Ihr es seid« mißversteht und erstaunt zurückfragt: »Kennst Du mich?«; oder der »Zierbengel«, der seinem Begleiter kein Geld leihen möchte und ihn belügt, er habe keines (92); die Grausamkeit und Bestialität der Krämergesinnung demonstriert vor allem der zweite Sklavenhändler, der das ängstlich-verzweifelte Zittern seiner Sklavinnen als Zeichen wohlgesitteter Zartheit auslegt und sie gleich als Königstöchter anbietet. Vollends enthüllt sich diese Marktgesellschaft in einem anderen Ausschnitt:

> EIN BOTE (eilt durch die Menge) Bei Kannä Sieg! Unermeßlicher Sieg!
> VIELE Gut. Schrei nur nicht so. – – Sie kommt, da kommt sie, die äthiopische Karawane! Ha, die Kamele, Pferde, Strauße! Das spreizt, das bäumt sich! Wie da hinten die Elefanten schnobernd die Rüssel erheben! Die Löwen, wie sie an den Stäben ihrer Kasten knirschen, wie die Panther brüllen, die Giraffen den Hals recken! Prächtig!
> (HkG III 93)

Hier wird plötzlich das Schreien mißbilligt, wo doch sonst der Lauteste gewöhnlich Anerkennung findet; die Regiekunst des prägnanten Moments gibt die heroische Gleichgültigkeit der Menge sofort unmißverständlich als Bestialität zu erkennen, wenn sich nämlich die Krämerseelen plötzlich bewundernd an den Tieren der Karawane weiden und die Stimme zu preisender Feierlichkeit erheben, da man sonst sich nur in äußerster Kürze zu artikulieren wußte.

In der Marktszene hat Grabbe ganz ähnlich wie im *Napoleon* durch Handlungspartikel, Dialogsplitter, durch die ganz aus der wirkungsvoll verknappten Form entfaltete Choreographie der Entlarvung, durch die Methode des kommentarlosen Kontrastes eine treffende, aus der rhetorischen Entschleierungsgebärde herausgewachsene Sozialsatire inszeniert; anders als im *Napoleon* geht aus der Kontrastregie, aus den Ansätzen zum Gegenspiel keine notwendige heroische Handlung hervor. Hatte der *Napoleon* durch die in *einer* Revue-Szene vorgestellten verschiedenen Parteien den Schmelzprozeß eingeleitet, so werden im *Hannibal* die einzelnen Teilverbände der Stadt in bezeichnender Weise getrennt vorgeführt; aber über diese Entfernungen hinweg sind die verschiedenen politischen Gruppen dadurch verbunden, daß in ihren Auftritten die gleichen Motive gegensinnig variiert werden: In dieser zweiten Szene auf dem Markt erscheinen die Motive der Waise, der »Drommete«, des Traums und damit verbunden das Bild des Todes aus der ersten Szene gleichsam entspannt, ohne die fatale Beschwerung, ohne den Blick auf das Ende, vielmehr vergnügt in sich abgerundet, zeitlos: Der Junge schreit wie seine Mutter, die auch noch im Traum gegenwärtig bleibt. Durch die Motivvariation, die den Schicksalspessimismus des ersten Auftritts noch leise mitschwingen läßt, steht jedoch auch das unbekümmerte Marktgetriebe im Schatten eines kommenden Verhängnisses.

Auch die dritte Szene schließt sich an diesen motivisch eng geknüpften Expositionsvorgang an, denn sie bietet ebenfalls im eigentlichen Sinne keine neue Handlung, sondern breitet nur einige schon angefangene Spielzüge weiter aus. Mit äußerster Ökonomie jedoch und bildhafter Eindringlichkeit wird durch einen Blick auf die politische Führungsschicht die Darstellung der sozial-politischen Lage abgerundet. Weiss hat richtig herausgestellt, daß in dieser Szene im »Kabinett in Hannos Palast« nur »Maske zur Maske« spricht[288]. Allerdings kommt bei allen drei Männern das Bewußtsein der maskierten Rivalität hinzu. Allein Gisgon spricht diese Tatsache offen aus, aber er scheint zu schwach, um seine richtigen Einsichten nicht doch gegen den Solidaritätszwang der Verschwörung zu unterdrücken. Während Gisgon andeutet, daß die militärischen Unternehmungen der Barkas-Familie für Karthagos Interessenzersplitterung einen sicheren Halt bedeuten könnten: »tüchtige Anker dieser mastenwimmelnden Stadt« (HkG III 94), vermögen seine Gesprächspartner in den militärischen nur wirtschaftliche Aktionen zu erblicken, die allein der Familie, nicht aber dem Staat dienen, dessen Interesse sie mit dem eigenen wiederum identifizieren. Die Konkurrenz der schreienden Krämer auf dem Markt spielt sich hier unter den Maskierungen der Dreimänner nur als Variation der gleichen Interessenwidersprüche ab. Ganz im Banne eines Zwangs zur Verschleierung entschließen sich die drei am Ende, mit einer Scheinaktion Hannibal beizukommen:

> HANNO Einige Hülfe muß er haben, zum Schein. Schicken wir ihm etwa sechstausend Mann erbärmlicher Söldner, und verbreiten wir, es seien sechzigtausend gute Stück, so bewundern uns Karthago und die Welt.
>
> GISGON (für sich) Wird man bei diesen Zweien nicht schlecht, hat man ein steinernes Herz. (HkG III 95)

Gisgon läßt in seinem Aparte wieder das Motiv des Steinernen anklingen, wenn auch in scheinbar anderer Bedeutung als Alitta; freilich, sinnvoll ist das Bild nur bezogen auf die beiden intrigierenden Kollegen, die als politische Vertreter geradezu das steinerne Herz der Stadt verkörpern und sich in ihrem Wesen enthüllen, wenn Hanno den Siegesboten Hannibals in einer raffinierten Vorrichtung durch einen Steinquader des Hausgewölbes erschlagen bzw. ihn ». . . in Schutt und Trümmer . . . lebendig begraben . . .« (96) läßt.

Die zahlreichen Demaskiersituationen dieser Szene brauchen nicht einzeln nachgewiesen zu werden, bis auf eine Dialogpar-

288 Weiss; a.a.O. S. 242.

tikel, die die wechselseitigen Maskierungen selbst zum Gegenstand hat:

MELKIR	Du lächelst, Hanno? – Was ist?
HANNO	Man sollte nicht lächeln.
MELKIR	Und nicht weinen. Beides verrät.
HANNO	Ich freute mich, daß Gisgon sich belehren läßt. –

(HkG III 94 f.)

Die kurze Digression aus dem streng sachbezogenen Gespräch enthält eine Reflexion über das Mimische als Entlarvung der Rede; die Wahrheit der inneren Motive erscheint beiden unerwünscht, und so muß dieser kurze Punkt der Übereinstimmung wieder durch eine Lüge überlagert werden, indem Hanno sein Lächeln begründet. Einigkeit über ihre Uneinigkeit bildet das Fundament dieser Clique. In der steinernen Unbewegtheit der Physiognomie, die nichts über die eigennützige Absicht verrät, sehen alle drei das Siegel der Übereinkunft. Lächeln und Weinen, Bild der ironischen Maskierung und der ausdrücklichen Wahrheit, Signum des Komischen und Tragischen – der *Hannibal* umspielt beide Motive in bedeutsamen Variationen, in denen das Drama immer wieder seine pragmatische Handlung durchsichtig werden läßt auf die bewegenden Elemente der Geschichte. Die maskierte Physiognomie, die sich in der schwierigen Äquilibristik eines dreifachen Interesses, eines dem anderen fremd und entgegenstehend, zur Solidarität der Koalition bekennen muß, die maskierte Physiognomie, ohne Lächeln oder Weinen, erweist sich als die politische Konkretion der »steinernen Mutter«.

B. DIE PARTEIEN UND IHRE STELLUNG ZUR GESCHICHTE

Die Römer

Nieschmidt[289] hat versucht zu zeigen, daß sich der Gegensatz von Karthago und Rom bereits daran ablesen lasse, daß die Exposition des zersplitterten afrikanischen Staates über drei Szenen erfolge, während das politisch einheitliche Imperium bereits in einem kurzen Auftritt voll gegenwärtig werde. Wenn diese Beobachtung zunächst einleuchtend erscheint, so übergeht sie doch zugunsten reiner Inhaltsbestimmung die dramaturgische Funktion, die diese Szenen weit über ihre Handlungsansätze hinaus tragen. Es bleibt bei einer Darstellung der Motiventfaltung unberücksichtigt, daß einmal das dramatische Hauptinteresse Karthago gilt und daß überdies in den Karthagoszenen gleichzeitig auch Hannibal und Rom ebenso wie in den Romszenen der afrikanische Konkurrent exponiert werden und sich spiegeln; Spannung und dramatisches Lineament gewinnt das Stück weniger aus Handlungsansätzen, aus der Abfolge der Spielmomente, sondern aus der stets symbolisch erweiterten Bildlichkeit, die, nachdrücklich abschweifend von der streng pragmatischen Rede, zahlreiche Deutungselemente ausbreitet, die den Verlauf der Handlung ganz eindeutig vorwegzeichnen. Die Karthagohandlung beansprucht darum breitestes Interesse, weil die afrikanische Stadt als völliger Gegensatz zum römischen »Weltzustand«[290] ihr geschichtliches Schicksal aus sich selbst heraus begründet. Nicht die Römer und auch nicht Hannibal bestimmen den Gang der Ereignisse, sondern die Karthager selbst, die sich offenbar unabhängig von der Geschichtlichkeit der Welt wähnen wie die Bardewicker im *Heinrich VI.* und glauben, ihre weltweiten Geschäfte ohne jede Gefährdung betreiben zu können. Im *Napoleon* bereitete die ausführliche Paris-Handlung die Rückkehr des Helden vor, indem aus mannigfachen Zeichen

289 Nieschmidt; a.a.O. S. 54. 290 Weiss; a.a.O. S. 223.

die Notwendigkeit einer Zerstörung der gegenwärtigen Herrschaft hervorgetrieben wurde. Wenn diese Zerstörung sich dann als ›Revolution‹, im heroischen Zusammenwachsen der sozialen Glieder und in der irrealen Harmonie einer Schlachtaktion vollzog, so erwies sich dies als der utopische Lösungsversuch jenes Dramas. Die Karthago-Handlung des *Hannibal* entwickelt indessen die Notwendigkeit einer faktischen Zerstörung der Stadt aus den Szenen, die die Trägheit und Ohnmacht selbst der edleren Gestalten aufzeigen und in den starken symbolischen Elementen, die die Katastrophe als dramatisches Ende ankündigen. Die Funktion der Revolutionskomödie – im *Napoleon* als antizipierende Verwirklichung der Destruktionsbilder – haben im *Hannibal* die Numantia- und Kapua-Szenen, in denen der soziologische Vorgang des heroischen Aufschwungs sichtbar wird. Wie die ›Revolution‹ im *Napoleon* vernichtet die Stadtzerstörung die Krämer und kleinen Tyrannen, während sich das ›Volk‹ (in Kapua und Karthago sind es die Sklaven) mit den Helden verbündet.

Der Konflikt zwischen Hannibal und den durch die Scipionen vertretenen Römern bezeichnet die pragmatische Spielhandlung, aber nur wenig wird davon unmittelbar als Auseinandersetzung gegenwärtig. Hannibal bekämpft, wie deutlich werden wird, in den Römern den Konkurrenten seiner heroischen Idee, die Römer bekämpfen in Hannibal Karthago. Dies geht schon aus dem szenischen Arrangement hervor. Die eine Romszene liegt zwischen der dritten und fünften Szene, die auf Grund einer direkten pragmatischen Verknüpfung eigentlich zusammengehören (der Beschluß der Dreimänner in I 3 und die Mitteilung des Synedrionauftrages an Hannibal in I 5). Indessen gewinnt die Senatsszene ihre Bedeutung aus den Kontrastierungen, die die Unterschiede zwischen der römischen und karthagischen Staatswelt deutlich machen.

Gleich zu Beginn ergibt sich jedoch noch eine Parallele: Der Sieg Hannibals bei Cannae findet in Rom ebensowenig Widerhall wie in Karthago. Dafür zeigt sich der Senat in seiner Festigkeit bei der Verfolgung der Tagesordnung sogleich programmatisch als sorgsame ›Mutter‹, die – nicht von Stein – die Rechenschaftspflicht der Vormunde gegenüber dem Staate gesetzlich vergrößert. Neben den Beispielen einer gar nicht irritierbaren Einigkeit unter den Römern tritt hier, in dem verantwortungsvoll bestimmten Verhältnis des Staates zu seinen Waisenkindern, der entscheidende Unterschied der sozialen Verfassungen beider Städte hervor. Der erste Konsul beklagt zwar »für sich« den Verlust zweier Söhne im Krieg, aber seine schmerzlich-heroische Haltung: »–was Söhne, verglichen mit Rom?« (HkG III 97), wirkt überzeugender als die geifernde Drohung des Zensors Kato, der dem Ädilen, welcher für das Geschrei der klagenden Mütter Verständnis zeigt, entgegenhält: »Fielen sechzigtausend ihrer Söhne, so mögen sie sorgen, sechzigtausend ehelich dafür wieder zu gebären.« (97) Seiner eisenharten Stimme fehlt es aber an einer glaubwürdigen Ausrede, als er es ablehnt, den nötigen Feldzug auch zu leiten. Dafür klingt aus der ersten Reaktion des jüngeren Scipio, der mit seinem Bruder zum Feldherrn bestimmt wird, wieder die ungebrochene Kraft der Staatsidee, die auf die heroische Solidarität eines homogenen gesellschaftlichen Gefüges gegründet ist: »Bruder, wie wird die Mutter sich freun!« (98). Der Staat erweist sich als fürsorglich im mütterlichen Sinne, und die Mutter erhebt die Staatsverantwortung über ihr natürliches Gefühl, das in den draußen schreienden Weibern Stimme gewinnt.

Es gehört ebenfalls zum Kontrastcharakter dieser Szene, daß die Debatte des Senats sich vor dem Hintergrundgeräusch ereignet, das die Sturmversuche des Hannibalschen Heeres an den Mauern der Stadt verursachen. Unbeeindruckbarkeit durch Gefahr erhebt der Zensor auch zum Maßstab der bürgerlichen Verfassung, wenn er befiehlt, daß sich die klagenden Weiber nach Haus begeben sollen:

> Und jedes, das nicht binnen einer Stunde an seiner Spindel sitzt, verhafte ich, der Zensor, und lasse ihm Scham eingeißeln, blutrote, wenn im Gesicht nicht, doch – Und seinem Mann nehm ich das Bürgerrecht. (HkG III 97)

Bestimmt das Marktgeschrei überwiegend die Wirklichkeit in Karthago, das auch seine politischen Führer von den »Hundertmännern des Pöbels« (94) abhängig weiß, die sich selbst nicht anders als konkurrierende Krämer verhalten, so überlagert der patriotische Einigkeitswille im römischen Senat alle sozialen und politischen Differenzen, insofern sich auch die Tribunen uneingeschränkt zu den Entschlüssen, die gefaßt wurden, bekennen.

Die Elemente der pragmatischen Handlung liegen in den Worten Katos konzentriert, der mit Emphase dafür votiert, Karthago zu zerstören. Die strategische Absicht, zur Vermeidung eines Zusammenstoßes mit Hannibals Heer die »Lieblingstochter« Karthagos, Numantia, anzugreifen, erweist sich als Folge reiner zweckgebundener Erwägungen. Den Römern geht es nicht um die heroische Konkurrenz mit Hannibal, sondern um die rasche Annäherung an das Ziel, das der alte Kato setzte und das Scipio am Ende der Numantia-Szene noch einmal wiederholt:

> Wir aber wollen der afrikanischen Natter unmittelbar das Haupt zertreten, denn die tausend Schweife, mit welchen sie nach allen Zonen wedelt, verzappeln, wenn sie keinen Kopf mehr fühlen!
>
> (HkG III 107)

Noch ehe Hannibal auf der Bühne erscheint, weiß der Zuschauer am Ausgang der Senatsszene, daß seine Heerstraße nach Karthago zurückführen wird. In Rom sind das ökonomische und heroische Interesse noch verbunden, auf der Seite der Karthager ist beides verhängnisvoll geteilt. Indem sich die Scipionen dies zunutze machen, werden die Pläne und Illusionen Hannibals und des Synedrions zerstört.

Hannibal

Für Hannibal, der »nie ein Weib, nie einen Weinbecher berührte« (109), bedeutet das Heroische nicht nur wie für die Römer ein Mittel des politischen Machtkampfes, sondern Sinnerfüllung überhaupt. Auch ihm, wie von Brasidas und Alitta zu Beginn vorgespielt, vertieft sich das Heroische durch das Bild der Liebe, sein Feldzug erscheint ihm wie eine Werbung, der militärische Mißerfolg wie spröde Ablehnung, wenn er bei seinem

Abschied von Italien auf die Erde stürzt und »sie mit beiden Händen faßt«:

Italia! Herrliche, um die ich siebzehn Jahr warb, die ich geschmückt mit eignem und mit Konsulblut, *so* muß ich Dich verlassen? Nichts bleibt mir von Dir, die ich mitreißen möchte übers Meer? Du, ganz anders als die finstre Karthago und ihr heißes, trübrotes Firmament, Du, prangend mit Helden, die nur vom Ruhm und Eisen, nichts vom Gold wissen, mit dem Glanz selbst, nicht durch Mietlinge errungener, zum Kapitol hinaufschimmernder Triumphe, nie erhabener als da ich Dich zu meinen Füßen wähnte . . . (HkG III 121)

F. J. Schneider hat bereits deutlich gemacht, was diese Welt für Hannibal bedeutet: »Rom ist mit dem ihm zugehörigen italischen Lande der fruchtbare Boden eines sich ewig neugebärenden, unzerstörbaren Heldentums. Rom ist Hannibals seelische Heimat . . .«[291] Mit dieser Interpretation des Hannibalschen Italienbildes widerspricht sich Schneider selbst, wenn er an anderer Stelle behauptet, daß die »Haupttriebfeder seiner Handlungen . . . die vaterländische Gemeinschaftsidee«[292] sei. Zweifellos vermischen sich in Hannibals Reden stets verschiedene Motivationsschichten, aber neben spärlichen Andeutungen seiner Bindung an Karthago nimmt sich sein Abschied von Italien als ein großangelegtes Bekenntnis aus. Nirgendwo wird der nach seiner eigenen Angabe schon siebzehn Jahre währende Kriegszug in Italien militärisch oder politisch motiviert. Nur an dieser Stelle, die eine ganz heimliche Abschiedsfeier vorführt, stellt sich der lange Kampf als Werbung dar um eine mit der heroischen Romidee verschmolzene »Italia«, die sich in jeder Hinsicht als der glückliche Kontrast Karthagos erweist und die für ihn nicht zuletzt ihren Glanz daher bezieht, daß sie ihre Triumphe in patriotischer Gemeinschaftsleistung hervorbrachte. Das heroische Werben war der ganze Lebensinhalt des Helden, und diese bis ins Erotische reichende Seelenbindung verschafft sich noch in einem Gefühlsanfall, den Grabbes Helden sonst nur selten kennen, Erleichterung, wenn Hannibal einige Gräser des Landes an seinem Herzen birgt wie die Locke einer Geliebten. Die Heim-

291 Schneider; a.a.O. S. 297. 292 Schneider; a.a.O. S. 292.

lichkeit, mit der sich diese Szene vollzieht, macht zugleich auch die Isolation seines Heroismus sichtbar. Dieser geheime Wunsch nach Reinheit, nach Zweckfreiheit seines Heldentums läßt Hannibal gerade in den politischen Abhängigkeiten seine wahren Feinde sehen, während sich Rom ihm gleichsam nur als der würdige Konkurrent seines Heldentums darstellt;

Wohl, werfen mich Roms Mauern zurück, an Karthago scheitr ich sobald nicht. (HkG III 100)

Es wird genau umgekehrt ablaufen: Hannibal wird an Karthago scheitern, und es wird eine politische Niederlage sein, obgleich er schon bei seinem ersten Auftritt seine wahren Widersacher in den karthagischen Krämern erkannt hat:

> HANNIBAL (seine Truppen vom Sturm zurückführend)
> Lagert. (Es geschieht)
> Die Backsteinhütten nicht zu erstürmen? List, Mut, Kriegskunst, alles umsonst. Das tun Karthagos Lederbeutel, worin das Geld steckt, wohl verwahrt, nur kein Heer für mich.
> EIN NEGERHÄUPTLING Herr, jenes Rom ist ein Geschwür, es steckt die Welt an.
> HANNIBAL Fragt ich? (HkG III 99)

Der Verweis, scheint er auch auf das Vorlaute an der Bemerkung des Negerhäuptlings gerichtet, enthält eine Mißbilligung ihres Sinnes. Die heimliche Liebe des Puniers zu Rom duldet solche Ausdrucksweisen nicht. Die verächtliche Metonymie, die die Karthager mit ihren Lederbeuteln identifiziert, bezeugt den wahren Haß des Feldherrn, und der Negerhäuptling, der seinem Feldherrn mit der Verwünschung seine Loyalität bezeugen möchte, greift daneben. Ganz konsequent hat Grabbe für die Einheitlichkeit der heroischen Romidee im Drama gesorgt, als er den Fluch gegen Rom, den Hannibal im Augenblick seines Todes in der zweiten Fassung des Dramas noch aussprechen sollte, für den endgültigen Druck tilgte. Statt dessen trinkt er das Gift nun mehr ironisch »zur Gesundheit« Roms.

In der Szene vor Rom sind es keine militärischen Probleme, die die Reden ausfüllen, sondern die Interessenkonflikte Karthagos bestimmen auch hier den dialogischen Ablauf. Zunächst liest Hannibal den Brief seines Großvaters und den des Synedrions, und in dem Boten, der beide Botschaften besorgte, verkörpert sich ihm sogleich die ganze Wirklichkeit Karthagos, er ist ein »doppelter Kerl«. Wieder klingt das Schlüsselmotiv der sozialen Thematik an, wenn dieser seine geteilte Loyalität damit begründet, daß er neun Kinder zu ernähren habe. Während Napoleon die »Doppelgesichtigen« aus seiner Umgebung zu verbannen vermochte, muß sich Hannibal dieses Boten bedienen, den er mit seiner natürlichen Freundlichkeit für sich einzunehmen versteht und der sich durch die Anrede »Freund«, die ihm daheim nicht einmal der Profoß gewährt, auch gleich in einer anderen Welt wähnt. Hannibal kann ihm nur zu verstehen geben, daß er ihn der schmutzigen Gassenwirklichkeit zuordnet, wenn er dessen überschwengliches Angebot, die Füße seines Großvaters zu küssen, scharf zurückweist. Diese Szene zeigt nicht die bürgerliche Welt (die dramatisch in den Marktszenen erscheint) durch das Heroische (wie im *Napoleon*), sondern die heroische Welt durch die Macht und Allgegenwart einer Gegenwirklichkeit bedroht. Hannibals Scheitern an den Mauern Roms stellt den gewollten Effekt der Lederbeutel dar, der Kaufmanns- und Schneidermentalität, die der Feldherr so deutlich als die Widersacher des Heroischen ins Bild bringt:

> Ja, meßt ihr erst, so schneidert ihr den Himmel zu einem Kleid, daß die Sterne darin ersticken, und seine Donner engbrüstig werden.
> (HkG III 100)

Himmel und Sterne bilden zusammen mit dem von Napoleon im gleichen Zusammenhange apostrophierten Meer die Spiegelmetaphern des heroischen Freiheitswunsches. Der »engbrüstige Donner« erweist sich jedoch auch als ein ahnungsvolles Bild, in dem Hannibal sein Schicksal vorausdeutet. Die Einschließung im Tal bei Casilinum (erste Szene der dritten Abteilung), mit der Regieanweisung »ringsum von der sinkenden Sonne rot beleuchtet«, macht die prophetische Vision schon als konkrete militärische Bedrohung sichtbar, denn auch hier nimmt Hannibal das Motiv des zu eng geschneiderten Kleides wieder auf:

Das wäre . . . ein enges, steingrobes, von der Sonne blutgetränktes Leichenhemd. Jetzt sinkt auch sie, und nun wirds sargdunkel.
(HkG III 113)

Die Todesmetaphorik weist auf den endgültigen Untergang voraus. Während Hannibal sich aber aus dem casilinischen Tal noch durch eine verzweifelte List zu befreien vermag, wird er sich am Hofe des Prusias unausweichlich eingeschlossen finden, nachdem auch die »unterirdischen Ausgänge« verraten wurden. Er sinkt dort in die »Nacht des Todes«, während ihm noch das erlöschende Licht des brennenden Karthago vor Augen steht. Das Bild der roten Sonne aus Alittas Traumvision, die dort schon »alles verschwemmend« aufschien, zeigte sich zunächst noch in einer unvollständigen, lediglich der Farbe nach eingetretenen Bedrohung am Horizont Casilinums, nachdem Hannibal bereits in der Szene vor Rom seinem Boten die wachsende Gefahr als zunehmende Hitze anschaulich zu melden aufgetragen hatte und dabei sich gleichsam naiv noch im Bildfeld des Feuers bewegte:

wenn man mich nicht bald besser unterstütze, so ständen nächstens zwei Scipionen vor der Stadt, in einem Feuerglanz, der mir jetzt schon die Stirn heiß macht. . . (HkG III 101)

Die ›Tragödie‹ Hannibals entwickelt sich schon in dieser Szene als Widerspruch, daß er die heroische Welt, der seine ganze Liebe gehört, in deren Glanz, auch wenn sie ihm die Stirn heiß macht, seine ganze bewundernde Anteilnahme liegt, zu bekämpfen gezwungen ist, während er die Partei der niederen Krämerwelt als sein »Vaterland« verteidigen muß, obgleich es ihm so fremd ist wie seiner Nichte Alitta. Diese Fremdheit ist wechselseitig bedingt: Die beiden Szenen in Karthago demonstrieren in Parallelität und ironischer Steigerung, daß der Sieger von Cannae dem Volk auf der Straße völlig gleichgültig bleibt, denn der Bote der Siegesnachricht wird in der ersten Marktszene nicht gehört, während der Name des zurückkehrenden und im Grunde schon längst geschlagenen Hannibal durch seine soeben errungene politische Macht zum Tagesgespräch wird und zugleich der wirtschaftlichen Belebung dient, insofern die nach ihm benannten Fische plötzlich reißenden Absatz finden. Doch erst ganz am Ende, nachdem Hannibal die Bürger vergeblich »eingeladen« hat, das Vaterland zu verteidigen, und nachdem er endgültig geschlagen und geflohen ist, da schwingt sich die Stadt in seinem Geiste zum heroischen Widerstand auf. Grabbe hat Hannibals Schicksal im doppelten Sinne als soziale Tragödie inszeniert: Einmal scheitert der Feldherr, weil er in dem Wahn befangen ist, daß seine Gegner nur im Synedrion säßen, während das Volk ihn bewundere und seine Taten in Karthago ein gewaltiges Echo finden müßten; der »doppelte« Bote weiß jedoch nichts von Hannibals bei Thrasymene verlorenem Auge, während dieser glaubt, »ganz Karthago muß es wissen« (101); und auch Brasidas kann auf die Frage Hannibals, was man denn in Karthago über ihn spreche, nur »wenig« antworten. Erst einige Zeit später ist der Feldherr so weit, daß er seinerseits auf die Frage des Brasidas, was man wohl in Karthago zur Aufknüpfung des Hilfstruppenadmirals sagen würde, gleichgültig zu antworten vermag: »Was man will« (111). Bei dem mißlungenen Versuch, die Bürger Karthagos zum Kampf für das Vaterland aufzurufen, tritt dieser fatale Irrtum zutage. Andererseits, wie schon die Italia-Apostrophe zeigte, versteht Hannibal ja auch selbst seine Liebe zum prangenden Heldentum als eine Abkehr von Karthago. Hannibal braucht die Stadt nur als notwendige Basis seiner Sehnsucht nach heroischer Erfüllung, die er in Italien sucht, während Karthago den Feldherrn nur insoweit unterstützt, daß er den wirtschaftlichen Konkurrenten Rom militärisch neutralisiert, ohne ihn zu besiegen. In feiner Dosierung fördert das Synedrion seine Unternehmungen lediglich so, daß er, erfolglos und unbesiegt, Karthago vor äußerer Gefährdung schützt, ohne selbst politisches Gewicht zu gewinnen.

Indessen stellt sich Hannibal nicht als der monumentale Heros dar, der seine Größe vornehmlich nur mit verächtlichen Gesten gegenüber der als niedrig abgewehrten Wirklichkeit zu demonstrieren versteht. Sein Verhältnis zu Turnu bezeugt sowohl seine Fähigkeit als auch sein Bedürfnis, andere Menschen in seinen Bann zu ziehen:

HANNIBAL . . . Turnu!
TURNU Ich schwitze!
HANNIBAL Warum?
TURNU Weil Du so nachdenkst. (HkG III 113)

Hier gelingt Turnu der Ausdruck treuen Mitfühlens, der ihm zuvor nach seinem Fluch auf Rom verwiesen wurde. An anderer Stelle hat er die Aufgabe übertragen bekommen, die Loyalität der von Karthago entsandten Söldner zu prüfen. Er entledigt sich dieser Aufgabe geschickt, indem er, auf den Feldherrn schimpfend, ihre Reaktion herausfordert. Welche Wirkung er erzielte, davon berichtet er selbst:

TURNU »Karthago!« war die Antwort, alle durcheinander: »ich habe das Loch noch nicht gesehn« »ich kenns, es ist ein Schandnest« »der brave, große Feldherr, es hat ihn betrogen« »der Feldherr hat mir Brot und Gold gegeben, dort ward ich mit Ketten gescheuert« »*wir* sollten Spitzbuben sein, und *es* stahl uns von Kannäs Ringen!«
HANNIBAL Ha, Synedrion, hast Du Dir selbst mit Deinen Mietlingen das Rutenbündel gebunden, mit dem ich Dich peitsche?
TURNU Und wollt ich dann fortfahren, so fiel ein Hagel Faustschläge auf mich, daß, wär ich ein bewußtloses Reisfeld gewesen, auch nicht ein Körnchen von mir davongekommen wäre, aber mir machten sie Freude, denn sie geschahen aus Liebe zu Dir, und – nimm mirs nicht übel – ich hab Dich lieb – ja, wie drück ichs aus?
HANNIBAL Bemühe Dich nicht. Bist selbst Ausdruck genug. (HkG III 124)

Für das aus verschiedenen Völkerschaften zusammengewürfelte Heer stellt der Feldherr das Integrationsmoment dar, das er für die zersplitterten Interessengruppen Karthagos nicht sein wollte. Als er versucht, sich zur heroischen Führung der Stadt aufzuschwingen, durch das Vertrauen seines Heeres ermutigt, wird er enttäuscht. Karthago erweist sich als ebenso spröde wie die Italia. Die Idee eines ewigen Heroismus in Italien beruht auf einer Täuschung und wird in gleichem Maße durch die Römer widerlegt wie die Hoffnung der Karthager, sich das Idyll eines ewigen kaufmännischen Friedens zu schaffen, indem man die Konkurrenten Rom und Hannibal sich gegenseitig neutralisieren läßt. Gegensätze und Übereinstimmungen, gleichgerichtete und diametrale Interessen kennzeichnen das Verhältnis Hannibals zu Karthago, das sich auch in krassen Paradoxien vollendet: Karthago ruft den Feldherrn erst, da seine Schwäche offenbar geworden ist, und Hannibal versucht den punischen Patriotismus in der Weise zu beleben, wie die Krämer ihre Waren verkaufen, durch einen Ausrufer auf dem Markt.

Die Sprachschicht des Heroischen

Wird Napoleon in den seine Größe spiegelnden Parisszenen sogleich als Handelnder gegenwärtig, so gewinnt der Zuschauer ein Bild von Hannibal vornehmlich durch dessen redende Präsenz auf der Bühne. Weiss hat Hannibal ideologisch auf die Partei Karthagos verpflichtet und in seinem Ende gleichzeitig repräsentativ den Untergang einer durch den aufstrebenden Gemeingeist der Römer verdrängten Welt gesehen. Diese These hat Weiss, das Deutungsmodell der »Enttäuschung« durchsetzend, mit einläßlichen Stiluntersuchungen zu festigen versucht, die jedoch nur eine Sprachmöglichkeit Hannibals in die Betrachtung einbeziehen, die Sprache der skeletthaften Verknappung, den Nominal- und Partikularstil, die sentenziösen Redeweisen. Diese erweisen sich durchaus als die Stilelemente, in denen der Grundvorgang der Desillusion sichtbar wird. Doch enttäuscht wird nicht die Möglichkeit des Heroischen, sondern die Illusion eines isolierten Heldentums. Nicht weltanschauliche Enttäuschung, sondern die Möglichkeit des Heroismus ist das dramatische Thema. Das wird auch sprachlich sichtbar. Als er von dem Versuch seines Bruders erfährt, die Alpen in der gleichen Weise wie er einst selbst zu überqueren, da bekennt Hannibal, daß er diesen Weg nie wieder nehmen würde:

Eh die Sonne nicht noch Jahrhunderte daran geschmolzen, würd ich ihn nicht wieder versuchen, – nie wieder Nächte, wo wir tief in Schnee uns hüllten, um nicht zu erfrieren, wo über mein halbtotes Heer die Sterne am klarsten Himmel glitzerten, als geschähe eben nichts, wo ich schlaflos für alle zu denken hatte, das Vorwärts und Rückwärts im kalten Nachtlager erwägend. Und als wir endlich auf unseren Schilden nach Italien hinunterglitten, fing uns nicht gleich ein Konsul Nero mit seinen Spießen auf, wie er jetzt da steht . . . (HkG III 110)

Das Zitat belegt die zweite, nicht minder wichtige Sprachmöglichkeit Hannibals, denn sie charakterisiert den heroischen Idealisten, den Mann der heimlichen Italia-Apostrophe. Und diese rhythmisierte, wohldurchkonstruierte Prosa, deren zeitliche Perspektiven Vergangenheit und ferne Zukunft verbinden (»Nie wieder . . . ehe nicht Jahrhunderte«), entspricht in allen ihren Eigentümlichkeiten den Stilqualitäten von Turnus Bericht über den Brand Karthagos (151 f.), aber ebenso dem Aufruf Gisgons an die Sklaven zur letzten Verteidigung der Stadt Karthago (142) oder der Rede Alittas, bevor sie den Palast in Brand setzt (148). Im Gegensatz zum isolierten, bruchstückhaften, »zerhackten« Redestil überwiegen in diesen Passagen die bindenden Elemente. Wie in Hannibals pathetischer Erinnerungsrede exemplarisch deutlich, werden die Satzteile zumeist durch Konjunktionen oder Relativpronomina zusammengehalten. Anaphern, korrespondierende adverbiale Elemente (»nicht wieder« »nie wieder«) bewirken neben der Bindung auch Intensivierungen, denen die in ihrer Anschaulichkeit zunehmende Bildsprache durchaus entspricht: »nie wieder Nächte« zu Beginn der Hauptperiode und an ihrem Ende: »im kalten Nachtlager«. In den genannten ›heroischen‹ Redebeispielen findet sich fast stets ein pathetisches »Himmel«- oder Glanzbild im Zentrum, das ein gesteigerter Rederhythmus hervorbringt. In Hannibals Schilderung wird freilich auch das gedämpfte Pathos bewußt sparsam eingesetzt, denn hier diktiert nicht ein auf rhetorische Wirkungen hin angelegtes Kalkül den Satz. Diese Redeformen erinnern oder tragen die heroischen Handlungselemente des Dramas; den steigernd geordneten, rhythmisierten hypotaktischen Fügungen entsprechen pragmatische Vorgänge. Zu dieser Schicht, zu der die heroische Thematik entfaltenden Rede und Handlung gehören auch die gewaltige, in figurative Einzelzüge gegliederte Traumvision Alittas (90), Hannibals Bild von dem Feuerglanz der beiden Scipionen (101) und endlich der ahnungsvoll visionäre

Blick des Puniers auf die Vernichtung Karthagos am Ende der Cajeta-Szene:

Karthago, die Du Dich priesest: »*ich bin die Schönste unter allen, die da prangen am Meer,*« wenn nur dem Haupt meines Bruders nicht auch Deine Türme nachsinken, und Deine Purpurgewande nicht nach allen Winden zerflattern! (HkG III 118)

Der Redestil Hannibals zeigt die von Weiss beschriebenen Formen der syntaktischen Destruktion vor allem dort, wo er die Handlungen der Dreimänner und ihre Scheinhilfe entlarvt:

BRASIDAS Unsre Schiffe waren schlecht –
HANNIBAL Vorsätzlich so geliefert.
BRASIDAS Sie wurden bald leck. Da gings nach der kleinen Syrte, zu kalfatern.
HANNIBAL Nicht bloß zurück, auch seitwärts? Die Ottern!
BRASIDAS Die Arbeit ging langsam, es fehlte dort –
HANNIBAL An Holz, Pech, Teer, das wußten sie so gut wie ich! (HkG III 108)

Die schlagartige Kürze markiert die Sprechaktion der Entlarvung und Zerstörung. Sie darf nicht psychologisch oder weltanschaulich gedeutet werden. Der von Weiss hervorgehobene »verblose, äußerst knappe Stil«[293], der freilich nicht das ganze Hannibaldrama prägt, muß im Hinblick auf die Handlung bzw. auf die in ihr überwiegende Realität betrachtet werden. Die Verblosigkeit und syntaktische Auflösung spiegeln sinnfällig die Partikularität der Erscheinungen der Wirklichkeit und diese insbesondere als soziale im Bewußtsein des Redenden, nicht aber als totale, weltanschaulich auslegbare. Denn die Möglichkeit zur Bindung ist auch Hannibal gegeben. Sie wird durch ihn nicht dramatisch vollendet, denn syntaktisch wie auch sozial gelingt sie nur als heroische; insofern ist die Grabbesche Grundthematik auch vollkommen im *Hannibal* gegenwärtig. Nur erscheint das Heroische nicht überzeugend und sieghaft, sondern unterdrückt. Der Übergang von einer zerhackten zur syntaktisch gegliederten Redeweise läßt sich in Alittas Abschiedsmonolog einleuchtend auch als thematischer Umschlag nachweisen:

293 Weiss; a.a.O. S. 237.

Weh, dort spannen sich schon die Segel – Träger, Sklaven, Krieger, eilen an Bord – Da Er, sicher unheimlich im fremden Haufen. – Sieht er sich nach meinem Fenster um? Nein, er wagts nicht, sein Herz würde zu schwer. Schwer ists, das verrät der wankende Schritt – Atem der Liebe umweh ihn! – Ach, sie lichten die Anker, horch, laut schmettern die jubelnden Posaunen in den Abschiedsschmerz, und lustig springen die Flaggen dabei in die Lüfte, und von Sekunde zu Sekunde entfernt sich der Einzige, den ich liebe, auf dem Meer! (HkG III 91)

Die willkürlich aneinandergereihten Elemente der Beobachtung beschreiben die Wirklichkeit der Hafenszene, und die zerstückelte Syntax drückt durchaus etwas von der Entfremdung aus, die Alitta angesichts dieser betriebsamen Masse befällt, freilich aus liebender Einfühlung in die Empfindungen des Brasidas, den sie dem Haufen gegenüber »unheimlich« fremd weiß. Aber das die Ordnung der Rede auflösende mitleidige, schmerzliche Abschiedsgefühl verändert sich schlagartig mit dem heroischen Signal: In diesem Augenblick verwandelt sich der Geliebte in einen Helden, die räumliche Ferne löst sich auf in heroische Identität, und die Sprache gleicht sich ganz dem Jubel der Posaunen an. Hier ist die Entfremdung zur Außenwelt überwunden.

Hannibals Redeformen erweisen sich in gleicher Weise an den Gegenstand und pragmatischen Zweck seines Sprechens gebunden. Nicht zuletzt charakterisiert der *Staccato*-Stil den Monologisierenden, der seine Lage in äußerster Prägnanz erfaßt. Auch bei Hannibal läßt sich der Wandel der Redeweise durch ein schlagartig verändertes Verhältnis zur Wirklichkeit, die plötzlich fremd wird, erklären. In der Szene »Am Gestade« preist er die Schönheit Italiens:

Beschaut die Landschaft umher, ehrwürdige Väter. Sie ist schön, grün und fruchtbar. Sie wäre unser, hätten eure Genossen und ihr es gewollt. (HkG III 122)

In der folgenden Szene ist die Stimmung umgeschlagen:

BRASIDAS Dieses Kapua hat eine herrliche Bucht.
HANNIBAL Die Schiffe riechen noch stark nach Pech und Teer.

BRASIDAS Die blauen Berge in der Ferne –
HANNIBAL (für sich) Was spricht er von meinen zorngeschwollnen Adern? (HkG III 123)

Hier unterdrückt der Feldherr jene Gefühle, denen er wenige Stunden zuvor in Einsamkeit noch enthusiastischen Ausdruck verliehen hatte, seine Empfindungen für die Schönheit des Landes als einer Welt des ungefährdeten Heldentums. Die verlorene Utopie eines reinen Heroismus hat er nun ganz in sich verschlossen, und er kann sie für den Dialog nicht zum Schein wiederbeleben, denn das Schöne ist für ihn untrennbar mit der Idee des Heroischen verbunden. Indem Hannibal hier den ganz naiv begeisterten Brasidas unterbricht, macht er durch die Gebärde des Stilgegensatzes seinen unwiderruflichen Abschied von der heroischen Welt deutlich. Es ist der Abschied von der Illusion eines ewigen Heldentums, das ihm ebenso vorschwebte wie den Karthagern ein ewiges Kaufmannsidyll. Damit ist jedoch die heroische Handlung des Dramas noch keineswegs abgeschlossen. Vielmehr zeigt sich in der Übernahme der heroischen Sprechrolle durch Gisgon und Alitta auch sprachlich der Wechsel der Aktion auf die Helden der Stadt als Nachfolger Hannibals. Zuvor jedoch, im Verlauf des Dramas, lösen sich die beiden Artikulationsweisen ständig ab, gemäß dem Rhythmus, in dem sich der heroische Wille und die niederdrückende Macht der aussichtslosen Lage des Bewußtseins bemächtigen. Dem Wechsel der Stilformen entspricht auch der Wechsel der Weltphysiognomie, der aber auch unmittelbar dramatisch lebendig wird.

Der Dialog auf dem »Hinterverdeck des karthagischen Hauptschiffes« bestätigt für Hannibal den Befund einer Entfremdung von der spröden Italia; in dem grotesken Bild, das ihn die »blauen Berge in der Ferne« als Ausdruck seiner körperlichen Zornessymptome deuten läßt, wird an einer Sprachfigur dieser Vorgang offenbar, der Hannibal aus der Illusion des Heroischen in die Wirklichkeit des Politischen zurückruft. Die bevorstehende Auseinandersetzung mit den politischen Intriganten läßt ihn schon jetzt die heroische Welt vor Zorn vergessen. Und schließlich findet die plötzliche Entfremdung auch darin ihren Ausdruck, daß Hannibal das Herbstlaub, das auf das Schiffsdeck geweht wird, als satirische Reaktion der Natur deutet. Hatte er noch wenig zuvor der Italia einige Gräser entrissen, so scheinen ihm jetzt schon die Glückbringer ohne Kraft. Symbolisch tritt hier beim Verlassen Italiens noch einmal das Ende des heroischen Hannibal hervor.

Wird die Thematik des *Hannibal* in dieser Weise als Desillusion einer heroischen Utopie gedeutet, dann läßt sich Hannibals Ende nur noch schwerlich als Verstummen begreifen, wie es die Weiss'sche Interpretation versucht. Hannibals Schicksalskurve führt gewiß auf dem Wege wiederholter Desillusionierung unaufhaltsam bergab. Seine zunehmende Machtlosigkeit wird aber darin sichtbar, daß er gerade nach dem Verlassen Italiens beinahe nur noch als Redender auftritt. Hannibal versucht die Schlacht gegen die Römer redend abzuwenden; bei Prusias, dem er sich als »Krieger« anbietet, findet er eine »neue Art Schlachtfeld« (145) vor, nämlich eines, auf dem er sich redend behaupten muß. Weiss formalisiert für seine Interpretation die ironische Ellipse des Puniers gegenüber Prusias: »Hoher Herr, Dein Wissen scheint aus einer so tiefdurchdachten Praxis –« (146), wenn er lediglich feststellt, »Hannibals öffentliches Dasein endet mit einem abgebrochenen Satz«[294]. Mit seinem heftigen »Ja wohl«, das auf das Paradoxon der »tiefdurchdachten Praxis« antwortet, tappt Prusias ja in Hannibals ironische Falle hinein, und durch diese Niederlage auf dem »Schlachtfeld« der Rede ist auch die strategische Serenissimus-Attitüde des Königs in sich zusammengesunken. Der Punier hat also seinen letzten Sieg errungen, aber neuerlich einen Sieg ohne Wirkung, denn er gebietet seinem Schicksal ebensowenig dauernden Einhalt wie der listige Sieg über Maximus in dem Tal bei Casilinum.

Nur als er die Botschaft von dem heroischen Untergang Karthagos erhält, versagt Hannibal für einen Augenblick die Sprache, ein Zeichen von Bewegung, wie er sie seit der Italia-Apostrophe nicht mehr gezeigt. Auch hier deutet er auf ein Zurücktreten der Person vor dem von ihm selbst nicht erreichten Heroischen. Die mythische Größe des Untergangs – Turnu

294 Weiss; a.a.O. S. 245.

steigert den Brand der Stadt zu einem mächtigen Glanzereignis – schlägt auch den schroffen Ironiker in seinen Bann und gewinnt in dieser Reaktion ihre Unmittelbarkeit. Die völlige Ferne und Ablösung der heroischen Tatenwelt von Hannibal könnte nicht eindrucksvoller demonstriert werden.

Die heroische Handlung, die sich, der ›tragischen‹ Verfehlung einer großen, aus der kollektiven Erregung hervorgebrachten Tat entsprechend, nur in der ›heroischen‹ Stilschicht und Bildlichkeit des Dramas als eine ferne Möglichkeit einzeichnete, überstrahlt am Ende nur für einen kurzen Augenblick die grause Realität der geschichtlichen Situation. Wie aber wird diese reale Schicht der Zeitlichkeit sichtbar, welches ist ihre dramaturgische Erscheinungsweise?

C. DIE ELEMENTE DER GESCHICHTSPHYSIOGNOMIE

Theaterwelt

In dem breiten Expositionfeld des ersten Abschnitts »Hannibal ante portas« ließen sich lediglich die ›heroischen‹ Motivstränge der Karthago- und Hannibalhandlung und die pragmatischen Elemente der Romszene auf eine Handlungslinie hin festlegen, an deren Ende die Zerstörung Karthagos steht. Erst zu Beginn des zweiten Abschnitts wird dieser Handlungsfaden weitergesponnen, nachdem in einer symbolhaft ins Allgemeine weisenden, geschichtsdeutenden Szene die verschiedenen dramatischen Bild- und Handlungszüge vereinigt worden sind. »Die Ruinen Numantias, noch glühend und dampfend«, enthalten das erste Wirkungsbild der »alles verschwemmenden« roten Sonne, die Alitta im Traume erschienen war. Die Szene und ihr Dialograhmen strahlen freilich weiter aus und durchdringen als ein Bild des Geschichtlichen überhaupt den pragmatischen Zusammenhang:

> TERENZ Noch immer nicht Morgen? Ich vergehe vor Frost. Hier wohl Feuer, aber welches! Reisig von Häusern und Menschenknochen! – Doch mich friert zu sehr, – ich muß mich wärmen an dem heißen Graus! (Er kauert nieder an den Ruinen)
> Entsetzlicher Abend! furchtbare Nacht! Scipionen, ihr Ungetüme, wie habt ihr euch entschleiert! Dieser jüngere Scipio, der so hold lächeln konnte, las ich ihm in seinem Ruhezimmer eins meiner Stücke vor – Was war er vor vier Stunden? Sturm, Mord, Feuer, sein Antlitz eine arbeitende Waffenschmiede! *Mich* kannt er nicht mehr. »Jetzt ists nicht Zeit! 's ist grad was Wichtigeres zu tun!« waren alle Antworten, wollt ich ihn anreden, – weiter sauste er mit dem wildschnaubenden Rosse, und ich mußt im Troß mich verlieren, in Gefahr, daß ich von jedem seiner Krieger, der mich nicht kannte, übergeritten, erschlagen wurde –
> (HkG III 103)

Anders als in *Marius und Sulla* lassen sich in diesen Trümmern weder physiognomische Züge der römischen Helden erkennen, noch bildet das Panorama der Destruktion den Weltsockel der monumentalheroischen Erhebung über die Wirklichkeit. Vielmehr verbirgt sich hinter dem grausamen Bild und dem Kontrast des frierenden Dichters davor ein Deutungsmodell der Grabbeschen Geschichtserfahrung. Der »heiße Graus« der brennenden Stadt Numantia erscheint als eine voll gegenwärtige Wirklichkeit, die bereits Gothland als grause Wahrheit vorschwebte. Der mondäne Lustspieldichter erfährt hier an den beiden Scipionen jene umgekehrte Entfremdung, die den Menschen der Gesellschaftswirklichkeit angesichts der historischen Tatwelt befallen muß, während sich die heroischen Personen im Getriebe der sozialen Markt- und Krämermentalität isolieren. Das »Lied von Erz« (104) wird das Bild sein, in dem sich ihm diese Entfremdung – ganz analog zur »Mutter von Stein« – verdichtet: Dem pervertierten Sozialen entspricht die zerstörte Kunstidee. Die Scipionen haben sich »entschleiert«, indem sie das Lächeln der gesellschaftlichen Belustigung vergessen ließen. Doch geben sie gleichzeitig zu verstehen, daß sie sich mit ihrer Aktion dem Geist der Mutter Rom verpflichtet fühlen, denn ihr erstes Wort in dieser Szene (wie im Senat) gilt der Mutter, die zuvor das Gemeinschaftsdenken der Römer repräsentierte. Der junge Scipio bestellt »einem des Gefolgs«:

> Diesen Schlüssel zu Numantias erstürmtem Haupttor bring meiner Mutter, der Kornelia, und möge sie daran erkennen, daß ihre Söhne streben, ihrer Lehren wert zu sein. (HkG III 103)

Der perspektivische Zuschnitt der Numantia-Szene auf die Handlung und das Schicksal Karthagos hin wird aus der Reaktion Scipios nach einer Bemerkung des erschütterten Terenz ersichtlich: »Bester, es ist bei uns Sitte, daß man den Krieg so lang führt, bis der eine Teil ausgerottet oder Sklav geworden.« (104) Unter diesem Zeichen wird am Ende der Szene Befehl gegeben, der »afrikanischen Natter« nunmehr »unmittelbar« das Haupt zu zertreten, nachdem man mit Numantia nur einen ihrer tausend Schweife abzuschlagen vermochte.

Die allgemeine, geschichtsbezogene Bedeutung der Numantia-Szene läßt sich aus einem anderen Teil des Dialogs zwischen den Scipionen und Terenz bestimmen:

SCIPIO DER JÜNGERE Terenz? Wärmst Dich an Numantias Kohlen? Das wäre Stoff zu einem Lustspiel, besser als eins der Atellanen, nicht bloß wunderlich – auch im Scherz mit einem großen Hintergrunde.

TERENZ Ihr schufet den Stoff so tragisch, daß ich doch zu schwach bin, ihn zu einem lustigen umzudichten.

SCIPIO DER ÄLTERE Eh, Freigelassener, was tragisch ist, ist auch lustig, und umgekehrt. Hab ich doch oft in Tragödien gelacht, und bin in Komödien fast gerührt worden.

(HkG III 104)

Dies ist keine ›poetologische‹ Dikussion. Nicht dem Wesen der Tragödie oder der Komödie gelten die Erwägungen, sondern den Erscheinungsformen der geschichtlichen Wirklichkeit. Die Unterscheidung des Dichters zwischen dem Komischen und dem Tragischen scheint den beiden Feldherrn künstlich. Angesichts der »grausen« Wirklichkeit und ihres komischen Kontrastes ergibt sich kein Widerspruch, weil sich in ihm die Welt und Geschichte spiegelt, die sich in dem immer neuen Umschlag von Größe und Kleinheit, von Grausigem und Scherz, von Tragischem und Lustigem vollendet.

Diese Dramaturgie des Komischen und Tragischen steht ganz in der Nähe der Theatertheorie eines Lenz, der freilich noch die Gattungen und weniger die ästhetischen Phänomene des Tragischen und Komischen den beiden verschiedenen Erscheinungsformen des Menschlichen, dem Helden und der Gesellschaft, zuordnet. In der *Rezension des Neuen Menoza*[295] entspricht der soziologischen Bestimmung der Tragödie, die »nur für den ernsthaftern Teil des Publikums«[296] gedacht ist, eine klare Inhaltsdefinition: sie führt den »Helden« vor und erregt die Sturm-und-Drang-Vorstellung »das ist ein Kerl! das sind

295 Jakob Michael Reinhold Lenz, Rezension des Neuen Menoza; in: Werke und Schriften I–II, ed. Titel et Haug; Stuttgart 1966; Bd. I, S. 414–420.

296 Lenz; a.a.O. S. 418.

Kerls!«[297], wie es die *Anmerkungen übers Theater* formulieren. Die »Komödie ist Gemälde der menschlichen Gesellschaft«[298] und eine »Vorstellung die für jedermann ist«[299]. Während sich Lenz in seinen auch nicht rein »lachend« geratenen Komödien der Sonderform des Tragikomischen nähert, indem die Helden, die aus dem eigenen Stand herausstreben wie Läuffer und Mariane, komisch werden und tragisch scheitern, hat Grabbe seinen großen Kerl, das »Genie« Hannibal (Wuk VI 95), gerade durch seine Entfremdung von der Gesellschaft an dieser scheitern lassen. Dieses Scheitern des Helden am Gesellschaftlichen wird als ein allgemeines Phänomen dadurch ausgespielt, daß die Tragödie als ein durch das Komische überwuchertes Heroisches inszeniert wird. Die geschichtliche Theaterkonstellation, der nach Scipios Ansicht tragische Lustspielstoff der Numantiaszene, in der das »wunderliche« Atellanenspiel durch einen großen Horizont erweitert und vertieft erscheint, dieses Modell erweist sich als der mehrfach variierte Vorwurf der dramatischen Handlung. Eine erste Gestaltung dieses »Stoffes« bietet sich als entscheidende Umschlagssituation ganz offensichtlich in der Szene »Weite schöne Flur bei Cajeta. Im vollsten Herbstschmuck«; Hannibal wohnt einem Atellanenschauspiel bei und amüsiert sich vortrefflich:

> HANNIBAL (lacht herzlich) Ihr habt lustige Schauspiele, Vater, sie ergötzen schon, eh sie beginnen – (Zu einem jungen Punier) Was meinst Du?
> DER JUNGE PUNIER Im Felde, wo man Karthagos Pompaufzüge nicht hat, läßt sich das ansehn.
> HANNIBAL Freilich. – Der Himmel ist so rein, die Luft so erquickend, mein eigner Geist wie durchweht von ihr, die Leute so heiter, wie ihre lachenden Gefilde – Ich fühle mich zu wohl, und fürchte fast, es steht mir ein Unglück bevor.
> (HkG III 117)

Der Umschlag des Komischen ins Tragische geschieht schneller, als selbst der skeptische Hannibal es zu ahnen vermag. Auch

297 Lenz, Anmerkungen übers Theater; Werke Bd. I, S. 329–362; S. 359.

298 Lenz, Rezension des Neuen Menoza; S. 419.

299 Lenz; a.a.O. S. 418.

ihm hat sich schon die Erfahrung verfestigt, daß der Stimmung des Glücks und des natürlichen Wohlbehagens nicht selten der gefährliche Umschlag ins Gegenteil nachfolgt. Und tatsächlich läuft das Atellanenspiel, das noch nicht begonnen hat, für Hannibal als ein Schauerdrama ab: Am Ende stehen sich der triumphierend lächelnde Römer und der weinende Punier gegenüber, und der »Theaterstreich« erscheint dem einen komisch, dem anderen tragisch.

Den Umschlag aus der sichtbaren triumphierenden Größe in die tiefe Erniedrigung prophezeit Hannibal anschließend auch Karthago. Hier verfestigt sich das Spielmodell bereits zu einer Weltwahrheit. Denn wenig zuvor gelang es Hannibal nur noch mit Hilfe eines Theaterstreiches, aus der tödlichen Einkesselung im Tal von Casilinum, das ihn wie ein Sarg dünkte, zu entkommen. Der entgegengesetzte Umschlag, der Übergang aus der tödlichen Gefährdung in ein befreites Gelächter, gab dieser Szene ihr Gepräge. Nach der geglückten Täuschung ruft Hannibal übermütig:

Haha! – Geht das Glück so fort, hoff ich doch noch dem Hasdrubal erzählen zu können, daß mir Rindvieh den Weg durch ein Diktator-Heer öffnete! (HkG III 116)

Die sich gegenseitig durchdringenden Elemente des Grausen und Komischen, die in dem blitzhaften Wechsel von Bedrohung und Befreiung, von Triumph und Niederlage, von Hoffnung und Desillusion sich bisweilen grotesk zusammenschließen, machen das Chaos der Geschichte überhaupt sinnfällig. Nirgendwo gewinnt das Heroische eine eindeutige und ungefährdete Strahlkraft. In den die Casilinum-Episode und die Cajeta-Szene rahmenden Kapua-Auftritten wird dieser Umschlageffekt der Haupthandlung an der Peripherie wirksam ausgestaltet. Fast eine Parodie des Geschichtsablaufes, verdreht sich in diesem Abschnitt die Handlung tatsächlich im eigensinnigen Zirkel der Selbstwiderlegung. Doch die Heerstraßen liegen fest, und die Umwege erweisen sich als zielsicher gewählt.

Die Scipionische Lustspielsituation, der spöttische Kommentar: »Wärmst Du Dich an Numantias Kohlen?«, wiederholt sich an noch entscheidenderer Stelle, und das Theatermotiv wird dort ebenfalls in ironischer Weise abgewandelt und zur dramaturgischen Leitidee der Szene: Turnu berichtet, wie der jüngere Scipio beim Brande Karthagos zunächst erfreut das große Ereignis in seinem Brustharnisch sich abspiegeln läßt, am Ende jedoch Tränen vergießt, wenn die Stadt endgültig vernichtet ist. Bei dieser Wehmut bleibt im Zweideutigen, ob sie tatsächlich Schmerz über das Ende der einst so großen Stadt oder nicht auch über den erloschenen »großen Hintergrund« der eitlen Selbstbespiegelung enthält.

Mit ganz entgegengesetzten Doppeldeutigkeiten vollzieht sich Hannibals Erscheinen am Hofe des Königs Prusias. In diesem byzantinischen Idyll theatralischer Förmlichkeit werden alle jene Deutbilder Wirklichkeit, die noch in den Redeauftritten zur Demonstration der karthagischen Geschichtsferne satirisch verschlossen blieben, in den Marktbildern und in der Pförtnerszene, die teichoskopisch die Schlacht von Zama verzerrte. Diese Üchtritz-Satire[300] realisiert ihre spottende Bitternis als plötzliche Umkehrung und Umschlag eines unverbindlichen Spiels, eines weltfremden Theaters in zerstörerische Wirklichkeit, die gleich wieder zur Farce auswächst. »Wie eng hängt das Lustige mit dem Ernsten zusammen« (Wuk VI 90), kommentiert Grabbe diese Szene, die wie eine dramatische Miniatur noch einmal die ganze ›Tragödie‹ Hannibals in ihren Paradoxien durchspielt: Prusias kritisiert die drohend vor seiner Küste kreuzenden römischen Kriegsschiffe als »lächerlichen Pomp«; als er die politische Bedeutung dieser Demonstration begreift, geht er auf die Hirschjagd und überläßt es den Römern, was sie mit seinem Gast anfangen. Erst nachdem sich durch seine Feigheit Hannibals

300 Vgl. den Brief an Immermann vom 27. I. 1835 (Wuk VI 88). »Hannibal ist schon in Üchtritz'scher Gegend, wo er auch untergeht...« Die Szene will also ihrerseits als Parodie eines Dramatikers verstanden werden, dem Grabbe schon früher anläßlich dessen Dramas *Alexander und Darius* wegen dieser »phrasenhafte(n) halb adlige(n) Repräsentation« (HkG V 150) alle literarische Befähigung abgesprochen hatte. Daher kommentiert Prusias seine ehrende Gebärde gegenüber Hannibal mit den Worten: »Grad so machte es Alexander mit Dareios!« (HkG III 154).

Schicksal vollendet hat, ehrt er den Toten mit einer leeren, pomphaften Gebärde und behauptet, damit die Pflichten der Gastfreundschaft zu erfüllen. Auf eine groteske Weise hat sich die Erfahrung des älteren Scipio hier verwirklicht: Das ›Lächerliche‹ entschleiert sich als Wirkungsursache des Tragischen, und die pomphafte Feier des Tragischen ist von unwiderstehlicher Komik.

Kapua

Die beiden Szenen »Straße in Kapua« in der II. und »Kapua« in der III. Abteilung, welche die beiden oben interpretierten ›Theater‹-Bilder, die Casilinum-Episode und die Szene »Weite schöne Flur bei Cajeta«, umklammern, imitieren und parodieren zugleich den Kreislauf der unheroischen Geschichtsprozesse, aber lösen ihn am Ende auch wieder symbolisch auf. Die Bedeutung dieser beiden Episodenteile ergibt sich einmal aus ihrem dramaturgischen Ort: Sie umgreifen die beiden nach Ort und Sinn zentralen Szenen, die das Geschichtliche als alles Heroische überwucherndes Theater in seiner Sinnlosigkeit enthüllen, übertragen die Komödien-Allegorie des Absurden ins Konkrete und spielen gleichzeitig wieder in Antizipation und Deutung das drohende Schicksal Karthagos vor. Ganz analog zum Revolutionsmotiv und seiner Handlung im *Napoleon* präfigurieren die Kapua-Szenen vornehmlich die soziologische Implikation der heroischen Handlung, und in gleicher Weise, wie die revolutionäre Komödie im *Napoleon* den hohen sozialen und sittlichen Anspruch der Revolution parodierte, bieten diese Szenen auch eine Satire auf die Geschichtsindifferenz Karthagos, wo man wie in Kapua hofft, sich an der Peripherie der Geschichte gleich einem Idyll behaglich einrichten zu können.

Die Bürger des Städtchens, die sich nach dem Abzug Hannibals befreit fühlen, geraten in der ersten der beiden Kapua-Szenen sogleich wieder unter die Gewalt des Despoten, von dem sie ursprünglich durch den Punier auch schon befreit worden waren. Die neue Freiheit schlägt um in noch größere Unfreiheit als vorher, wenn sich auch zunächst noch der neue Tyrann freundlich zu geben scheint:

genießet der errungenen Freiheit, aber, bei Todesstrafe, sprecht nirgends ihren so leicht mißverstandenen Namen aus, – erblickt getrost in mir den wahren rechtmäßigen Vertreter der Gesamtfreiheit. Nach Haus, Kinder, ich werde für alles sorgen. (HkG III 111)

Aber sein Aufruf spielt in unverhohlener Doppelzüngigkeit mit dem Begriff jener Freiheit, die die Bürger gerade in einem Jubelruf zu feiern begannen. Die ›Väterlichkeit‹ des Despoten, der für seine »Kinder« Sorge tragen will, enthüllt sich nach wenigen Augenblicken als reine Perversion seiner angemaßten sozialen Verantwortung, denn ein ehemaliger Schulfreund wird lediglich seines »Zögerns« wegen in Ketten geschlagen und zur Ermordung beiseite geschafft. Diese »lächelnde Bestie« von einem Depoten, der, von Hannibal verjagt, nunmehr wieder mit Hilfe seiner eigenen Sklaven die Herrschaft zurückgewinnt, legitimiert sich als Verwandter Jouves, als ein »kleiner Tyrann«, denn während seiner kurzen brutalen Herrschaft bringt auch er nur die Bürgerqualitäten überspitzt zum Ausdruck. Das Freiheitspathos des ersten Bürgers, der sich auch als Patriot bekennt, schmilzt recht betrachtet zum Lippenbekenntnis: Die gemeinsame Freiheit wurde nicht durch Handeln errungen und vertreten, sondern fiel in den Schoß und wird später wieder ohne Gegenwehr genommen, denn die Befreiung führt nicht zur Besonnenheit, sondern veranlaßt ein berauschendes Fest:

Leuchtende Schilde um die Mauern gehängt, mit kühlem Efeu und Eppich die weinglühenden Stirnen bekränzt, und die Freiheit ausgerufen! (HkG III 111)

Sinnfällig markiert der Freiheitsruf auch erst das Ende der Festansage, die sich zunächst zur rauschhaften Freude bekennt und die mit dem Wunsch nach Dekoration gleichzeitig das vergangene Unglück, die Schändung der Frauen und die Gefahr einer Rückkehr des Feindes einfach verdrängt. Der gleiche Bürger, der diese politische Indifferenz an den Tag legt und der einst Freund des Despoten war, wird selbst zum Opfer der unpolitischen, augenblicksbeherrschten, egoistischen Genußbegier, die, hinter seinem leeren Freiheitsappell noch verborgen, der Tyrann unverhohlen zur Richtschnur seines Handelns macht.

Die Parallelszene steigert sich angesichts der drohenden Ankunft des Heros wieder zu einem blitzhaften Entschleierungsprozeß. Auch im Zeichen der allgemeinen Not zeigt sich der Despot wieder nur für sich selbst besorgt. Das so freundlich klingende Solidaritätswort »Freunde«, das er gleich zu Beginn seinen Sklaven gegenüber gebraucht, wird von diesen in seinem rhetorisch kalkulierten Wert durchschaut; sie sind nicht bereit, den Zirkel neuerlich zu durchlaufen. Alle Einwendungen des Tyrannen gegen die grausame Racheabsicht der Sklaven brechen unter deren Repliken von durchdringender Schärfe zusammen:

> DESPOT Freunde, ihr tut mir Unrecht – Ich ernährte euch –
> ERSTER SKLAV Damit Du schwelgtest von unsren Händen!
> DESPOT Ich war menschlich gegen euch –
> ERSTER SKLAV Daß unsre Rücken es fühlten! – (119)

Die Ankunft Hannibals vollendet die Entlarvung der Stadt der »feigen Kapuaner«, indem die Sklaven sich selbst als Krieger und ihre ehemaligen Herren als Sklaven anbieten. Von einer Gegenwehr der Bürger wird gar nichts berichtet; mehr als gesprochene Einwände bringen sie nicht zustande. Der Held akzeptiert diese Wendung der Verhältnisse; denn Kapua, die Hafenstadt, von der aus die Rückfahrt nach Karthago ausgehen soll, gehört schon nicht mehr dem heroischen Italien zu, sondern als ein Gemeinwesen, das höchstens Rom »nachzuäffen« vermöchte, zeigt es sich Karthago ebenbildlich, das – ebenfalls von Despoten beherrscht – sich später auch nur mit Hilfe von Sklaven zur heroischen Tat wird aufzuraffen vermögen.

D. DER BRAND KARTHAGOS

Entwicklung der heroischen Aktion

Der Beginn der Abteilung »Gisgon« schlägt durch eine den drei ersten Auftritten des Dramas spiegelbildlich entsprechende Szenenanordnung den Bogen zurück nach Karthago. Öffnete sich die Exposition zu einer als Theater und Trümmerszenerie desillusionierten Welt heldischer Größe, so zieht sich nach diesem Abschluß die Gesellschaft Karthagos auf ihren heroischen Kern zusammen, aus dem wiederum eine echte und nicht mehr ironisch verzerrte heroische Aktion herausdrängt.

Neuerlich zerbrechen unter der drohenden physischen Gegenwart des Helden die Koalitionen des Egoismus und der Bestialität: die im Kreis der Dreimänner vergegenwärtigte Rückkehr des Feldherrn – sie beobachten aufgeregt Hannibals Landemanöver und müssen zusehen, wie sich ihre List gegen sie selbst kehrt – zeigt diese »kleinen Tyrannen« wie den Despoten Kapuas allein um ihre eigene Haut besorgt; allerdings haben sie sich für die nun eintretende ungünstige Wendung längst gerüstet, und Hannibals Hauptmann kommt mit seinen Kriegern zu spät.

Auch die folgende Marktszene wird – anders als in dem entsprechenden Auftritt des ersten Teils – vom Namen Hannibals beherrscht; aber das »Volk« präsentiert sich allein in seiner mechanischen Echofunktion, als eine politische Spiegeleinheit, in der sich die nah gerückten historischen Vorgänge plötzlich reflektieren. Auch der Widerhall von Hannibals Namen wird nur durch die persönliche Gegenwart des Helden hervorgerufen. Nicht in freudiger Antwort auf das heroische Angebot, sondern in mechanischer Schallwirkung stellt sich dieser Sozialverband, in seiner Krämergesinnung unbeirrt, dar: Hannibals Name sinkt jedoch sofort zum Marktartikel herab, und der Einfluß des neuen Regiments wird satirisch als Kaufzwang sichtbar. Der eine hat Angst vor seiner Frau, die offenbar nur einer Mode folgt, wenn sie ihm den Kauf der Hannibal-Fische auftrug, dem anderen scheint es ein Loyalitätsbeweis, die überteure Ware zu kaufen:

MARKTJUNGE Fische! neue! Hannibals!
VOLK Zeig!
MARKTJUNGE So heißen sie, denn nie speist Hannibal andere! Das Stück dreißig Drachmen!
EIN MANN 's ist teuer, doch meine Frau murrte mich krank, brächt ich ihr nicht einen mit.
EIN ANDERER Sie hielten mich für einen Anhänger des zerstäubten Synedrions, kauft ich nicht ein paar.
(HkG III 128)

Der Herold Hannibals, der für die Marktfrauen nur einen anderen Marktschreier abgibt, findet dann auch keinen Widerhall, als er die »Einladung« des Feldherrn zur Verteidigung des Vaterlandes verliest. Die Botschaft aber, daß auf jedes Mitglied des Synedrions ein beachtlicher Kopfpreis ausgesetzt ist, erregt nun ein erfreutes Echo; mit seinem Belohnungsversprechen allein findet der Heros ein Stichwort, das die spontane Resonanzfähigkeit der Masse belebt:

Ha, er ist Karthagos echter Sohn! Hoch Hannibal und sein erhabener Stamm! (HkG III 129)

In der dritten Szene endlich verbinden sich die beiden lange getrennten Gruppen der heroischen Partei: Hannibal und Barkas bzw. Alitta und Brasidas. Es erweist sich als symbolisches Zeichen, daß die Szene gleich mit einer herzlichen Wendung familiärer Beziehung eingesetzt, wenn Barkas seine »teuerste Urenkelin« anspricht: Hier scheint bereits für Alitta das Ende der Verwaisung bevorzustehen, obgleich sich die familiäre Konstellation seit der ersten Szene noch keineswegs verändert hat. Die schließlich vereinigte Familie begeht jedoch keine Jubelfeier; ihre Wiedersehensfreude ist gedämpft, weil sie als Bild einer patriotischen Gruppe – im Gegensatz zur Gleichgültigkeit der Dreimänner und des Krämervolks – viel stärker von der Gefahr für die Stadt betroffen wird. Die zunehmende Bedrohung setzt Hannibal in ein lapidares Bild. Nachdem ihm vor Rom die Scipionen bereits die Stirne heiß machten, weiß er sie jetzt von deren »Feuerglanz« glühend:

BARKAS Dein Haar schon weißlich –
HANNIBAL Es geht meinem Kopf wie dem Eisen, – glüht man es zu arg, wirds weiß. (HkG III 130)

Selbst der Ansatz zu einer gefühlshaltigen Abschweifung wird hier von Hannibal unterdrückt, allein das ›Spiel‹ um Europa und Afrika beschäftigt ihn, und er weiß, daß er nur noch die Chance hat, die Schlacht abzuwenden:

. . . . ich habe nur dreißigtausend schnell zusammengeraffte Söldner gegen eine vier- bis fünffache Übermacht auszuspielen, die da fühlt, daß sie um die Ehren eines Vaterlandes kämpft. Doch versuchen muß ichs, und zusehn will ich, ob ich das Glück nicht verbeßre, und sei's mit der Zunge. (HkG III 130)

Damit endet Hannibals einziger Auftritt innerhalb Karthagos; die bedauernden Worte Alittas und Barkas', die zurückbleiben müssen, lassen über den Punkt der Familiensolidarität hinaus noch nicht erkennen, daß der Held außer diesem Greis und dem Mädchen in Karthago keine Anhänger finden wird. Er verläßt das kleine Kollektiv der Familie und schließt sich von der letzten heroischen Einheit aus. Und mit dem Versuch in der übernächsten Szene, Scipio von der politischen Nutzlosigkeit einer Auseinandersetzung zu überzeugen, muß er sich schließlich zur Partei der Pragmatiker schlagen und dem Heroischen entsagen:

Wozu längerer Kampf zwischen Rom und Karthago? Haben die endlosen Kriege nicht beiden einsehen lernen, daß sie am glücklichsten sind, wenn Rom sich auf Italien, Karthago sich auf Afrika beschränkt? (HkG III 133)

Dem Helden der Italia-Apostrophe muß dies als ein rednerischer Versuch nachgesehen werden, aus einer Notlage heraus das Heroische zu vermeiden und das Schicksal redend zu beeinflussen. Die Ironie seiner Situation vollendet sich darin, daß Hannibal am Ende die Schlacht, der er auszuweichen versuchte, selbst herbeirufen muß und zum widerwilligen Vollstrecker dessen wird, was er längst ahnte. Die Isolation, in die er sich als Handelnder begab, vollendet sich angesichts der teilnahmslosen Stadt in Machtlosigkeit.

Die Schlacht spielt dann jedoch, infolge der spiegelnden Vergegenwärtigung, im Grunde in Karthago selbst; Teichoskopie und satirische Entlarvung werden dabei kunstvoll verbunden. Und zusätzlich liefert der Auftritt des Pförtners und seines Enkels, die das Geschehen kommentieren, die Erlebnisqualität des »Grausen« in der Schlacht. Der alte Pförtner eröffnet die Szene mit den Worten:

Kind, sieh genau hin, denn heut erblickst Du etwas, wovon Du nach hundert Jahren erzählen kannst . . . (HkG III 134)

Die beiden setzen sich offenbar behaglich zurecht, um einem historischen Ereignis wie einer Theatervorstellung beizuwohnen. Die Sicht ist gut, und der bunte Anblick erfreut das kindliche Gemüt. Aber es dauert nicht lange, bis sich die grause Wirklichkeit der Schlacht in ihrer unverschleierten Drastik offenbart:

KNABE . . . – Weh, da sitzen und würgen sie sich an den Kehlen!
PFÖRTNER Teufel – und es wird dabei so schauderhaft still, und man siehts so deutlich! Brausten doch alle Donner los, wirbelten und dampften alle Wüsten auf, dies leise Gewürg und Gemetzel zu übertäuben, zu verhüllen! –
(HkG III 134)

Der Tribünenplatz vermittelt angesichts der rauhen Wirklichkeit kein Vergnügen, und der Prozeß dieses sich enthüllenden grausigen Spektakels, der Umschlag der Komödie in eine Tragödie gewinnt in der sprechenden Reaktion des Knaben Ausdruck. Zunächst findet er noch kindlich-naive Vergleiche für das, was er sieht (»Lanzen . . . wie Großmutters Haare«; der »Feind . . . rollt sich zusammen, wie . . . der Stacheligel«). Allmählich zeigt er sich aber immer stärker von den Ereignissen und Geräuschen bewegt, wenn er sagt, daß »das Blut auf die Erde prasselt« (134), oder später wünscht: »Wär ich auch tot!«, und klagt: »'s klingt ohrzerschmetternd!«, oder sich die Augen zuhält. Die Beschreibung der beiden zeitigt bald aber auch wieder komische Wirkungen: Hannibal, in äußerster Bedrängung, bittet gestikulierend die teilnahmslosen Karthager, ihm beizustehen. Es sind die »Unsterblichen«, die sich nach Ansicht des Pförtners aus dem Getümmel fernhalten, um nicht »ihre teuren Rüstungen und ihr kostbares Leben« (135) einzusetzen. Das Zeugma, das »Leben« und »Rüstungen« in die gleiche Perspektive rückt, stellt eine ebenso naive Entschleierung dar wie die kindliche Etymologie, die sich den Namen der »Unsterblichen« mit ihrer bewiesenen Fähigkeit erklärt, vor dem Tod Reißaus zu nehmen.

Mit dem Ende der Schlacht wechselt die Szene endgültig nach Karthago, wo in äußerster Paradoxie der Lage die Dreimänner über Hannibals Niederlage triumphieren und wieder die Macht übernehmen; doch im folgenden Auftritt bereits bricht die entscheidende Schlußhandlung des Dramas an, der Prozeß, der zur heroischen Selbstdestruktion führt und den Höhepunkt der Aktion anzielt. Wieder erweist sich hier die ›Väterlichkeit‹ des Staates als leerer Anspruch: Während von den Müttern das Opfer ihrer Kinder für den Moloch gefordert wird (dessen Vergeblichkeit schon Hannibal beklagt hatte), zerbricht die politische Spitze auch im öffentlichen Dissens. Die Dreimänner begegnen sich plötzlich ohne Maskierung, indem sie sich gegenseitig das Opfer fürs Vaterland abverlangen. Der Witz und die Geistesgegenwart Gisgons behalten dabei die Oberhand, indem er sich als letzter das Zustimmungsecho der Menge erlistet. Der bevorstehende Untergang der Stadt gewinnt hierin bereits einen moralischen Akzent: Die ›Rettung‹ Karthagos ins heroische Selbstopfer setzt die Vernichtung derer voraus, die der Krämermentalität die »Edelsten« dünken. Indem nun Melkir dem Moloch geopfert wird, erwischt es nicht ganz zufällig denjenigen, der seiner Freude über Hannibals Niederlage ganz unverhohlen Ausdruck verliehen und dem Hannibals Drohgebärde bei seinem Abzug sicher als erstem gegolten hatte.

Wenn nun auch Gisgon allein das Zepter ergreift und der nutzlosen Rivaltät ein Ende setzt, so ist doch der Lauf der Ereignisse nicht mehr aufzuhalten. Die Bildlichkeit, die das soziale Chaos der Einzelinteressen, die Bestialität der Stadt Karthago verschlüsselte, drängt sich nunmehr in dichter Folge hervor, und zu der wachsenden Dynamik der Ereignisse gesellen sich die ausdrucksvollen Symbole der bevorstehenden Vernichtung. Die Regie der Raffung und Konzentration des Geschehens in einem linearen Ablauf, die lebendig hervorgespielten Figurenelemente, die zuvor nur stets die Perspektive auf dieses Ende hin lenkten, alle diese Momente der Bewegung und Steigerung bewirken jene dramatische Kadenz, in der stets das Grabbesche Drama seinen abschließenden Höhepunkt sucht.

Der Moloch, Idol der Stadt und Verkörperung ihres Geistes, wird nunmehr zum Symbol der Vernichtung. Seine rotglühenden und dampfenden Hände tragen das Feuerbild in die Stadt als ein Zeichen der nahen »alles verschwemmenden« römischen Sonne, aber auch der Rache Hannibals; denn dessen Abgesandter zeigte nach dem gelungenen Täuschungsmanöver bei der Landung im Hafen von Karthago den Dreimännern die unverhüllte Physiognomie des Zornigen: »seine eben noch schmeichelnden Mienen flammenrotes Gewölk!« (127). Zur Feuerbildlichkeit gesellt sich auch die Bestienmetaphorik, wenn nämlich die belagerte Stadt mit ihren glühenden Opferidolen einem Keltiberier aus der Ferne so erscheint:

> . . . ich sah manche mächtige gefleckte Kröte, gelb mit schwarzen Buckeln, doch so eine meilenweite, wie jene Stadt, zuerst gestern Abend. (HkG III 131)

Und schließlich, um das Wesen Karthagos ganz unmißverständlich hervorzukehren, schließt sich auch das Bildfeld der Hölle um die Stadt; präludiert von Hannibal, als er ausrief: »fechte der Satan, wo Kaufleute rechnen!« (101), gewinnt die Welt des Satanischen aus dem Munde Melkirs symbolische Qualität, wenn dieser, die Tore der Stadt beschreibend, sagt, sie seien ». . . von Erz, deren sich die Pforten der Hölle nicht zu schämen brauchten« (HkG III 125), und schließlich erscheint sie in eindringlicher Personifikation, wenn Hannibals Hauptmann mit den Worten »Da sitzt der dreiköpfige Höllenhund!« (128) die Erwartung ausdrückt, die Dreimänner verhaften zu können.

Gleichzeitig wird auch der Prozeß der Demaskierung einem Höhepunkt zugetrieben, insofern sich bei der Begegnung Gisgons mit den römischen Unterhändlern plötzlich Bestie und Bestie gegenüberstehen, denn der Heroismus der Römer erscheint Gisgon nur noch als Spielart des karthagischen Erwerbstriebes: Stolz, Tapferkeit, Todesverachtung sind nur »Münzen anderes Gepräges« (141). Die Hoffnung der Karthager, nach Kaufmannsart über den Preis, für den sich der Untergang der Stadt abwenden ließe, verhandeln zu können, wurde von den Römern in der boshaften Absicht genährt, die Stadt erst verteidigungsunfähig zu machen, ehe man sie stürmte. Wie die Bürger von Kapua feiern auch die Karthager eine nur scheinbar errungene Freiheit, die sie sich in den Schoß gefallen glauben, mit einem die Wirklichkeit der Erniedrigung verhüllenden Prunk:

Ambra angezündet! Die perlenschwellenden Pokale aus Ophir, die goldenen Becher der Atlantis herbei! Diese elenden Tische von Zederholz fort, die alabasternen, mit Diamanten geränderten her!
(HkG III 140)

Nachdem die Gesandten ihre zusätzlichen Bedingungen genannt haben, begreift auch Gisgon, daß mit diesen Römern keine Geschäfte zu machen sind. Mit konsequenter satirischer Regieführung hat Grabbe erst hier das heroische Karthago erwachen lassen: Erst die als Kaufleute übers Ohr gehauenen Bürger besinnen sich auf ihre Heldenvergangenheit, während die auch kriegerisch erfolgreichen Römer sich als raffinierte Händler erweisen und Hannibals Vision von den römischen Helden, die »nichts vom Gold wissen« (121), drastisch widerlegen:

GISGON . . . – O der großen Scipionen, wie hoch sie über aller Heuchelei, Falschheit, allem Laster stehn! Zwei Elmsfeuer, zwei Dioskuren werden sie von den Zinnen des Kapitols in die späteste Nachwelt glänzen, und diese Dioskuren sind doch nur weitschulterige, betrügerische Rattenfänger!
ERSTER GESANDTER Wer dann wären die Ratten?
GISGON (rufend) Sklaven!
(Sklaven in gedrängten Haufen kommen. Gisgon zu den Gesandten)
Da siehst Du einige! (HkG III 141)

Gisgon identifiziert hier Karthagos Bürger mit dem Bild der Ratten, denn diesen Sklaven wird das Bürgerrecht versprochen, sofern sie sich tapfer wehren. Auf dem Wege der Negation öffnet sich der Blick für eine neue Freiheit: Der Titel des Bürgers, durch das Rattenbild disqualifiziert, soll einen neuen Wert dadurch gewinnen, daß er mit heroischen Tatleistungen erworben wird. Unter der Drohung, vernichtet zu werden, konstituiert sich Karthagos Sozialverband neu. Demonstrativ verlangt Gisgon, daß zu diesem Zweck die alten Idole und Götter der Zerstörung anheimfallen:

– Auf reißet die Tempel der Götter, werft um ihre Bildsäulen, daß sie zu Waffen geschmolzen werden, zu Kriegswerkstätten machet ihre Hallen! (HkG III 142)

Unter Gisgons Initiative verwandelt sich, wie Turnu später berichtet, jeder Tempel in ein summendes »Wespennest« (151): die noch wenige Szenen zuvor in egoistische Betriebsamkeiten, in die Einzel- und Gegenstimmen, in das Konkurrenzgeschrei des Marktes zersplitterte Stadt besinnt sich auf ihr gemeinsames Schicksal.

Der Schmelzeffekt dieses heroischen Aufschwungs, wenn auch durch Not erzwungen, wird in der Aufforderung Gisgons, die Frauen sollten ihren Schmuck zu Waffen für die gemeinsame Verteidigung gießen, ebenso deutlich wie in der plötzlichen Erhöhung, die Alitta durch Gisgon erfährt, der auf sie als die wahre Heldin der Stadt hinweist: »Ein Weib gründet Karthago, Weiber helfen es retten, edler sind sie bei uns als die Männer (o, ich weiß es, obgleich ich nur *Eine* kenne!)« (142). In dieser mythisierenden Anspielung auf Dido und in dem Befehl, »alle Karthager« zur Gegenwehr aufzurufen, soll sich die noch zu Beginn des ersten und des vierten Abschnitts dreifach aufgespaltene Stadt in ein solidarisch-heroisches Kollektiv zusammenschließen.

Mythisierung des Brandes

Aus drei Perspektiven gewinnt der Brand Karthagos die Eigenschaften eines großen, mythischen Ereignisses: in der heroischen

Karthago-Handlung, durch das Homer-Zitat Scipios und durch die Sprechlage und Bildführung in Turnus Bericht. Zwei Symbolschichten vereinigen sich allein auf karthagischer Seite: der Klang der Posaunen und das Hochzeitsbild. Darin gelangen die Leitmotive aus der ersten Szene zu unmittelbar dramatischer Wirkung, Heroismus und Liebe, die das Verhältnis Alittas zu ihrem Geliebten (ebenso wie das von Hannibal zu Italien) bezeichneten und verklärten, und die Posaunenklänge, die bei der Einschiffung des Brasidas erschollen. Wiederaufgenommen und in ihrem symbolischen Charakter ausgestaltet wurden diese Motive bereits in der Wiedersehensszene der Barkas-Familie und des Liebespaares; dabei unterlief dem alten Barkas eine das nahe Unheil anzeigende Verwechslung:

> BARKAS Senken wir die Häupter: die Posaunen der Priester rufen zum Gebet.
> HANNIBAL Es sind *Opfer*priester, Ahn, doch freiwillig wollen wir ihnen die Nacken nicht reichen.
> BRASIDAS Nicht Opferpriester – die kennen nur Gesang nicht Posaunen.
> HANNIBAL – – – Großvater, die Scipionen kommen vor der Stadt an, und was wir hören, ist der langgedehnte, zum Aufwerfen der Nachtlager rufende Klang der römischen Tuba! (HkG III 130)

Das heroische Signal und die religiösen Klänge bereiten gerade im Augenblick des Glücks auf den unvermeidbaren Verlauf der Ereignisse vor. Hannibals ironisches Wort von den »Opferpriestern« kommt der Realität am nächsten, denn der Klang der römischen Tuba wird auch das Selbstopfer Karthagos begleiten. Diese heroische Stadt Karthago mit Alitta an der Spitze versteht sich dann auch als die Nachfolgerin Hannibals. Alitta hatte bereits am Ende der Wiedersehensszene in einer Aposiopese bezeugt, daß sie ihre Verpflichtung kenne, wenn Hannibal auf ein schlechtes Glück treffen würde: ». . . es falle wie es will, ich weiß –!« (130). Sie ist die Filiation des nach reinem Heldentum strebenden Hannibal; die Römer als Nachfolger des welthistorischen Heros vollstrecken am Ende das Urteil, das Hannibal in einer symbolischen Geste verkündet hatte: nach der verlorenen Schlacht spie er vor den »Unsterblichen« aus, und angesichts der Dreimänner auf den Mauern des verschlossenen Karthago reckte er die Hand gen Himmel (136). Diese drohende Bewegung imitiert die steinerne Gebärde der Götter der Stadt, in deren glühenden Händen die Kinder geopfert werden:

... schwarze Riesen ragen über all die Dächer und Türme noch hinaus, ihre Hände gen Himmel streckend, dampfend, als böten sie Brandopfer dar. (HkG III 131 f.)

Aus dieser Übereinstimmung erschließt sich ein geheimer Symbolsinn: Karthagos Selbstvernichtung, der durch viele Zeichen zum mythischen Ereignis ausgestaltete Brand Karthagos hat den Charakter eines heroischen Opfers an Hannibal. Nicht zufällig beginnt der von Gisgon eingeleitete Prozeß des patriotischen Aufschwungs mit der Zerstörung der alten Götter. Zudem vermischen sich in den folgenden Ereignissen, die im Geiste Hannibals von Alitta gelenkt werden, alle Gebärden des Heroischen mit starken religiösen Symbolen. Moloch hatte man mit dem Opfer der Kinder mehr zugetraut als dem eigenen Feldherrn, aber er versagte. Nun wird er durch ein neues Idol ersetzt: Hannibal, der sich mit wirklicher Hilfe für die Stadt geopfert hatte, war verachtet worden und bedarf nun der Versöhnung.

Das Motiv der Hochzeit als Akt einer heroischen Identifikation mit dem Schicksal der Stadt wird von Gisgon in das dramatische Finale eingebracht.

Ruft Mütter und Töchter auf, sie sollen in den Tempeln die Stellen der Göttinnen ersetzen, und mehr noch als die sein, denn nicht stumm und müßig sollen sie dastehn, sondern ihren Schmuck an Gold und Kleinodien verwenden, um Speere, Schwerter, Helme und Harnische zu gießen und zu zieren, nur den besten, den Brautschmuck, mag er getragen sein oder harrt er noch auf den Brauttag, behalte jede, auf den Fall, daß es doch einst gälte, sich dem untergehenden Vaterlande zu vermählen! (HkG III 142)

Hatte das Opfer der Kinder noch – nach den Worten eines Priesters – die Gefahr für den »Staat« (137) abwenden sollen (Melkir behauptete an gleicher Stelle in unbewußter Doppeldeutigkeit: »nie ... drohte uns größere Gefahr«), so verwandelt sich in Gisgons heroischem Appell die politische in die patriotische Größe »Vaterland«. Das von den Bürgern auf dem Markt überhörte Stichwort Hannibals wird nun zu einem lebendigen Begriff. Hannibals Werben um eine idolisierte reine Italia war vergeblich; das verachtete Karthago erweist sich nun zu spät als seiner würdig.

Der Untergang Karthagos selbst wird erst durch den folgenden Akt in Szene gesetzt, der, ironisch »König Prusias« betitelt, auch den Tod Hannibals auf dem »Schlachtfeld« byzantinischer Kleinmütigkeit vorbringt. Was räumlich getrennt sich abspielt, wird durch einen Kunstgriff des Dichters zu einer Aktion aus gemeinschaftlichem Geiste. Nicht allein, weil die letzte Karthago-Szene durch zwei Hannibal-Szenen gerahmt wird, sondern auch, weil durch Symbolbezüge beide Welten in einem einheitlichen dramatischen Raum lebendig sind. Mit dem »unendlichen Chaos des Gemeinen«, der Üchtritz-Prusias-Welt, charakterisiert Grabbe durch eine umgekehrte Hyperbolie die formalistische Verengung des aristokratischen Bewußtseins und seiner Attitüde. Das Raisonnement des Königs über Hannibals Feldzüge weckt die Erinnerung an die kleinliche Kritik der Dreimänner, die sich von dem »eitlen Kriegsglanz« (127) nicht blenden lassen wollten und die in dem nicht kaufmännisch kalkulierenden Feldherrn einen »beschränkten Kopf« vermuteten. Die pedantische Mäkelei an seinen Feldzügen versetzt Hannibal plötzlich in jene Welt zurück, die ihn zu Fall gebracht hat und die sich zur gleichen Zeit selbst richtet. Während Hannibal auf dem byzantinischen Schlachtfeld als Feldherr erfolglos bleibt, triumphieren seine heroischen Nachfolger in Karthago über jenen Feind, der die kriegerische Tatherrlichkeit doch nur nach ihrem unmittelbaren Effekt zu beurteilen bereit ist.

Die letzte Karthago-Szene, die im Palast des Barkas spielt, reflektiert und verstärkt noch einmal die heroischen Ausdruckselemente, die das Drama durchdringenden Licht- und Feuer-Figuren:

> Die Halle schimmert von goldenen Ampeln und Leuchtern und blendendem Licht! Duftet von Ambra! Ist heute ein Familienfest?
> (HkG III 147)

Die heroische Selbstfeier gewinnt als Familienfest im Palast der Hannibal-Familie ihren Symbolcharakter; auch die soziale Thematik findet darin ihren Abschluß: Die Waise ist aus ihrer Isolation befreit. Wie im *Napoleon* kristallisiert sich in dem Bild der Familie das heroische Gemeinschaftsgefühl, und ebenfalls wie im Napoleon-Drama löst sich unter einer Musik die mythisch verklärende Zerstörungsvision; zunächst spricht Barkas:

O Meer, bedecke mich vor diesen Tag für Tag furchtbarer, näher werdenden Klängen! (Sich erhebend) Was da? – Diese Halle ist hundert Stiegen hoch, und welche Riesenweiber schauen da in ihre Fenster – und – spalten sich die Mauern vor meinem Blick? – fegen die Gassen aus, die Gassen selbst fort? – Da, Du, du Eine, höher als alle, was weinst Du in mein Haus? Ich bedarf Deiner Tränen nicht, habe schon Grams genug – Eine funkelnde Königskrone auf dem Haupt? – – Elissa – Dido – bist Du es, die vor meinem Fenster steht? Standest Du auf, um Deine Stadt noch einmal vor ihrem Untergange zu sehn? (HkG III 147)

Die heroische, mythische Erhöhung der Stadt gestaltet sich wie das Relief einer apokalyptischen Zerstörung. Das Karthago der Krämer und kleinen Seelen, von Alitta in der allerersten Szene unter dem Bild des sich auf den Gassen brüstenden »Ungeziefers« bezeichnet, verschwindet, indem »Riesenweiber«, mythische Verkörperungen der heroischen Dido-Alitta, diese Gassen ausfegen und dann auch zerstören. Wenig später verbinden sich im letzten Auftritt der punischen Frauen mit Alitta an der Spitze die zentralen Motive des Werks in einem Dialog von größter Intensität:

ALITTA Teuerster Ahn, wir alle haben Tag und Nacht gearbeitet, unsre Krieger zu bewaffnen – Sie sind nun bis auf wenige gefallen, und denen kann unsre Arbeit nicht mehr fruchten – Was hilft nun der Gram? Wir wollen unsren Schmerz erleuchten und Hochzeit feiern, darum ließ ich Ampeln und Fackeln anzünden!
BARKAS Hochzeit? Dein Brasidas liegt tot.
ALITTA So feiern wir nicht die irdische, aber bald die schönere himmlische! Hört! wie sie den Reihen dazu spielen!
BARKAS Das ist der Sturmalarm des feindlichen Heeres!
ALITTA Desto besser! Der Feind spielt selbst zu unsrem Fest und die Musik scheint kräftig! (HkG III 148)

In der Selbstfeier ihrer heroischen Vergangenheit, in der Hochzeit mit der vaterländischen Idee durchbrechen die Überlebenden die Schmach des Untergangs. Die Musik des Feindes klingt harmonisch zur eigenen Stimmung. Turnu, der in der letzten Szene zu Hannibal gelangt, ist kein zufälliger Beobachter der Katastrophe, sondern ein Beteiligter, der nach Alittas Willen überleben muß, um »dem Hannibal zu berichten, was hier geschehen« (148), und zu bezeugen, daß sich die Stadt für ihn und in seinem Geiste geopfert hat. Indem Turnu nur weiterlebt, um mit Hannibal zu sterben, stiftet er eine Verbindung zwischen dem Tod des punischen Feldherrn und dem Untergang Karthagos. Aus dem heroischen Selbstopfer der Stadt treten Züge hervor, durch welche die Szene sich als eine dramatische Variation des Schlachtbildes verstehen läßt. Mit der rächenden Vernichtung der städtischen merkantilen, heroismusfeindlichen Gesellschaftswelt, indem die Stände und Gruppen auch im übertragenen Sinne zusammengeschmolzen werden, vollzieht sich gleichzeitig ein Prozeß der Verklärung, durch den sich die Gebärde der Destruktion ihres eigenen Charakters entkleidet und zum festlichen Symbol patriotischer Opferfähigkeit erhebt. Dem entspricht auch ein neuer Ausdruck des Wohlbehagens. In der Atellanenszene wurde Hannibals Glücksgefühl noch als Täuschung über den wahren Charakter der Welt entschleiert. Nun bleibt es im Munde des alten Barkas unwiderlegt, ganz entsprechend der heroischen Seelenlage des »lustig« in der Schlacht von Waterloo. Das letzte Bild der Szene sieht alle in einer Umarmung, und am Ende stehen die Worte:

ALITTA Urvater, wie ist Dir?
BARKAS Wohler als je! (HkG III 148)

Wie wichtig dieser Ausdruck des Wohlbehagens für die Deutung der Szene ist, zeigt die Erzählung Turnus in der folgenden Szene; dort das Geschehen aus anderer Perspektive vergegenwärtigend, berichtet er, daß der Großvater während des Brandes »ganz lustig« (151) geworden ist.

Es ist ein der Wahrscheinlichkeit entgegenstehender Kunstgriff Grabbes, Turnus Bericht durch einen noch unwissenden und auf einen glücklichen Ausgang hoffenden Hannibal anhören zu lassen. Die Reaktionen, die innere Beteiligung des Puniers geben dem vergegenwärtigten Geschehen jedoch einen Charakter von Unmittelbarkeit und machen die erschütterte Reaktion des Feldherrn glaubhaft. In Turnus Bericht verknüpfen sich abschließend die Stränge der dramatischen Motive:

Ach, und da erst sah die brennende Stadt prächtig aus! Bei Tag schien die Sonne gelbrot durch den Dampf, bei Nacht wurden die rotfunkelndsten Sterne bleich vor dem Feuer, wie das Weiß meiner Augen – Und die Paläste donnerten einer nach dem anderen ein, die Flammen reckten sich nach dem Himmel, als wollten sie ihn mitverbrennen . . . Die Gipfel des Atlas standen immer taghell vor dem sie durchfunkelnden Brand, mit ihren Klippen, Felsen und Waldungen! Es erschienen die Tiere der Gebirge und Wüsten: entsetzliche Schlangen ringelten sich auf an den Bäumen, Löwenaugen, Hyänen starrten in das Feuer – (HkG III 152)

Während sich noch in der ersten Marktszene das Krämer-Karthago in den Bestien der Karawane entzückt spiegelte, befinden sich hier Schlangen, Löwen und Hyänen außerhalb der heroisch sich erhebenden Stadt. Der Brand Karthagos, schon vorher zum mythischen Ereignis verklärt, wächst hier geradezu in ein Weltbrandsymbol aus[301]. Deutlich markiert diese Bildlichkeit das Ende der heroischen Epoche, so wie es am Ende des *Napoleon* vom geschlagenen Kaiser prophezeit wurde. Wiederum wirkt der Untergang der Größe so katastrophal, als erlösche die Sonne, und so ernüchternd, als wäre die Welt ein »ausgelesenes Buch«. Turnu berichtet auch, daß die Entfremdung zwischen dem römischen Feldherrn und dem mondänen Dichter aufgehoben sei, daß sich nämlich Scipio wieder mit Terenz zu verständigen vermochte, indem er – wie Hannibal kritisiert – aus »Karthago eine homerische Reminiszenz«[302] machte; aber die Vergleichung der Stadt mit der »heiligen Ilios« aus dem Munde des Scipionen bestätigt Karthago seine heroische Größe. Nachdem

301 Vgl. Weiss; a.a.O. S. 230 f.

302 HkG III 153. In der zweiten Fassung hieß es noch: »Macht der Bube aus u n s eine homerische Reminiscenz« (HkG III 79; Hervorhebung von mir).

sich der Römer tagelang am Brande der Stadt ergötzt hat, kommen ihm bei ihrem unwiderruflichen Untergange die Tränen. Die Physiognomie der »grausen« Wirklichkeit überlagert plötzlich auch für ihn die glanzvolle Theaterkonstellation. Der »große Hintergrund«, der zur Folie der heroischen Selbstdarstellung diente, verschwindet und auf leerer Bühne wird auch der Held zum Schausteller.

Nun gewinnt aber Hannibals Erschütterung ihren Sinn: Als Held fern von Karthago, das ihn nicht kannte, findet er sich in dem Augenblick entmachtet im Exil, da sich die Stadt den Ruhm, den sie aus seiner Hand nicht empfangen wollte, nunmehr selbst erwirbt. Wie Scipio kommen ihm die Tränen, und in dieser deutlich gemeinsamen Reaktion wird der Ablösungsvorgang lebendig, der nun Scipio in das Interesse der Welt rückt. Bereits die Unterredung der beiden vor der Schlacht von Zama wurde zum spiegelbildlichen Ausdruck des Rollenwechsels: »Du, hättest Du mein überlegnes Heer, handeltest nicht anders, ständest Du an meiner Stelle.« (HkG III 133). Mit diesen Worten faßte Scipio die Lage zusammen, und Hannibal vermochte darauf nichts mehr zu antworten. Freilich, in der Person Scipios trat auch der Racheanspruch Hannibals vor die Stadt, vor die gesinnungslose Krämerwelt. Andererseits war der Held, wie ihm erst später klar wird, trotz allem auch in Karthago selbst lebendig, und Hannibals Schmerz tritt gerade angesichts der durch beiderseitige Schuld verspielten Möglichkeit[303] einer gemeinsamen Aktion überstark hervor. Karthagos heroische Opfertat kontrastiert zwar auffällig gegen das chaotische Schlachtfeld byzantinischer Gemeinheit, aber die innere Nähe, die Hannibal nun zum Bewußtsein kommt, bestätigt sich in der vergleichbaren Konstellation, unter der sich beider Schicksal vollendet. Karthago opfert sich, da die Römer es schon »in der Hand zu haben« wähnen,

303 Auch Gisgon erkannte das Unglück Karthagos nicht als unvermeidbar. Mit Hinblick auf die beiden römischen Gesandten, die die unerfüllbaren Bedingungen der Scipionen überbracht hatten, sagte er: ». . . wär ich meiner besseren Natur . . . gefolgt, . . . diese beiden Schweißhunde hetzten uns nicht in unsren Häusern, und Hannibal, ich als Gemeiner unter ihm, wäre in den ihrigen!« (HkG III 142).

und »betrügt« die Eroberer »schmählich«. Hannibal »entzieht« sich auch durch Selbstmord und betrügt die Römer, die seine Villa umstellt haben und bereits vor der Tür seines Exils erscheinen, um ihren letzten Triumph.

Im *Hannibal* ist Grabbe eine glaubwürdige, künstlerisch überzeugende Gestaltung der Dialektik von Heros und Gesellschaft gelungen, indem dort nicht nur das Soziale seine schmerzhafte Lektion durch den destruktiv gestimmten Helden erhält, sondern auch eine Widerlegung des isolierten, monologischen Heroismus stattfindet. Hier zeigt sich in der Überkreuzung der beiden Handlungszüge, Niedersinken des Helden und Aufschwung der Stadt, wie – theatralisch folgerichtig entwickelt – im Spätwerk Grabbes nicht mehr das Heroische, sondern die Bewegung der Gesellschaft auf eine Form der sozialen Einheit hin thematisch hervortritt. Behauptete sich noch im *Napoleon* der Held als der wahre Aktualisator der gesellschaftlichen Einigungsbewegung, so ist Hannibal nur aus der Ferne, mittelbar die bewirkende Kraft des Schmelzprozesses, und Hermann wird nur noch die Spitze einer mit offenbar naturhafter Notwendigkeit sich zusammenschließenden Volksbewegung darstellen.

Die Utopie des Heroischen, in der »Italia« illusionär angestrebt, denn die »Dioskuren«, die zwei Scipionen, entschleierten sich als heroische Kaufleute, findet höchstens in der *Familie* einer sich zur Gemeinsamkeit aufschwingenden Gesellschaft ihr geschichtliches Fundament: Das Deutbild der für einen Augenblick Wirklichkeit gewordenen Gemeinschaftsutopie im *Napoleon*, die Idylle, wird in der *Hermannsschlacht* als geschichtliche Realität ausgestaltet. Grabbes letztes Drama wird dem Scheinglück der Schlacht von Waterloo und den dissonanten Klängen der heroischen Familienhochzeit im *Hannibal* in einer dramatischen Heldenidylle harmonische Dauer zu verleihen versuchen.

VI. KAPITEL

DIE ›HERMANNSSCHLACHT‹ ALS VERSUCH EINER HEROISCHEN NATURIDYLLE

A. GRUNDZÜGE DER KONZEPTION

Der Ort des Dramas im Schaffen Grabbes

Mit seinem letzten Werk setzt Grabbe die lange Tradition der Arminius-Dichtungen, die seit Ulrich von Hutten die Gestalt des germanischen Heerführers verherrlichen, fort. Mit Sicherheit läßt sich nur nachweisen, daß dem Dichter aus der reichen Überlieferung das Kleistsche Drama durch Immermann in die Hände gelangt ist (Wuk VI 117); Wukadinović hält darüber hinaus die Kenntnis des Klopstockschen Bardiets und der Schlegelschen Version, wenn auch ohne nähere Begründung, für denkbar[304]. Indessen finden sich für Grabbes Hinwendung zu diesem Stoff ganz persönliche Motivationen. Zwar feiert auch er im Geiste Klopstocks und Kleists die patriotische Haltung Hermanns, der sein Land gegen die eindringenden fremden Gesinnungen, die das Bodenständig-Deutsche bedrohen, verteidigt;

304 In der Einleitung des Herausgebers, Wuk IV 230.

doch anders als bei seinen Vorgängern fehlen alle aktualisierenden Bezüge, die den germanischen Heroismus den Zeitgenossen zum Vorbild emporgehoben hätten. Grabbes Drama stellt sich eher als ein Ausschnitt aus der historischen und legendären Vorzeit seiner engeren Heimatgeschichte dar und damit als ein versöhnliches Angebot an die verhaßten westfälischen »kleinlichen Umgebungen«, denn in der Verbindung heroischer und lokalpatriotischer Szenen wird der alte polarisierende Zerstörungsdrang – hier Gesellschaft, dort destruktiver Heroismus – überwunden. Zunächst muß aber deutlich werden, daß Grabbe in diesem Stück alle wesentlichen Grundmotive und künstlerischen Mittel, die im Spätwerk entwickelten Formen seiner Dramaturgie zu einer letzten Steigerung emporzubringen bemüht war: Heros und Volk, Schlacht und Natur in der Funktion der Vereinheitlichung, die unbekümmert in den Raum hinausführende Szenenregie, Heroismus als Rhetorik und Aktion, die Auflösung des Dialoges selbst als Form des Gespräches, alle Möglichkeiten der Dramatisierung der frühen Bildsprache werden konsequent weiterentwickelt, der Realismus der Genreschilderung erfährt eine Ausprägung bis zur Wirklichkeitstreue des Banalen, und selbst das Pathos patriotischer Einheit versucht noch Unvereinbares unter die Figur des »Schmelzens« zu zwingen. Allerdings, der schnelle Wechsel der Blickweisen, die Spielpartikel, die Freiheit der Handlungsführung finden sich durch keine gestaltende Kraft mehr zusammengefaßt, weder von der Dynamik einer dramatischen Bewegung mitgerissen noch durch das Gewebe einer Symbolstruktur geordnet. Die Regie treibt keinen integrierenden Punkt heraus, kein ideelles Zentrum, in das sich die Fülle der Sinnbezüge überführen ließe. Das Drama wird zwar als Ganzes zum Ausdruck eines gewandelten Geschichtsbildes, aber die neue Geschichts- und Wirklichkeitsdeutung erzwingt zugleich eine Glättung, sie verzehrt die gerade das Grabbesche Drama belebenden Dissonanzen und verwischt die Kontraste seiner früheren, mit Gegensatzeffekten beeindruckenden Regiekunst.

Indessen tritt die künstlerische Konsequenz auch darin hervor, daß sich Grabbes Stoffwahl und die allgemeinen Züge der Gestaltung immer noch als Versuch der Vervollkommnung interpretieren lassen. Dem Destruktivismus, so wurde gezeigt, übertrug das Frühwerk die Funktion geschichtlicher Offenbarung. Er gab den Aufriß einer »wahren« Wirklichkeit, und der Genugtuung von Grabbes zerstörungswütigen Helden über das aufgedeckte Bestialische in der Welt entsprach immer wieder die Unfähigkeit der ›bürgerlichen‹ Gestalten, diese Wirklichkeit zu begreifen. Der Bürgermeister von Bardewick, der im Zuge der Strafaktion Heinrichs des Löwen gegen seine Stadt fassungslos stammelt: »Unmöglich, es kann nicht sein« (HkG II 164), mag hierfür als Zeuge zitiert werden; als literarische Haltung variiert wurde dieses ›Spießertum‹ in der Figur des Terenz, der in dem brennenden Numantia einen »tragischen« Stoff zu sehen glaubt, empfindsam erschüttert, während die beiden Scipionen die Situation sowohl tragisch als auch komisch finden, nämlich die ganze Wirklichkeit und Wahrheit darin ausgedrückt sehen. Die dramatische Funktion der Zerstörungstaten, dort noch als Wahrheitsenthüllung legitimiert, wird vor allem in den Schlachtenszenen offenbar und in der Schlacht von Waterloo gleich zweifach: auf der Seite der napoleonischen Revolutionäre vor allem als Destruktion der Bürger- und Krämergesinnung, doch zugleich auch – durch die Partei der Preußen abgewandelt und hervorgehoben – als utopische Form des Sozialen in der patriotisch geschmolzenen Gemeinschaft.

In Grabbes künstlerischer Entwicklung begreift sich die *Hermannsschlacht* als konsequent angestrebte Verwirklichung der früher konzipierten und allmählich ausgeführten Ansätze. Im Grunde verarbeitet der Dichter auch in seinem letzten Stück jene Thematik, welche in den anderen beiden Werken der späten Periode den Handlungsgang bestimmte: Eine feindliche, fremde Wirklichkeit wird durch eine heroische Vereinigungsbewegung im Namen eines Helden vernichtet. Während aber schon der *Hannibal* ebensogut hätte *Karthago* heißen können, bezeugt die *Hermannsschlacht* auch in ihrem Titel, der die Handlung und nicht den Helden allein in den Vordergrund rückt, etwas von der längst ausgebildeten Dramaturgie, die dem Heros seine überragende, das Gesellschaftliche abstoßende Rolle nimmt und ihn in ein Spannungsverhältnis zu seiner sozialen Herkunftswelt setzt, welche als die eigentliche Hauptperson den dramatischen Raum erfüllt. Den Unterschied zur alten, in den Personen der Helden zentrierten Dramaturgie vermöchte der Vergleich mit der Kleistschen Version der Hermannsschlacht hervorzuziehen, wo der Held eindeutig die Hauptrolle spielt und beinahe jede Aktion – bis in die Nebenepisoden hinein (vgl. die Thusnelda-Ventidius-Handlung) – im Spannungsfeld seines Handelns und Planens steht. Während das Schlachtgeschehen bei Kleist innerhalb kurzer Frist entschieden wird, bildet es bei Grabbe wiederum eine geraume Zeit über das dramatische »Gewog«, wie es das mittlere Drama entwarf. Die Schlacht liefert die Haupt- und Rahmenhandlung in einem, denn der dramatische Vorgang beschränkt sich nicht auf die kriegerische Auseinandersetzung, sondern verharrt immer wieder in der Anschaulichkeit der Lagerszenen, die auf seiten der Germanen meist den Kampf völlig in den Hintergrund drängen. Hierin ergibt sich wohl das bemerkenswerte Ergebnis des langen Ringens mit dem Stoff, daß nämlich innerhalb der einläßlichen und strategisch durchdachten Vorstellung einer Schlacht voller Grausamkeit und Brisanz die Sozialverfassung einer Partei charakteristisch ausgebreitet wird. Allerdings bleibt das Bewußtsein dieser Germanen – das ist der entscheidende Unterschied gegenüber der heroischen Schlachtaktion in den anderen Stücken – unverändert. Während sich die Sachsen in den *Hohenstaufen*dramen, die Preußen und Franzosen im *Napoleon* in der Wirklichkeit der Feldzüge aufatmend den Bedingungen der Gesellschaft entrückt fühlen, erleben die Germanen in der *Hermannsschlacht* das Heroische nicht als Aufhebung des die Menschen einander entfremdenden alltäglichen Sozialen. Die Germanen – das will das Hermann-Drama zeigen – verkörpern in ›naiver‹ Form und jederzeit die in den anderen Dramen nur während der Schlacht ›sentimentalisch‹ gestaltete oder, wie in der letzten Karthago-Szene des *Hannibal,* verklärte Einheit und ›Familiarität‹ der Menschen. Die Idylle, im *Napoleon* eine erzwungene Qualität des Heroischen, erscheint in der *Hermannsschlacht* als gegebene Wirklichkeit, die gegen den Gesellschaftsgeist der Römer verteidigt wird. Der politische Konflikt, in der Schlacht des *Napoleon* von sekundärer Bedeutung gegenüber der sozialen Thematik, enthält im Hermann-Drama auch den primären, den Kampf für eine von »System« und Krämeregoismus freie Gemeinschaft. Statt der sozialen erleben die Germanen unter der heroischen Führung eine kurzfristige politische Einigung der Stämme. Aber auch mit dieser doppelten Handlung hat sich Grabbe noch nicht begnügt. Während die heroische Übereinstimmung des Einzelnen und des Kollektivs, die in den früheren Dramen – einschließlich des *Napoleon* – phasenweise ausgespielt wurde, zumeist aber nur als pathetische Versicherung über die Bühne hallte, auch in der *Hermannsschlacht* gestaltet hervortritt, versucht der Dichter nunmehr, in einer besonderen Steigerung, die innere Gemeinschaft des germanischen Heeres mit der Natur rhetorisch zu erzwingen. Das frühere Drama hatte noch mit seinen emphatischen Naturbildern die Analogiequalität des Elementaren für seine Aktionen beansprucht, in der *Hermannsschlacht* aber erhebt der Dichter in einer äußersten Dramatisierungsanstrengung auch diese Natur zur aktiven heroischen Größe, welche, in einen Verbund mit den Germanen tretend, die Römer das Fürchten lehren soll.

Hier nun zeichnen sich die besonderen Schwächen der dramatischen Konzeption ab. Während früher die Motivschichten des Sozialen und Heroischen vom Bild der Entfremdung, das zumeist die Eingangsszenen belebte, bis hin zum ›Familienfest‹ der Schlachtszene oder der heroischen Opferaktion die Einheit des Dramas zumeist auch thematisch durchsetzen, hat Grabbe mit dem Versuch, ein Stück Heimatgeschichte zu dramatisieren, ganz neue Absichten in sein Werk hineingetragen. Nachdem er in allen anderen Dramen noch stets »auf einen Punkt« gezielt hatte, der sich als eine große heroische oder destruktive Aktion ausnahm, erscheint es nun beinahe zwangsläufig, daß Grabbe, indem er hier die Schlacht frühzeitig beginnen ließ, einen neuen Höhepunkt aus seinem Motiv- und Ideenhaushalt nicht mehr heraufzubringen vermochte. So verbrauchte der Dichter seine meisten Kräfte – davon zeugen seine Briefe – in dem Bemühen, das Schlachtgeschehen durch Einblendung, Episoden, Genreelemente in sich abwechslungsreich zu gestalten.

Was die Kritik anbelangt, so besteht weitgehende Einigkeit in der negativen Beurteilung dieses Dramas und seiner Anlage. Allein Otto Nieten[305] hat anerkennende Worte gefunden. Es kann jedoch nicht genügen, die Inkongruenz von Konzeption und gestaltetem Text, das Mißlingen des Dramas allein den erlahmenden Kräften des Dichters zuzuschreiben. Die frühen und die Stücke der mittleren Periode, sind sie auch zum Teil bühnengerechter, zeigen erheblich größere Mängel. Es gibt auch innere Gründe für die überall hinter der Absicht zurückbleibende Gestaltungsleistung: Grabbes künstlerische Entwicklung wurde als ein Formprozeß verstanden, der, aus einer erregten scheindynamischen Dramaturgie idealistischer Destruktion hervorgehend, die Redefiguren der jugendlichen Weltverzweiflung zu einem allmählich ausgebildeten, szenisch abgerundeten Bild von der Wirklichkeit dramatisiert, das sich schließlich in einer fundierten Anschauung von der Geschichte und ihren bewegenden Impulsen entfaltet. Aber dieser Prozeß der Bewußtwerdung, des weltanschaulichen Wandels wird dort künstlerisch unfruchtbar, wo die dramatische Gattung diesem Weltbild nicht mehr entspricht und wo der Drang zur Harmonisierung, sei er echt oder erzwungen, keine Spannungen mehr erzeugt, von denen zum mindesten das historische Drama lebt. Hier liegt der tiefere Grund für das Mißlingen der *Hermannsschlacht*-Konzeption. Dennoch ist es lohnend, Grabbes letztes Drama, gerade unter dem Einfluß kritischer Bedenken und Einschränkungen, als eine intendierte Form der Vollendung im Rahmen seiner dramatisch-künstlerischen Möglichkeiten zu betrachten.

Der Einheitsgedanke der Natur

Die *Hermannsschlacht* lebt nicht von dem konzentrierten künstlerischen Einsatz der Grabbeschen Szenenregie, die es durch ihre

305 Otto Nieten; a.a.O. S. 357.

einheitsstiftenden Mittel, durch Gliederungskunst, Kontraststrukturen und Symbolverbindungen zusammenhielte. Die Elemente einer motivischen Einheitlichkeit entspringen der neuen Naturidee, deren formale Qualität bereits in der Beobachtung des Konkretionsprozesses in Grabbes Bildsprache aufgezeigt wurde[306]. Inhaltlich – ihrer historischen und dramatischen Funktion nach – begreift sie sich als die Übernahme der im Anschluß an Herder entwickelten Naturvorstellungen des Historismus[307]. Die Natur als geschichtsmächtige Kraft hat bei Grabbe jedoch ihre metaphysische Tiefe verloren; sie tauchte in seinem mittleren Drama stets nur als Analogieerscheinung zum Heroischen auf. Wenn sie in der *Hermannsschlacht* zu einer größeren geschichtlichen Selbsttätigkeit aufsteht, so vollendet sich hierin der formale Prozeß der dramatischen Bildkonkretion. Doch wie weit sich Grabbe mit seinen choreographischen Anweisungen auch bereits außerhalb der Bühnendimension bewegt, so daß er sich geradezu die Frage der theatralischen Realisierbarkeit nicht mehr stellt, und wie sehr auch zur Konzeption seines Dramas eine mehr als symbolische, eine reale Natur dazugehört, es gelingt dem Dichter kaum, die angestrebte Identität der Germanen mit ihrer Natur-Umwelt wirkungsvoll zu gestalten. Die Natur erscheint durch das Pathos der heroischen Geschichtsidee Hermanns als eine Dimension mit höherem historischen Bewußtsein als die Germanen. Hermanns Naturpathos jedoch ertönt vornehmlich aus der Höhe seiner ›politischen‹ Argumentation. Wie der junge Grabbe, der aus der völligen Fremdheit gegenüber den »kleinlichen Umgebungen« Detmolds befreit sein wollte, so sprechen Hermann und seine Frau von »Erlösung«, wo es um die Befreiung von der römischen Fremdherrschaft geht. Indem sie jedoch ihr Land erlöst sehen wollen, wird der Akt der Identifikation mit der Natur-Umwelt deutlich. So entschuldigt Thusnelda eine Lüge gegenüber den römischen Besatzern in folgender Weise:

306 Vgl. S. 193 ff. dieser Arbeit.
307 Vgl. Meinecke; a.a.O. Bd. II »Die deutsche Bewegung«.

Wodan, strafe mich, erlöse nur das Land um dessetwillen ich log – Meine Berge mit den prächtigen Waldkämmen wollen sie niedertreten, unsre braven Burschen sollen in ihren Schlachtlinien dienen und verbluten – (HkG III 327 f.)

Der Patriotismus wird hier zur übergeordneten Idee eines ethischen Konfliktes, in welchem sich jedoch nur der politische Konflikt mit den Römern verbirgt. Die römischen Besatzer zwingen Thusnelda, ganz gegen ihr sittliches Empfinden zu lügen, so wie auch Hermann sich widerwillig zu verstellen genötigt wird. Grabbe hat hier, ganz entsprechend der an Rousseau entwickelten Volksidee des Sturm und Drang, die Germanen mit den Tugenden der Aufrichtigkeit und naiven Ehrlichkeit ausgestattet: Auch in der ersten Szene will der von den Römern als Führer gedungene Cherusker, nur weil er einmal den Lohn im voraus annahm, seine Aufgabe ehrlich erfüllen (323). Hermann bekämpft bei den Römern den falschen zivilisatorischen Anspruch, der doch nur den Herrschwillen deckt:

Humanität? Ein Lateiner und Eroberer hat doch prächtige Ausdrücke für Tyrannei. (HkG III 336)

Gegen diese Maskierung hebt Hermann seine patriotische Naturvorstellung ab:

HERMANN (blickt auf die . . . Römer) Die gleißenden Schurken! Wie sie unsren edlen Boden mit fremdem Waffenprunk beflecken! (Er sieht sich um) Deutschland, verlaß mich nicht mit deinen Fluren, Bergen, Tälern, und Männern! Ich kämpfe ja nur deinethalb . . . Du mit ewigem Grün prangender Rhein, du donnernde Donau, du, meine Weser, und du leuchtende Elbe, die ihr alle in so vielen Schlachten uns zur Seite wart, helfende, blitzende unendliche Schwerter, – ihr solltet speichelleckend fluten unter dem Brückengekett des Römers? Nein, wir sind dankbar, und werden euch erlösen. (HkG III 336 f.)

Hermann »erlöst« die Naturumwelt (»Ich kämpfe ja nur deinethalb«) und damit ihre Bewohner, wenn er die römischen Besatzer vertreibt. Sein Freiheitspathos, das seinem empfindsamen Naturenthusiasmus entspringt, enthält dabei nichts von dem giftigen Haß, den noch Kleists Cheruskerfürst zeigt. Wie das Gespräch des Kleistschen Helden mit den anderen mißvergnügten deutschen Fürsten am Ende von I 3 deutlich macht, lebt dieser aus einer reinen vaterländischen Idee; sie klingt aus dem Rhythmus seiner rhetorischen Fragen, die er an die Verbündeten stellt:

> . . . wollt ihr . . .
> Zusammenraffen Weib und Kind,
> Und auf der Weser rechtes Ufer bringen,
> Geschirre, goldn' und silberne, die ihr
> Besitzet, schmelzen, Perlen und Juwelen
> Verkaufen oder sie verpfänden,
> Verheeren eure Fluren, eure Herden
> Erschlagen, eure Plätze niederbrennen,
> So bin ich euer Mann –[308]

Grabbe orientiert sich eher an der Vaterlandsidee des Sturm und Drang. Ähnlich wie im *Götz von Berlichingen* geht es um ursprüngliche Rechts- und Besitzverhältnisse, wie sie in den auch für den jungen Goethe bedeutsamen Schriften von Justus Möser[309] dargestellt und propagiert werden; es ist ein natürliches, durchaus besitzbewußtes Gefühl der eigenen Würde, das durch den Feind gefährdet ist und nun Grabbes Helden zur Tat bewegt, während Kleists Hermann seine patriotische Liebe »interesselos« sieht, das Besitzdenken gerade gegen die Idee des Vaterlandes ausspielt und damit ihren religiösen Hintergrund offenbart[310]. Im *Napoleon* waren Spuren dieser gleichen Gesinnung zu erkennen: ein äußerst abstrakter vaterländischer Geist. Der Patriotismus Hermanns will unmittelbar aufs Konkrete der Landschaft bezogen sein, als Liebe zur naturhaften Umwelt, aus der sich jedoch alle anderen Güter herleiten. Die Germanen

308 Kleist; a.a.O. I 546.

309 Daß Grabbe Mösers *Osnabrückische Geschichte* gelesen hat, ist belegt durch A. Bergmanns Aufsatz: Grabbe als Benutzer der öffentlichen Bibliothek in Detmold; in: Archiv für Landes- und Volkskunde von Niedersachsen, Heft 20 (1944), S. 62–119; S. 84. Vgl. auch die parodistischen Anspielungen auf Mösers *Patriotische Phantasien* in *Scherz, Satire, Ironie und tiefere Bedeutung* (HkG I 246 f.).

310 Kaiser, Pietismus und Patriotismus; S. 79.

zeigen kein krämerhaftes Besitzdenken, sondern hängen als Bauern an ihrem Eigentum, das auch bei Möser als etwas Ursprüngliches (ganz im Gegensatz zu Rousseau) anerkannt wurde. Das entgegengesetzte Verhalten, ein unrechtmäßiges Erwerbsstreben, wird von dem römischen Prätor an den Tag gelegt, der den Schreiber auffordert, die Gerichtsprotokolle zu ändern, aus Groschen Taler zu machen, um mit ihm den Gewinn zu teilen (HkG III 332).

Entsprechend diesem Nachdruck, der auf den gemeinsamen, urtümlichen Rechtsanschauungen und Gebräuchen liegt, verwandelt sich auch die Stellung des Helden innerhalb des Volkes. Offenbar auch unter dem Einfluß seiner in die späte Zeit fallenden Begegnung mit dem Historismus Rankescher Prägung[311] verlagert sich Grabbes Anschauung von der gegenseitigen Abhängigkeit des großen Individuums und des Kollektivs in der Weise, daß die Größe Hermanns nicht als Gegensatz, sondern als zur heroischen Tat gereifter Ausdruck des Volkscharakters geschildert wird. »Welch ein Dummbart wär ich, wollt ich was sein ohne mein Volk?« (HkG III 346), gesteht Hermann als erster unter den Helden Grabbes, als hätte er die Lektion, welche die Geschichte Hannibal erteilte, gelernt; und indem sich sein Handeln nicht mehr in pathetischen Formeln des Schicksalszwanges artikuliert wie bisweilen noch bei Napoleon, gewinnt er an historischer Lebendigkeit. Freilich, die Tonlage seiner Naturapostrophen findet im Volk wenig Resonanz. Immer wieder ist es Hermann, der die Verbindung schlägt zwischen dem Volk und seiner Umgebung und damit unfreiwillige komische Wirkungen erzielt:

> HERMANN Ihr Reitertrupps der Tenkterer rettet Ingomar und die Trümmer seiner Scharen, der Gedanke an euren Rhein dabei nicht zu vergessen!
> DIE TENKTERER Der Rhein! (Sie stürmen hinunter . . .)
> (HkG III 350)

Die rhetorische *adiectio* mit der Wirkung einer mächtigen Anfeuerungsrede illustriert gerade an diesem schwachen Punkt

311 S. den Brief an Immermann vom 14. I. 1835 (Wuk VI 79).

die pathetische Künstlichkeit der Naturidee innerhalb der patriotischen Attitüde Hermanns. Andere Beispiele gemahnen an die Dramaturgie monumentalheroischer Selbstdarstellung, wenn sich Hermann etwa während der Schlacht an den geographischen Punkten wichtiger Entscheidungen auf deren Namen beruft oder sie gleich tauft:

Hier ist der alte Kriegs-, Wehr- und Wahrweg! Macht den stolzen Namen Ehre! Und den Fluß, in dem sie da verbluten, tauf ich um: statt Berlebecke heißt er künftig Knochen- und Blutbach.
(HkG III 369)

Zum naiven etymologischen Schöpfer wird der Cheruskerfürst an anderer Stelle:

Sie drehen sich nach dem Windfeld zu, besetzen wir es, und fortan heißt es Winfeld, weil wir drauf nicht Wind machen, sondern da gewinnen werden. (371)

Während früher allein eine abstrakte, katalogartige Natur zur Illustration heroischer Wertvorstellungen diente, identifiziert der Verfasser der *Hermannsschlacht* in methodischer Nachdrücklichkeit die Germanen mit ihrer realen Umgebung. Mit der Bemerkung »Der Germane ist voller Hinterhalt wie seine Wälder« (HkG III 332), präludiert Hermann diese Vorstellung, und Augustus behauptet am Ende des Dramas, kein Volk habe sich gegen die römische Herrschaft gewehrt ». . . gleich den freien, wie ihre Eichen auf ihrem Boden eingewurzelten Germanen«. (380)

Grabbes dramatische Absicht, in der *Hermannsschlacht* ein geschichtliches Ereignis als Naturmythos zu gestalten, weist überzeugend zurück auf Herder, auf die in dessen Shakespeare-Aufsatz gefeierte ». . . Empfindung einer lebendigen Welt in allen Szenen, Umständen und Zaubereien der Natur«[312]. Und wenn Hermann die fliegenden Adler als die »grimmig bewegten die Welt durchrollenden Augenwimpern des Wodan« (352) lebendig sind, dann scheint der Vergleich mit Herder geeignet, ein

312 Herder; a.a.O. Bd. V, S. 225.

überzeugendes Deutungsmodell zu erschließen. Doch gerade die Physiognomie dieses Wodan spiegelt keine pantheistische Naturauffassung; die in der *Hermannsschlacht* durchaus geschlagene Verbindung zwischen dem Geschichtlichen und der Natur ist nicht wie bei Herder oder Ranke durch eine metaphysische Vertiefung gerechtfertigt. Sie bleibt Gestaltungsintention, ohne über das Rhetorische hinaus auch Gestalt anzunehmen.

Das Wodan-Bild läßt sich als ein mythisch projizierendes Bild und insofern als Ausdruck eines Zornes begreifen, der sich durch das Bewußtsein, das Recht des Natürlichen zu vertreten, legitimiert fühlt, auch den Naturgott für sich zu beanspruchen. Eine solche Heroisierung der Natur selbst, die früher nur als Staffage und Hintergrund, als Bildarsenal und Organ des Heroischen an der Geschichte partizipierte, wird unter diesem Blickwinkel inhaltlich möglich, erscheint sie auch formal nur als letzte Stufe einer konsequenten Dramatisierung der Bildsprache. Daß die Dialektik von Held und Volk sich hier zeitweise in der Verschmelzung von Held und Natur entspannt, läßt sich auch aus der bereits bei Herder anschaulich gewordenen gedanklichen Nähe beider Sphären, der von Volk und Natur, begreifen.

Zur Dichte und kraftvollen Anschaulichkeit der Bildsprache des *Hannibal* gelangt Grabbe in der *Hermannsschlacht* nur an einer Stelle, wo sich die symbolische Identität der heroisierten Natur und ihrer Bewohner ohne künstliche Konstruktion ergibt. Zu Beginn des »Ersten Tages« setzt das Gespräch zwischen Varus und Hermann mit äußerster Knappheit ein:

> VARUS Da blitzt?
> HERMANN Die Weser.
> VARUS Jüngst trug ihr Rücken noch die mächtigsten Eisblöcke. Jetzt ist alles aufgelöst.
> HERMANN Es löst sich bei uns manches ehe man daran denkt. (HkG III 343)

Die »blitzende« Weser bietet den ahnungslosen Ausdruck der heroisch gespannten Natur; wenig später kann Hermann in ganz ähnlicher Bildlichkeit seinen Cheruskern mitteilen: »gegenüber blitzen von der Elbe die blutlechzenden Speere unserer

Verbündeten« (346). Und Varus beschreibt die Bewegung der sich in Stellung bringenden Germanen auch als einen Naturvorgang: »Alle Bergkuppen hinter uns, vor uns, um uns, werden lebendig!« (345)

In dem Dialogausschnitt knüpft Hermann an das Bild der sich auflösenden Eisblöcke durch ein Wortspiel an, wenn er die versteckte Vorhersage seines Abfalls von den Römern mit dem Erlösungsmotiv des Beginns unmerklich zusammenschließt. Aber sowohl die Bildlichkeit des Heroismus wie das Motiv der Erlösung gelangen nicht zur Integration in einem Handlungsgefüge; während der *Napoleon* seine drastischen Zerstörungsbilder und der *Hannibal* die Feuermetaphorik in einer mächtigen Schlußszene jeweils zu lebendiger dramatischer Realität erheben, verrauscht die Bildlichkeit in der *Hermannsschlacht* als wirkungslose Rhetorik. Das Teutoburger Waldgebirg brüllt nicht auf vor Kriegs- und Waffenlärm wie ein »aus Gebirgen gegliedmaßter Auerstier« (340), sondern es bleibt der Sprachmächtigkeit Hermanns überlassen, die heroische Selbsttätigkeit der Natur lebendig werden zu lassen, so etwa, wenn er ruft:

Helft doch unserer armen Retlage! Sie wollen den Bach überschreiten, und so klein er ist, wehrt er sich und schwillt ganz ärgerlich auf!
(HkG III 362)

Die ausbleibende Resonanz nach Hermanns Appellen an die »Deutschen« soll in der *Hermannsschlacht* jedoch nicht wie in anderen Dramen ironische Schlaglichter auf einen eigensüchtig-bornierten Sozialverband werfen, auf eine anachronistische Spielart des im *Barbarossa* oder im *Hannibal* satirisch hervorgekehrten Besitz- und Erwerbsspießertums. Die ›Beschränktheit‹ der Germanen illustriert ihre Stärke: Sie lassen sich nicht »zivilisieren« und treten darum den fremden Besatzern erfolgreich entgegen; gewiß, die geschichtliche Vision Hermanns, sein vereinigtes Deutschland dringt nicht bis in die Köpfe der westfälischen Bauern; der ganz große heroische Aufschwung bleibt aus, aber Hermann belebt in den Germanen den natürlichen Gemeinschaftsgeist, denn sein pathetisches Wort: »Allgemeine

Blutsverwandschaft . . . gilt in der Schlacht!« (HkG III 351), richtet er nicht an die Cherusker, sondern an seinen ehrempfindlichen Oheim Ingomar. Hermanns Reden entwerfen auch keinen das eigene Ich überhöhenden Heroismus; er hat sich seiner Aufgabe untergeordnet und würde sich »mit der zweiten Stelle« (346) begnügen, wenn Marbod zur Hilfe käme. Aber die Wirklichkeit und die Reste seiner pathetischen Begriffswelt brechen auseinander wie im mittleren Drama; doch während dort die Aktionsrhetorik die reale Handlung überwucherte, widerlegt in der *Hermannsschlacht* die dramatische Aktion die Redeeinsätze des Helden. In dieser guten idyllischen Welt ist die von den Heroen der frühen Dramen angestrebte Wirklichkeit der Schlachtszenen in ihrer sozialen Qualität, als utopische Gemeinschaft, ständiger Besitz.

Die Römer und die feindliche Natur

Eine ganze Reihe früherer Motive hat Grabbe zur dramatischen Vorstellung der Römer verarbeitet. Ihr Scheitern in der germanischen Welt bildet nicht allein das Ergebnis einer verlorenen Schlacht, sondern erscheint als die notwendige Folge der geschichtlich-naturhaften Bedingungen. Grabbe greift zur Motivierung ihres Scheiterns auf Sichtweisen des Historismus zurück, die, früher bereits angelegt, in der *Hermannsschlacht* mit voller weltanschaulicher Bedeutung eingebracht werden: Gleich eingangs des Dramas hat Grabbe zur Exposition seiner Naturidee auch die Erscheinung der Römer in Germanien als Naturfremdheit inszeniert. Später erst wird deutlich, daß die Römer, soweit sie von ihren unteren Beamten repräsentiert werden, durch egoistische ökonomische Interessen in ihrer Schlagkraft eingeschränkt sind. Eng verbunden hiermit erscheint das Motiv des »Systems« in den Zügen von Verwaltungsborniertheit, die der Schreiber zeigt, wenn er beispielsweise noch im Augenblick des militärischen Zusammenbruchs um wichtige Unterschriften bemüht ist.

Bereits in den Bildern des Eingangs hat Grabbe den Handlungsverlauf einläßlich motiviert; aus episodischen Szenenteilen werden die Fremdheit der Römer in der wilden Umgebung und, dadurch bedingt, ihre zermürbte Verfassung anschaulich:

> MANIPERFÜHRER Die Heerstraße gehalten!
> EIN SOLDAT Wer sieht sie unter dem Schneegewirr und Baumgeschling? Das ist ein Marsch: oft gleitet man mehr zurück als man vorwärts kommt. – Ah, Heißhunger! Ich setze mich. Ein Stückchen Brot – (HkG III 321)

Der altgediente Soldat wird wegen dieses Ungehorsams zum Tode durch Rutenhiebe verurteilt; so hat schon dieser kurze Vorgang das Scheitern der Römer an der Feindlichkeit der germanischen Natur vorweggenommen. Die folgenden Szenenausschnitte spielen dieses Grundbild in verschiedener Weise nach.

> MANIPELFÜHRER – Geknirsch in den Bäumen?
> DER VETERAN Windbrüche. Ich kenne sie aus der Zeit des Drusus, als wir den Elbstrom überschreiten wollten, und jenseits durch die vor ihm niedersinkenden Fichtengehölze das Riesenweib erschien.
> MANIPELFÜHRER Posse.
> DER VETERAN Das soll mir lieb sein.
> MANIPELFÜHRER – – Was wollte das Traumgebild?
> DER VETERAN Es winkte mit langen Leichenfingern zurück, Nebelstreifen und Frost kamen über unser Heer, der Feldherr schwieg, ließ aber bald abziehn, und starb kurz darauf am kalten Fieber, wie man sagte.
> (HkG III 322)

Der Todesschrei des gerade verröchelnden Veteranen, eine fremde, dämonisierte Natur, die Erinnerung an den gestorbenen Feldherrn zeigen die Ursachen und Wirkungen einer stimmungshaften, ganz und gar unheroischen Situationsbefangenheit. In dieser gespenstischen Natur begegnen die Römer der verfremdeten Gegenseite, der naiven Naturfrömmigkeit der Germanen und erschrecken vor ihr.

Daß diese Naturwirklichkeit eine Erweiterung und Spiegelung germanischen Wesens darstellen soll, geht daraus hervor, daß die gleichen Eigentümlichkeiten, die den Römern fremd und feindlich erscheinen, den Germanen freundlich und hilfreich sind. In der Wildnis gelingt es den Römern zwar, einen Cherusker zu fangen, der ihnen den Weg weisen muß; aber dieser legt es darauf an, durch seine Führung und Reden die Naturumgebung noch dämonisch-geheimnisvoller werden zu lassen, bis er entwischen kann. Die magische Atmosphäre läßt die Astträger in einem vorbeihuschenden Germanen auch gleich eine Geistererscheinung sehen:

(Zwei Axtträger treten vor und hauen Bahn)
ERSTER Laß deinen Ellbogen aus meiner Seite.
ZWEITER Schau links um.
ERSTER In die Nacht?
ZWEITER Siehst du nicht neben dir den großen, struppigten Wolf?
ERSTER Ha – Gespenst –
ZWEITER Das Beil nach ihm! (HkG III 324)

Mit diesem Vexierbild, das einen »Wehrwolf« oder »Wehrmann« für die Römer ununterscheidbar werden läßt, schließt die 1. Szene, die durchaus gemäß Grabbes in seinem Spätwerk entwickelter Dramaturgie ihre Demonstrationsabsicht in mehrere Einzelbilder auflöst. Sie macht die Naturfremdheit und physische Erschlaffung der Römer anschaulich, aber sie deutet in der Form ihrer Situationsbildung an, daß die Resignation des Veteranen Vero angesichts der feindlichen Umgebungen nur symptomatisch das Scheitern des ganzen Römerheeres vorwegnimmt.

Bezeichnender und mit größerem dramatischen Effekt freilich hat Grabbe die Wirkung der römischen Besatzung auf die Germanen gestaltet. In der Gerichtsszene spielt der frierende Prätor – der frierende Terenz im *Hannibal* oder der in der römischen Rüstung frierende Hermann (347) zeigen die gleiche Unbehaglichkeit – seine Fremdheit mimisch vor. Dieser Beamte versucht nun mit seinem eingebildeten Schreiber die Rechtshändel des naiven Cherusker-Volkes in die Kategorien des römischen Rechts zu zwingen. Die Germanen in ihrem natürlichen und ethnisch ausgeprägten Empfinden erleben hier gerade die gewaltsame Unterdrückung besonders deutlich, in der Anwendung von völlig abstrakten, auf städtisch-bürgerliche Verhältnisse zugeschnittenen Rechtsgrundsätzen: Der Vater, der sich um seine außerehelich gezeugten Kinder nicht bekümmert, wird noch belohnt; eine Ehrenschuld soll keinen einklagbaren Anspruch enthalten, wo doch den Germanen die Ehre eines der höchsten ethischen Güter darstellt, und zur besonderen Empörung des Volkes soll Ehebruch verjähren. Grabbe hat hier in idyllischer Verkleinerung die Rechtsproblematik aus dem *Götz von Berlichingen* und dem *Egmont* variiert. Auch in Goethes Dramen verteidigen sich die Helden gegen ein fremdes, der natürlichen Individualität der eigenen Person oder des eigenen Volkes entgegenstehendes Recht. Während der Sturm und Drang jedoch vornehmlich gegen das aufklärerische Naturrecht polemisierte, erscheint in der *Hermannsschlacht* unter dem Zeichen des römischen Rechts eine Parodie des Zivilisationsanspruches der Römer. Satire und Genre hat Grabbe in dieser Szene mit den Mitteln des Kontrastes wirkungsvoll verknüpft. Der Schreiber, der den Rechtsbegriff »multum« philologisch aus dem Gebrauch des Wortes bei Cäsar zu bestimmen versucht, und der Prätor betrachten das ›Volk‹ ganz im Sinne ihrer ständisch bestimmten Terminologie als »Vieh« (328) oder »Pöbel« (332), indessen die Germanen sich als echtes Volk den Römern sittlich überlegen erweisen und die herablassenden, verächtlichen Bezeichnungen eben dann schlagend widerlegen, wenn sich z. B. die beiden Streitenden, Dietrich und Rammshagel, nach der unbefriedigenden Rechtsauskunft untereinander einigen und dabei an Großmut gegenseitig zu übertreffen versuchen. Die Volksidee, in den mittleren Dramen durch heroisches Pathos überbeansprucht und zur dramatischen Fiktion abgesunken, verwandelt sich in diesen Szenen zu realistisch-entspannter Lebendigkeit, wenn diese bäuerlichen Germanen Naivität mit sittlichem Bewußtsein und Schläue verbinden, an welchen Eigenschaften die Römer blind vorbeiverwalten.

Daß dieses Volk kein »Vieh« vorstellt, keine einfach formbare Masse, sondern eine eigentümliche, bodenständige Erscheinung, müssen die beiden Römer im Grunde schon daran erkennen, daß diese Menschen sich nicht »zivilisieren« lassen wollen:

> PRÄTOR . . . Den leichtzüngigen Galliern brachten wir innerhalb zehn Jahren unsre Sprache bei, diese hartmäuligen Germanen zwingen uns die ihrige auf. (HkG III 330)

Ähnliches deutet Hermann an, als er in die Gerichtsszene tritt und ihm das Volk zu Füßen fällt; da er hier noch den Römerfreund spielen muß, untersagt er den »Deutschen« diese Gebärde der Unterwürfigkeit mit der ironischen Begründung, daß sie ohne römische »Zierlichkeit« geschehe; und als der Prätor bemängelt, daß sich dieses Volk ohne Demutsgebärden mit Fragen an seinen Fürsten wendet, erkennt Hermann auch dies als einen Mangel an römischem Einfluß:

> PRÄTOR Der Pöbel fragt und tut äußerst frech.
> HERMANN Wie du siehst: gegen mich. Er will noch immer nicht recht sich romanisieren lassen und betrachtet mich als einen Überläufer. Ihr habt kräftigere Maßregeln als bisher gegen ihn zu ergreifen, oder ihr setzt euch selbst und seine euch getreuen Herrscher den größten Gefahren aus.
> (HkG III 332)

Hermann teilt nur ironisch die herablassende »zivilisierte« Überheblichkeit des Prätors gegenüber dem »Pöbel«; indem er dabei hervorhebt, daß dieser Pöbel sich nicht romanisieren lassen will, weist er ihm gleichzeitig doch die Qualität eines Volkes zu. Indessen erhofft er sich von der Wirkung noch größerer Unterdrückungsmaßregeln, die selbst dem Prätor schwerfallen, die heroische ›Erweckung‹ der Germanen:

> HERMANN (für sich) Schön, tretet nur den Wurm, je ärger je besser, unter dem Schmerz wächst er zur Riesenschlange und umringelt und zerquetscht euch aus jeder Schlucht, von jeder Höhe, jedem Baum unserer Gebirge.
> . . . . . .
> . . . (Laut) Seid vorsichtig. Der Germane ist voller Hinterhalt wie seine Wälder.
> PRÄTOR Das weiß ich. Das versteckte Wesen der Waldungen, ihr magisches Blätterrauschen gewöhnen ihn daran. Er hat indes noch nicht soviel Vorsicht und Erfahrung als das Wildbret in ihnen – (HkG III 332)

Für Hermann soll sich der befreiende Aufschwung der Germanen mit naturhafter Notwendigkeit ergeben; die Bildlichkeit, die das heroische Erwachen der Germanen als einen zur Riesenschlange wachsenden Wurm beruft und die Menschen schließlich in lebendiger Identität mit ihren Schluchten, Höhen und Gebirgen den Feind erdrücken sieht, treibt weniger die Größe der heroischen Empörung hervor, die mit der »Riesenschlange« ins Monströse wachsen soll, als das beinahe Mechanisch-Unvermeidliche in der Reaktion seines mit der natürlichen Umgebung verschmolzenen Volks. Hermanns Pathos erklingt nicht aus dem Munde einer weltbewegenden Kraftnatur, sondern wird durch die Gewißheit eines von der Weltbewegung erfüllten Mannes belebt. Auch der Prätor muß Hermann die Warnung vor den Germanen, die wie ihre Umgebung undurchsichtig und gefährlich seien, bestätigen; indessen legt er seine Verachtung in einen bezeichnenden Vergleich: »Der Germane ist . . . niedriger fast als seine Tiere« und gerät durch die plötzliche Identifikation Hermanns, der »Ich auch?« fragt, in Verlegenheit. Ihm, dem sich als treuesten und bewußten Sohn dieses Volks und seiner Naturumwelt begreifenden Hermann, muß der Prätor notgedrungen bestätigen, daß er eine Ausnahme sei. Dem Verlauf der Spielhandlung nach scheitern die Römer jedoch nicht an den Germanen oder einer heroischen selbsttätigen Natur, sondern am militärischen Geschick Hermanns. Die in den Eingangsszenen angespielten Motivierungen werden in den Schlachtszenen nicht dramatisch wirksam. Gewiß unterliegen Varus' Truppen in der »Falle unsrer Täler und Gebirge« (346), wie Hermann prophezeit, aber das bleibt eine Metapher der durch List und Täuschung den Römern aufgezwungenen ungünstigen strategischen Situation, die sie militärisch nicht zur Entfaltung kommen läßt. In der Schlacht sind es auch nicht die zu riesiger Größe gewachsenen Germanen, die das Schicksal der Römer vollstrecken, sondern trotz vieler heroischer Aktionen vor allem die gepeinigten und unterdrückten Bauern, die ihren Feinden die Rechnungen für das geraubte Vieh ins Gesicht »kerben«, nachdem sie sich unter der Führung Hermanns beinahe widerwillig auf die gefährliche Auseinandersetzung eingelassen haben. Der Held bleibt die zentrale Figur, und die übrigen Soldaten, kaum über sich hinauswachsende Vollzugsorgane seiner Initiative, erleben die Schlacht nicht als Erhöhung zur Größe des Feldherrn, sondern als Notwendigkeit, um die »Soldaten und Schreiber . . . vom Halse« zu bekommen (376).

B. DIE SCHLACHT

Dramaturgie ihrer Geschichtlichkeit

Die Handlung in den Szenen des »Eingangs« wird nicht von jener vielsträngig bewegten und perspektivisch gesicherten Dramaturgie dem Schlachtengeschehen entgegengeführt wie etwa noch die Exposition im *Napoleon,* wo die wütenden Zerstörungsgesten und ahnungsvollen Untergangsvisionen zudem die Notwendigkeit des Vorgangs ausspielten. In Grabbes letztem Drama fehlt die formale Objektivierung, die den politischen Prozeß als strukturbestimmende, aus der Erstarrung einer geschichtlich gegebenen Lage heraus sich steigernde Aktion dramatisierte; vielmehr bleibt eine Differenz zwischen der Handlungsführung, dem pragmatischen Gerüst des Dramas und jenen rhetorischen Einlagen, die die kriegerische Auseinandersetzung als naturnotwendig bestimmen, aber nicht bis in die vorgespielte Aktion durchschlagen.

Diese Naturnotwendigkeit wird auch auf seiten der Römer in den bornierten »Sachwaltern« und »Advokaten« durch Kontrast lebendig, der sie als Vertreter des Systems gegenüber den spontan sich erhebenden Germanen ebenso im Nachteil zeigt wie die Heroen vergangener geschichtlicher Größe: Der ganz zu Beginn des Dramas ermüdet sich hinsetzende Vero ist bereits dreißig Jahre Soldat, ein anderer hat schon mit Cäsar am Rubikon gekämpft (335). Varus grüßt seine eigenen Veteranen als die lebendigen Denkmäler längst geschriebener Historie:

> VARUS . . . Alle Ehre deiner Narbe. Sie ist eins der Kommata der Weltgeschichte. (Zu einem dritten Legionar) Was beugst du dein Haupt?
> DRITTER LEGIONAR Aktium.
> VARUS (für sich) Es wäre ein endloses Geschäft weiter zu fragen. Fast all diese beeisten Häupter tragen in Narben die Schriftzüge ihrer Siege. (HkG III 335)

Die geschichtliche Bewegung, in der diese Soldaten stehen, wird später Augustus bezeichnen: »Rom altert wie sein Gottesdienst« (380).

In diesen Zusammenhängen soll das Schlachtereignis des Dramas gesehen werden: Hier findet nicht mehr ein elementarer Zusammenprall statt, der sich aus der dramatischen Dynamik folgerichtig ergab, sondern ein geschichtliches Ereignis in voller Raum- und Zeiterstreckung, in dessen Ablauf bisweilen noch die objektiven Ursachen für Sieg und Niederlage sichtbar werden. Der Vergleich mit dem *Hannibal* macht deutlich, in welcher Weise sich das Geschichtsbild in Grabbes letztem Drama verändert. Während dort die Notwendigkeit des Handlungsganges und des historischen Prozesses soziologisch begründet wurde (das geschlossene, alle individuellen Eigeninteressen verleugnende Rom besiegt ein Karthago, das sich zu spät aus seinem Krämeregoismus erhebt, seine Niederlage also selbst verschuldet), lagert die *Hermannsschlacht* ihr Geschehen in die Zusammenhänge epochaler Veränderungen: Eine alte Zeit wird durch eine neue abgelöst, und die Niederlage der Römer im Teutoburger Wald ist das Signal dieses Übergangs.

Die resignierende Erkenntnis des Augustus, daß Rom wie seine Religion einer vergehenden Epoche angehöre, pointiert die wichtigste Darstellungsabsicht des Dramas. Während die überalterten Römer, eisgrau, in ihrem geschichtlichen Bewußtsein beinahe zu Monumenten erstarrt sind, erscheinen die Germanen als ein noch naturhaft-ungezähmter, aber lebenskräftiger neuer Stamm der Geschichte. Den Eindruck einer Musterung macht folgender Dialog anschaulich:

> VARUS Das Fußvolk?
> QUÄSTOR Buntes Gemengsel. Der eine trägt Hirschgeweih oder Auerhahnsfedern und dergleichen auf dem Kopf, der andere hat in einen Knoten zusammengeschürztes Kopfhaar, . . . und die übrige Uniform besteht aus Röcken von Luchs-, Bär-, Elentiers-Fellen und ich weiß kaum, was sonst noch, alles immer quer und toll durcheinander.
> VARUS Die Reiterei?
> QUÄSTOR Der kann man ihren Aufputz und ihre Wildheit verzeihen. Unsere Turmen sind Flederwische gegen diese bergauf und bergunter fliegenden Scharen.
>
> (HkG III 335 f.)

So wirkt sich der geschichtliche Ablösungsvorgang bis in die Beschreibung und Typisierung der Kontrahenten hinein aus: Die Germanen, nach militärischer Erfahrung, Strategie und Disziplin den Römern unterlegen, fordern durch ihre naive Tollkühnheit den Veteranen Respekt ab. Durch die ganze Schlacht hindurch werden auf beiden Seiten diese charakteristischen Züge wiederholt und abgewandelt. Während das Geschehen der militärischen Auseinandersetzung häufig nur stichwortartig vergegenwärtigt wird, grundieren die Kampfpausen die Schlacht in ihrer historischen Bedeutung, die damit immer stärker als ein Kampf des Alten gegen das geschichtlich Neue hervortritt. Die Römer müssen angesichts der hoffnungslosen Lage zwangsweise bei ihren Erinnerungen Zuflucht und Trost suchen:

> VARUS Syrien ist ein schönes Land.
> EGGIUS Wie kommst du auf Syrien?
> VARUS Ich war dort sechzehn Jahr Statthalter bis Pontius Pilatus mich ablöste ...
> EGGIUS Laß uns lieber von den Germanen reden.
> VARUS Die haben wir nahe genug. Sprechen wir eher von jenen glücklicheren Zonen. Das Meer spült da leiser an den Küsten, als hier der ewige Regen auf die Täler herniederrauscht. (HkG III 357)

Auf der Seite der Germanen sucht Hermann mit Blick auf die Zukunft, wenngleich erfolglos, immer wieder ein patriotisches Bewußtsein zu erwecken:

> HERMANN Deutschland!
> EINIGE IN SEINEM HEER Er spricht oft davon. Wo liegt das Deutschland eigentlich?
> EINER Bei Engern, wie ich glaube, oder irgendwo im kölnischen Sauerlande.
> ZWEITER Ach was! es ist chattisches Gebiet.
> HERMANN Und kennst du deinen Namen nicht, mein Volk? (HkG III 353)

Die Schlacht selbst hat Grabbe als einen langwierigen, drei Tage und Nächte währenden Kampf dargestellt und ihm damit gleichfalls den Spielcharakter eines Prozesses gegeben, obwohl er die Bewegungen der Auseinandersetzung gleichzeitig dramaturgisch gerafft hat. Wenn der *Napoleon* noch weite Räume in seiner Vorstellung zu verbinden wußte, so drängt die Regie des Schlachtgewogs im Hermann-Drama die Ereignisse auf engstem Raum zusammen, so daß Rede und Gegenrede zwischen den beiden feindlichen Lagern möglich erscheint. In Klopstocks *Hermanns-Schlacht* wird der entscheidende Kampf nicht auf der Bühne, sondern in Bardengesängen vorgestellt. Kleist greift zu einem symbolischen Kunstmittel: während der Schlacht wird die Ventidius-Nebenhandlung zu Ende geführt, Thusnelda bestellt ihren heuchlerischen römischen Verehrer zu einem Stelldichein, lockt ihn in einen Park, wo er eingeschlossen und von einem dort ausgesetzten Bären zerrissen wird.

Indem Grabbe die Abschnitte seiner *Hermannsschlacht* nicht mehr wie früher als Akte oder aktähnliche Abteilungen ausweist, sondern die Zeitphasen der drei Tage und Nächte dauernden Schlacht zu Gliederungsprinzipien erhebt, nähert er sich den tatsächlichen Geschehnissen in noch stärkerem Maße. Um dieses epische Grundgefüge wiederum spannungstechnisch aufzulockern, hat er zur Vorstellung der militärischen Aktion zwei scheinbar entgegengesetzte Formen der Schlachtdramaturgie ausgebildet. Eine einfache Möglichkeit bietet der Kommentar, der das Bild des »Gewogs« für ganze Strecken mit allen Einzelheiten der strategischen Bewegung ausfüllt. So bestimmt der Beginn der dritten Nacht:

Fortwährende Schlacht mit abwechselndem Glück. Doch füllen sich die vom Feind gemachten Lücken der deutschen Heerhaufen immer mit neuen Ankömmlingen, während die Legionen, ohne Hülfe von außen, mehr und mehr zusammenschmelzen. (HkG III 372)

Obgleich dieser Ausschnitt Grabbes völlige Gleichgültigkeit gegenüber den dramatischen Raum- und Zeitkategorien dokumentiert, die sich nur aus dem Willen zu einer konsequenten Annäherung an die vorgestellte geschichtliche Realität begreifen läßt, so weist er sich dennoch als ganz und gar unrealistische Stilisierung aus. Die Szenenanweisung berichtet im Präsens von dem Gefecht und bezieht es damit in die gedachte ›Bühnenhandlung‹ ein; doch das Prädikat »zusammenschmelzen« bezeichnet eine gänzlich undramatische, durative Aktionsart. Diese zeitliche Raffung der Ereignisse ist ein epischer Kunstgriff, der durch keine Regie dramatisch umgesetzt werden könnte, ohne aus der Grundhaltung realistisch-unmittelbarer Dokumentierung auszubrechen, denn die eigentliche Szenenaktion schließt sich an den Bericht an und führt seine Bewegungen zu einem Abschluß.

Die andere, mit Vorliebe gehandhabte Möglichkeit der Handlungsvergegenwärtigung verbindet die militärische Konfrontation mit der dialogischen:

> (Die achtzehnte Legion will vorauf aus dem Lager marschieren)
> HERMANN (eilt ihr mit Truppen entgegen) Halt!
> VARUS (in der Mitte der Achtzehnten, welche stutzt) Laßt ihr euch schon von Feinden gebieten? Heut sind wir im Vorteil, bloß weil wir im Tal mit dem Feinde auf gleichem Grund und Boden stehen –
> EIN LEGIONAR (für sich) Hätten wir gestern auch nur nicht mit ihm auf seinen Bergen angebunden.
> VARUS Speerträger brecht vor, ihr leichten Truppen und ihr Principes entfaltet euch zu beiden Seiten, Triarier seid die Nachhut – Wir wollen nach Süden zu hinausmarschieren.
> DER LEGIONAR (für sich) Weil wir müssen.
> VARUS Wehe dem, der uns hindert! –
> (Die Legion bricht in der befohlenen Ordnung aus dem Lager, und die Deutschen müssen weichen. Varus zu der Legion)
> So! euch fehlte nur der schickliche Platz, jetzt habt ihr euch entfaltet, ein Adlergefieder!
> HERMANN Daran soll in diesen Tälern schon gerupft werden. (HkG III 362)

Die Passage stellt einen abgeschlossenen Szenen- und Handlungsabschnitt dar und bietet ein aufschlußreiches Beispiel für den ständigen Wechsel der Perspektive, der *Einstellung* im filmischen Sinne. Mehrfach wird dabei der ›Dialog‹ durch einläßliche Aktionsanweisungen unterbaut, die seine Zeitstruktur aufbrechen. Die Absicht, die Bewegungszüge der Schlacht möglichst unmittelbar einzufangen, bestimmt diesen gewaltsamen synchronen Vorgang. Der Einsatz bietet noch keine Sckwierigkeit: Die Legion bricht aus dem Lager auf; aber schon Hermanns

Ruf »Halt!« gegenüber einem vier- bis fünftausend Soldaten umfassenden Verband strapaziert die Vorstellungskraft, die vollends versagt, wenn diese Legion, in deren Mitte sich Varus zu Worte meldet, »stutzen« soll. Die sich anbahnende dialogische Konfrontation der beiden Heerführer wird durch diese Personalisierung des Heeres ermöglicht, die folgerichtig in der die Stimmung der Soldaten wiedergebenden Sprecherrolle des Legionärs weitergeführt wird: er deckt nach dem Muster der kontrastierenden Rede hinter der scheinbaren Unbefangenheit des Varus die Zwangslage auf; und es scheint beinahe so, als ob die Anschlußbemerkung des Varus: »Wehe dem, der uns hindert!«, eine Antwort auf das *Aparte* des Legionärs enthielte. Die in den kurzen Redeeinsätzen ausgebildete Spannung löst sich jedoch sogleich in einen zeitraffenden epischen Einschub auf, wenn als Regieanweisung der Aufbruch der Legion und das Weichen der Deutschen in Varus' Rede eingeblendet wird. Aber das »so« knüpft wieder an ganz andere Zeitvorstellungen an, als sie durch eine Massenbewegung hervorgerufen werden. Der »Platz« scheint immer noch ein bescheidenes Bild für ein sich ausbreitendes Heer. Raum gewinnen die Römer sprachlich erst, wenn der Feldherr die geglückte Aktion in ein heroisches Bild setzt, das ihn mit dem an sein Wortspiel ironisch anknüpfenden Hermann auf einer ganz anderen Ebene, der des heroischen Bewußtseins, in dialogische Verbindung bringt.

Im willkürlichen Wechsel zieht dieser Aktionsabschnitt verschiedene Zeitstrukturen, Sichtweisen, Bilder, räumliche Entfernungen und Sprechebenen zusammen; die strategische Bewegung des Heeres wird in einer plötzlichen Gegenperspektive (Hermanns »Halt!«) aufgelöst, die *Totale* springt über in die Rede eines Einzelnen (»Varus in der Mitte der Achtzehnten«); die Massenregie im Befehl des Feldherrn weicht der monologischen Intimität (dem »für sich« des Legionärs), und endlich schrumpft das Schlachtfeld in der Wortspielbrücke der beiden Feldherren wieder zum Bühnenraum.

Den Dialog, Grundform dramatischer Kunst, hat Grabbe hier auf das Schema mehrerer kaum zusammenhängender Sprechrollen reduziert. Während der *Napoleon* die in verschiedenen

Kommentierperspektiven sprechenden Personen noch in ein persönliches Verhältnis setzt, hat die Technik der redenden Vergegenwärtigung in der *Hermannsschlacht* die Kraft, ähnliche Bindemittel zu entwickeln, nicht mehr. Es gelingt allein noch, die pragmatischen Vorgänge als Ganzes lebendig vorzustellen, das Geschichtsereignis ohne gedankliche oder formale Integration ablaufen zu lassen. Doch auch hier mißt sich das künstlerisch Verfehlte an der Gestaltungsabsicht weniger streng, denn in seinem gewandelten Geschichtsverständnis betont Grabbe hier das Prozeßhafte und Kontinuierliche der Ereignisse, während er die Rolle des großen Individuums entlastet. Die in der Zeitgestaltung epischer Dauer ausgebreitete Schlacht hat also einen anderen Charakter als jene gewaltige Zuspitzung, die der *Barbarossa* intendierte und der *Napoleon* Wirklichkeit werden ließ, und Hermanns List und strategische Kunst bedeuten eine geringere heroische Tugend gegenüber dem Schmelz- und Ballungsvermögen Heinrichs des Löwen oder der politischen Integrationskraft, die Napoleon freisetzt. Napoleon schafft geschichtliche Ereignisse, Hannibal ist ein verhinderter Geschichtsschöpfer, Hermann bringt nur noch das geschichtlich Notwendige zur Entfaltung. Die Schlacht selbst läuft als ein eigenständiger Vorgang ab, der im Horizont des jeweiligen Parteibewußtseins nicht nur ganz verschiedene Qualitäten zeigt, sondern der aus dem ständigen Perspektivenwechsel seinen objektiven, über das Vermögen der Handelnden hinausgehenden Notwendigkeitscharakter doch indirekt bestätigt. Im *Barbarossa* konnte noch der Zweikampf der beiden rivalisierenden Fürsten den Kampf entscheiden; im *Napoleon* standen sich ebenfalls zwei gleichwertige Heere gegenüber, und der Sieg des einen war nicht ohne eine Reihe glücklicher Umstände möglich; und die Schlachtentscheidung im *Hannibal* schließlich wäre bei anderen politischen Verhältnissen in Karthago nicht von vornherein voraussehbar gewesen, Die *Hermannsschlacht* rückt ihr Hauptereignis in größere geschichtliche Zusammenhänge, in denen die Personen eine untergeordnete Rolle spielen. Dies bedingt die Form ihrer Darstellung, deren *integrierender Punkt* außerhalb des Geschehens liegt, wenn er auch am Ende szenisch eingespielt wird.

Die Schlacht als Idylle

Wie schon im *Napoleon* nimmt Grabbe die Schlacht zum Anlaß, um in Einblendungen und Genre-Szenen die ›soziale‹ Verfassung vornehmlich der deutschen Partei unter den Bedingungen des Heroischen lebendig werden zu lassen. Der Humor und die Ironie, die in diese Szenen einfließen, geben ihnen die charakteristischen Eigenschaften der Idylle, wie sie in einem Wort des Varus geradezu programmatisch angekündigt wurde. Offenbar auf eine scherzhafte Erzählung des Hermann von seinen Cheruskern hin bemerkt der Römer:

> Der Scherz . . . bezeugt, welche Naivität auch unter Naturmenschen, woraus doch meistenteils dein Volk besteht, wohnen kann. Er wäre was für Theokrit, für unseren feineren, ausgebildeteren Virgil freilich nicht. (HkG III 344 f.)

Diese Idylle bestimmt nicht im geringsten Maße die Wirklichkeit der Schlacht. Während noch die Preußen-Szenen im *Napoleon* vornehmlich von patriotischem Pathos erfüllt waren, das die gesellschaftliche Schmelzkraft des Kriegserlebnisses bezeichnen sollte, scheinen die Germanen-Szenen der *Hermannsschlacht* in auffälligen ironischen Gegensatz zu den heroischen Anfeuerungsrufen ihres Anführers Hermann gebracht. So treten in der 2. Szene der 1. Nacht zwei würfelnde Cherusker auf, wobei der eine nacheinander Haus, Hof, Familie und schließlich sich selbst setzt und verliert. Seinen letzten Wurf tut er mit dem Ruf: »O heilge Freiheit verlaß mich nicht« (359). Solche Worte klingen wie eine Parodie auf das Freiheitspathos Hermanns, aber dieser ironische Kontrast bezeichnet die Nähe der beiden Anschauungen. Grabbe hat die Germanen in dieser von Tacitus inspirierten Würfelszene durch die programmatisch herausgestellten Eigenschaften der Ehrlichkeit, Treue und Naivität als ›Volk‹ gestaltet, einer Qualität, die, im *Napoleon* nur als heroische, vergängliche Leistung möglich, von den Germanen als natürliche Mitgift eingebracht wird.

Der in der Gerichtsszene des Eingangs angedeutete, geradezu rigoristische Ehrbegriff der Germanen, das natürliche, religiöse

Gefühl für eine einzuhaltende Verpflichtung, der Gegensatz zum bürgerlichen Recht der Römer wird auch hier lebendig, wenn der verlierende Spieler, der mit seiner Familie zum Leibeigenen geworden ist, sich eigentlich nur darum sorgt, ob er auch seinen »Heerdienst« weiter leisten darf. Ein anderer Genre-Ausschnitt führt Fritze vor, der seinen in der Schlachtreihe vor ihm postierten und erheblich kräftigeren Freund Bartold bittet, mit ihm den Platz zu tauschen, denn er, ein Schmachtlappen, möchte unbedingt jemanden hinter sich haben, der ihn bei einem Puff von vorne im Rücken zu stützen vermöchte. Fehlen auch die patriotischen Bindungen, so stellen sich die Germanen doch in ihrer komischen Uneigennützigkeit gerade mit der sittlichen Stärke vor, die sie weit über die egoistischen Krämerseelen erhebt: Der bereits Leibeigene legt noch Wert darauf, die zuvor eingegangenen Verpflichtungen auch einzuhalten, und der schmächtige Fritze opfert seinen Proviant, weil er sich die Schlacht vor allem als Gefahr umzufallen vorstellt. Die Ironie, mit der Grabbe die Naivität der Germanen zu gestalten suchte, eignet sich schließlich auch Hermann an; nachdem seine patriotischen Appelle ohne Echo verhallten, findet er eine wirkungsvollere Weise, seine Soldaten anzufeuern:

> HERMANN Ziegen, Schafe, Hühner, Tauben, Hechte, Forellen, alles was sie ergeifen konnten, nahmen euch die Schufte, ohne zu bezahlen. Kerbt ihnen mindestens die Rechnungen ins Gesicht, zum Andenken bei ihrem Abzug!
> EGGIUS Der Kaiser!
> HERMANN Denkt der in seinem Namen gestohlenen Runkelrüben, und seiner Sachwalter, Advokaten, und, schlimmer als beide, seiner Gesetze und Richter!
> DIE DEUTSCHEN Ha! (Sie stürzen mit einem furchtbaren Anprall auf die Römer) (HkG III 354)

Nicht nur als ausbeutende Unterdrücker, sondern vor allem, wie die Eingangsszenen aufzeigen sollten, als »Advokaten« sind die Römer den Germanen zuwider und fremd. Ihr auf das Buchhalterische und bürgerliche Recht beschränkter Zivilisationsanspruch bewirkt diese Feindschaft: Fritze möchte ». . . auch gern einen von den Advokatenknechten« auf seinen Spieß

(353) laufen lassen, und am Ende nimmt Erneste Klopp grausame Rache an dem Schreiber, der ihr das Recht versagt hatte. Hermanns Versuch, den Haß auf die »Sachwalter« und die »Advokaten« neu zu beleben, wird vor allem dadurch komisch, daß er mit dem Anruf des Eggius, der die römischen Soldaten mit dem Namen des Kaisers anfeuert, gekreuzt wird; der Umschlag ins Grotesk-Komische erfolgt aber erst dadurch, daß Hermanns anspornender Ruf den Angriff der Germanen tatsächlich übermäßig beflügelt.

Das humoristisch-verständnisvolle Herabbeugen Hermanns zur ›volkhaften‹ Beschränktheit der Germanen bezeichnet eine bemerkenswerte Wandlung im Verhältnis von Heros und Volk. Während noch in den Sachsen-Szenen der beiden Hohenstaufen-Dramen die einfachen Soldaten sich zum nationalheroischen, aber ins Universale geweiteten Geschichtsheldentum ihres Königs erhoben und ein ihnen im Innersten fremdes Verhalten annahmen, während Heinrich der Löwe die ethnisch begründete Abneigung seiner Sachsen gegen alles Italienische nur als Vorwand seiner in Wahrheit egozentrisch angelegten politischen Absichten nutzte, während die Preußen sich in eine höhere patriotische Gemeinschaft aufschwangen, – Hermann muß sich auf die Mentalität der einfachen germanischen Bauern einstellen und sich zu ihrer beschränkten Art herabbequemen. Wenn er gegenüber den Römern seine nationale Vision eines befreiten und vereinigten Deutschland zur Geltung bringt, so muß er sich mit den Germanen als einem ›alten Volk‹ im Sinne des Sturm-und-Drang-Historismus auseinandersetzen. Schon seine List, seine ›Treulosigkeit‹ gegenüber den Römern, bringt ihm bei seinen aller Kasuistik abholden Landsleuten Kritik ein (vgl. die Worte des »Alten« S. 346). Andererseits erkennen die Germanen in ihm erst dann wieder einen der Ihren, nachdem er die Rüstung abgelegt hat:

Auch in unsren Kleidern wieder? Nun ist er auch in unsren Seelen.
Hoch Hermann! (HkG III 347)

Die Verteidigung des Naturhaft-Volkstümlichen aus der Sicht der einfachen Landmenschen ist das Thema der Sturm-und-

Drang-Idylle. In Maler Müllers *Schafschur* verteidigt der Schäfer Walter gegen den Schulmeister in dem Recht, alte »unharmonische« Volkslieder zu singen, auch seine Hausordnung[313]. Die Germanen verhalten sich ganz ähnlich: Sie sehen sich und ihre Freiheit gleichzeitig mit ihren Sitten und Gebräuchen gefährdet: Nicht die patriotische Rede Hermanns (S. 345 f.) überzeugt diese Menschen, sondern sein äußerliches Bekenntnis zu ihren »Gewohnheiten«. Hermann indessen vermag die gewünschte Identität mit dem einfachen Volk nicht mehr ohne gehobenen Sprechton zum Ausdruck zu bringen; einen Monolog am Ende der »Ersten Nacht« beschließt er mit den Worten:

> Schon ist es weit über Mitternacht, und will noch der Morgen nicht kommen? Er wird blutig werden, aber ich hab ihn immer lieber, als diese wüste Stille, worin ich unter Tausenden vielleicht allein nur für sie alle sorge und denke – – (HkG III 360)

Hermann bevorzugt mit dem Morgen die Augenblicke des Kampfes, der gemeinsamen Taten gegenüber der nächtlichen Situation einsamer, monologisch bedachter Verantwortung. Heinrich der Löwe – neben allem Pathos der Einheit – entfaltete sich noch im Monolog und genoß die heroisch-schicksalhafte Isolation. Die rhetorische Anlage des gesamten *Barbarossa* ließ auch ihn vor allem in den Passagen rednerisch-bildlicher Selbststilisierung an Gestalt und Profil gewinnen. Hermann spiegelt sich nicht mehr im Volk, vielmehr scheinen beide durch ein sentimentales Naturverhältnis auf der einen und durch naive

313 Als der Schulmeister den unreinen Reim »Bruder« und »Mutter«, das »doppelt Tau« mit dem »einfachen Delta« nicht gelten lassen will, bekommt er diese Antwort: »s'Wetter und der Teufel! Soll ich dann in meinem Hause nicht Herr sein dörfen, daß mich der verfluchte Schulmeister drin herumkujoniert! . . . Was Teufels gehn mich dann Seine Delta und Tau an? Geh' Er zum Henker, behalt Er das Zeugs vor sich – – und lass' Er einen singen hören; will noch, so wahr ich leb', jährlich fünf Malter Korn ins Almosen geben, bloß daß mir der Schulmeister vom Hals bleibt – ich krieg' noch das Fieber, das ist gewiß.« Sturm und Drang. Werke in drei Bänden; ed. Karl Freye, neu bearbeitet von R. Strasser. (Bongs goldene Klassiker-Bibliothek); Frankfurt a. M. o. J. III. Bd. S. 33.

Naturhaftigkeit auf der anderen Seite verbunden. Freilich, das Heroische und das Idyllische verbinden sich auch hier nicht fugenlos. Wenn im *Napoleon* der destruktive Heroismus die Bildlichkeit der familiären Harmonie widerlegte, so dominieren in den Schlachtszenen des Hermann-Dramas die idyllischen Züge und lassen die Germanen im Heldenkostüm eben als solche Zwitterwesen agieren, wie sie auch dem Quästor als »buntes Gemengsel« (335) erschienen. Das Formproblem, die Stildissonanzen können aber nicht die konstante Gestaltungsabsicht in Frage stellen, die hinter der Schlachtenschilderung steht: Die heroische Tat als höchste Möglichkeit und Erfüllung eines sozialen Verbunds. Die Preußen gelangen in der Schlacht zum Bewußtsein der Gemeinschaft, die Germanen verteidigen ihren natürlichen Volks- und Gemeinschaftscharakter. Das ursprüngliche Gemeinschaftsdenken von Hermanns treuem »Bursch«, der die von seinem Herrn erhaltene Belohnung mit den Gefährten teilen möchte (347), weist auf einen ebenso wichtigen Charakterzug bei den Germanen wie der erfolgreiche Versuch des Cheruskerfürsten, den Zorn seiner Landsleute über ihr gestohlenes Kleinvieh in heroischen Kampfesmut umzuwandeln: Uneigennutz und Besitzempfindlichkeit, zwischen denen, wie Grabbe zu zeigen nicht müde wurde, in seiner Zeit Welten lagen, – während der idyllischen Frühgeschichte dachte er sie sich als Ausdruck eines einzigen Wesens vereint.

Es bleibt Hermanns programmatischen Reden vorbehalten, die dramatisch nicht adäquat ausgeprägte Gestaltungsabsicht des Dichters auszudrücken: Der Held steht nicht mehr in einem dialektischen Verhältnis, das Polarität und die Möglichkeit der Identität in sich beschließt, zur sozialen Bezugswelt, sondern fühlt sich ihr organisch entwachsen. Auch hier scheint der spät einsetzende Einfluß Rankes nachweisbar, der das Wirken und Handeln der großen Persönlichkeiten innerhalb der epochalen Bewegungen und zugleich, wie Meinecke betont, »aus den großen Lebensnotwendigkeiten der Staaten« zu bestimmen bemüht war[314]. Um den Sieg der Germanen und die Niederlage der

314 Meinecke; a.a.O. Bd. II, S. 638.

Römer als Wirkung übergreifender Zusammenhänge hervorzukehren, vertraut das Drama in seiner Motivierung notwendig weniger der Person des Helden und seinen Fähigkeiten als die früheren Stücke, wo der Heros allein alle Bewegung hervorbrachte; Hermann setzt sich jedoch auch nicht an die Spitze einer ›Revolution‹ wie Napoleon. Er bleibt ein selbständiger Held, dessen Tun allerdings durch das Bewußtsein der Geschichtlichkeit der Welt begrenzt wird. Wenn Hermann am Ende der Schlacht seine Germanen nicht zum Zug gegen Rom überreden kann, so bleibt seine Reaktion dennoch gemäßigt:

> Da Varus und seine Römer tot sind, und ihr nicht Lust habt, den Sieg weiter zu verfolgen, so lad ich euch zum Schmaus in meinen Hünenringen ein.
>
> . . . . . .
>
> (beiseit) – Ach! – Wüßte das Palatium, daß diese sonst so tapfren Leute nur ein paar Meilen weit sehen, und lieber in der Nähe äßen und tränken, als es zu zertrümmern, so würd es bei der Nachricht meines Siegs nicht so erbeben, als es mit seinem zähneklappernden Herrn und Gestein tun wird. (HkG III 376 f.)

Kein überspannter komischer Eroberungstrieb findet sich hier abrupt beendet, kein Versinken im »Chaos des Gemeinen«, sondern ein resignierendes Sich-Einstellen auf die Gegebenheiten. Benno von Wiese sieht auch hier das »tragische Geschichtsthema«[315], nur schwächer und dürftiger als im *Napoleon* oder *Hannibal.* Diese Wertung geschieht ohne Rücksicht auf die Verwandlung des Geschichtsbildes, die sich hier ausdrückt. Der Held, der sich im Einklang mit der Natur zum Handeln aufgerufen fühlt, muß auch bereit sein, dem naiven, am Heroischen desinteressierten Verhalten seines Volkes nachzugeben. Die Germanen haben »die Soldaten und Schreiber jetzt vom Halse« (376), und sie begnügen sich damit, daß die Idylle wiederhergestellt ist. An dieser Wendung »Philistrosität«[316] zu bemängeln, hieße doch, der Heroismusidee Grabbes verfallen. Eine nur schwer überhörbare Ironie klingt aus der Einladung Hermanns

315 Benno von Wiese, Tragödie; S. 529.
316 Schneider; a.a.O. S. 332.

heraus, die welthistorische Niederlage Roms mit einem »Schmaus« zu begehen. Andererseits feierten die Helden des mittleren Geschichtsdramas, Sulla oder Heinrich VI., ihre Siege allein, in Reden und Gebärden der Selbsterhöhung, um in ungezügelter Ich-Manie nur die eigene Leistung hervorzukehren. Schäfer hat mit Recht betont, daß Grabbe ein »Scheitern« Hermanns viel stärker durch die Hereinnahme seines gewaltsamen Todes, ähnlich wie im *Hannibal,* hätte gestalten können[317]. Die dramatische Konzeption beruht jedoch auf einer gewandelten Geschichtsanschauung, die die Hermannsschlacht und die Leistung des Feldherrn in dem Zusammenhang historischer Perioden und epochaler Ablösung gesehen wissen will, denen als einer anscheinend selbständigen Bewegung niemand zuwider zu handeln vermag.

Die neue Geschichtsdeutung

Das Wort von dem »Punkt«, auf den er in seinen Dramen stets zugehe, hat Grabbe mit Hinblick auf die Schlußszene in der *Hermannsschlacht* formuliert. Er antwortete damit vermutlich auf Einwände seines Freundes Petri gegen den der Handlung ohne ersichtlichen Grund aufgesetzten Schlußteil. Ein Funktionsvergleich der ebenfalls am Ende befindlichen, aus der Bewegung und dem dramaturgischen Zuschnitt des geschichtlichen Vorgangs heraus gestalteten Höhepunkte im mittleren und späten Geschichtsdrama mit dieser »Windfahne« (Wuk VI 178) der letzten Rom-Szene kann jedoch aufschlußreich sein.

Die Dramen *Barbarossa, Napoleon* oder *Hannibal* bringen in den Schlachtszenen bzw. in den Szenen des heroischen Selbstopfers nicht nur Höhepunkte der Aktion, sondern überhaupt im Sinne Grabbes große Geschichte hervor. In diesem Zuspiel auf einen heroischen Glanzmoment hin fand Grabbe die theatralische Grundform, die es ihm erlaubte, seine Welt- und Geschichtsidee adäquat künstlerisch umzusetzen: Die in ihrer Bestia-

317 Schäfer; a.a.O. S. 217.

lität immer gleichförmige, komödiantische Wirklichkeit konnte nur in der gewaltigen heroischen Aktion zerstört oder aufgelöst werden. Wenn Grabbe jedoch 1835 behauptet: ». . . das Bessere wiegt über; es kämpft in der ganzen Geschichte und hat bis jetzt immer zuletzt gesiegt. Die kleinen Würmer, die kleinen Sorgen, Leiden und Freuden, die Not, der zum Existieren einmal nötige Eigennutz, erklären mir fast alle Schlechtigkeit.« (Wuk VI 79), dann erfährt hier das alte pessimistische Weltbild, in dem das Gute (d. h. Heroische) stets durch das Schlechte (die Welt des Materialismus: Würmer) bedroht war, eine bemerkenswerte optimistische Wendung. Sengle[318] sieht diesen Umschwung im Zusammenhang mit Grabbes aus dem oben zitierten Brief dokumentierbaren Ranke-Lektüre. Die *Hermannsschlacht* zeigt sich auch in allen die Physiognomie der Geschichte belebenden Bildern von Aussageelementen der Herder-Rankeschen organologischen Geschichtsbetrachtung beeinflußt; die Bedeutung und Rolle der Natur gaben dafür klare Anhaltspunkte. Diese Momente faßt der letzte Auftritt zusammen, insofern er die aus naturhaften Prozessen heraus motivierten Vorgänge in einen universalhistorischen Zusammenhang eingliedert.

Wukadinowić vermutet vor allem bei Tacitus selbst die Anregung für diese Rom-Szene[319]. Doch in dem ersten Band der seit 1834 erscheinenden Rankeschen Geschichte der Päpste[320] konnte Grabbe lesen, daß die in der römischen Kaiserzeit immer stärker werdenden Befreiungsbewegungen der Völker durch die religiöse Aufsässigkeit der Christen gegenüber Rom angeregt wurden; das Verbot, dem Kaiser zu opfern, gab das Signal für die politische Emanzipation. Diese von Ranke pointierte Verbindung von

318 Sengle; a.a.O. S. 160.

319 In der Einleitung des Herausgebers, Wuk IV S. 331.

320 Leopold von Ranke, Die römischen Päpste in den letzten vier Jahrhunderten; in: Sämtliche Werke Bd. 37–39; Leipzig [8]1885; Bd. 37, S. 3 ff. – A. Bergmann vermutet mit großer Wahrscheinlichkeit, daß sich dieses Werk hinter dem nicht näher bezeichneten »Ranke« verbirgt, den Grabbe über Immermann von der Gräfin von Ahlefeldt entliehen hatte, und von dem er schrieb: »Kein Tiger kann . . . so arg über den Ranke her sein als ich.« (Wuk VI 110); A. Bergmann, Grabbe als Benutzer der öffentlichen Bibliothek in Detmold; S. 94.

Religion und Staatsidee bei der Darstellung der römischen Geschichte macht sich auch Grabbes Augustus zu eigen, wenn er hervorhebt: »Rom altert wie sein Gottesdienst« (380). Augustus, der die Niederlage in Germanien und die Geburt des »Wunderknaben« Jesus Christus in die gleiche Perspektive rückt, in welcher er eine »neue Zeit« heraufdämmern sieht, verlängert diese Synopsis resigniert ins Prophetische. Er stellt sich nicht als der frühere von »gewaltigen Schlachttaten und Heroen« faszinierte Grabbesche Geschichtsmensch dar, sondern als ein Pragmatiker, der unaufhaltsamen Entwicklungen ihren Lauf läßt. Nüchtern empfiehlt Augustus seinem Nachfolger, nicht mit den Aristokraten, sondern mit dem Volk und dem Pöbel zu paktieren[321]. Er greift schließlich auf die alte Schauspielmetapher zurück, um seine Rolle in dem Lauf der Weltgeschichte als vorbestimmt und damit als unwesentlich zu beschreiben. Wären Marius, Sulla, die Hohenstaufen, Napoleon oder Hannibal in dieser Abschiedsgebärde vorstellbar? Selbst dort, wo jene scheiterten, hatten sie kein Theater gespielt, sondern gerade das Theater, die Maskierung, die überschminkte Bestialität bekämpft. Allerdings, Augustus versteht sich als abtretender Schauspieler, nicht Hermann; mit welchem Recht lassen sich beide vergleichen?

Zunächst muß noch einmal festgehalten werden: Die Augustus-Szene schließt die Dramenhandlung ab, indem sie deren geschichtsdeutende Elemente zusammenfaßt und sie auf den epochalen Prozeß hin durchsichtig macht. Der Abgang des Kaisers von der Bühne der Weltgeschichte ohne die zynisch oder verbittert herausgestoßenen Verzweiflungsbilder anderer Grabbescher Helden hat in diesem Zusammenhang gleichfalls programmatische Bedeutung: Auch Hermanns Abtritt von der Rampe der Weltgeschichte vollzieht sich in ironischem Einverständnis mit dem Gang der Geschichte, der nun nicht mehr als sinnlos erfahren wird, sondern – durch die Gegenwart der Idylle und durch die sich ankündigende Befreiung im Zeichen des »Wunder-

321 Hiermit wendet sich Grabbe sogar ausdrücklich gegen die Darstellung bei Tacitus, der – wie es in einem Brief an Schreiner heißt – »... die römischen Kaiser, welche mit dem Volk gegen die Aristokraten und Begüterten kämpfen mußten, nicht kapiert« hat (Wuk VI 149).

knaben« Christus – viele Bezüge und Perspektiven sinnvoller Gegenwart und Zukunft enthält.

Das Volk, Träger und Bewahrer der Idylle, erscheint nun als die entscheidende Kraft der Geschichte, denn Augustus bemerkt nur, daß der Glaube an die Sendung des Jesus im »Volk« sei (380) und läßt es unausgesprochen, daß er damit nicht mehr von der Welt zu verdrängen sein wird. Hermann gibt dem Volk nach, weil er in ihm die Quelle seiner Stärke und zugleich das Element der Begrenzung entdeckt. Der Hinweis auf die Kraft des Volkes, den Augustus als einzige politische Rezeptur seinem Nachfolger hinterläßt, versteht sich zugleich als Lehre, die aus der Niederlage des Varus zu ziehen war. Auch hier ist der Einfluß Rankes gegenwärtig, wie eine andere Stelle aus den *Römischen Päpsten* belegen mag:

> es sind immer Kräfte des lebendigen Geistes, welche die Welt so von Grund aus bewegen. Vorbereitet durch die vorangegangenen Jahrhunderte, erheben sie sich zu ihrer Zeit, hervorgerufen durch starke und innerlich mächtige Naturen . . . Es ist ihr Wesen, daß sie die Welt an sich reißen, zu überwältigen suchen. Je mehr es ihnen aber damit gelingt, je größer der Kreis wird, den sie umfassen, desto mehr treffen sie mit eigenthümlichen, unabhängigem Leben zusammen, das sie nicht so ganz und gar zu besiegen, in sich aufzulösen vermögen. Daher geschieht es . . ., daß sie in sich selbst eine Umwandlung erfahren. Indem sie das Fremdartige umfassen, nehmen sie schon einen Theil seines Wesens in sich auf[322].

Die Römer, die an der naturhaften Kraft der Germanen scheitern, die ihren Anspruch auf zivilisatorische Überlegenheit nicht in dem »Volk« aufzulösen vermögen, zeigen sich durch Augustus nun selbst im Banne einer Geschichtsauffassung, die die Kraft des Kollektiven in höherem Maße berücksichtigt und sich von ihr abhängig weiß. Die Idee des Heroischen, Gegenbild der geschichtlichen und sozialen Verzweiflung, löst sich in der *Hermannsschlacht* im Traum einer naturhaft-idyllischen Welt und Geschichte auf.

So zeigt sich Grabbe weltanschaulich am Ende seiner dramatischen Möglichkeiten. Wenn das Verhältnis des Helden zu sei-

322 Ranke; a.a.O. Bd. 38, S. 239.

ner Umwelt nicht mehr primär polarisiert-dialektisch, sondern organisch-untergeordnet erscheint, hat sich der dramatische Impuls seines ganzen Schaffens zum Nachteil der Kunst aufgehoben. Grabbe, der sich bei seinen späten Stücken stets mit hoher Anteilnahme in den Raum seiner dramatischen Phantasie hineinlebte, prophezeit in seinen Briefen mehrfach, daß er an diesem Drama »niedersinken« werde (Wuk VI 163; ähnlich Wuk VI 155). Dieses Bild gibt der Todesahnung noch einen Zug von heroischem Scheitern, als sei bewußt hier das Unmögliche versucht worden, als sei das noch Unvollendete auch unvollendbar. Aber zugleich läßt sich in dem Bild der Resignation auch der Hinweis auf das Versöhnliche des Stückes erkennen. Das veränderte, positiv gewendete Geschichtsbild, das dem Helden die Distanz zur Welt der bäuerlichen Beschränktheit, aber auch zur politischen Selbstsucht anderer Fürsten ironisch überbrücken hilft und ihm in der Natur eine größere tröstliche Bezugswelt erschließt, drückt den Versuch aus, zumindest geistig in die »kleinlichen Umgebungen« zurückzukehren, die als soziales Haßobjekt hinter den wütenden Destruktionstiraden der Frühzeit sichtbar wurden. Seiner Frau hatte Grabbe über den Plan der *Hermannsschlacht* geschrieben: »alle Täler, all das Grün, alle Bäche, alle Eigentümlichkeiten der Bewohner des lippischen Landes, das Beste der Erinnerungen aus meiner . . . Kindheit und Jugend sollen darin grünen, rauschen und sich bewegen.« (Wuk VI 76). In der dramatischen Wirkungslosigkeit seiner *Hermannsschlacht,* mit den Harmonietendenzen der Konzeption hat Grabbe sich selbst ein künstlerisches Opfer gebracht, um die Bühne, die beinahe ausschließlich in seiner Phantasie aufgeschlagen stand, nicht unter jenen Dissonanzen zu verlassen, mit denen er sie betreten und kaum 15 Jahre belebt hatte.

ZUSAMMENFASSUNG UND SCHLUSS

DAS UTOPISCHE ALS VERFALLSFORM DES IDEALISMUS

Die Grundthematik, die Grabbes Dramen anschneiden und entfalten, die Folgerichtigkeit im Versuch der Formgebung und dramaturgischen Umsetzung bildeten den Gegenstand dieser Untersuchung. Dabei erwies sich, daß der dramatische Grundimpuls, Bild, Affekt und Tat der Destruktion, einem sehnsüchtigen, aber kaum artikulierten Bedürfnis nach Einheit und Harmonie entsprungen war; der Ruf nach Zerstörung, der teufelhafte Negationszwang bezeugten einen durch die Widerstände der Wirklichkeit zerbrochenen Glauben an eine heile Welt. Doch dieser Glaube wird zum mindesten teilweise wieder zurückgewonnen, denn die Idylle, die Gothland zerstören ließ (HkG I 121), verteidigen die Germanen in der *Hermannsschlacht* voller Überzeugung. Von der Destruktion der Idylle bis zur Idylle im Zerstörungsbild einer Schlacht wird ein kurzer, aber entscheidender Weg durchmessen, in welchem – ohne Veränderung der dramatischen Grundmotive – die Grabbesche Weltsicht, ihre dramatischen Spiegelungen und Vollzugsformen eine bedeutsame Verwandlung erfahren. Diese Entwicklung führt über die Erkenntnis von Wesen und Ursache der Destruktion: Indem sich Grabbes Dramaturgie aus der rhetorischen Affektgebärde löst und zur szenischen Demonstration überleitet, wird die Bühne zugleich zum Schauplatz, wo die Verwandlung und Überwindung der Welt, die zunächst allein der Zerstörung wert schien, dramatisch durchgesetzt wird.

Die Destruktion des Frühwerks wurde darum nicht allein als geistesgeschichtliches Symptom, sondern auch aus seinen nur andeutend mitgestalteten Motivierungen heraus verstanden. So konnte gezeigt werden, wie der Zerstörungszwang aus einem notwendigerweise in reine Negation umschlagenden Idealismus entsprang: Die Erfahrungsgewalt der Wirklichkeit überfuhr die sittliche Person, und da nicht mehr die Vernunft, sondern die empirische Beweiskraft eines begrenzten Welterlebnisses zum Regulativ des moralischen Verhaltens wurde, schrumpfte und verzerrte sich die Welt zur Hölle. Doch der *Gothland* gab bereits Anhaltspunkte, die vornehmlich durch das Lustspiel bestätigt wurden, daß sich hinter dem pathetischen Bild der Hölle die selbsterlebte Wirklichkeit mit den Zügen der Gesellschaft verbarg, deren Rede- und Denkweisen vom Sittlichen mit der Wirklichkeit nicht übereinstimmten. Kritik und Gegenbilder dieser Gesellschaft entwickelt Grabbe jedoch nur in der gedanklich kaum vertieften Sicht eines dem Sturm und Drang nachempfundenen Rousseauismus. Seit Rousseau wird die zivilisierte Gesellschaft als der prägende Raum des Individuums begriffen und zugleich als die Verfallserscheinung einer natürlichen Menschheit abgelehnt. Aber durch Rousseau gewinnt auch die utopische Idee einer Welt, in der die Menschheit in Harmonie mit sich und der Natur lebt, einen festen geschichtsphilosophischen Umriß und die Gattung der Idylle einen stärkeren kulturideologischen Hintergrund.

In Grabbes Frühwerk vertritt zunächst jedoch das Heroische allein die Gegenwirklichkeit zur Welt des »Höllenpfuhls«. Aber der überragende Held stellt seit alters her das Gegenbild und den Vollkommenheitsentwurf einer begrenzten Menschheit dar. Die antiken Heroen, die zu Göttern werden, künden davon: Herakles und Prometheus deutet sich das Mittelalter als Präfigurationen des Erlösers; die sich im Glanz des Mythischen spiegelnden Sturm-und-Drang-Helden stellen weit über das Empirische hinausgreifende anthropologische Entwürfe dar, denen jedoch in dieser Welt zu scheitern bestimmt ist; so versuchen sie entweder in das Idyll zurückzukehren wie Karl Moor oder Julius von Tarent oder gründen wie Ardinghello einen utopischen Staat, wenn sie nicht schon selbst, wie Klingers Simsone Grisaldo mit utopischer Erlöserkraft ausgerüstet, das Heil auf die Welt bringen. Grabbes Gothland, der die Menschheit »heilen« will, indem er sie mit Feuer, Krieg und Pest bedroht, ist die programmatische Verkörperung eines in völlige Verzweiflung verkehrten Heilsbedürfnisses. Erst über den Monumentalheroismus, der sich – zerstörend und redend – aus der Wirklichkeit löst, findet Grabbe zu jener Tradition des ›erlösenden‹ Helden zurück, zum ›sozialen Heroismus‹.

Der Idealismus hat den utopischen Theorien, die nach Mitteilung von E. Bloch im 18. Jahrhundert in hohem Maße zunahmen[323], eine systematische Fundierung gegeben. In seiner Abhandlung über *Naive und sentimentalische Dichtung*, die geschichtsphilosophische, ontologische, ästhetische und poetologische Grundideen zusammenschließt, reflektierte Schiller in dem Idyllischen sowohl eine literarische Gattung als auch eine anthropologische Daseinsform. Und die Vorstellung eines vorgeschichtlichen Naturzustandes, die er von Rousseau übernahm, verwandelte Schiller in die Idee eines noch zu erreichenden höheren Daseins, in ein geschichtsphilosophisches Ziel. Diesen beiden, freilich verschiedenen Vollkommenheitsvorstellungen entsprechen zwei Gattungen, die arkadische und elysische Idylle. Beide bieten eine Welt des gedachten goldenen Zeitalters als wirklich und gegenwärtig dar, während die »satirischen« oder

323 Ernst Bloch, Freiheit und Ordnung. Abriß der Sozialutopien mit Quellentexten; Hamburg 1969; S. 89 f.

»elegischen« Gattungen Idee und Wirklichkeit kontrastierend gegeneinanderstellen.

Die Klassiker verstanden ihre literarischen Schöpfungen stets als über die empirische Wirklichkeit hinausweisende Entwürfe, die dem auf sittliche Vollendung hin angelegten Menschen die Entfaltung gewährten. Während sich bei Goethe freilich auch in der Wirklichkeit, im Geschichtlichen selbst die Kräfte eines harmonischen Ganzen erhalten und im Chaotischen gleichzeitig die Ansätze zu seiner organischen, natürlichen Überwindung sichtbar werden, entwickelt Schiller in seiner klassischen Zeit das Ideale – sei es theoretisch oder in der Verlaufsform seiner Dramen – als ein dem Wirklichen entgegengesetztes Prinzip. Wenn sein Denken utopische Züge enthält, so bezeichnet dies seine Würde; wenn sein Drama das Utopische meidet, so liegt darin seine Leistung. Der mehrfach gestaltete Übergang des Menschen in einen Gott, der Augenblick der Verklärung, ereignet sich im Tode und hat darin seine Begrenzung. Das dramatisch Reale öffnet sich ins Sinnbildliche.

Grabbe vermochte aus der im *Gothland* gestalteten Katastrophe des Idealismus nur fragmentarische Züge klassischen Vollkommenheitsdenkens für sich zu retten. Aber diese spielen gerade als Verfallsformen eine so zentrale Rolle in seinem Drama, daß sich ihre Thematisierung durchaus rechtfertigte. Während für den klassischen Schiller die Geschichte nur eine dramatische Wirklichkeit abgibt, aus deren Verstrickungen sich der Held zur erhabenen Größe zu befreien vermag, enthält die Grabbesche Geschichte selbst den Ort, wo sich menschliche Größe eben als pragmatisches Verhalten darstellt. Die Augenblicke der ›Vollendung‹ erreicht der Held nicht als Emanzipation aus der Welt – der Monumentalheroismus, die politische Variation der Schillerschen sittlichen Erhabenheit, wurde in seinem Scheitern vorgeführt –, sondern als Überwindung der lediglich gesellschaftlichen Niedrigkeit. Die heroische Tat verstrickt im Grunde nur tiefer in die Verhängnisse der Realität, insofern der Mensch nicht mehr final, aus einer geistigen Motivation heraus ein Ziel ins Auge faßt, sondern im Chaos der Schlacht die Illusion der Freiheit auch noch als Illusion der Zeitaufhebung genießt. Schlachttat und Selbstvernichtung, beides Möglichkeiten des Heroischen, bieten lediglich eine relative Freiheit. Indessen tritt der utopische Charakter dieser dramatischen Augenblicke eben daraus hervor, daß alle jene Szenen, die die Befreiung aus der gesellschaftlichen Zersplitterung als eigentliches Werterlebnis akzentuieren, mit der sprachlichen und symbolischen Zurüstung der Verklärung, der Welterneuerung oder Weltüberwindung inszeniert sind. Napoleon erscheint unter den Bildern der Revolution, der Idylle, des Vaters und des Erlösers, und die Schlachtszenen umkreisen diese Motive, variieren sie und spielen ihren Symbolsinn bisweilen szenisch aus[324]. Die Schlacht erscheint Bülow gar als »Jakobsleiter zum Himmel«. Das heroische Selbstopfer in Karthago vollzieht sich unter den Begleitsymbolen der »himmlischen Hochzeit«, der mythischen Erneuerung und zugleich des Weltendes; die Schlacht wird in dem Hermann-Drama ausdrücklich als »Erlösung« herbeigesehnt; das letzte Stück läßt zwar das Heroische gegenüber dem Idyllischen zurücktreten, aber es bestätigt gerade damit die Verlaufsform der anderen Dramen, die das Heroische endlich nur als Wegbereitung zu jenem Ziel einsetzen, wo im Erlebnis der geschmolzenen Gemeinschaft und zugleich der zerstörten Gesellschaft der utopische Augenblick einer Welterneuerung Wirklichkeit geworden zu sein scheint.

Die Analogiemomente, aber auch die entscheidenden Unterschiede zur arkadischen und elysischen Idylle Schillers werden nunmehr greifbar. Während Schiller die Schlacht als eine lyrische Anschauung menschlicher Freiheit erscheint, inszeniert sie Grabbe als höchste Wirklichkeit der Geschichte. Das *Reiterlied*, an anderer Stelle als in *Wallensteins Lager* gesungen, zerstörte seinen Sinn, weil Freiheit stets nur als Möglichkeit ihre volle idealische Würde bewahrt, sofern sie nicht im Tode augenblicksweise aktualisiert wird. Nicht zufällig erlebt Johanna auf ihrem Weg von Arkadien nach Elysium in der realen Schlacht, einem Sinnbild der Verstrickung in die Empirie, die Krise, in der ihr

324 Zum Verhältnis des »Heroisch-Dämonischen zum Idyllischen bei Goethe« siehe Emrich, Die Symbolik von Faust II; S. 339.

bewußtes Wollen und der überpersönliche Auftrag auseinandertreten. Die zweite Schlacht, in der sie mit ihren großen Taten beweist, daß sie durch sittliche Kraft die göttliche Einheit von Wollen und Müssen erworben hat, wird als ein die Wirklichkeit übersteigender Vorgang nur mittelbar anschaulich. Erst der Tod erscheint als Verklärung auf der Bühne gegenwärtig.

Hier also tritt der Mensch in einem Akt der Selbsterlösung aus der Welt heraus; Grabbe gestaltet die heroische Verklärung als wirklich und versucht die Widersprüche von Mord und Glück, von Destruktion und Sinnerfüllung zu überspielen. Schiller hat selbst die poetisch-symbolische Gestaltung seiner geschichtsphilosophischen Utopie, die zum Besitz gewordene ästhetische Freiheit, wie sie die *Ästhetischen Briefe* entworfen hatten, nicht konsequent zu gestalten versucht[325]. Dagegen zielt die Grabbesche Schlacht nicht auf die Vervollkommnung des Menschen als sittliche Person, sondern als gesellschaftliche, und sie gibt ihm nicht die Würde einer höheren Vollkommenheit, sondern die einer verminderten: Er erlischt in der Schlacht als Individuum und kehrt zurück ins Kollektiv. Während Schiller »der menschlichen Natur ihren völligen Ausdruck zu geben«[326] bemüht war, wenn er sie ins Elysium führte, blickte Grabbe in der Perspektive eines Ideals scheinbar vorwärts auf ein Ziel, dem der Aufbruch seiner Helden gilt, in Wirklichkeit jedoch zurück. Die patriotischen Redensarten, die ›Volks‹-Ideologie, die Lösung der *Hermannsschlacht* zeigen es: Hier liegen Rousseau'sche Urverhältnisse den Glücksbildern gedanklich zugrunde. Die Idylle, die Gothland zerstören ließ, die den Monumentalheroismus widerlegte – sie enthält endlich doch die Grundelemente jener utopischen Gemeinschaft, die sich nicht als gesellschaftliche Vollkommenheit, sondern als vollkommene Gesellschaftslosigkeit verwirklicht.

Nur Reduktionsformen des klassischen Vollkommenheitsglaubens und seiner Dramaturgie sind an der Formgebung des

325 Über den Plan der elysischen Idylle vgl. den Brief an Humboldt vom 29. II. 1795; in: Der Briefwechsel zwischen F. Schiller und W. v. Humboldt, ed. Seidel, 2 Bde.; Berlin 1962; Bd. I, S. 242 f.

326 Über naive und sentimentalische Dichtung (SW V 752).

Grabbeschen Dramas beteiligt. Allein jene aufwärtsstrebende Bewegung, die in Schillers *Jungfrau von Orleans,* in der *Maria Stuart* oder in der *Braut von Messina* die Helden zur Erhabenheit oder in die Verklärung führt, hat sich erhalten. Doch wenn etwa Johanna auf ihrem Aufstieg zur seligen Vollkommenheit dem geschichtlichen Gang der Menschheit voranschreitet, hat sich das heroische Kollektiv bei Grabbe nur einen Punkt der Geschichte und einen Winkel der Welt zur bedingten Erfahrung des verklärten Glücks erwählt. Nirgendwo zeigt sich die Welterneuerung als allgemeine Perspektive oder als geschichtliche Notwendigkeit. Wenn das Reiterlied in *Wallensteins Lager* die Schlacht zu einem poetischen Ort erhebt, wo der allein auf sich gestellte Soldat, der in vollem Bewußtsein dem Tod ins Auge blickt, einen Gegenentwurf zu dem in Herr und Knecht geteilten, feigen Menschengeschlecht darstellt, und die Verklärung, die sonst nur die tragischen Helden erleben[327], als erworbene und gelebte Größe gefeiert wird, dann hat dieser Ort lediglich die Dimension eines symbolischen Raumes. Indem Grabbe den Symbolraum der Schlacht als dramatische Realität ausschreitet, nimmt diese das Doppelgesicht des Utopischen an: Hier erscheinen das Unerreichbare und seine Verwirklichung zugleich, die Idee als Zuständlichkeit, Elysium als weltliche Glücksstunde. So fragmentarisch, so schwach und künstlich die Augenblicke der Erfüllung oder Erlösung in Grabbes Drama auch ausfielen, ihre thematische Stellung ergab sich aus dem kompositorischen Zusammenhang; sie bildeten die Integrationsfelder einer Handlung, deren Einzelzüge und Handlungspartikel sich durch den perspektivischen Bezugspunkt zu einer formalen Einheit zusammenschlossen, deren erlebter Fragmentarismus sich in dem Traum von der Erlösung aus der kreisenden Naturbewegung, die in den Wiederholungszwängen des gesellschaftlichen Alltages besonders schmerzlich spürbar wurde, aufgehoben fühlte. Einen programmatischen Ausdruck hat diese Dramaturgie der offenen Form neben Herder vor allem bei Lenz, in seinen *Anmerkungen*

327 Vgl. Gerhard Kaiser, *Wallensteins Lager.* Schiller als Dichter und Theoretiker der Komödie; in: Jb. der Schillergesellschaft XIV (1970), S. 323–346; S. 333.

übers Theater, gefunden. Lenz wollte sein Drama noch auf das Ganze der göttlichen Schöpfung bezogen wissen; die »Reihe von Handlungen« sollte »in ein großes Ganze zusammenfließen«, das die Zuschauer als Einheit zu »fühlen« vermöchten, so wie »Gott . . . nur Eins in allen seinen Werken« ist[328]. Hier rechnete Lenz jedoch mit einem Zuschauer, der schon über die Gebrochenheit seiner Komödiengestalten hinausgewachsen ist, dem das Ganze der Schöpfung einen unverlorenen Besitz bedeutet. Grabbes Drama – das geht freilich weniger aus seinen theoretischen Bemerkungen als aus der Entwicklung seines Werkes und seiner späten Dramaturgie hervor – will analog vor dem Hintergrund einer utopischen Vorstellung gesellschaftlicher Erlösung verstanden werden. Die verzweifelt-richtungslos gegen die Wirklichkeit oder aus ihr hinaus zielende Bildrhetorik des Frühwerkes, seien es die Weltanschauungsreden Gothlands oder die für ein Lustspiel sehr ernsthafte Hoffnung des Barons von Wernthal auf einen »gewaltigen Genius«, der »mit göttlicher Stärke von Haupt zu Fuß gepanzert, sich des deutschen Parnasses annähme und das Gesindel in die Sümpfe zurücktriebe« (HkG I 228), entdeckt ihren Bewegungsimpuls, die unausgedrückte »Intention der Situationsänderung« an dem gleichen Punkt, den das späte Drama als Gipfelereignis hervorzubringen versucht: Das Bild der Welterneuerung im Zeichen der zerstörten Gesellschaft und der großen Gemeinschaftsleistung, die der Heros möglich gemacht hat.

In seinem Brief vom 10. Februar 1832 an Theodor von Kobbe schreibt Grabbe:

> Die Zeit und ihre Trompeter, die Poeten, haben jetzt etwas Krampfhaftes an sich. Niemand benutzt sein Talent recht. Bruchstücke von vielen einzelnen Bruchstücksmenschen sind da, aber Keiner, der sie im Drama oder Epos zusammenfaß't. Wahrscheinlich kommt aber doch einmal der Messias, der diesen Jammer im Spiegel der Kunst verklärt.

Dieser Abschnitt enthält die Quintessenz von Grabbes Selbstverständnis und formuliert den literarischen Anspruch, mit dem

328 Lenz, Anmerkungen übers Theater; S. 245 f.

er an seine Zeit herangetreten war. Schon 1828 hatte sich der Dichter gegenüber Kettembeil – in selbstgefälliger Abwandlung einer kritischen Bemerkung J. B. Rousseaus [329] – als den »eventuellen ›Messias der deutschen Bühne‹« (HkG V 212) apostrophiert. Damals freilich muß Grabbe dieser »Messias« noch als ein Held der Destruktion vor Augen geschwebt haben, denn im gleichen Zusammenhang stilisierte er sich im Bild des speienden »Ätna« und behauptete, daß den »Leuten« bei seinen Dramen die Augen aufgingen »wie die Pforten des Himmels bei der Sündfluth« (HkG V 212). Wenige Jahre später erscheint nun der »Messias« als eine poetische Integrationskraft, der die Erlösung der Epoche in der Dichtung zu gestalten vermöchte, indem er den Bruchstückscharakter der Zeit und der Menschen aufhebt. Dieses Ziel faßte Grabbe in seinen späten Dramen immer wieder in den Blick, und tatsächlich haben die gestalteten Augenblicke der verklärenden Erlösung auch »etwas Krampfhaftes an sich«. Kunst als Spiegel der Wirklichkeit und Mittel ihrer Verklärung, das Drama als Versuch, dem Fragmentarismus der Zeit das Bild, die lebendige Denkmöglichkeit des Vollkommenen als Wirklichkeit entgegenzuhalten: Hier hat Grabbe selbst den Begriff für die Leistung seines Werks und die Notwendigkeit seines Scheiterns gefunden.

329 Zum Wortlaut bei Rousseau vgl die Anmerkung des Herausgebers der HkG Bd. V, S. 547.

LITERATURVERZEICHNIS

Grabbe, Christian Dietrich, Werke und Briefe. Historisch-kritische Gesamtausgabe in sechs Bänden, herausgegeben von der Akademie der Wissenschaften in Göttingen, bearbeitet von Alfred Bergmann; Emsdetten 1960 ff.

Grabbes Werke in sechs Teilen, herausgegeben, mit Einleitungen und Anmerkungen versehen von Spiridion Wukadinović; Berlin, Leipzig, Wien, Stuttgart o. J.

Büchner, Georg, Werke und Briefe. Gesamtausgabe. Neue durchgesehene Ausgabe. Herausgegeben von Fritz Bergmann; Wiesbaden 1958.

Calderon de la Barca, Pedro, Schauspiele, übersetzt von J. D. Gries, 8 Bde.; Berlin 1815–1842.

Dante, La Divina Commedia, ed. Società Dantesca Italiana – *G. Vandelli;* Milano 1961.

Eichendorff, Joseph Freiherr von, Neue Gesamtausgabe der Werke in vier Bänden, herausgegeben von Gerhart Baumann in Verbindung mit Siegfried Grosse; Stuttgart (Cotta) o. J.

Goethes Werke. Hamburger Ausgabe in 14 Bänden; Hamburg 41958.

Goethes Briefe. Hamburger Ausgabe in 4 Bänden; Hamburg 1962.

Grabbes Werke in der zeitgenössischen Kritik. Im Auftrage der Grabbe-Gesellschaft herausgegeben von Alfred Bergmann, Bd. I/II; Detmold 1958–60.

Grabbe in Berichten seiner Zeitgenossen. Herausgegeben von Alfred Bergmann; Stuttgart 1968.

Hebbel, Friedrich, Werke 1–5. Herausgegeben von G. Fricke, W. Keller und K. Pörnbacher; München 1966.

Hegel, Georg Wilhelm Friedrich, Werke in zwanzig Bänden (Theorie Werkausgabe). Auf der Grundlage der *Werke* von 1832–1845 neu edierte Ausgabe; Frankfurt a. M. 1970.

Heinrich Heines Sämtliche Werke. Kritisch durchgesehene und erläuterte Ausgabe, herausgegeben von Ernst Elster (Meyers Klassiker Ausgaben); Leipzig und Wien o. J.

Herders Sämtliche Werke, herausgegeben von Bernhard Suphan; Berlin 1877–99.

Immermanns Werke. 20 Teile; Berlin o. J.

Kleist, Heinrich von, Sämtliche Werke und Briefe. Auf Grund der Erstdrucke und Handschriften herausgegeben von Helmut Sembdner; München 31964.

La Mettrie, Julien Offray de, L'Homme Machine (Collection des Chefs-D'Œuvre Méconnus), ed. M. Solovine; Paris 1921.

Lavater, Johann Caspar, Physiognomische Fragmente zur Beförderung der Menschenkenntnis und Menschenliebe, I–IV; Leipzig und Winterthur 1775–1778.

Lenz, Jakob Michael Reinhold, Werke und Schriften I–II, herausgegeben von B. Titel und H. Haug; Stuttgart 1966.

Lessing, Gotthold Ephraim, Gesammelte Werke in zehn Bänden, herausgegeben von Paul Rilla; Berlin 1954–58.

Literatur der Befreiungskriege (Erläuterungen zur deutschen Literatur). Auswahl, Bearbeitung und Redaktion von G. Albrecht; Berlin [5]1969.

Marx, Karl, Ökonomische Schriften; in: K. M. Werke. Schriften. Briefe. Herausgegeben von Hans-Joachim Lieber und Benedikt Kautsky, Bd. IV–V; Darmstadt 1962.

Moritz, Karl Philipp, Andreas Hartknopf, Andreas Hartknopfs Predigerjahre, Fragmente aus dem Tagebuch eines Geistersehers. Faksimiledruck der Originalausgaben, herausgegeben von Hans Joachim Schrimpf; Stuttgart 1968.

Ranke, Leopold von, Die römischen Päpste in den letzten vier Jahrhunderten; in: Sämtliche Werke Bd. 37–39; Leipzig [8]1885.

Rousseau, Jean-Jacques, Œuvres Complètes I–IV (Bibliothèque de la Pléiade). Edition publiée sous la direction de B. Gagnebin et M. Raymond; Paris 1959–69.

Schiller, Friedrich, Sämtliche Werke. Auf Grund der Originaldrucke herausgegeben von Gerhard Fricke und Herbert G. Göpfert; München [4]1967.

Schillers Briefe. Kritische Gesamtausgabe, 7 Bde., herausgegeben und mit Anmerkungen versehen von Fritz Jonas; Stuttgart, Leipzig, Berlin, Wien o. J.

Der Briefwechsel zwischen Friedrich Schiller und Wilhelm von Humboldt, 2 Bde. Herausgegeben von Siegfried Seidel; Berlin 1962.

Stendhal, Romans et Nouvelles I–II (Bibliothèque de la Pléiade). Texte établi et annoté par H. Martineau; Paris 1959–60.

Stifter, Adalbert, Gesammelte Werke, herausgegeben von Max Stefl (Insel-Ausgabe); Leipzig 1939–42.

Sturm und Drang. Werke in drei Bänden, herausgegeben von Karl Freye, neu bearbeitet von René Strasser (Bongs goldene Klassiker-Bibliothek); Frankfurt a. M. 1966.

— Dramatische Schriften Bd. I–II. Plan und Auswahl von E. Loewenthal und Lambert Schneider; Darmstadt 1959.

Ludwig Tiecks Schriften; Berlin 1828 ff. Unveränderter photomechanischer Nachdruck Berlin 1966.

Tönnies, Ferdinand, Gemeinschaft und Gesellschaft. Grundbegriffe der reinen Soziologie; Leipzig [8]1935.

Voss, Johann Heinrich, Werke in einem Band (Bibliothek deutscher Klassiker), herausgegeben von den nationalen Forschungs- und Gedenkstätten der klassischen deutschen Literatur in Weimar; Berlin und Weimar 1966.

Adams, Paul, Das Weltbild in Grabbes *Herzog Theodor von Gothland;* in Jb. der Görresgesellschaft II (1927); S. 103–135.

Adelung, Johann Christoph, Versuch eines vollständigen grammatisch-kritischen Wörterbuches der Hochdeutschen Mundart, Bd. I–IV; Leipzig 1774–1786.
Alewyn, Richard, Grillparzer und die Restauration; in: Publications of the English Goethe-Society, N. S. XII (1937); S. 1–18.
Allekotte, Heinrich, Ch. D. Grabbes Römertragödien; Diss. (Masch.) Münster 1920.
Auerbach, Erich, Mimesis. Dargestellte Wirklichkeit in der abendländischen Literatur; Bern und München [3]1964.
Barnard, Frederick M., Zwischen Aufklärung und Romantik. Eine Studie über Herders soziologisch-politisches Denken (Philologische Studien und Quellen 17); Berlin 1964.
Becker, Hellmuth, Napoleon oder die hundert Tage. Ein Drama in fünf Aufzügen von Ch. D. Grabbe; Diss. Marburg 1920.
Beißner, Friedrich, Studien zur Sprache des Sturm und Drangs; in: GRM XXII (1934); S. 417–429.
Bergmann, Alfred, Grabbe als Benutzer der öffentlichen Bibliothek in Detmold; in: Archiv für Landes- und Volkskunde von Niedersachsen, Heft 20 (1944); S. 62–119.
Bloch, Ernst, Das Prinzip Hoffnung, 2 Bde; Frankfurt/Main 1959.
—, Freiheit und Ordnung. Abriß der Sozialutopien mit Quellentexten (rde); Hamburg 1959.
Bock, Rudi, Das Verhältnis von Dichtung und Datentreue in den historischen Dramen Grabbes; Diss. Greifswald 1940.
Böschenstein, Renate, Artikel *Idylle;* in: Fischer-Lexikon der Literatur. Bd. I–III, ed. Wolf-Hartmut Friedrich et Walter Killy; Frankfurt/Main 1965; Bd. II, S. 293–304.
—, Idylle (Realienbücher für Germanisten; Abtlg. Poetik); Stuttgart 1967.
Böttger, Fritz, Grabbe. Glanz und Elend eines Dichters; Berlin o. J.
Brinkmann, Hennig, Der Krieg als schöpferisches Ereignis; in: Zs. f. deutsche Bildung 12 (1936); S. 1–14.
Brinkmann, Richard, »Wirklichkeit und Illusion«, Studien über Gehalt und Grenzen des Begriffs Realismus für die erzählende Dichtung des 19. Jahrhunderts; Tübingen [2]1966.
Böckmann, Paul, Formgeschichte der deutschen Dichtung in zwei Bänden; Hamburg [5]1965.
Brüggemann, Werner, Ch. D. Grabbe. Wort und Werk; Diss. (Masch.) Freiburg 1951.
Clemen, Wolfgang, Shakespeare's Imagery; London 1951.
Cowen, Roy, Satan and the satanic in Grabbe's dramas; in GR XXXIX, 2 (1964); S. 120–136.
Curtius, Ernst Robert, Europäische Literatur und lateinisches Mittelalter; Bern und München [4]1963.
Diekmann, Ernst, Ch. D. Grabbe. Der Wesensgehalt seiner Dichtung. Versuch einer Deutung seiner Weltanschauung; Detmold 1936.

Dockhorn, Klaus, Macht und Wirkung der Rhetorik. Vier Aufsätze zur Ideengeschichte der Vormoderne. (Respublica Literaria 2); Bad Homburg v. d. H. 1968.

Doppler, Alfred, Der Abgrund. Studien zur Bedeutungsgeschichte eines Motivs; Graz–Wien–Köln 1968.

Doubrovsky, Serge, Corneille et la dialectique du héros; Paris 1963.

Dyck, Joachim, Ticht-Kunst, Deutsche Barockpoetik und rhetorische Tradition; Bad Homburg v. d. H., Berlin, Zürich 1965.

Emrich, Wilhelm, Grabbe oder der Bürger als Genie; in: Zeugnisse, Th. W. Adorno zum 60. Geburtstag; Frankfurt a. M. 1963; S. 214–217.

—, Die Symbolik von Faust II. Sinn und Vorformen; Frankfurt a. M., Bonn ^{3}1964.

Fricke, Gerhard, Die Bildlichkeit in der Dichtung des Andreas Gryphius (Neue Forschungen 17); Darmstadt ^{2}1967.

Friedrich, Hugo, Das antiromantische Denken im modernen Frankreich. Sein System und seine Herkunft (Münchner Romanistische Arbeiten 4); München 1935.

—, Drei Klassiker des französischen Romans. Stendhal. Balzac. Flaubert; Frankfurt a. M. ^{4}1961.

—, Der fremde Calderón (Freiburger Universitätsreden, N. F. 20); Freiburg ^{2}1966.

Gaupp, Fritz, Grabbes Heldentypus im Verhältnis zu dem Charakter des Dichters und den literarischen Vorbildern; Diss. (Auszug); Breslau 1923.

Hees, Richard Artur, Über die Technik in Grabbes Dramen *Die Hohenstaufen* und *Napoleon;* Diss. (Auszug) Tübingen 1922.

Hegele, Wolfgang, Grabbes Dramenform (Zur Erkenntnis der Dichtung 7); München 1970.

Hering, Gerhard F., Grabbe und Shakespeare; in: Der Ruf zur Leidenschaft. Improvisationen über das Theater; Köln 1959; S. 193–215.

Heselhaus, Clemens, Grabbes westfälische Weltironie; in: Stadt- und Landesbibliothek Dortmund, Mitteilungen 2 (1961); S. 7–12.

Hof, Walter, Pessimistisch-nihilistische Strömungen in der deutschen Literatur vom Sturm und Drang bis zum Jungen Deutschland (Untersuchungen zur deutschen Literaturgeschichte 3); Tübingen 1970.

Höllerer, Walter, Zwischen Klassik und Moderne. Lachen und Weinen in der Dichtung einer Übergangszeit; Stuttgart 1958.

Hornsey, A. W., Idea and Reality in the dramas of Ch. D. Grabbe; (Pergamon Press) Oxford, London etc. 1966.

Imig, Hans, Das Problem der Religion in Ch. D. Grabbes Tragödie *Don Juan und Faust;* Diss. Münster 1935.

Jacquot, Jean (Hrsg.), Les tragédies de Sénèque et le théâtre de la Renaissance; Paris 1964.

Jahn, Günther, Übermensch, Mensch und Zeit in den Dramen Ch. D. Grabbes; Diss. (Masch.) Göttingen 1950.

Kaiser, Gerhard, Grabbes *Scherz, Satire, Ironie und tiefere Bedeutung* als Komödie der Verzweiflung; in: DU 11 (1959) Heft 5; S. 5–14.

—, Pietismus und Patriotismus im literarischen Deutschland. Ein Beitrag zum Problem der Säkularisation; Wiesbaden 1961.

—, Vergötterung und Tod. Die thematische Einheit von Schillers Werk (Dichtung und Erkenntnis 3); Stuttgart 1967.

—, Um eine Neubegründung des Realismusbegriffes; in: Begriffsbestimmung des literarischen Realismus (Wege der Forschung CCXII), herausgegeben von Richard Brinkmann; Darmstadt 1969; S. 236–258.

—, *Wallensteins Lager.* Schiller als Dichter und Theoretiker der Komödie; in: Jb. der Schillergesellschaft XIV (1970); S. 323–346.

Kander, Lotte, Die deutsche Ruinenpoesie des 18. Jahrhunderts bis in die Anfänge des 19. Jahrhunderts; Diss. Karlsruhe 1933.

Karnick, Manfred, Wilhelm Meisters Wanderjahre oder die Kunst des Mittelbaren. Studien zum Problem der Verständigung in Goethes Altersepoche; Diss. Freiburg 1968.

Kaufmann, Friedrich Wilhelm, Die realistische Tendenz in Grabbes Dramen; in: Smith College Studies in Modern Languages (Northampton, Massachusetts) Vol. XII, No. 4 (1931); S. 1–47.

Klotz, Volker, Geschlossene und offene Form im Drama (Literatur als Kunst); München ²1962.

Kluckhohn, Paul, Die Idee des Volkes im Schrifttum der deutschen Bewegung (Literarhistorische Bibliothek 13); Berlin 1934.

König, René, Artikel *Gesellschaft;* in: Fischer-Lexikon der Soziologie, herausgegeben von René König; Frankfurt a. M. 1967; S. 104–112.

Kowalk, Willi, Das Raumproblem im Drama Grabbes; Diss. (Masch.) Köln 1958.

Krapp, Helmut, Der Dialog bei G. Büchner (Literatur als Kunst); Darmstadt 1958.

Kupferschmidt, Arno, Grabbes Hannibal-Drama; Diss. (Auszug) Greifswald 1922.

Langen, August, Karl Philipp Moritz' Weg zur symbolischen Dichtung; in: ZfdPh 81 (1962); S. 169–218, 402–440.

Lanson, Gustave, Corneille; Paris ⁵1919.

Lausberg, Heinrich, Handbuch der literarischen Rhetorik. Eine Grundlegung der Literaturwissenschaft, 2 Bde.; München 1960.

—, Artikel *Rhetorik;* in: Fischer-Lexikon der Literatur, Bd. I–III, ed. Friedrich et Killy; Frankfurt a. M. 1965; Bd. II S. 474–482.

Leippe, Heinrich, Das Problem der Wirklichkeit bei Ch. D. Grabbe; in: Vom Geist der Dichtung (Gedächtnisschrift Petsch) ed. Martini; Hamburg 1949; S. 270–285.

Lelbach, Karl, Napoleon in der Auffassung und in den Versuchen künstlerischer Gestaltung im Drama bei Grillparzer, Grabbe und Hebbel; Diss. Bonn 1914.

Lukács, Georg, Die Leiden des jungen Werther; in: G. L. Werke Band 7 (Deutsche Literatur in zwei Jahrhunderten); Neuwied, Berlin 1964.

—, Zur Soziologie des modernen Dramas; in: Schriften zur Literatursoziologie, ed. Ludz; Neuwied und Spandau [3]1968.

Martini, Fritz, Grabbe. Napoleon oder die hundert Tage; in: Das deutsche Drama vom Barock bis zur Gegenwart, 2 Bde.; Düsseldorf [2]1960; Bd. II, S. 42–64.

May, Kurt, Die Struktur des Dramas im Sturm und Drang; in: K. M. Form und Bedeutung; Stuttgart 1957; S. 42–69.

Mayer, Hans, Grabbe und die tiefere Bedeutung; in: Akzente 12 (1965); S. 79–95.

Meinecke, Friedrich, Die Entstehung des Historismus. 2 Bde.; München und Berlin 1936.

Michelsen, Peter, Studien zu Schillers *Räubern;* in: Jb. der Schillergesellschaft VII (1964); S. 57–111.

Muschg, Walter, Grabbe und der Teufel; in: W. M. Pamphlet und Bekenntnis. Aufsätze und Reden; Olten und Freiburg i. Br. 1968; S. 339–343.

Neuhof, Hans, Formprobleme bei Grabbe; Diss. Bonn 1932.

Nicholls, Roger A., The Drama of Ch. D. Grabbe; Den Haag, Paris 1969.

Nieschmidt, Hans-Werner, Ch. D. Grabbes Tragödie *Hannibal.* Eine Dramenanalyse; Diss. (Masch.) Mainz 1950.

Nieten, Otto, Ch. D. Grabbe. Sein Leben und seine Werke (Schriften der literarhistorischen Gesellschaft Bonn 4); Dortmund 1908.

Norden, Eduard, Die antike Kunstprosa vom VI. Jahrhundert v. Chr. bis in die Zeit der Renaissance, 2 Bde.; Darmstadt [5]1958.

Pascal, Roy, Der Sturm und Drang; Stuttgart 1963.

Perger, Arnulf, System der dramatischen Technik mit besonderer Untersuchung von Grabbes Drama; Berlin 1909.

Pongs, Hermann, Das Bild in der Dichtung. Versuch einer Morphologie der metaphorischen Formen, 2 Bde.; Marburg [2]1960–63.

Rehm, Walther, Römisch-französischer Barockheroismus und seine Umgestaltung in Deutschland; in: W. R. Götterstille und Göttertrauer; München 1951; S. 14–61.

—, Schiller und das Barockdrama; in: W. R. Götterstille und Göttertrauer; München 1951; S. 62–100.

—, Europäische Romdichtung; München [2]1960.

Schäfer, Hans-Dieter, Ch. D. Grabbe. Die Herausbildung seiner Weltanschauung und sein Beitrag zur Entwicklung des realistischen Dramas. Studie zu den Geschichtsdramen; Diss. (Masch.) Berlin 1965.

Schalk, Fritz, Einleitung zu *Die französischen Moralisten,* 2 Bde.; Bremen, Leipzig 1962; Bd. I, S. VII–LIV.

Schmidt, Dietmar, Die Problematik des Tragischen in den Dramen Ch. D. Grabbes; Diss. Würzburg 1965.

Schneider, Ferdinand Josef, Ch. D. Grabbe, Persönlichkeit und Werk; München 1934.

Schöttler, Wilhelm, Die innere Motivierung in Grabbes Dramen; Diss. Göttingen 1929 (Neue Forschung 9; Berlin 1931).

Sengle, Friedrich, Das historische Drama in Deutschland. Geschichte eines literarischen Mythos; Stuttgart ²1969.

Seybold, Eberhard, Das Genrebild in der deutschen Literatur (Studien zur Poetik und Geschichte der Literatur 3); Berlin, Köln, Mainz 1967.

Sieburg, Friedrich, Ch. D. Grabbe: *Napoleon oder die hundert Tage* (Dichtung und Wirklichkeit); Frankfurt a. M., Berlin 1963.

Siefert, Fritz, Ch. D. Grabbes Geschichtsdramen; Diss. Frankfurt 1957.

Spitzer, Leo, Interpretationen zur Geschichte der französischen Lyrik, herausgegeben von H. Jauß-Meyer und P. Schunck; Heidelberg 1961.

Staiger, Emil, Grundbegriffe der Poetik; Zürich ⁵1961.

—, Vom Pathos, ein Beitrag zur Poetik; in: Trivium, Heft 2 (1944); S. 77–92.

Steffens, Wilhelm, Ch. D. Grabbe (Friedrichs Dramatiker der Weltliteratur Bd. 21); Velber 1966.

Stern, Alfred, Der Einfluß der französischen Revolution auf das deutsche Geistesleben; Stuttgart, Berlin 1928.

Stoldt, Hans-Herbert, Geschichte der Ruinenpoesie in der Romantik; Diss. Kiel 1925.

Szondi, Peter, Theorie des modernen Dramas; Frankfurt a. M. 1963.

Theilacker, Samuel, Volk und Masse in Grabbes Dramen; Diss. Zürich, Würzburg 1907.

Waselowsky, Kurt, Der Übergang vom Vers zur Prosa in den Dramen Ch. D. Grabbes; Diss. (Masch.) Marburg 1956.

Weiss, Walter, Enttäuschter Pantheismus. Zur Weltgestaltung der Dichtung in der Restaurationszeit (Innsbrucker literarhistorische Arbeiten); Dornbirn 1962.

Wiese, Benno von, Die historischen Dramen Grabbes; in: Die Welt als Geschichte 7 (1941); S. 267–294.

—, Die deutsche Tragödie von Lessing bis Hebbel; Hamburg ³1955.

—, Friedrich Schiller; Stuttgart ³1963.

—, Grabbes Lustspiel *Scherz, Satire, Ironie und tiefere Bedeutung* als Vorform des absurden Theaters; in: B. v. W., Von Lessing bis Grabbe. Studien zur deutschen Klassik und Romantik; Düsseldorf 1968; S. 289–308.

—, Die Deutung der Geschichte durch den Dramatiker Grabbe; in: B. v. W., Von Lessing bis Grabbe. Studien zur deutschen Klassik und Romantik; Düsseldorf 1968; S. 309–329.

Windfuhr, Manfred, Die barocke Bildlichkeit und ihre Kritiker. Stilhaltungen in der deutschen Literatur des 17. und 18. Jahrhunderts (Germanistische Abhandlungen 15); Stuttgart 1966.

Wittmann, Karl, Die Vergleiche in den Dramen Grabbes; Diss. Gießen 1924.

Zeeden, Ernst Walter, Martin Luther und die deutsche Reformation im Urteil des deutschen Luthertums. Studien zum Selbstverständnis des lutherischen Protestantismus von Luthers Tode bis zum Beginn der Goethezeit. Bd. I Darstellung, Bd. II Dokumente; Freiburg 1950–52.

Ziegler, Klaus, Das deutsche Drama der Neuzeit; in: Deutsche Philologie im Aufriß, ed. Stammler, Bd. I–III; Berlin/Bielefeld 1954; Bd. II, Sp. 949–1298.

Register der Leitbegriffe

Fettgedruckte Ziffern verweisen auf Textabschnitte, in denen das durch den Leitbegriff bezeichnete Problem ausführlich behandelt wird.

Abgrund 27 f., 151, 177
Bergtopos (Gipfel-, Vulkanbild) 145 f., 196, 201, 203, **206 ff.**
Bestie, Bestialität **1—30,** 71, 126, 135, 138, 150, 164, 177, 194 f., 201, **210 ff.,** 218 f., 223, 228, 234, 238, 240, 245, 258 f., 260, 276 f., 284, 303, 306, 334, 340 ff., 349, 354, 384, 386
Bild, Bildsprache, Bildfeld X, 126 ff., 130, 140, 151 ff., 161, 165, 167 f., 174, 194 ff., 200 ff., **210 ff.,** 215, 310, 363
  Bildklammer, Bildbrücke 151, 194 ff., 167, 244, 364, 376
  Deutbild 176, 182, 248, 253, 332, 361
Demaskierung (Entlarvung) **7 f.,** 17 31, 42, 60, 71, 80, 210 ff., **217—225,** 229, 234, 239, 256, 262, 284, 287, 303, 307 ff., 322, 335, 339 ff.
Demonstration 31, 129, 157, 234 f., 243, 250, 332, 365, 390
  Wertedemonstration 116, 290
Desillusion (Enttäuschung) IX, 11, **14—23,** 30, 47, 50, 81 f., 130, 135, 140 f., 151, 164, 211, 320, 325, 331, 336
Destruktion, Destruktivismus IX, XI, **1—106,** 121, 126, 128 f., 135, 141 f., 151, 157, 184, 194, 206 f., 211, 220 ff., 228, 232 ff., 238, 244 ff., 249 f., 252, 255, 259, 279 f., 292, 303 f., 311, 322, 341, 347, 354, 371, 388 ff., 396 f.
  Brachialgestus **46 ff.**
  Destruktionsrhetorik X, 70 ff.
  literarische Destruktion 23—31
  Selbstdestruktion 52 f., 57 ff., 103, 163, 340, 345, 393
  Stadtzerstörung X, 65 ff., 71, 74 f., 78, 80, 135, 157, 229, 239, 311
  Zerstörung der Person 1, 7 f., 17, 20, 29, 32, 140, 160
Determination (Fremdbestimmung) 19 ff., 29, 47, 126, 134, 144, 148, 191 f., 216
Drama
  Geschichtsdrama 1, 46, 140, 147, 157, 179, 243
  Rededrama **107 ff.,** 142, 147, 202
Entfremdung XII, 22 f., 60, 70, 120, 153, 177, 232, 243, 245, 279, 290, 301 f., 305, 323 f., 328, 330, 349, 355 f.
Erlösung 30, 44, 52, 72, 83, 102 ff., 153, 242, 253, 280 ff., 286, 305, 358 f., 364, 394 ff.
expolitio 20, 243
Flucht 127 f., 142, 147 f., 151, 244, 266 ff., 281
Gegenwelt, Gegenwirklichkeit, Gegenspiel XI f., 39, 81, 102, 104, 173, 175, 178, 189, 244 ff., 249, 262, 264, 266, 280, 283, 307, 316, 387, 395

Gemeinschaft XII, 45, 80, 96 f., 102, 104 f., 135, 158, 160, 182, 184 188, 191 f., 197, 201, 281, 287, 290, 293 f., 300, 347, 351, 354, 356, 364 f., 380, 382, 293 f., 396

Geschichte XI, 22, 58, 62, 70, 74, 80, 83, 123 ff., 130, 141 f., 144, 150, 174, 180, 192, **193—199**, 216, 227 ff., 269, 309, 331, 333, 357, 363, 371, **384 ff.**, 392, 395

Gesellschaft, gesellschaftlich XI f., 24, 28 f., 35, 37, 39 f., 43, 45 ff., 55 f., 65 f., 72, 81, 88, 97, 101, 117 f., 120, 124 f., 129, **130—139**, 140, 143, 162, 184, 187, 192, 212, 217, 219 ff., 232, 238, 240, 242, 262, 265, 273, 283, 296, 328, 330, 336, 351, 353, 355, 390, 392, 394

bürgerliche Gesellschaft 41, 71, 79 f., 88, 117, 185 f., 211, 216, 235 ff., 288, 354

Krämerwelt 277, 295, 306, 317, 328, 336 f., 340, 349 f., 354, 356

Glut-, Feuerbild 72, 158 f., 197, 289, 353, 364

Heroismus, heroisch 13, 16, 25, 30, 38 f., 53, 64 f., 68, 79, 88, 93, 98, 101 ff., 144, 201 ff., 216, 218 f., 228, 232, 247, 277, 278—294, 305, 313 ff., 330 f., 342 ff., 351, 353, 355, 380, 383, 385, 387, 392 f.

isolierter Heroismus 274, 301, 315, 320, 351

Monumentalheroismus 67, 69, 72, 75, 77, 81, 94, **140—160**, 168 f., 177, 179, 183, 207, 242, 259, 270, 273, 318, 328, 362, 391 f., 394

pathetischer Heroismus **107—139**

sozialer Heroismus 72, 77, 81, 155, 157, 159 f., **161—183**, 391

Historismus 171 f., 193, 200, 231, 358, 361, 365, 380

Hölle, Höllenwelt XI, 19, 21 f., 27, 31, 40 ff., 47, 55 f., **130—139**, 211 f., 214 ff., 341, 390

Idylle, idyllisch 14, 43, 45, 77, 105, 128, 132, **173 ff.**, 190, 247, 290 ff., 319, 324, 332 f., 351, 355, 365, **378 ff.**, 386 f., 389 ff.

Integrationspunkt XII, 146, 224, 229, 282, 292, 299, 301, 353, 356, 377, 384

Isolation (Vereinzelung) XII, 23, 44, 80, 87 f., 104, 121, 131 f., 152, 157, 234, 238, 294, 304, 337 f., 347, 381

Kerker **130—139**, 163

Kommunikation 44 f., 87, 135, 152, 189, 209, 275

Komödie (Theater) 210, 247, 256, 275 ff., 288, 293, 295, 311, **327 ff.**, 339, 350, 385 f.

Konkretion (Dramatisierung) der Bilder XI, 22, 29, 31, 39, 58, **94 ff.**, 105, 139, 199, **200—209**, 210, 213, 300, 309, 333, 353, 358, 363

Kontrast 33, 36, 44 f., 60, 148, 173 f., 178, 224 f., 249, 251, 266, 290 f., 295, 307, 311 f., 329, 353, 358, 368

Materialismus 10—22, 194, 385

dialektischer Materialismus 241

Mensch-Begriff, Mensch-Idee 3, 5 f., 10, 14, 126, 138, 165 f., 211

Morast (Kot, Sumpf, Schlamm) 16, 29 f., 35, 128 f., 155, 157, 161, 242, 273, 292 f.
Mythos 343 ff., 362 f.
Natur und Naturbildlichkeit 16, 62 f., 72, 106, 123, 170, 175, 177, 185, 187, 192, **193—200**, 245, 248, 288, 353, 356, **357—370**, 385, 395
offene Form 114, 286, 299, 395
Parodie 8, 12, 21, 23, 27, 31–45, 89, 118, 256 f., 259, 266, 332 ff., 368, 378
Projektion 23, 30, 34, 55, 72, 77, 83, 122, 126, 128 f., 132, 134, 138 f., 166, 175, 197, 202, 242, 246, 363
Provokation 23, 26, 28, 30
Publikum 24 f., 28, 113, 143
Realismus 84, 88, 161, **225—241**
Rede 4, 31, 33, 35, 56, 107 ff., 144, 147, 209, 243, 321, 357
  Expansivrede 148 f.
  Initiationsrede 19
  Klagerede 12
  Lob- und Prunkrede 108
  Redeauftritt 3, 332, 376
  Trostrede 110, 164
  Verzweiflungsrede 27
Revolution 34, 213 f., 223, 251–260, 263 f., 279, 283, 292, 311, 333, 383, 393
Rhetorik 3 f., 7 ff., 24, 28, 58, 75, 85, **107—119**, 125, 140 f., 154, 191, 199, 204, 207, 211, 243, 250, 261, 269, 353, 363 f., 396
  Aktionsrhetorik 13, 69, 71, 86, 142, 146, 170, 229, 365
  Schicksalsrhetorik 89 f.
Satire 28, **31—46**, 76 f., 80, 193, 212, 217 ff., 239, 269, 276, 284, 333, 336
  Literatursatire 33, 36, 39
Schicksal 9 ff., 54 f., 89, 91, 141, 172 f., 205, 310, 345, 361
Schlacht, Schlachtszene X f., 24, 45 f., 71, **82—106**, 184, 191, 197 f., 207, 209, 211, 223, 229, 240, 247, 257 f., 260, 281 f., **286—294**, 311, 339, 345 f., 348, 353 ff., 371, 384, 389, 392 ff.
Selbstvergottung 144 f., 148, 281
Soziales, soziale Welt XI, 6, 12 f., 22 f., 28 f., 64, 77, 81, 88, 105, 131, 141, 152, 156, 163, 183, 201, 211, 216, 228, 258, 276, 295, 302, 312, 336, 347, 355, 364, 382, 388
Spiegel, Spiegelung 59 ff., 65, 70, 72, 106, 126, 134, 138 f., 152, **161—173**, 205, 232, 275, 287, 316, 365, 381, 390
  Spiegel-Szene 167, 180, 183
  Wiederholte Spiegelung 171 f.

Tat 119 ff., 125 f., 141, 196, 277, 293, 382, 393
Tat-Hyperbel 119
Tatprivation 123 ff.
Tragödie, tragisch 21, 38, 54, 89, 91, 124, 141, 174, 225, 301, 309, 317 f., 326, 330, 332 f., 339, 354, 383
Trümmer, Trümmerbild X, **58 ff.**, 70, 82, 84, 89, 93, 166, 172, 175 f., 179, 194, 244, 327, 336
Utopie, utopisch XII, 42 ff., 102, 104, 118, 131 f., 135, 144, 178 ff., 186, 189, 191, 240, 257, **278—293**, 294, 324 f., 351, 354, **389 ff.**
Volk 68, 71, 77, 80, 89 f., 158, 170 f., 178 f., 184—193, 240, **270—277**, 278, 290, 302, 359, 361, 363, 368 ff., 378, 380 f., 386 f., 394
Welterneuerung XI, 82, 392
Wirklichkeit, Realität XI f., 7, 14, 17 ff., 21, 31, 39 f., 55 f., 71, 80, 82, 126, 128, 131, 136, 138, 140, 150 ff., 175 f., 211 ff., **225—242**, 279, 312, 318, 329, 389, 396
»grause« Wirklichkeit 18, **31**, 83, 224, 228, 240, 288, 291, 326, 328 f., 339, 350
Wirkungsabsicht 23 f., 26, 30, 111, 118
Zersplitterung 72, 101, 184, 190 f., 216, 234, 247, 296, 308, 310, 319, 340, 343, 393, 396 f.